"教育部精品视频公开课"配套教材

新编21世纪新闻传播学系列教材

• 基础课程系列

媒介素养概论

Introduction to Media Literacy

刘 勇 著

中国人民大学出版社
· 北京 ·

作者简介

刘 勇 博士，复旦大学新闻学院教授，国家首批“宣传思想文化青年英才”（2019），安徽省“教学名师”（2020），中国新闻史学会应用新闻传播学研究委员会副会长。香港城市大学、加拿大里贾纳大学、美国威斯康星大学访问学者。曾任安徽大学新闻传播学院教授、副院长。主要研究方向为应用新闻传播学，出版专著、译著各 1 部，教材 2 部，主编论文集、年度报告 10 部，在 CSSCI 来源期刊上发表专业论文 30 余篇，主持国家社会科学基金等省部级课题 10 余项。主讲课程“当代媒介素养”被评为“教育部精品视频公开课”（2013），“新闻采访”被评为“国家级一流本科课程”（2020）。

内容简介

《媒介素养概论》将“媒介素养”与“媒介素养教育”置于“媒介化社会”的新视域中，力图从媒介、人、媒介内容三个层面的互动关系来建构新时代媒介素养教育的基本内容，涉及媒介认知、媒介解读、媒介批判等多个维度。

本书的特色在于删去不属于“媒介素养”的枝节，凸显关涉媒介素养核心内涵的内容，并且试图在专业性与普及性之间寻求平衡：既能成为新闻传播专业一年级本科生的专业入门教材，也能成为其他专业大学生乃至普通公民提升其媒介素养的基础性读物。

总　序

中国人民大学出版社策划出版的“新编21世纪新闻传播学系列教材”，是一套在新闻传播学领域内，皋牢百代，卢牟六合，贯穴古今，笼罩中外，密切联系新闻传播工作的实际，广泛吸收新闻传播学的最新研究成果，高掯遐揽，取精用宏，供新世纪的高等院校新闻传播院系教学使用的系列教材。

20世纪初以来的100年，是世界新闻传播事业飞速发展的100年。这100年来，随着科学技术的不断发展，继报纸、期刊、通讯社之后，广播、电视、网络和多种新媒体相继问世，新闻传播的媒介日趋多元化，新闻传播的手段日趋现代化，“地球村”变得越来越小，新闻传播事业对世界政治、经济和文化的影响则变得越来越大。

这100年，也是中国新闻事业飞速发展的100年。其中最近的30年，即中国改革开放以来的30年，发展得尤为迅猛。

进入新世纪以后，中国新闻事业发展的势头更为迅猛。报纸、期刊、通讯社、广播电台、电视台的数量在宏观调控下，虽无大变化，但软硬件的实力都有了很大的提高。据2011年12月出版的《中国新闻年鉴》的最新统计数字，2010年全国共出版报纸1 939种，平均期印数2.14亿份。共出版期刊9 884种，平均期印数1.63亿份。全国共有广播电台227座，电视台247家，广播电视台2 130家，教育电视台44家。广播综合人口覆盖率为96.78%，电视综合人口覆盖率为97.62%。

另外2012年1月中国互联网络信息中心（CNNIC）发布的《第29次中国互联网络发展状况统计报告》显示，截至2011年12月底，中国网民规模已达到5.13亿，互联网普及率达到38.3%。其中，手机用户数量为3.56亿，博客和个人空间用户数量为3.19亿，微博用户数量为2.5亿，社交网站用户数量为2.44亿，网络视频用户数量为3.25亿。中国居民中具备上网条件和技能的人已经基本转化为网民，大专及以上学历人群中互联网使用率已达96.1%。中国网站总数为230万个，网页数量为866亿个。

这样大的发展规模，这样快的发展速度，在世界和中国新闻事业史上都是空前的。回顾既往，盱衡未来，新闻传播事业在21世纪还将会保持旺盛的发展势头。新闻传播，作为上层建筑中意识形态的一个重要组成部分，在全面准确地宣传党的基本理论、基本路线和基本方针以及各项决策，反映人民群众的伟大业绩和精神风貌，以及推动改革开放和社会主义现代化建设等方面，必将继续发挥重要的作用。

与新闻传播事业的发展相配合，这100年来，为中国的新闻战线培养和输送人才的中国新闻教育，也有了相应的发展。中国的新闻教育起始于 20 世纪初，迄今有近百年的历史。新中国成立前的 30 年，虽然先后在个别院校中设立了新闻系或新闻专科，但规模都不大，设备也不够完善，在校学生人数，最多的时候不超过 400 人，30 年间累计培养出来的毕业生还不到 3 000 人。新中国成立后，为了给新中国的新闻事业培养人才，新闻教育有了新的发展，但到 20 世纪 60 年代中期为止，全国的新闻教育机构也还只有 14 家。当时全国只有 343 家报社、78 座广播电台和 13 家电视台，革命老区来的新闻工作骨干正当盛年，足以支撑大局，新闻系和新闻专业的学生统招统分，基本上能够满足中央和省市以上新闻单位梯队建设方面的需要。“文化大革命”爆发后，新闻事业进入低谷，新闻人才的培养也被迫中辍。拨乱反正之后，新闻事业有了飞速的发展，但新闻工作的人才却出现了断层，明显供不应求，因而极大地推动了新闻教育的发展。中国的新闻教育得以重振旗鼓并得到空前迅猛的发展，主要是改革开放以来的这 30 多年的事情。30 多年来，中国新闻教育和中国新闻事业同步发展。截至 2011 年，全国设有新闻传播学类院、系、专业的高校已由改革开放之初的两三所增加到 800 所以上，各种类型和层次的专业教学点已不下 1 000 个。新闻专业的教学已从单一的大学本科教育，发展到博士生、硕士生、本科生、大专生、成人教育、函授教育等多层次的格局，不少院系还设置了新闻传播学方向的博士后流动站。改革开放之初，全国在校新闻系科学生总共只有 500 来人，现在仅在校本科生就有 16 万人左右，硕士和博士研究生 3 万人左右，办学层次、办学规模、办学水平都有了很大的提高。进入新世纪以后，随着新闻传播事业的加速发展和新闻战线人才需求的不断增加，中国的新闻教育还将会有更大幅度的发展。

一般说来，新闻教育质量的高低，起决定作用的主要是两个因素：一个是师资，一个是教材。两者之间，教材的作用更大。这是因为，师资的多少和良窳，往往受办学主客观条件的限制，而教材一旦完成，就可以直接嘉惠于学子，风行四海，无远弗届。进一步说，一部好的教材，不仅可以满足教学的需要，培养出一大批人才，而且还可以同时拥有一定的学术含量，推动新闻传播学研究的发展。1919 年出版的徐宝璜的《新闻学》，1927 年出版的戈公振的《中国报学史》，就是这方面的很好的例子。这两本书都是作者在高等学校从事新闻学理论和新闻史教学时作为教材编写出来的，出版之后，立即引起世人的关注和推崇，一再重版，历久不衰，至今仍然是公认的新闻学理论和新闻史方面的传世之作和经典之作。正因为这样，新闻教育的前辈们，历来十分重视教材的建设。新中国成立初期的十来年，坊间出版的新闻学方面的书籍，绝大部分都是教材。改革开放以后，新闻传播学研究空前繁荣，新闻学方面的书籍大量问世，但教材仍然在其中占了很大的比重。这些教材，覆盖了新闻传播学的方方面面，经过出版家和众多作者们的长期努力，门类和品种基本配套齐全，曾经为同时期的新闻教学做出过重要的贡献。但是，随着时间的推移和新闻工作实际的飞速发展，这些教材的体例日显陈旧，观点和内容也亟待调整和更新。一些属于学科前沿和科技含量较高的新开课程的教材尚付阙如，使现有的教材出现了不少缺口。在新世纪已经到来之际，集聚力量，重新编写出一套体系完整，门类齐全，能够为新世纪的新闻教育和新闻人才培养服务的新闻传播学的系列教材，已经成为人们的共识和新闻业界与新闻教育界的迫切需求。

呈现在读者面前的，就是应这样的需求产生的一套系列教材，它将涵盖新闻学、传播学两个二级学科的方方面面内容，满足新闻、广播、电视、广告、媒体经济、新媒体等多个专业的教学需要。负责这些教材编写工作的，是中国人民大学、复旦大学、北京大学、清华大学、中国传媒大学、中国青年政治学院等多所著名院校长期从事新闻传播学方面教学与研究工作的专家学者，其中有相当大的一部分编写者都是相关学科的国家级的学术带头人，堪称一时之选。收入本系列的教材中，既有国家级重点教材，也有部级重点教材，其他的也都是经过严格筛选的精品，所以，本套系列教材的质量是有保证的，其权威性也将会得到社会的认同。

21世纪是一个高度信息化的时代，是信息经济和知识经济占主导地位的时代。信息经济和知识经济有两大支柱，一是以高科技为代表的传播技术产业，二是从事新闻和信息产品生产的媒体产业。新闻传播学作为将这两大领域有机联结的桥梁，在今后的国家建设和社会发展中必将发挥越来越重要的作用。中国人民大学出版社经过精心策划，隆重推出这套系列教材，是具有高度的前瞻性和战略眼光的。在这里，我谨代表编委会和全体作者向中国人民大学出版社表示由衷的感谢。

这套系列教材开始策划于20世纪的最后一年，21世纪初起陆续问世，迄今已编写出版了50余种。在体例和内容的创新和开拓等方面，远远超过同时期出版的同类教材。其中的有些教材，还根据整个新闻传播理论与实践的发展和新闻传播学教学与研究的发展，陆续作了必要的补充和修订，重新出版，实现了内容的与时俱进。

这批教材的问世，将会为新闻传播事业和新闻教育事业的发展和繁荣、为新世纪新闻传播人才的培养做出它应有的贡献。这是出版者和全体作者共同的一点希望。是为序。

方汉奇

2012年3月

于中国人民大学宜园

目　录

绪　论

今天，我们正处在一个被报纸、广播、电视、互联网、移动终端等各种媒介裹挟的社会中，媒介不仅已经成为我们生活不可分割的一部分，而且也从根本上建构了我们对于所处世界、时代的认知。对此，美国学者詹姆斯·波特（W. James Potter）曾做过一个生动的类比——“我们可以这样去理解媒介的影响。今天无论我们走到哪里，都摆脱不了媒介，就像摆脱不了天气一样。”① 2014 年 11 月 19 日，首届世界互联网大会“新媒体　新生态”论坛上提供的一组数据也体现了现时代人们的这种“媒介化”生活方式——“我们每天平均摸手机大约 150 次，手机距离我们的最大距离一般不超过 1.5 米。每天我们打开微信 38 次，微博手机访问者比例超过 70%。”② 试想，如果在某一时刻，这些媒介突然消失，那么世界将会怎么样？人类将会经由什么渠道来掌握信息、理解社会？更进一步假设，如果你从现在开始不开手机、不上网、不看电视、不听广播、不读报纸，那么，你能够坚持多久？你将如何在这个纷繁复杂的世界中获悉事实、知晓真相？……

让我们先从一个小故事说起：

> 太平洋中有一个岛屿，1914 年时，那里住着几个英国人、法国人和德国人。岛上不通电缆，英国游轮每 60 天来一次。到了 9 月，游轮还没来，这些岛民谈论的话题仍然是最后那期报纸报道的，即对卡约夫人枪杀加斯东卡尔梅特一案将进行审判的消息。因此，9 月中旬的一天，他们抱着非同寻常的急切心情全都涌向码头，想听那位船长说说做出了什么样的裁决。但他们得知，6 个星期以来，英国人和法国人为了协约的尊严正在同德国人作战。在这不可思议的 6 个星期中，这些岛民仍像朋友一样相处，而事实上他们已经成了敌人。③

这个故事取自 1922 年出版的传播学经典之作《公众舆论》。该书作者是美国极负盛名的新闻人和专栏作家沃尔特·李普曼（Walter Lippmann）。在这本书的开篇，李普曼用这个故事引导读者理解“外部世界与我们头脑中的景象”的关联与差异。

> 追溯既往就可以看到，我们在认识我们仍然生活于其中的那个环境时是多么地迂回曲折。我们可以看到，它带给我们的消息时快时慢，但只要我们信以为真，我们似乎就会认为那就是环境本身。牢牢记住我们当下采取行动时所依据的信念会比较困难，但在论及其

---

① W. James Potter, *Media Literacy*, Sage Publications, Thousand Oaks, 2001, p. 260.

② 张洋：《新媒体　新生态》，载《人民日报》，2014-11-20。

③ ［美］沃尔特·李普曼，阎克文、江红译：《公众舆论》，3 页，上海，上海人民出版社，2002。

他民族和其他时代的时候，我们却会自以为很容易地就能看出，他们一本正经置身其中的那个世界的景象是多么荒诞不经。出于优越的事后聪明，我们会坚持认为，他们必须认识的那个世界和他们曾经认识的那个世界，经常是背道而驰的两回事。①

这段话至少传递了两个信息：

其一，我们对于这个世界的认知、理解与判断，很大程度上源自媒介，媒介为我们建构了一幅关于世界、他人甚至自我的“认知地图”。其二，很多时候，让我们做出反应的并非是环境本身，而是媒介所建构的那个环境（李普曼在后文把这种揳入人和环境之间的地带称为“虚拟环境”）。然而，事实上，我们又常常会在有意无意间忽略真实环境与虚拟环境之间的区别。

你也许会说：对于21世纪的我们而言，90多年前的研究还有意义吗？不妨再来看一个真实的案例。

2011年3月11日，日本东北部海域发生里氏9.0级地震并引发海啸，造成日本福岛第一核电站1至4号机组发生核泄漏事故。与此同时，“食盐防辐射论”、“食盐污染论”等多条谣言开始在中国的网民和手机用户中扩散。

谣言一：专家建议多吃胡萝卜等富含维生素的食物，适量增加食盐食用量等。

谣言二：日本为防核辐射给民众发碘片→美国民众买碘片防核辐射→专家称碘可防辐射伤害→日常食用的食盐含碘→赶快抢购食盐。

谣言三：日本核辐射污染海水→海产品（如海盐）受到污染→赶快抢购污染前的食盐。

不难看出，三条谣言的交汇处就是“购买食盐”。于是，当谣言蔓延到一定程度时，群体性恐慌开始大面积爆发。3月16日中午，杭州、嘉兴、绍兴、宁波、台州等地开始出现抢购食盐的情况。其后，广东省应急办网站发布消息称，3月16日下午该省部分市出现了食盐抢购现象。江苏媒体也报道称，从3月16日傍晚开始，到超市买盐的人突然开始增加。几乎在一天之内，全国多个省市均出现疯狂抢购食盐的情况，部分地区的食盐价格也随之被哄抬。② 此后，发改委、工信部、商务部、中国常驻国际原子能机构代表团、中国盐业总公司等多部门以及相关地方政府或接受主流媒体专访或在各自网站上发表声明才逐渐平息此次“抢盐”风潮。

事实上，我国并不存在食盐短缺现象。商务部网站在事后发布的信息也显示：“我国盐的产能达到8 000多万吨，食盐一年销量只有800多万吨，目前全国食盐储备非常充足，盐业公司一般都会有三个月的库存量，食盐供应是完全有保障的。”③ 但是，为什么“食盐污染论”、“食盐防辐射论”等多条谣言经过不同媒介扩散后，竟然能够引发民众群体性恐慌和如此大规模的抢购行为？这背后，谣言的威力固然不可小觑，民众的媒介素养和科学素养也亟待提高，但我们更应该关注的是资讯发达时代谣言的传播机制。在此次事件中，一方面，谣言通过网络和手机短信等新媒介传播并扩散，首先在人们头脑中建构了虚假的社会图景，进而影响人们在现实中的行为。另一方面，政府部门也是运用多种传播手段，通过纸媒、电视、网络、手机短

---

① ［美］沃尔特·李普曼，阎克文、江红译：《公众舆论》，4页，上海，上海人民出版社，2002。

② 参见宫礼：《“疯盐”是如何燃起的》，载《新安晚报》，2011-03-18。

③ 《商务部市场运行调节司负责人就食盐市场供应问题答记者问》，见商务部网站，2011-03-18。

信等媒介与谣言争夺舆论空间，再辅之以各种行政力量的干预，进而消解了民众头脑中业已形成的虚假图景，重构了“真实世界在我们头脑中的真实景象”，最终击破了谣言，平息了社会恐慌。

上述事实表明，谣言传播必须借助媒介，政府“辟谣”需要运用媒介，民众不论是受到谣言的影响还是相信政府的“辟谣”，也都要通过媒介。换言之，现时代人们获取资讯、传播信息的渠道在大大拓展的同时，对媒介的依赖程度也就越来越深。这也昭示了人类所面对的重大现实：“媒介化社会”业已来临。诚如有学者描述的那样：“当下中国同时遭遇社会转型、全球化、媒介化‘三重门’。这个时代所负载的重量和复杂性，实属历史罕见。尤其是新媒体技术引爆的新传播革命，使得‘媒介化’已成为当下中国的当然社会逻辑。”①

那么，何谓“媒介化社会”？其特质有哪些？对此，不同学者基于不同维度进行了有针对性的阐释：

“媒介化社会”是在媒介融合的技术支撑下，在受众的信息依赖牵引下，表征媒介对社会环境建构的影响力的一种信息社会形态。②

“媒介化社会”包含两个层面的含义：一是作为历史概念，主要是指，从现代媒体问世以来，媒体已经深深地影响着社会，社会也在不断地塑造媒体，两者之间已经形成了微妙的张力关系。二是作为一个现实概念，主要针对当下社会语境下的媒体与社会之间的更加复杂、微妙的关系，因为当前语境下的媒介对现实社会的影响要远远超过历史上任何时期，无论是在影响的深度、广度，还是在影响的形式和频度上都是如此。③

“媒介化社会”从其本质上讲，意味着人的媒介化，或者说，每个人都是在媒介深刻影响下的“媒介人”，对于生活在媒介化社会中的人来说，不仅对于世界的想象主要由媒介来构建，其思维方式、个体意识也烙上了媒介化的烙印。④

由此可见，“媒介化社会”的提法是对当今世界大众传媒飞速发展、新媒介不断涌现、媒介在社会生活中逐渐发挥着不可取代的作用这一现状的概括。⑤ 换言之，“媒介化社会”带来了整个社会的媒介化。这主要表现在三个层面：

第一，种类繁多的媒介在时间和空间中总是无时不在，无处不在，日益占据我们生活的中心。作为信息传递的中介，媒介不仅形态多种多样，而且数量巨大。以我国为例：2013 年，全国共出版报纸 1 915 种，平均期印数 23 695.77 万份，总印数 482.41 亿份，总印张 2 097.84 亿个，定价总金额 440.36 亿元，折合用纸量 482.50 万吨。⑥ 另外国家广播电影电视总局统计信息网发布的信息显示：2013 年，全国拥有广播电台 153 座，综合人口覆盖率达到 97.79%，公共广播节目套数 2 637 套，全年播出时间为 1 379.55 万小时；电视台 166 座，综合人口覆盖

---

① 张涛甫：《〈辽宁日报〉一篇震惊全国的文章》，载《南方都市报》，2014-11-23。

② 参见张晓锋：《论媒介化社会形成的三重逻辑》，载《现代传播》，2010（7）。

③ 参见张涛甫：《媒介化社会语境下的舆论表达》，载《现代传播》，2006（5）。

④ 参见孟建、赵元珂：《媒介融合：粘聚并造就新型的媒介化社会》，载《国际新闻界》，2006（7）。

⑤ 参见李双龙、王婷婷：《媒介化社会：现状与趋势——“2004 中国传播学论坛”综述》，载《新闻大学》，2004（4）。

⑥ 参见《2013 年中国报纸行业发展情况统计分析》，见 http：//www.askci.com/。

率为98.42%，公共电视节目套数3 250套，全年播出时间为1 705.72万小时。[①] 2015年7月，中国互联网络信息中心发布的《第36次中国互联网络发展状况统计报告》显示：截至2015年6月，我国互联网普及率为48.8%，网民规模达6.68亿，手机网民5.94亿，即时通信网民规模6.06亿，博客用户4.75亿，微博用户2.04亿，域名总数为2 231万个，网站总数为357万个。[②]

第二，媒介勾连了我们的工作与生活，建构了我们与他人的关系——"媒介已经完全渗透到我们的日常生活当中，以至于我们经常感觉不到它的存在，媒介对我们产生的影响就更不在话下。媒介向我们传递信息，给我们提供娱乐，使我们兴高采烈，让我们烦恼困惑。媒介改变我们的情绪，挑战我们的知识，侮辱我们的理智。媒介经常把我们变为最高中标者的廉价商品。媒介给我们下定义，为我们塑造现实。"[③]

第三，媒介或多或少、或直接或间接地影响着我们对于历史、现状与未来的判断。一方面，媒介直接影响着人们接收信息的数量与质量。相关资料显示："谷歌公司每天要处理超过24拍字节（拍字节，一般记作PB，等于2^{50}字节）的数据，这意味着其每天的数据处理量是美国国家图书馆所有纸质出版物所含数据量的上千倍。Facebook每天更新的照片量超过1 000万张，每天人们在网站点击'喜欢'（Like）按钮或者写评论的次数大约有30亿次；谷歌子公司YouTube每月接待多达8亿的访客，平均每一秒钟就会有一段长度在一小时以上的视频上传。Twitter上的信息量几乎每年翻一倍，截至2012年每天都会发布4亿条微博。"[④] 另一方面，媒介也潜移默化地影响着人们思考信息的方式与习惯。"也许媒体在决定人们态度改变方面影响有限，但在决定人们应该知道什么和应该怎么去想方面却显现出很强的力量。"[⑤]

与此同时，我们还应该看到，任何事物都具有两面性："媒介化社会"一方面从技术层面打破了人们使用媒介的时空限制，带来了媒介接触的普及和媒介使用的便捷，借此，媒介也成为人们认知"真实世界"的基本工具；另一方面，无处不在的媒介造成了信息的超载，真假难辨、良莠不齐的"信息洪流"常常令我们茫然困惑，有时甚至会引发危机，制造风险。"在一个混沌复杂的社会中，大众传媒在预警风险、报告风险、化解风险之外，也有可能放大风险、转嫁风险甚至制造风险。"[⑥]

"媒介化社会"的实质表明，媒介已不仅仅是我们认知世界的"中介"，媒介已经成为我们这个时代的重要特征。20世纪60年代，加拿大著名传播学者马歇尔·麦克卢汉（Marshall McLuhan）关于"地球村"的预言伴随媒介化社会的进程而逐步得到印证。经由媒介，我们似乎无所不知，与此同时，我们又似乎一无所知，因为海量的信息并不能让我们真正辨别周遭环

---

① 参见《2013年全国广播影视发展概况》，见 http://gdtj.chinasarft.gov.cn/。

② 参见中国互联网络信息中心：《第36次中国互联网络发展状况统计报告》，见 http://www.cnnic.net.cn/。

③ ［美］斯坦利·J·巴伦，刘鸿英译：《大众传播概论——媒介认知与文化》（第三版），5页，北京，中国人民大学出版社，2005。

④ ［英］维克托·迈尔-舍恩伯格、肯尼思·库克耶，盛杨燕、周涛译：《大数据时代》，11页，杭州，浙江人民出版社，2013。

⑤ ［英］詹姆斯·卡瑞、珍·辛顿，栾轶玫译：《英国新闻史》（第六版），277页，北京，清华大学出版社，2005。

⑥ 马凌：《媒介化社会与风险社会》，载《中国传媒报告》，2008（2）。

境的真伪虚实。基于此，我们首先必须了解并理解我们所面对的“两个世界”。

我们所有人都生活在“两个世界”中：“现实世界”和“媒介世界”。“现实世界”就是我们直接与他人、事件发生关联的世界，即我们直接生活于其中的世界。“媒介世界”指的是媒介向我们展示的世界。毫无疑问，我们相当多的直接经验和知识都是从“现实世界”中获得的，“理论是灰色的，生活之树常青”、“生活是最好的老师”、“实践出真知”等格言警句所讲述的正是这个道理。但是，人的精力和能力都是有限的，人的感官和身体总要受到特定时空条件的限制，人类不断发展的历程表明：我们不可能从“现实世界”中直接获得所有的经验和信息，为了更好地生存与发展，我们必须走进“媒介世界”，借助甚至依赖媒介来了解世界、认知自我、与他人交流。更何况“一个人对于并未亲身经历的事件所能产生的唯一情感，就是被他内心对那个事件的想象所激发起来的情感”①。而“媒介世界”可以为我们提供生存所必需的“间接经验”，并以此来勾连我们对于未亲历事件的“想象”与“情感”。这也恰恰契合了“媒介化社会”的一个重要特征——“媒介影响力对社会的全方位渗透，在真实世界之外，媒介营造出一个虚拟的无限扩张的媒介世界，人们通过媒介来获取对于世界的认知，甚至依据从媒介获取的信息来指导现实生活。”② 其实，我们在日常生活中总是不断地穿梭于两个世界之间。我们常常带着“现实世界”中的体验与感受去理解“媒介世界”，又频繁地带着从“媒介世界”获取的信息与情感投身到“现实世界”之中。换言之，两个世界构成了人类经验与知识的主要来源。

从理论上说，“现实世界”和“媒介世界”原本就应该存在着明显的界限。譬如，如果你亲身参加了学校的一场博士生学位授予仪式，你始终“在场”，那么这个“仪式”就存在于你的“现实世界”中。相反，如果你是从电视上观看了这个“仪式”，那么，对你而言，尽管会有“身临其境”的感觉，但这个“仪式”实际还是发生在你的“媒介世界”里。事实上，“两个世界”的界限又往往不是那么泾渭分明，以至于我们常常难以将二者截然区分。譬如，很多人秉持“眼见为实”的信念，完全相信报纸上“白纸黑字”以及电视里“现场直播”的就是“真实世界”本身。其实，这种看法未免过于想当然。大众传媒的报道与现实世界里发生的事件常常并不完全吻合。倘若你先亲历一个有新闻价值的事件，然后再从报纸上读到（或广播中听到、视频里看到）关于这个事件的新闻报道，那么，“现实世界”与“媒介世界”的界限就会相对清晰地呈现在你的面前。但是，如果你没有亲历，而仅仅是从新闻报道中获知这个事件呢？此时，“媒介世界”代替了“现实世界”，你又将如何判断真假？如何分辨这“两个世界”的界限？对此，李普曼曾不无悲观说道：

> 自以为是地根据人的表面作为去谈论人的来龙去脉，或者自以为是地谈论社会环境必然如何如何，都是毫无用处的。我们并不知道人们在对真实的“大社会”做出反应时将会如何表现。我们所知道的不过是他们在对——可以公正地说——极为残破的“大社会”图像做出反应时的表现，指望这样的证据不可能对人或“大社会”做出可靠的结论。③

---

① ［美］沃尔特·李普曼，阎克文、江红译：《公众舆论》，11页，上海，上海人民出版社，2002。

② 孟建、赵元珂：《媒介融合：粘聚并造就新型的媒介化社会》，载《国际新闻界》，2006（7）。

③ ［美］沃尔特·李普曼，阎克文、江红译：《公众舆论》，20页，上海，上海人民出版社，2002。

如此看来，很多时候，我们所面对的并不是“现实世界”本身，我们所做出反馈、发表评价的那个世界可能更多的指向“媒介世界”，或者说，是经由媒介建构、装点的世界。用媒介环境学派的代表人物尼尔·波兹曼（Neil Postman）的话说：媒介“更像是一种隐喻，用一种隐藏但有力的暗示来定义现实世界”[①]。尤其在今天这样一个“媒介化社会”中，我们几乎完全处于媒介的包围之中：广场上LED显示屏、电梯里的“楼宇电视”、公交车与地铁上随处可见的液晶电视、手机里由运营商推送的新闻与广告，种类繁多，不胜枚举。海量的媒介信息以不受我们控制的方式涌入到我们的“现实世界”中，真实与虚拟之间的界限瞬间被打破，世界变得越来越扑朔迷离。

基于此，我国传播学者陈卫星教授总结的传媒现实对日常现实渗透的三个特征，对我们理解“两个世界”的关系具有相当的启发性：

> 首先，传媒内容成为日常生活的标志性印记。唯有可以传达的东西，方被视为现实。作为历史掠影的大事记，都不得不采用媒介记录的素材作为凭据。
>
> 其次，日常生活内容按照传媒的显现方式来进行，如视觉化、节奏化和碎片化等。甚至电子世界中人们的行为模式与日俱增地孕育着日常行为，尤其是在流行文化领域。
>
> 最后，现实世界中某些内容的安排和某些事件的产生，一开始就考虑到传媒表达的可能性，举凡军事冲突、游行示威、体育赛事、文化庆典、企业包装、个人形象乃至恐怖行为等等。[②]

1998年，美国派拉蒙影业公司出品了电影《楚门的世界》（*The Truman Show*）。这部电影的主人公楚门是一位30岁的保险经纪人，他从小到大都生活在一个叫Seahaven的小城，表面上过着无异于常人的生活。然而，事实远非如此。30年前，一家电视制作公司收养了一个婴儿，该公司制作人遂决定为这个婴儿度身打造一部全球最受欢迎的电视真人秀《楚门的世界》，这个婴儿就是剧中唯一的主人公楚门。一直以来，楚门都生活在一个虚假的世界中：Seahaven是一个巨大的摄影棚，他身边包括父母、妻子在内的所有亲人和朋友全都是演员，他每天都生活在上千部摄像机的“监控”下，他的一举一动都在全世界数十亿观众的注视中，他在“现实”中遭遇的每一件事都充满了“戏剧性”。最终，当楚门知道真相后，义无反顾地走出了这个虚拟的世界，迈向通常意义上的“真实世界”——当然，也是一个更加繁杂莫测的世界。

《楚门的世界》虽然是一部虚构的电影，但它却喻示了“媒介世界”的强大，因为其建构出的“虚假的真实”足以影响我们的生活，却让人麻痹而不自知。楚门生来就生活在一个“媒介世界”中，他周遭的一切都是人为建构的。30多年来，他一直浑浑噩噩地生活其中。直到一次偶然的发现——“亡父”的离奇“复活”，加之此后一连串的“意外”，他才开始怀疑所处环境的真实性，并力图自我掌控命运，逃到“现实世界”之中。然而，影片的结尾处，导演却设计了一个具有强烈对比的画面（见图1）：虚假的“媒介世界”中充满光亮，而通向“现实世界”的出口却是黑暗一片。与此同时，楚门与节目制作人克里斯托弗的那段经典对白也尤其意味深长。

---

① ［美］尼尔·波兹曼，章艳译：《娱乐至死》，13页，桂林，广西师范大学出版社，2004。

② 陈卫星：《传播的观念》，192页，北京，人民出版社，2004。

楚门：什么都是假的？

克里斯托弗：你是真的。所以才有那么多人看你。听我劝告，外面的世界跟我给你的世界一样虚假。有一样的谎言，一样的欺诈，但在我的世界，你什么也不用怕……

图 1 《楚门的世界》影片结尾画面

资料来源：http：//movie. douban. com。

这样的设计独具匠心，发人深省：这个世界究竟什么是真实，什么是虚假？逃离“媒介世界”的楚门真的就能进入真实的“现实世界”获得他想要的真实生活吗？借此，他是否能够分辨“媒介世界”与“现实世界”的区别？凡此种种的疑问足以提醒身处“媒介化社会”中的我们：媒介的影响正与日俱增，而且这种影响往往又不易为我们所觉察。“传播媒介的影响并不是出现于有意识的意见和观念的层次上，而是在感觉比例和知觉类型的下意识层次上。麦克卢汉的著名论断‘媒介即是信息’，指的就是由传播技术的任何进展引起人类事物的规模、步伐或类型上的变化。然而，每一种扩展都带来了麻木或麻醉的效果，使人们看不到它的真正意义。”① 这种情形之下，我们每个人都可能成为雾里看花的“楚门”。

那么，我们该怎么办？诚如有学者追问的那样——“传播技术发展的最终效果是公民掌握了更多信息。在 21 世纪，获取信息的途径达到了新的历史高度。我们现在所面临的问题是接下来该如何做：掌握新工具和选择权后，我们该如何辨别哪些信息值得信赖？”② 是顺其自然，任其发展，偶尔感慨一下“不是我不明白，而是这世界变化快”，最终为媒介所左右，在媒介建构的世界中迷失方向、失去自我？还是主动寻找一双“慧眼”，明辨“现实世界”与“媒介世界”的界限，专业地判断、高效地运用媒介为我们提供的信息，进而自主掌握我们的生活？1982 年，联合国教科文组织在德国慕尼黑召开了国际媒介教育会议，会议中公布的《媒介素

① ［美］丹尼尔·杰·切特罗姆，曹静生、黄艾禾译：《传播媒介与美国人的思想》，191 页，北京，中国广播电视出版社，1991。

② ［美］比尔·科瓦奇、汤姆·罗森斯蒂尔，陆佳怡、孙志刚译：《真相：信息超载时代如何知道该相信什么》，25 页，北京，中国人民大学出版社，2014。

养宣言》为我们提供了答案："我们生活在一个媒介无处不在的社会，与其单纯谴责媒介的强大势力，不如接受媒介对世界产生巨大影响这一事实，承认媒介作为文化要素的重要性。"①当然，"承认媒介作为文化要素的重要性"只是个前提，更重要的是，应该以此为起点，面向全社会开展媒介素养教育，提升公民的媒介素养。

现在，让我们一起出发去寻找那双"慧眼"吧！

你准备好了吗？

【本章小结】

我们生活在一个"媒介化"的社会中，媒介不仅是我们认知世界的"中介"，也是我们这个时代的重要特征。种类繁多的媒介在时间和空间中总是无时不在、无处不在，日益占据我们生活的中心。与此同时，媒介勾连了我们的工作与生活、建构了我们与他人的关系，影响着我们对于自我、他人和世界的理解与判断。为了不在媒介建构的世界中迷失，我们必须培养并提高自身的媒介素养。

【思考与训练】

1. 什么是"媒介化社会"？其基本特质有哪些？
2. "现实世界"和"媒介世界"的联系与区别有哪些？
3. 媒介对我们的生活有哪些影响？试举例说明。
4. 观看电影《楚门的世界》，写一篇600字左右的影评。

【延伸阅读】

1. ［美］尼尔·波兹曼，章艳译：《娱乐至死》，桂林：广西师范大学出版社，2004。
2. ［美］斯坦利·J·巴伦，刘鸿英译：《大众传播概论——媒介认知与文化》（第三版），北京：中国人民大学出版社，2005。
3. ［英］维克托·迈尔-舍恩伯格、肯尼思·库克耶，盛杨燕、周涛译：《大数据时代》，杭州：浙江人民出版社，2013。
4. ［美］比尔·科瓦奇、汤姆·罗森斯蒂尔，陆佳怡、孙志刚译：《真相：信息超载时代如何知道该相信什么》，北京：中国人民大学出版社，2014。

---

① 转引自张艳秋：《国外媒介教育发展探析》，载《国际新闻界》，2005（2）。

第一部分

媒介素养概说

第一章 媒介素养

【学习要点】

熟悉媒介素养的基本内涵，明确媒介素养对于现代公民的重要意义。理解新传播革命的内涵以及在此背景下媒介素养内涵的延展，能够有效区分事实与真相、事实与观点、“固定成见”与“群体极化”的关系，并以此来检视我们自身的媒介素养。

第一节　媒介素养的观念演进与范式转移

任何一种新概念的诞生，总是因应了某些新的变化与新的社会需要。媒介素养概念的提出就具备这个特点。“媒介”（media）是信息传输的中介，“素养”（literacy）原指“阅读与写作”的能力，这两个词的结合，彰显了媒介对于人类社会各个领域的渗透与影响，同时，也暗合了一种新的社会诉求——“批判性地媒体读解能力的获得乃是个人与国民在学习如何应对具有诱惑力的文化环境时的一种重要的资源。学会如何读解、批判和抵制社会—文化方面的操纵，可以帮助人们在涉及主流的媒体和文化形式时获得力量。它可以提升个人在面对媒体文化时的独立性，同时赋予人们以更多的权力管理自身的文化环境。”①

一、媒介素养概念的提出

20 世纪 30 年代，以电影和广播等大众媒介为代表的流行文化的泛滥几乎中断了文明—文化传统所珍视的思想和感觉方式，传统精英文化受到了前所未有的冲击。为了避免英国青少年受到不良媒介环境的影响，1933 年，英国文学批评家 F. R. 利维斯（Frank Raymond Leavis）和他的学生丹尼斯·汤普森（Denys Thompson）共同出版了《文化与环境：批判意识的培养》（*Culture and Environment*：*The Training of Critical Awareness*）一书。他们认为，电影追求的

① ［美］道格拉斯·凯尔纳，丁宁译：《媒体文化：介于现代与后现代之间的文化研究、认同性与政治》，2 页，北京，商务印书馆，2013。

是“最廉价的情感诉求”，只是“一种消极的消遣手段”，因此所谓“批评意识的训练”，目的就是培养学生养成一种“非同寻常的意识”，亦即“电影、报纸，任何这种形式的宣传品，以及商业化的小说都只是提供一种低水平的满足”①。媒介素养的概念正是在这一背景下被提出并逐渐引起社会各界关注的，利维斯也由此被视为媒介素养教育的鼻祖之一。

事实上，利维斯们之所以提出“媒介素养”的概念，主要是源于他们坚定地认为，由大众传媒传播的大众文化对于传统文化是一种巨大的侵蚀与破坏，因此他们的核心观念是文化保护，即“保持本国文化传统、语言、价值观和民族精神的纯正和健康，从这种观念出发，有关大众文化教育的目的被理解为鼓励学生去‘甄辨与抵制’（discrimination and resist）。通过这种教育，使得学生能够防范大众传媒的错误影响和腐蚀，自觉追求符合传统精神的美德和价值观。这种教育、强化学生具备甄辨和批判意识的方法被后来的批评家们称为‘免疫法’（inoculation）。”② 不难看出，这种观念带有浓厚的精英主义色彩，对当时的大众文化与媒介亦怀有某种先在的“偏见”。诚如有学者评析地那样：“始于利维斯的这种辨别式媒介教育，还暴露出两个问题：孤立分析评判媒介内容文本，至于媒介文本制作、传播和消费的过程以及社会情境，媒介形式对于内容表达的影响等等，基本不在其视野之内；二是过于注重价值批判，总是试图给学生好与坏、对与错的标准答案。”③

此后，伴随不同媒介形态的交替诞生，各种新的问题不断出现，不同社会诉求相应产生，人们对于媒介、对于大众文化的认知也慢慢趋于更加理性和专业性，媒介素养的内涵与外延则随之不断变化——“在新的信息与传播技术影响下，当符号文本的物质性不仅仅只依靠纸质的文字听说读写，而更依赖视听和计算机为基础的技能时，素养不仅指使用者所具有的种种特性，更是技术与使用者之间依赖于媒介共同生产的相互关系。相应的，媒介素养定义也必然要扩展为参与、批判。”④

二、媒介素养的四次“范式转移”

按照美国学者爱德华·萨义德（Edward Waefie Said）关于“理论旅行”的说法，“各种观念和理论也在人与人、境域与境域，以及时代与时代之间旅行”⑤。在过去的几十年间，“媒介素养”在全球范围内历经了四次可称之为“范式转移”的变化：

（1）20 世纪 30 年代的保护主义立场：第一代范式以比较精英的观点视大众媒介为“下九流”的“带菌者”，大众媒介传播对社会、高尚文化尤其是对青少年有害的信息，媒介素养教育的职责是给公众打预防针，防止侵害。

（2）20 世纪 60 年代强调提升对媒介内容的选择和辨别力：第二代范式认为并不是所有的媒介内容都是有害的，关键是如何引导受众进行明智的选择。在接触媒介时，去其糟粕取其

---

① 杨击：《传播·文化·社会——英国大众传播理论透视》，15～16 页，上海，复旦大学出版社，2006。

② ［英］大卫·帕金翰，宋小卫摘译：《英国的媒介素养教育：超越保护主义》，载《新闻与传播研究》，2000（2）。

③④ 黄旦、郭丽华：《媒介教育教什么？——20 世纪西方媒介素养理念的变迁》，载《现代传播》，2008（3）。

⑤ ［美］爱德华·萨义德，李自修译：《世界·文本·批评家》，440 页，北京，三联书店，2009。

精华。

(3) 20 世纪 80 年代重点在于对媒介文本的批判性解读：第三代范式转而强调大众媒介制造假性意识（false consciousness）的巨大潜力，使受众在不知不觉中接受一种由外部文化强加的价值观念，而媒介正好代表了这种占统治地位的主流文化，所以媒介素养的首要任务是培养批判解读能力。

(4) 20 世纪 90 年代以来的参与式社区行动：第四代范式的主要内涵是参与式的社区行动，即由对媒介的批判性思考转为通过"赋权""促成健康的媒介社区，而非仅仅指责媒介的不是"。2004 年，美国学者波特（Potter）发展了批判性解读，提出媒介素养认知理论，将研究重点放在了大脑信息处理方面，可以说是对媒介素养"第四范式"极有价值的拓展。同时，在实践领域，媒介素养在健康素养和健康社区运动中，尤其基于新媒介技术及互动性，业已发挥出积极的作用。①

从早期对媒介内容一边倒的抵制到趋于理性、建设性的态度，从对媒介文本的关注到"参与式社区行动"的倡导，从最初相对被动的"保护主义"到后期主动的"赋权解放"，媒介素养的这四次"范式转移"不仅凸显了社会发展、媒介演进背景下社会需要的变迁，也展示了媒介素养理念的内涵与外延、媒介素养教育的内容与方法等多个层面的历时性变化。

三、媒介素养的定义

作为一个地道的舶来品，"媒介素养"出自英文"media literacy"，中文表达也包括"传媒素养"、"媒体素养"、"媒介认知能力"、"媒介识读能力"等，其传统的内涵与读书、看报、写作等密切相关，意指"一种能读会写的能力"。随着传播媒介的不断发展，媒介素养的外延、内涵也得以不断拓展。"有的人把素养一词和印刷媒体联系在一起，称之为阅读素养；有的人把素养和电影、电视联系在一起，称之为视觉素养；有的人把素养和计算机联系在一起，称之为计算机素养。但这三者都不是媒介素养的同义词，它们仅仅是组成部分。媒介素养除了这三个方面外还包括很多，但是这三者也必不可少。"② 关于媒介素养的界定，目前比较有代表性的表述如下：

媒介素养指使用和解读媒介信息所需要的知识、技巧和能力。③

媒介素养就是指人们正确地判断和估价媒介信息的意义和作用，有效地创造和传播信息的素养。随着计算机及其互联网络的普及，人们又提出了计算机素养、信息素养和网络素养。信息时代的媒介素养不仅包括判断信息的能力，还包括有效地创造和传播信息的能力。④

媒介素养是指人们面对媒介的各种讯息的选择能力、理解能力、质疑能力、评估能力、思辨性应变能力，以及创造和制作媒介讯息的能力。也可再简化为获取、分析、传播和运用各种

---

① 参见陆晔：《媒介素养：理念、认知、参与》，3～5 页，北京，经济科学出版社，2010。

② W. James Potter, *Media Literacy*, Sage Publications, Thousand Oaks, 2001, p. 3.

③ 参见张艳秋：《理解媒介素养：起源、范式与路径》，80 页，北京，人民出版社，2012。

④ 参见张冠文、于健：《浅论媒介素养教育》，载《中国远程教育》，2003 (7)。

形式媒介讯息的能力。①

传媒素养，就是人们认识、利用和参与大众传媒方面的素养。传媒素养不仅有个人的，还包括社会环境、社会组织、传媒机构、权力机构的传媒素养。②

媒介素养就是理解大众媒介的影响，并且主动地以多角度的、批判性的方式，接近、分析、评价和响应大众媒介的素质。③

媒介素养包括三个层面的意义：第一个层面是个人能够简单地意识到媒介“饮食”平衡和管理的重要性，即如何合理地选择及分配媒介使用时间；第二个层面是掌握具体的、批判性的媒介使用能力，如学会分析和质疑传媒的构架和信息；第三个层面是能够深入到传媒表层框架之内，进一步挖掘媒介信息之所以被生产出来的目的。④

媒介素养是我们经常使用的对媒介信息的洞察能力。我们在知识结构上建构这种洞察力。我们需要工具和原材料来建构我们的知识结构。这些工具就是我们的技能。原材料来源于媒体和现实世界。积极运用意味着我们能正确理解媒介信息以及能和它们形成互动。⑤

1992 年，美国“阿斯彭媒介素养领袖会议”将媒介素养界定为“近用、分析、评判和创作各种媒介的能力”（Media literacy is the ability to access，analyze，evaluate and create media in a variety of forms）。⑥

2001 年，美国媒介素养联盟给媒介素养下的定义是：通过利用越来越广泛的图像、语言和声音等媒介信息，使人们能够成为具有批判意识的思考者和具有创新性的创造者。⑦

综合中外研究者的相关表述，不难看出，媒介素养首先是一种能力，一种当代公民必须掌握的能力，这种能力涉及三个有机组成部分：全面认识媒介、批判性理解媒介、积极参与和使用媒介。对于现代公民而言，只有在全面认识媒介的基础上，才能对媒介内容与媒介现象进行有的放矢的批判性理解，最终才能使媒介“为我所用”。

据此，本书给媒介素养下的定义是，所谓媒介素养是指人们对不同媒介的特质与功能的认知能力，对媒介传播信息的解读与批判能力，以及参与媒介、运用媒介及其信息为个人生存发展和社会进步服务的能力。

第二节　媒介素养何以如此重要？

从内涵上厘清了媒介素养的基本概念之后，我们需要明确的另一个基本且重要的问题即是：“媒介素养之于现代公民的意义究竟在哪里”。之所以说其“基本且重要”，是因为这个问

---

① 参见张开：《媒介素养概论》，99 页，北京，中国传媒大学出版社，2006。

② 参见谢金文：《新闻与传播通论》，77～78 页，上海，复旦大学出版社，2006。

③ 参见［美］朱莉娅·伍德，董璐译：《生活中的传播》，340 页，北京，北京大学出版社，2009。

④ 参见张艳秋：《国外媒介教育发展探析》，载《国际新闻界》，2005（2）。

⑤ See W. James Potter，*Media Literacy*，Sage Publications，Thousand Oaks，2001，p. 3.

⑥ 参见张艳秋：《理解媒介素养：起源、范式与路径》，81 页，北京，人民出版社，2012。

⑦ 参见陈晓慧等：《美国媒介素养定义的演变和会议主题的变革》，载《中国电化教育》，2012（7）。

题直接关涉开设本门课程的必要性。我们认为，对于现代公民而言，媒介素养主要具有三个方面的意义。

一、媒介素养决定了人们能否保持敏锐的洞察力来分辨“媒介世界”和“现实世界”的界限

如前所述，无处不在的媒介为我们建构了一个五彩斑斓的“媒介世界”。表面看来，经由这个“媒介世界”，我们似乎对“现实世界”无所不知，循着这个逻辑，你也许会认为媒介向我们展示的就是一个实在世界的真实状况，因此，“媒介世界”与“现实世界”没有区别。然而，事实真是如此吗？反观历史，媒体歪曲反映“现实世界”的例子不胜枚举。“大跃进”时期，我们的传媒无视积贫积弱、自然灾害严重的国内实际以及科技日新月异的国际形势，报道的却是国内千军万马“大炼钢铁”、“大放卫星”的热烈景象。这其中，“两个世界”的差别又何止千万，简直是天壤之别。对此，李普曼曾一针见血地指出：“偶然的事实，创造性的想象，情不自禁地信以为真，这三个因素便会产生一种虚假的现实，导致人们做出激烈的本能反应。显而易见，在某些情况下，人们会像对待现实那样对虚构的东西做出有力的反应，而在许多场合，他们还会制造这种虚构的东西并做出反应。”① 从这个意义上讲，仅仅依靠“媒介世界”获得的信息并不意味着我们就能全面理解和把握“现实世界”的所有问题，更不意味着我们据此就能够知道应该如何去处理和解决这些问题。

那么，无法明辨两个世界的区别，究竟会带来怎样的后果？美国社会学者迈克尔·舒德森（Michael Schudson）在其论著《新闻社会学》的开篇即为我们讲述了这样一个真实的故事。

美国著名揭黑记者林肯·斯蒂芬斯在其自传中曾以“我制造了犯罪高潮”为题讲述了自己的一段经历。那是在19世纪90年代的一天，在纽约一家报纸当记者的斯蒂芬斯假装睡着，偷听到身边几位警察正在悄悄谈论的一个有关某名人的有趣案件。随后，他为其所在的报纸写了一篇相关报道。接着，一家与之竞争的报纸的市政栏目编辑训斥了他的记者雅各布·里斯，因为他没有挖到同样具有爆炸性的新闻。很快，不甘示弱的里斯迎头赶上，也报道出了斯蒂芬斯没有发现的犯罪新闻。竞争就此在两个记者之间展开，并迅速引发了整个纽约新闻界深挖轰动犯罪新闻的浪潮，不知内情的纽约市民开始担心他们所生活的这个城市的治安问题。“似乎在那几周里，纽约的门锁和看门狗都有了可观的销量，人们上街更加小心，或者比平时回家更早了。”倍感压力的还有警察总长特迪·罗斯福，当获知真相后，他直截了当地要求他的记者朋友们停止这种“没有意义的事情”，于是，“犯罪高潮结束了，纽约人又可以轻松地呼吸了”。

在这个故事中，纽约市民之所以会对城市的治安状况产生错觉，不是基于纽约的社会现实，而是源自记者们争先恐后报道犯罪新闻的“竞赛”。所以，舒德森对此的评价是——“新闻记者不仅报道现实，而且创造现实。”但是，这并不意味着记者可以随心所欲地编造故事、歪曲事实，“我们认为新闻从业者建构了世界，不等于说他们对世界施加了魔法。新闻从业者加工的素材大多是真人真事。但通过报道中的选择、凸显、架构、遮蔽和塑造，他们在真

---

① ［美］沃尔特·李普曼，阎克文、江红译：《公众舆论》，12页，上海，上海人民出版社，2002。

人——读者和观众心目中留下一种印象（他们相信的其实是这个印象），并对读者和观众在其生活中作出回应。”[①] 这即是说，一方面，即使记者报道的是真人真事，“媒介世界”依然不可能完全复制“现实世界”，有时还可能是对现实的一种“歪曲”。另一方面，一旦无法明辨两个世界的差异，则或多或少影响我们的现实生活，有时会造成我们对现实的误判。因此，普通公众如果不具备媒介素养，恐怕难以“招架”记者的专业化报道。

此外，“媒介化社会”的来临也使得两个世界的界限日益模糊。今天，人们在微博、微信等社交媒体中感受到的“现实”，与其在实际中经历的“事实”，往往也大相径庭。譬如，现实中人们对于医患关系的认知一方面取决于自身的体验和经验，另一方面也有很大一部分是来自大众传媒的报道。曾几何时，医务工作者“吃回扣”、拿红包等丧失职业道德的“丑闻”屡屡见诸媒体，人们逐渐形成了对医务工作者的某种“集体偏见”或者说是一种“行业偏见”。当然，这并不是说人们的这种偏见完全是由媒体造成的，一部分医务工作者也的确出现了这些“医疗腐败”问题，但是，不能据此就用“天下乌鸦一般黑”的逻辑来“定义”整个医生群体。那样，就是一种被建构的“偏见”。同时，这种偏见还伴随着人际传播、大众传播等各种传播方式进行扩散。以至于它已或直接或间接地影响到了人们在现实生活中的“寻医问药”。

2012 年 3 月 23 日，哈尔滨医科大学附属第一医院发生一起恶性伤医案，造成 1 名实习医生死亡、3 名医生受伤。事发后，人民网率先报道了此消息。腾讯网在转发该消息后附带了一个调查：“读完这篇文章之后您心情如何呢?”结果显示，参与这个调查的人数是 6 161 人，而选择高兴的居然高达 4 018 人（见图 1—1）。3 月 26 日，白岩松在中央电视台“新闻 1+1”当期节目《杀医生：我们可能也是“凶手”!》中还透露了网易上的一个网友评论（见图 1—2），更让人难以理解的是，竟然有 5 172 人“顶”这则评论。然而，白岩松在第二天的“新闻 1+1”节目《恨来了，爱回去!》中，又透露了一个更令人意想不到的信息：针对 3 月 26 日的节目，

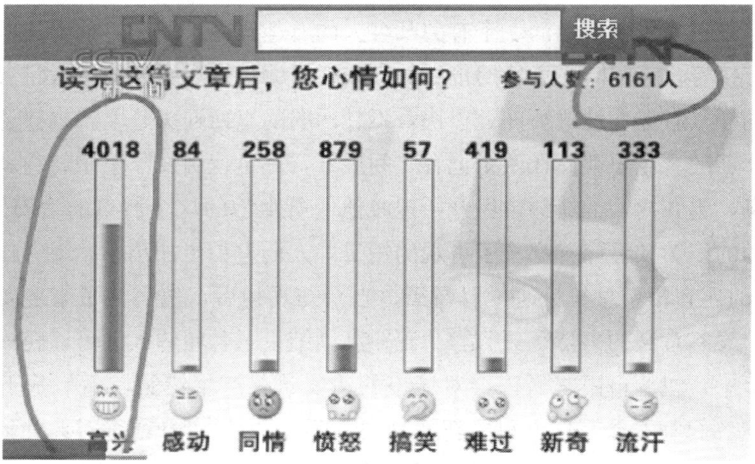

图 1—1　腾讯网的调查结果

资料来源：http：//news. cntv. cn。

① ［美］迈克尔·舒德森，徐桂权译：《新闻社会学》，3 页，北京，华夏出版社，2010。

有网友居然评论说："我也很高兴，就和贪官被杀了一样的高兴。""杀的好，现在医生没医德，没良心，大家都拍手叫好。"（见图 1—3）

图 1—2 《杀医生：我们可能也是"凶手"!》转引的网友评论

资料来源：http：//news. cntv. cn。

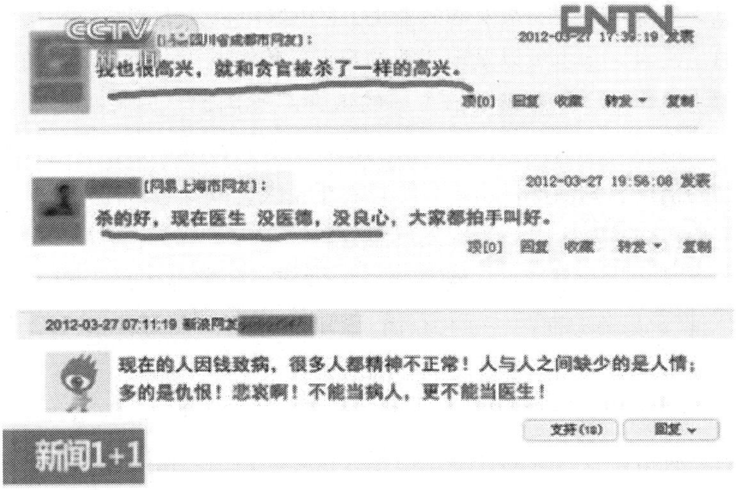

图 1—3 《恨来了，爱回去!》转引的网友评论

资料来源：http：//news. cntv. cn。

对于这样一起显而易见的恶性刑事案件，网络中缘何会出现如此是非不分甚至麻木不仁的"声音"？医患之间的关系，"本是生死托付，为何对立成仇"？人们对于医务工作者的这些"偏见"又究竟从何而来？对此，我们当然不能把责任完全归咎于媒体。但是，媒体那些具有选择性、偏向性、迎合性的报道又实实在在地助长了这种偏见的养成。诚如白岩松在节目中指出的那样：

我觉得我们自身也要反思，我们传媒人恐怕也有责任。在过去很多的事件当中，我们应该就事论事，哪儿有问题就批评什么，而不是在报道当中去有意识地用吸引人眼球的方式在确立一种仇恨，甚至在鼓励一种仇恨，我觉得从此之后我们应该引以为戒。①

偏见凸显的正是媒介素养的重要性。如果我们具备媒介素养，就能够在纷繁复杂的"媒介世界"里游刃有余而不至于"唯媒介马首是瞻"，被媒介所控制。大千世界每时每刻都会发生层出不穷的新闻事件，不同国家或地域、不同定位的传媒选择的报道重点、报道角度一定会有所不同，其呈现出来的"现实"往往也千差万别。一个具备媒介素养的人，就能够透过这些信息觉察到"两个世界"的差异，进而做出合理的分析和理性的判断，利用媒介来帮助自己更好地认识和思考我们身处其中的"两个世界"。

二、媒介素养是决定人们能否对传媒信息进行去伪存真、去粗取精甄别乃至合理使用，最终形成独立判断与健全人格的关键

在今天这样一个信息爆炸的社会中，我们体味到的不是信息匮乏，而是信息过剩。面对趋于海量的媒介信息，缺乏媒介素养的人往往会显得手足无措。美国哥伦比亚大学媒体研究中心自由论坛的前主持人埃弗瑞特·丹尼斯（Everette Dennis）认为，如果缺失媒介素养，就"如同污染我们的食物和饮用水一样，将要毒害人们的精神"②。这个隐喻的实质表明，传媒提供给我们的诸多信息并不都是正确、真实和有益的。"传媒可以让人知情，也能误导人们；传媒可以收取钱财而曲呈论点，却也可以呈现明智的观点；传媒既可以怂恿坏的价值，也能鼓励好的价值；传媒能够浇熄，却也能点燃政治参与的情怀。"③ 因此，如果我们不加选择地全盘接受媒体传播的信息，那么，我们就会处于被动境地，不仅容易被媒体误导，还会逐步丧失自主性，轻易地对自己的信仰、判断等做出不合时宜甚至错误的改变。这样，连最基本的鉴别能力都不具备，遑论利用传媒来为个人的生存发展服务。

现实中，我们面对的常常是这样一种情形：一方面，各家媒体都不断声称"真实"、"全面"、"客观"、"公正"；另一方面，普通公众面对"两个世界"又常常是"雾里看花"，屡屡被各种"虚假"、"片面"、"主观"、"偏颇"的新闻所误导。

2006 年 7 月 19 日，《信息时报》刊发署名本报记者黄熙灯的独家报道《广州市面出现注水西瓜》，报道指出："有市民投诉买到汁多子白冒酸馊味的西瓜，请人化验方知被注红药水，根本不能吃。"一时间，舆论哗然，人们在谴责无良商贩的同时，直接"用脚投票"，造成广东、河南两省部分地区的西瓜滞销，"开封市西瓜批发大市场西瓜价格跳水似的暴跌，一连五六天，没有往香港发一车货。"一篇子虚乌有的报道，却让瓜农实实在在地蒙受了巨大的经济损失。事实上，根据生物学常识，往西瓜里注水或注射红药水不可能使西瓜的颜色变得更鲜艳，相反还会造成西瓜快速腐烂并带有异味，反而不利于销售。如果读者稍具媒介素养，就能发现报道

① 中央电视台"新闻 1+1"栏目：《杀医生：我们可能也是"凶手"!》，2012-03-26。

② W. James Potter，*Media Literacy*，Sage Publications，Thousand Oaks，2001，p. 2.

③ ［美］查尔斯·埃德温·贝克，冯建三译：《媒体、市场与民主》，62 页，上海，上海世纪出版集团，2008。

的真实性存疑，因为其采访对象都是匿名的，尤其是通过科学化验发现西瓜被注入红药水的在“某医科大学上班的杨女士”更是难以核实。事后，中央电视台记者采访此篇报道的记者：“你什么时候想出要做这样一篇报道?”黄熙灯回答：“我买到一个西瓜，发现不那么好吃，就想做关于这方面的文章。”中央电视台记者又问：“那你报道中的杨女士现在在哪里?”黄沉默一阵答：“事情过得太久，忘记怎么联系了。”中央电视台记者再问：“那有电话吗，她电话号码多少?”黄再次沉默一阵后回答：“忘记了。”①

在这个案例中，如果这篇报道的记者能够秉持基本的职业道德，如果报纸的编辑具有基本的专业素养和责任意识，那么这条假新闻根本就不可能被刊发；即使刊发了，如果社会公众能够具备起码的媒介素养和科学常识，其造成的危害也不会那么大。

研究表明：传媒会影响我们的世界观、人生观以及处理问题的方式，而且这种影响常常是在我们没有察觉的情况下施于我们的，是一种潜移默化的影响。诚如尼尔·波兹曼所言，“媒介的独特之处在于，虽然它指导着我们看待和了解事物的方式，但它的这种介入却往往不为人所注意”②。因此，我们必须学会对传媒的信息保持警惕，学会质疑，学会对获得的信息进行去伪存真、去粗取精的甄别，并在此基础之上，全面掌控自己的生活。这些正是媒介素养的意义所在——“媒介素养可以强化我们对于媒体及其传播信息的理解，增强我们在观察过程中的控制力，提高我们对媒体的洞察力。有媒介素养的人在接受媒介信息的时候不会过于被动，反而能看到很多，因为他们更清楚媒体意图的各个层次。媒介素养同时会增强我们的理解力，有媒介素养的人对于媒体意图的制造和选择过程更为关注。这也带来了人们对于媒介控制力的增强。由于人们更希望从媒介中得到他们所想要的信息，据此也提高了他们对于信息的鉴赏力。因此具有较高媒介素养的人实现了更多的理解、控制、鉴赏的目的。”③

三、媒介素养是建构现代公民综合素质的基本指标

媒介是人类文明的标尺。人类传播的历史表明：每一种新的、有效的传播媒介的诞生背后都凝聚着人类的智慧与文明，同时也会对人类传播、接收信息的方式产生深远的影响。传播媒介既是传承人类文明的工具，其本身也是社会文明进程的一个重要表征。“现代化过程与大众传播媒介的成长密切相关，因为它增加了人们使用传播媒介的机会，提高了识字率，影响了政治观念；因为传播媒介提供了各种政治、经济、文化、教育方面的信息，改变了生活方式和生活信念。可以说，现代社会是依赖媒介的社会。”④ 因此，在许多研究者和行动者看来，“媒介素养的目标在于建立理想的公民社会，媒介素养教育的过程是一个以健康民主为目的的社会问题校正过程”⑤。与此同时，我们还应该看到媒介素养理念从诞生之日起就被深深地打上了培

① 转引自贾亦凡、陈斌：《2006年十大假新闻》，载《新闻记者》，2007（1）。

② ［美］尼尔·波兹曼，章艳译：《娱乐至死》，13页，桂林，广西师范大学出版社，2004。

③ W. James Potter, *Media Literacy*, Sage Publications, Thousand Oaks, 2001, p. 15.

④ 陈卫星：《传播的观念》，68页，北京，人民出版社，2004。

⑤ 陈韬文等：《媒介素养的国际发展与本土经验》，见陆晔主编：《中国传播学评论第三辑：媒介素养专辑》，13页，上海，复旦大学出版社，2008。

养合格公民的烙印。“无论是媒介教育的重点内容还是目的，有一点是清楚的，那就是西方媒介教育的起点，是公民。无论是保护主义，还是辨析理解，无论是接触评析能力，还是赋权解放，概莫能外。可见，媒介教育的观念延续了西方启蒙运动以来那种理性、自主、个性等等的传统，不过是在变化了的媒介环境下，通过媒介教育再一次呈现而已。”①

对于现代公民而言，媒介素养是建构其综合素质的基本指标。一个缺乏媒介素养的人，不仅难以适应快节奏的现代生活，也表明其个人素养是不全面、有缺失的，而且也不利于社会的民主与和谐。

一方面，各种媒介已经成为当今社会不可或缺的组成部分，作为“人的延伸”的传播媒介业已成为现代公民生存、发展的重要“伙伴”，诚如美国麻省理工学院媒体实验室的创办人兼执行总监尼古拉斯·尼葛洛庞帝（Nicholas Negroponte）所言，“它决定我们的生存”②。

另一方面，伴随传播技术的长足发展，媒介形态发生了巨大变化，印刷媒介、电子媒介、网络媒介、社会化媒介等形式在同一时空中“相遇”。身处多种媒介包围之中的现代公民，只有“站在与任何结构或媒介保持一定距离的地方，才可以看清其原理和力的轮廓。因为任何媒介都有力量将其假设强加在没有警觉的人的身上。预见和控制媒介的能力主要在于避免潜在的自恋昏迷状态。为此目的，唯一有效的办法是懂得以下事实：媒介的魔力在人们接触媒介的瞬间就会产生，正如旋律的魔力在旋律的头几节就会释放出来一样”③。从这个意义上说，今天的媒介素养已经由传统的“听说读写”能力拓展为对传媒信息的认知、批判、解读和使用的整合能力，它集中体现了现代公民的综合素质。英国作家菲利普·普尔曼（Philip Pullman）就曾经说过：“一个真正民主的社会，应该让其社会的每个成员对自己面前的各种文本（如书籍、绘画作品、电视节目等）拥有自己的解读。如果这些文本是由牧师、富豪或社团受益者代替人民进行解读，告诉他们应如何去思考，那么他们就不是生活在真正的民主社会里。”④ 全球范围内的媒介素养运动的实践也表明，“主动寻求和包容多元信息与观点、批判性地认识社会、自由负责地表达个人意见，这些本身就是构成现代社会民主政治的重要基础，而这一切，又都与大众媒介搭建的沟通交流平台息息相关，因此媒介素养无论在认知还是实践形态上，都必然成为现代民主社会公民素养和公民教育的一部分。”⑤

第三节　新传播革命：理解媒介素养的新维度

不同时代总会诞生不同的传播技术，进而产生新的媒介，不同媒介背后总是体现了社会公众的不同诉求。换言之，不同时代必然赋予媒介素养不同的内涵。

---

① 黄旦、郭丽华：《媒介教育教什么？——20世纪西方媒介素养理念的变迁》，载《现代传播》，2008（3）。
② ［美］尼葛洛庞帝，胡泳、范海燕译：《数字化生存》，15页，海口，海南出版社，1997。
③ ［加］马歇尔·麦克卢汉，何道宽译：《理解媒介——论人的延伸》，42页，北京，商务印书馆，2000。
④ ［英］凯丽·巴查尔格特，张开译：《媒介素养与媒介》，载《现代传播》，2005（2）。
⑤ 陆晔：《媒介素养：理念、认知、参与》，5页，北京，经济科学出版社，2010。

一、新传播革命的特质

如果我们大致认同"媒介化社会"是现时代的基本特征，那么，这一特征其实是在新传播革命的进程中得以不断彰显的。2012 年，复旦大学李良荣教授领衔发表了系列文章诠释"新传播革命"的内涵、意义与影响。① 按照他的解读：自人类诞生之日起，历经了文字、印刷术、电报和互联网四次传播革命。而所谓新传播革命，即指"互联网技术的推广与使用，相比于前三次传播革命，不仅在传播载体、传播介质上更加先进，实现了数字、语言、文字、声音、图画、影像等多种传播方式的统一数字化处理，更以其交互性传播模式，使得传者与受众之间的传统关系面临巨大转变，传播权力面临深层次的结构调整"。第四次传播革命之所以"新"，就在于它"催生了一个全新的传播环境，将人类文明推向更高级的阶段"，而"去中心化"与"再中心化"则构成了本次传播革命的基本特征。

> "去中心化"，指互联网技术本质上是以个人为中心的传播技术，具有天然的反中心取向。这一次传播革命，本质上是传播资源的泛社会化和传播权力的全民化，通过解构国家对传播权力的垄断，使传播力量由国家转移到社会，从而削弱国家在信息、技术和意识形态上的主导地位，因而，它所带来的不是国家组织和治理能力的强化，相反，是对国家组织和治理能力的严重挑战。
>
> "再中心化"，指随着信息发布门槛的持续降低，网络空间的信息供给量迅速超过了单一个体独立自主处理信息的能力。在如此浩瀚的信息浪潮中，公民开始委托新人，通过"意见领袖"筛选信息、研判事实、进行新一轮的"中心建构"。在这一过程中，能够获得足够信任的新行为体，将成为新的"权力中心"，个体会"授权"这些中心，以信任和采用这些中心提供的解释框架代替个体独立思考为表征，代理个体处理庞大的信息。同时，互联网打破了传统社会中自上而下的科层制组织结构，通过网络重构行动中心、话语中心、舆论中心。②

由此，我们不难看出，新传播革命带来的是一种颠覆以往传播架构与传播机制的大变革，其具体表现在如下方面。

（一）信息超载

在新传播革命的推进下，各种媒介传播信息的速度与信息量已经超过了人们的接受限度，造成了新的问题与困扰。美国学者 H. H. 弗莱德里克曾经做过这样一个推算：如果以公元元年人类掌握的信息量为单位 1，那么信息量的第一次倍增，花费了 1 500 年；第二次倍增，花费

---

① 具体参见以下四篇文章：李良荣、张盛：《互联网与大众政治的勃兴——"新传播革命"研究之一》，载《现代传播》，2012（3）；李良荣、郑雯：《论新传播革命——"新传播革命"研究之二》，载《现代传播》，2012（4）；李良荣、徐晓东：《互联网与民粹主义流行——"新传播革命"研究之三》，载《现代传播》，2012（5）；李良荣、张莹：《新意见领袖论——"新传播革命"研究之四》，载《现代传播》，2012（6）。

② 李良荣、郑雯：《论新传播革命——"新传播革命"研究之二》，载《现代传播》，2012（4）。

了250年；第三次倍增，花费了150年；进入20世纪后的第四次信息量倍增，所需时间进一步缩短为50年。其后，倍增速度骤然加快。在20世纪50年代，10年内就实现了倍增；接着在20世纪60年代和70年代，时间周期进一步缩短为7年和5年。根据现在的推算，人类社会的信息量倍增所需的时间仅仅为18个月至5年。①

时至今日，互联网技术日趋成熟，信息传播的壁垒被逐个击破，人们每时每刻都沉浸在信息的汪洋大海之中。以至于有学者早在21世纪初就预言："新世纪头三年所产生的信息会超过过去30万年所累积的信息总和。"② 现在看来，信息的增长速度大大超出了人们之前的预测。最新研究表明："人类存储信息量的增长速度比世界经济的增长速度快4倍，而计算机数据处理能力的增长速度则比世界经济的增长速度快9倍。"③ 2014年11月19日在中国召开的首届世界互联网大会"新媒体　新生态"论坛透露："优酷、土豆等视频网站发展初期以PC为主，而从2012、2013年开始，移动端的播放量达到千万集，且移动流量超过PC流量的两倍。"④

这种情形势必会造成信息超载现象。换言之，信息获取的便捷性与信息处理的专业性之间产生了巨大落差，一系列前所未有的问题频频出现。譬如，普通公众如何能在有限的时间内完成对海量信息的检索、筛选与判断？谁来帮助人们突破层层信息迷雾，参透信息背后的意义与价值？

（二）传播"渠道霸权"时代终结，公民"自我赋权"时代来临

纵观人类传播的历史，不难发现：每一次传播媒介的革命都会从根本上改变人类接收信息的理念与方式。新传播革命从本质上带来了传播主权的位移，打破了以往前三次传播革命中，国家、商业机构、媒介组织对于传播权力的实质性独享，而这种独享首先源自其对于传播渠道的掌控，进而通过权力、资本、技术、意识形态等方方面面的资源的独占，形成一种"渠道霸权"。第四次传播革命则从根本上终结了这种"渠道霸权"时代。我国传播学者喻国明教授对此进行了鞭辟入里地剖析：

> 在那个传播渠道短缺的时代，谁拥有了渠道这样一种稀缺资源，谁就拥有传播市场的霸权地位。然而，随着传媒产业的发展，特别是传播技术的革命性进步，传播市场上的渠道资源以一种不可遏止的方式释放出来，信息传播渠道的数量规模及其品种质量都有了爆发式的增长。……在传播通道规模扩张和大量堆积的大背景下，传统的传播管制的力度和效能会有一个平均化的递减；而过去我们引以为最有价值的版面和时段等等都会因为其大量"过剩"而变得价值打折；从传播效果来说，无论是舆论宣传的那种"媒体联动"，还是广告投放的那种"集中轰炸"，其传播效果都在明显衰减。……原因其实是很简单的，打个比方，如果社会上只有5个传播通道时，我掌握其中的一个通道就拥有平均20%的市

---

① 参见郭庆光：《传播学教程》（第二版），34～35页，北京，中国人民大学出版社，2011。

② ［美］比尔·科瓦齐、汤姆·罗森斯蒂尔，陆佳怡、孙志刚译：《真相：信息超载时代如何知道该相信什么》，12页，北京，中国人民大学出版社，2014。

③ ［英］维克托·迈尔-舍恩伯格、肯尼思·库克耶，盛杨燕、周涛译：《大数据时代》，13页，杭州，浙江人民出版社，2013。

④ 张洋：《新媒体　新生态》，载《人民日报》，2014-11-20。

场占有率；当社会上的传播通道增加到50个时，我的平均市场占有率就衰减成了2%；而当社会上的传播通道激增至500个、5 000个时，我的平均市场占有率就会落入0.2%、0.02%这样一种几乎可以忽略不计的地步——尤其当你的内容与人们的需要不相适应时，人们有限的注意力的选择自然会远离你、忽略你、抛弃你。于是，“渠道霸权”的时代终结了，一个新的传播竞争时代开始了。[①]

“渠道霸权”时代之所以会终结，很大程度上是因为新媒介技术的普及，尤其是自媒体的蓬勃发展。谢因·波曼（Shein Bowman）与克里斯·威里斯（Chris Willis）在《自媒体》（*We Media*）中提出，所谓自媒体即指“普通大众经由数字科技强化、与全球知识体系相连以后，一种开始理解普通大众如何提供与分享他们本身的事实与新闻的途径。”[②]

2000年，网络日志——博客（Blog）开始进入中国，揭开了个人自由表达与网络出版的新形式。

2006年，博客技术先驱Blogger创始人埃文·威廉姆斯（Evan Williams）创建了新兴公司Obvious，并推出了Twitter服务，开启了个性化即时信息服务的新时代。

2007年5月，中国内地首个微博应用——“饭否”诞生。

2010年，新浪、腾讯、百度等互联网公司相继推出了一种“个人信息即时共享综合平台”——微博（MicroBlog的中文译名简称）。这一年因此被称为“中国微博元年”。

2011年，腾讯公司推出了一个为智能终端提供即时通信服务的免费应用程序——微信（Wechat）。

…………

近十多年来，各种自媒体的代际更迭以及技术上的“低门槛”，使普通公众得以迅速拥有并且快速得心应手地使用这些自媒体，变“我们的媒介”为“我的媒介”，形成“人人都有麦克风”的新格局。美国学者克莱·舍基（Clay Shirky）甚至用“人人都是记者”来表述现时代的特征，在他看来，“社会性工具清除了公众表达旧的障碍，从而消除了大众传媒特征性瓶颈。结果，以前专属媒体从业人员的种种工作被广泛地业余化”[④]。基于此，社会普通大众不仅可以在第一时间获知天下大事，而且可以用自己的方式报道新闻，同时还能用极具个性化的表达直接对国家政治经济发展、社会公共生活、个人生存际遇等大事小情发表意见，从而获得了前所未有的知情权与表达权，从根本上实现了“自我赋权”。“第四次传播革命将宪法赋予公民的言论自由通过‘自我赋权’落到实处。过去表面上拥有传播权利的普通公民，现在借助互联网传播、新媒体技术，在知情、表达方面真正享受到言论自由权利，同时，通过多种渠道的‘公共空间’‘自媒体’延伸了传播的‘象征性权力’。”[③]

（三）“两个舆论场”

“渠道霸权”的终结与公民的“自我赋权”所带来的一个直接结果就是形成了“两个舆论

---

① 喻国明：《“渠道霸权”时代的终结——兼论未来传媒竞争的新趋势》，载《当代传播》，2004（6）。

②④ 李良荣、郑雯：《论新传播革命——“新传播革命”研究之二》，载《现代传播》，2012（4）。

③ ［美］克莱·舍基，胡泳、沈满琳译：《未来是湿的》，36页，北京，中国人民大学出版社，2009。

场”。新华社前总编辑南振中是较早提出这一观点的学者之一。他指出：“一指以党报党台等为核心的主流媒体舆论场，一指以微博、BBS、QQ、博客等为主的民间舆论场。两个舆论场历来就有，但网络等现代媒体的出现，凸显了两个舆论场的差异，当然也与社会转型、价值多元有很大关系。而需要引起重视的是，两个舆论场对立，将会加剧社会矛盾，甚至影响社会和谐。”① “两个舆论场”在体现当前舆论环境日趋复杂的同时，更预示着社会、个人与国家之间的信息博弈与话语争夺将日趋激烈。诚如李良荣教授分析的那样：

> 新传播革命以前，“舆情”就是来自传统媒体的报道。所谓媒介建构的现实，报道什么，社会就是什么，普通大众没有能力质疑，国家政府也没有途径质疑。现在，一个新的话语空间诞生，它沟通虚拟与现实、官方与民间、公民行动与高层决策，形成多方互动，构建了一个公众参与公共事务讨论与行动的新“舆论中心”。②

总而言之，新媒介技术引发了新传播革命，新传播革命促发了新媒介的繁荣。借此，公民的知情权、表达权、参与权和监督权得到前所未有地落实与强化。从这个意义上说，新传播革命建构了我们理解媒介素养的新维度。

二、媒介素养内涵的延展

基于新传播革命的视域，媒介素养的内涵必然会产生新的拓展。

美国著名的“媒介素养中心”(Center for Media Literacy，CML) 认为，为适应 21 世纪的媒介文化及媒介教育的需要，应对原有的媒介素养概念进行扩展。该中心提出的媒介素养概念是这样表述的：“媒介素养是 21 世纪教育的重要途径。媒介素养为近用、分析、评估、创作和参与各种媒介信息提供了一个架构。这些媒介从印刷媒介到影像再到互联网。媒介素养不但能够帮助我们理解媒介在社会中的作用，同时也为民主公民提供了质询和自我表达的必要技能。”③

与此同时，中国的很多学者也不约而同地将新传播技术与当下中国的基本国情相勾连，提出了媒介素养的新内涵。

安徽大学芮必峰教授认为：在新传播技术条件下，当人人都能参与信息的生产与传播时，媒介素养就应当成为公民一种必备的素质，同德智体美劳一起融入到社会的通识教育中。如今，专业的新闻机构和非专业的新技术使用者共同绘制了今天的传播图景，传统的媒介素养已经不适合当今的传播环境。如果不及时为媒介素养赋予新的内涵，新传播技术不仅不能很好地服务于社会大众，却可能反过来压制和奴役它的主人。新传播技术条件下的媒介素养至少应该有下列几方面的新内涵：

> (1) 重新认识新技术条件下的信息生产新媒介素养的内涵首先涉及使用者对新媒介的认知问题，其次才是对新媒介的使用。

---

① 人民网舆情监测室：《人民网评：打通“两个舆论场”——善待网民与网络舆论①》，见人民网，2011-07-11。
② 李良荣、郑雯：《论新传播革命——“新传播革命”研究之二》，载《现代传播》，2012 (4)。
③ 张艳秋：《理解媒介素养：起源、范式与路径》，81 页，北京，人民出版社，2012。

（2）努力掌握新媒介的使用技能。

（3）积极倡导“交往理性”。①

中国人民大学新闻学院彭兰教授也认为，以往关于媒介素养的定义，更多的是针对传统媒体时代的受众，也就是作为纯粹的消费者的受众。但是，在社会化媒体时代，受众不仅是消费者，更是内容的一种生产者，是媒介活动的积极参与者。因此，对于社会化媒体时代的公众媒介素养的认识，需要从建设者或生产者这样一个角度加以扩展。基于此，她将公众的媒介素养分为六个方面：

（1）媒介使用素养：不仅体现为对相关技术的掌握，还应该表现为对新媒体技术和应用的合理、合法以及节制的使用等。

（2）信息消费素养：在海量信息中筛选有效信息的能力，对信息的辨识、分析与批判的能力。

（3）信息生产素养：负责地发布信息和言论的素养、负责地进行信息再传播的素养。

（4）社会交往素养：不仅表现为对相关技术的掌握，还表现为对交往对象的选择、交际网络的维护等方面、尊重他人的表达权利、隐私权、知识产权等方面。

（5）社会协作素养：与协同工作的其他人达成一致目标的能力；为自己在协同系统中定位的能力；执行协同任务的能力；与协同工作的他者进行有效沟通的能力。

（6）社会参与素养：关注公共事务，积极参与公共话题交流，尊重公共规则和他人的表达权，学会理性表达与讨论。②

媒介素养是基于不同媒介环境所带来的新问题、新诉求的产物。新媒介技术为我们建构了一幅新的传播图景，深刻改变了信息生产者与信息消费者的主客体关系，借此公民的传播自主权也获得了前所未有的发展，媒介素养的内涵则势必要做出新的调整与改变。

三、认识并理解三对关系命题

我们认为，为了因应新传播革命所带来的翻天覆地的变革，公民在建构自身媒介素养时最关键的是要认识并理解以下三对关系命题。

（一）事实与观点

美国社会学者赫伯特·甘斯（Herbert J. Gans）说过：“新闻最重要的目的是为符号场域与公民阶层提供有关国家与社会的全面的、典型的图像（或建构）。”③ 因此，为了确保新闻展现给公民的是“全面、典型的形象”，记者就必须在新闻中只提供事实，而不提供个人观点。通常意义上说，事实是客观的，是不应该带有任何情绪的；观点则是主观的外化，是对某一事实的带有针对性与倾向性的表达。因此，对于普通公民而言，当我们面对海量的信息时，首先

① 芮必峰、陈夏蕊：《新传播技术呼唤新“媒介素养”》，载《新闻界》，2013（14）。

② 参见彭兰：《社会化媒体时代的三种媒介素养及其关系》，载《上海师范大学学报》，2013（3）。

③ ［美］赫伯特·甘斯，石琳、李红涛译：《什么在决定新闻》，396页，北京，北京大学出版社，2009。

必须区分哪些是事实，哪些是观点，哪些是被“观点”包装的“事实”，哪些是隐藏在“事实”背后的“观点”。如果我们不能清楚地区分这些内容，就很可能会造成误判。例如下面这篇报道。

山东微山　干部进门“狗不咬”

本报济南5月16日电　“干部进村多了、入户久了，村里的狗都‘误’把他们当成自家人，亲着呐!”微山县傅村街道闫庄村党支部书记高文东笑着说。在山东微山县，农家养的看家狗遇到走村入户的机关干部，就像遇到老熟人般摇起尾巴打招呼。

近年来，微山县从选派3 000名干部“大规模进村入户，面对面谈心交流”，到1 300余名医护人员成为群众“家庭医生”，再到今年3月启动干部“进百姓门、吃百姓饭、知百姓事、帮百姓忙”联系农户教育实践活动，有效改善了干群关系。

“每名干部都有自己的联系户，每个农户都有固定联系人。”微山县委常委、组织部长张洪雷介绍，机关干部与群众同吃、同住、同劳动，特别是自费吃农家饭，受到群众欢迎。目前已梳理群众意见建议3 000多条。

（《人民日报》2013年5月17日）

这篇报道的初衷是为了说明微山县联系农户教育实践活动的成果丰硕。标题“干部进门‘狗不咬’”看似形象，实则是记者预先设置的“观点”。导语中，记者虽然借村党支部书记之口说出了“一个事实”，但是这个事实却经不起推敲：何以见得狗摇尾巴就是“误把干部当成自家人”？村支书又是如何知道狗的真实“想法”的？村里到底有多少只这样的狗？（因为导语中用了一个副词“都”，那么显然记者应该核实过，否则村支书的话就不是事实，只能是观点。）更为重要的是，既然要反映教育实践活动的成果，那么，受益者——农户的现身说法才更具有说服力。但是，记者通篇只采访了微山县傅村街道闫庄村党支部书记高文东和微山县委常委、组织部长张洪雷两个人。前者暗示当地的狗与下派干部更亲了，是因为干部下乡频繁；后者则是为了表明农户教育实践活动的效果。但是“受到群众欢迎”一句简单的间接引语却显得过于空洞……这篇报道最大的问题就是记者将早已定格好的“观点”置于报道的事实之中，这样反而让人感觉不够真实。

（二）事实与真相

很多时候，事实离我们很近，真相却很远。也许你是一个新闻事件的当事人，你完全亲历了整件事的全过程，但仍然未必了解事情的真相。对此，李普曼剖析得很到位：“我认为最有生命力的假设是新闻和真相并非同一回事。而且必须加以清楚的区分。新闻的作用在于突出一个事件，而真相的作用则是揭示隐藏的事实，确立其相互关系，描绘出人们可以在其中采取行动的现实画面。而只有当社会状况达到了可以辨认、可以检测的程度时，真相和新闻才会重叠。”[①] 换言之，在绝大多数情况下，事实与真相是有差别的，是难以重叠的。因此，认识事实并不代表洞悉真相。

---

① ［美］沃尔特·李普曼，阎克文、江红译：《公众舆论》，283页，上海，上海人民出版社，2002。

在“媒介化社会”的今天，情形似乎更加复杂。“社会化媒体上的公民新闻传播有一个基本特点，那就是碎片化传播，这通常表现为信息来源的多元化、观察视角的分散化、信息文本的零散性和信息要素的不完整性。”① “碎片化传播”必然带来“信息的碎片化”。对于普通公众而言，当杂乱无章、真假难辨、碎片化的海量信息扑面而来时，不要说真相，即便是仅仅了解事实，也变得不那么容易。有鉴于此，浙江大学吴飞教授对新闻事实“三个层级”的划分对我们理解事实与真相的关联具有相当的启发意义。

> 第一层级的新闻事实，是那些已经展现为动态事件（events）的新闻事实的表象，如温州动车组发生重大事故。这一层次的事实，任何目击者都可以呈现其基本的事实面，如事件发生的时间、地点、事故现场的基本情况等等。要再现这样的事实，难度并不大，只要你在现场，有基本的叙事能力和能够使用手机这种简易的传播工具就可以了。
>
> 第二层级的新闻事实，则需要通过更深入的调查和访问才能获取，如这次事故中有多少人员伤亡，是天灾还是人祸，是技术原因还是人工操作失误所致。这一层级的事实是对事件的内在因素与整体模本（patterns）的挖掘。对于这一层级的事实的挖掘，如果没有一定的知识储备和信息挖掘与呈现的技术，甚至方法论的基础，一般普通公众是没有能力完成的。
>
> 第三层级的新闻事实，则是更为隐蔽的事实，那就是需要回答这一事故背后是否有制度设计方面的原因，是否存在腐败和行政不作为，这一事件又会对社会产生怎样直接与间接的影响等等。这需要聚焦于事件背后的社会发展体系（structures），即构成这种事件模本的深层原因。对于这一层次的新闻事实的梳理和挖掘，显然需要更专业的知识、更科学的方法、更坚强的意志和更专业的精神。②

仔细分析，不难发现：新闻事实的三个层级中，第一和第二个层级尚属于基础性事实层面，第三个层级其实已经涉及了“真相”层面。而且，第二层级和第三层级的事实都对事实采集者提出了更高的专业化要求：专业的理念与专业的信息采集、信息挖掘技术。尤其在新传播革命时代，浅层次的事实，人们几乎唾手可得，但是，更深层次的事实以及隐藏在事实背后的真相却比以往更加扑朔迷离。今天的社会公众已不再满足于低层次的事实，因此，作为专业事实采集者的新闻工作者，如果不具备专业能力，就无法为公众采集到更深层次的事实，进而为他们获悉真相提供专业化的服务。

2013 年 4 月 7 日，《新文化报》刊发报道《长春老人因脑梗塞摔倒　白衣女子坚守救护》。该报道称，4 月 5 日，在长春市一家农贸市场里，一位老人突发脑梗塞摔倒在地后，共有 178 人从老人身上跨过，只有白衣女子一人帮忙看护老人。与此同时，报纸也登载了事发现场的视频截图（见图 1—4），报道末尾还“精心”配发了充满“正能量”的“记者手记”。

> 在看监控录像的过程中，我的心情非常复杂。当看到老人重重摔倒在地的那一刻，心头如响起重重的一记闷鼓；而当一个个行人默然从老人身上跨过，心头又感到一阵阵的

---

① 彭兰：《社会化媒体时代的三种媒介素养及其关系》，载《上海师范大学学报》，2013（3）。

② 吴飞：《新媒体革了新闻专业主义的命?》，载《新闻记者》，2013（3）。

烦躁；直到看到那个白衣女子守在老人身旁的场景，心头才不由一松，有一股暖流缓缓划过……任何人家里都有老人，任何人也都有老的那一天。如果倒下的是你，你会期望些什么？

178∶1，这个数字显然有些令人难堪，但幸好还有个“1”，否则这个比例将毫无意义。这个“1”就是一股正能量，是需要我们传递的意义。①

图 1—4　报纸配发的事发现场视频截图

资料来源：www. xwh. cn。

此后，《长春老人突发脑梗塞摔倒　178 人跨过 1 人守护》的视频开始在各大视频网站“疯传”。媒体的煽情化报道，加之人们笃信“有图有真相”，于是，178∶1 的巨大反差快速“点燃”了网络舆论大爆发的引线。网友纷纷指责那 178 个路人的冷漠、麻木与缺失人性，更有甚者直接抨击当今社会的“世风日下”与“道德沦丧”。然而，伴随《工人日报》、新华网等其他媒体的深入调查，真相恰恰与《新文化报》记者报道的完全相反：

（1）这段视频是事发现场的监控画面经过加速、剪辑处理之后被人放到网上的，并不是真实情况的反映。

（2）在老人晕倒后，第一时间拨打了 120 电话的菜市场业户杨先生说：“有好心人要扶，当时我告诉别扶，这时扶容易脑出血。还有人要拨打 120，我告诉他们已经打完了。”

---

① 越明：《长春老人因脑梗塞摔倒　白衣女子坚守救护》，载《新文化报》，2013-04-07。

(3) 该市场的王经理说，老人摔倒的地方，是一条重要通道，不足两米宽，因为人特别多，有人就从老人腿上“迈”了过去。“跨过和迈过，一字之差，谬之千里。”而且，多数路人都关切地询问老人的伤势，直到那位看似有一定医疗经验的白衣女子出现。

(4) 市场工作人员张岩说：“老人摔倒那天我正在值班，当我赶到现场时，已经有商户第一时间向120求援了，很多热心路人都说不要触碰老人，怕对老人‘二次伤害’，个别人还在维持现场秩序，让行人不要围观、避开老人、小心通过。”①

由此，《新文化报》的这篇报道也入选了“2013年十大假新闻”之列。在这起事件中，如果《新文化报》的记者不是仅仅通过监控录像就贸然下结论，而是基于新闻专业主义和社会责任感，运用更加缜密的调查和更为专业的技术分析，也许就能避免这篇假新闻的“出笼”。同时，我们还应该看到，传播技术越发达，事实也就越容易被“改头换面”，高水平的技术使高水准的造假成为可能。因此，在新传播革命背景下，无论是对于事实的认定，还是对于真相的把握，较以往任何一个时代都更加困难。

(三)“固定成见”与“群体极化”

人类的天性决定了我们在认知世界方面总是存在着这样或那样的局限性，“固定成见”(stereotype) 似乎就是人类无法逃避的“宿命”。“固定成见”又叫“刻板印象”，是李普曼在《公众舆论》中提出的一个重要概念，指的是“常以高度简单化和概括化的符号对特殊群体与人群所做的社会分类，或隐或显地体现着一系列关乎其行为、个性及历史的价值、判断与假定”②。现实中，因为家庭环境、教育背景和经历的不同，每个人都会有其特定的“固定成见”，每个社会也会由于习惯、风俗、历史的不同，而拥有其社会成员普遍接受的“固定成见”。“成见的表现形式并不是中立的。它不仅仅是用井井有条的方式替代现实的庞杂喧嚣的混乱状态。它不仅是一条捷径。它是所有这一切，甚至更多。它是对我们自尊心的保护，它是投射在这个世界上的我们自身的意识、我们自身的价值观念、我们自身的立场和我们自身的权利。因此，成见充满了被它所吸纳的情感。它是我们传统的堡垒，在这个堡垒的庇护下我们可以心安理得地坚持我们的立场。”③

譬如，时下频频出现的“新闻反转剧”彰显的正是“固定成见”的威力。所谓“新闻反转剧”是指：一个新闻事件发生后，一开始的舆论矛头可能指向某一方。可是，当事件中的某一个要素被明确提及或放大时，就像电视剧一样，剧情逆转，舆论的指向即刻发生偏向。有人对此的描述非常形象：

发生一起交通事故，路人违反交通规则闯红灯被车撞死。网友就会骂路人，批评不守规则的“中国式过马路”。可如果媒体报道那辆撞人的车是宝马车，舆情可能立刻反转，都去骂开宝马车的人。还有，医院发生了患者打护士事件。因为公众的偏见，常会站在患

---

① 年度虚假新闻研究课题组：《2013年虚假新闻研究报告》，载《新闻记者》，2014 (1)。

② [美] 约翰·费斯克等，李彬译注：《关键概念——传播与文化研究辞典》(第二版)，273页，北京，新华出版社，2004。

③ [美] 沃尔特·李普曼，阎克文、江红译：《公众舆论》，78页，上海，上海人民出版社，2002。

者那一边，认为患者相对医生是弱者，舆论反而会同情患者。可如果媒体告诉你那个患者是个官员，舆情便可能立刻反过来去同情护士了。[①]

由此可见，“固定成见”容易形成对某一群体的标签化认知，进而会影响人们对事件本身的判断。

事实上，新传播时代，“固定成见”又与“群体极化”（group polarization）现象有着紧密的联系。所谓“群体极化”是指“团体成员一开始即有某些偏向，在商议后，人们朝偏向的方向继续移动，最后形成极端的观点”[②]。这即是说，“群体极化”发生的前提条件是“固定成见”。在新传播技术的推动下，互联网逐渐为一群对某一问题持有类似偏向的人提供了一个平台，借此他们可以进行沟通、讨论，最终不仅固化了他们之前的“固定成见”，而且其形式更趋于极端化。造成“群体极化”的原因很复杂，美国学者凯斯·桑斯坦（Cass R. Sunstein）在其著作《网络共和国》中引入“社会串联”（social cascades）的概念对此予以解释：

> 人们在面对新信息时，无论是相信还是不相信，都各有不同的基准点。当那些比较容易相信的人，也就是基准点较低的人，对信息采取相信的态度并起而行动时，那些基准点较高的人就会随后加入，进而形成一个赞同该想法的较大团体。等到具有更高基准点的人也加入了，这个团体就更为壮大。那个“引爆点”因此有可能扩大到大众层次、社会层次，甚至国际层次。这样一路演变的过程，最后导致雪球效应或串联效应，使得大批群众相信某件事——不管事实是否为真——而他们之所以相信，只是因为和他们相关的其他人也看起来都相信该事件为真。[③]

2013年12月3日，由中国国际广播电台主办的新闻网站“国际在线”发布了一组“老外街头扶摔倒大妈遭讹”的图片（见图1—5），图中大妈一脸痛苦，外国小伙一脸无辜。报道称：

> 2013年12月2日上午10时30分许，在北京朝阳区香河园路与左家庄东街路口，一名东北口音女子在经过一个骑车老外旁边时突然摔倒，随即瘫软倒地不起。外国小伙下车急忙搀扶女子，却被女子一把揪住，自称被老外撞到腿部受伤无法行走，需要该老外负责。外国小伙大惊失色，却被女子死死拖住。在争执中女子行走正常无恙，并死命撕扯外国小伙，造成其衣服被撕烂。随后该女子死命抱住了男子所骑车不撒手。事故造成现场交通拥堵一个多小时，女子多次瘫软抽搐，坚称被外国小伙撞倒并让其负责，外国小伙被急哭。事发不久警方赶到现场，双方前往煤炭总医院。经医生检查、X光拍摄后诊断该女子并未受伤。女子随即再度瘫软大呼难受。最后在双方调解下，外国小伙不得不给付1 800元“医药费”，女子方才作罢自行离开。[④]

这则图文并茂的新闻甫一登出，舆论哗然。似乎这样的新闻正好印证了人们头脑中早已预设好的“中国大妈”形象。于是，舆论几乎一边倒。各种批评甚至谩骂弥漫在微博、微信及各

---

① 曹林：《“新闻反转剧”背后的浮躁标签战》，载《中国青年报》，2014-07-20。

② ［美］凯斯·桑斯坦，黄维明译：《网络共和国》，46页，上海，上海人民出版社，2003。

③ 同上书，58页。

④ 《老外街头扶摔倒大妈遭讹》，见 http：//gb. cri. cn/，2013-12-03。

图 1—5 国际在线刊发的“老外街头扶摔倒大妈遭讹”图片

资料来源：www. cri. cn。

大论坛上，人们口诛笔伐，大骂讹人的大妈，也有人毫不吝惜美丽的辞藻来赞扬“无辜”的外国小伙。然而，仅仅一天过后，事件即出现大逆转。多家媒体调查目击者及警方终获真相：外国小伙撞人属实，中国大妈“碰瓷”为假。

这起事件足以让我们看清“固定成见”和“群体极化”对于我们认知产生的巨大影响。一方面，倘若最初给事情定性的那位记者能够不被“眼见为实”所蒙蔽，不被头脑中对“老人碰瓷”的“固定成见”所迷惑，倘若他的报道能够再细致些、专业些，恐怕就不会有这则假新闻的诞生。正如他在 12 月 4 日发出的向事件当事人李阿姨及广大网友公开道歉信上所说：“在此事的报道上，我使用了不严谨且不翔实、有倾向性且夸张的描述，导致了一场网络风波，致使李阿姨被冤枉、网友误读、部分媒体误报。虽然我并不是故意炮制新闻以博眼球，但是我给你们带来的伤害，确是实实在在的。”① 另一方面，倘若相关媒体能够负责任地进行核实，如果广大网民能够稍微再耐心点，等待真相水落石出后再做评论，又或者评论时能够再理性些，别着急“站队定性”、攻讦谩骂，可能也不至于演变为专业媒体与普通公众“合力”抡起“道德

① 年度虚假新闻研究课题组：《2013 年虚假新闻研究报告》，载《新闻记者》，2014（1）。

棍棒”对当事人造成伤害，进而阻碍人们对事件的理性思考和判断，对社会良心与公平正义造成负面影响。

早在2006年，南京发生的“彭宇案”就已经在中国人心目中埋下了“老人碰瓷”、“好人难做”的“固定成见”。当时，南京老人徐寿兰在等公交车时被人撞摔倒，构成8级伤残。老人认定送其去医院的小伙彭宇是“肇事者”，但彭宇表示很“无辜”，因为他只是“见义勇为”。几次庭审中，彭宇始终坚持与老人“无碰撞”的答辩，使旁听庭审的一些媒体逐渐形成“彭宇是做好事反被诬陷”的倾向。一时间，舆论几乎完全偏向于支持彭宇的“乐于助人”，而谴责老人的“恩将仇报”。尤其当各大网站、论坛深入讨论此事后，“群体极化”形成，人们更坚信彭宇是冤枉的、司法审判是不公正的。自此以后，“老人摔倒‘扶’还是‘不扶’”遂成为一个社会问题。最终，在南京中院二审即将开庭之际，彭宇与徐寿兰达成庭前和解协议，彭宇也承认与老人发生过碰撞。但是，“依据当事人要求，在和解协议中增设了‘双方均不得在媒体（电视、电台、报纸、刊物、网络等）上就本案披露相关信息和发表相关言论’的保密条款，从而使彭宇案的真相未能及时让公众知晓，经数年发酵，逐步演化为社会道德滑坡的‘反面典型’”①。

近年来多起类似的事件总是给予我们类似的思考：人类的“固定成见”显示了我们认知世界的局限，但同时，互联网容易造成的“群体极化”现象又进一步放大了我们的“固定成见”。能够认识到这一点，对于培养和提升我们的媒介素养至关重要。因此，尽管是在新传播时代，尽管今天的科技高度发达，尽管“人人都有麦克风”，但媒介素养的培养并非一朝一夕，它首先建立在我们能够深刻地认识到我们自身局限的基础上。对此，李普曼在90多年前的提醒仍言犹在耳：“多数情况下我们并不是先理解后定义，而是先定义后理解。置身于庞杂喧闹的外部世界，我们一眼就能认出早已为我们定义好的自己的文化，而我们也倾向于按照我们的文化所给定的、我们所熟悉的方式去理解。”②

【本章小结】

媒介素养是指人们对不同媒介的特质与功能的认知能力，对媒介传播信息的解读与批判能力，以及参与媒介、运用媒介及其信息为个人生存发展和社会进步服务的能力。对于现代公民而言，媒介素养具有三个层面的意义：它决定了人们能否保持敏锐的洞察力来分辨“媒介世界”和“现实世界”的界限；是决定人们能否对传媒信息进行去伪存真、去粗取精甄别乃至合理使用，最终形成独立判断与健全人格的关键；也是建构现代公民综合素质的基本指标。与此同时，在新传播革命的大背景下，媒介素养的内涵势必出现新的延展。据此，我们也需要重新思考事实与观点、事实与真相、“固定成见”与“群体极化”三对关系命题。

---

① 徐机玲、王骏勇：《“彭宇案”真相再调查》，载《瞭望东方周刊》，2012-01-16。

② ［美］沃尔特·李普曼，阎克文、江红译：《公众舆论》，67页，上海，上海人民出版社，2002。

【思考与训练】

1. 媒介素养概念是在什么背景下被提出的？
2. 什么是媒介素养，它具有哪些内涵？
3. 媒介素养之于现代公民的意义有哪些？
4. 新传播革命有哪些表现形式？
5. 新传播革命背景下，媒介素养的内涵要做哪些拓展？
6. 事实与观点有哪些区别与联系？
7. 如何理解“事实很近，真相很远”？
8. 什么叫“固定成见”？试举例说明。
9. 什么叫“群体极化”？试举例说明。
10. 案例分析：就 2006 年“彭宇案”，寻找当时的相关报道与评论，进行简要分析。

【延伸阅读】

1. ［美］沃尔特·李普曼，阎克文、江红译：《公众舆论》，上海：上海人民出版社，2002。
2. ［美］凯斯·桑斯坦，黄维明译：《网络共和国》，上海：上海人民出版社，2003。
3. 陆晔：《媒介素养：理念、认知、参与》，北京：经济科学出版社，2010。
4. 张艳秋：《理解媒介素养：起源、范式与路径》，北京：人民出版社，2012。
5. 李良荣、张盛：《互联网与大众政治的勃兴——“新传播革命”研究之一》，载《现代传播》，2012（3）。
6. 李良荣、郑雯：《论新传播革命——“新传播革命”研究之二》，载《现代传播》，2012（4）。
7. 李良荣、徐晓东：《互联网与民粹主义流行——“新传播革命”研究之三》，载《现代传播》，2012（5）。
8. 李良荣、张莹：《新意见领袖论——“新传播革命”研究之四》，载《现代传播》，2012（6）。
9. 喻国明：《“渠道霸权”时代的终结——兼论未来传媒竞争的新趋势》，载《当代传播》，2004（6）。
10. 彭兰：《社会化媒体时代的三种媒介素养及其关系》，载《上海师范大学学报》，2013（3）。

第二章

媒介素养教育

【学习要点】

了解媒介素养教育的历史溯源、基本理念与核心内容，理解大众传媒在媒介素养教育中“推介者”与“参与者”的双重身份以及各自的原因和任务，明确针对当代大学生进行媒介素养教育的紧迫性与必要性，进而有效把握培养和提高大学生媒介素养的实现途径。

第一节 媒介素养教育概述

1938年10月30日，即万圣节前夜，墨丘利空中剧场开始广播《星球大战》，该节目是根据作家H.G.威尔斯的作品《星球大战》改变的广播剧。谁也不曾想到，就是这样一出普通的广播剧，却引发了全美范围内的大恐慌。普林斯顿大学的社会学者阿尔伯特·哈德利·坎特里尔（Albert Hadley Cantril）在其撰写的《来自火星的入侵：恐慌心理的研究》（1966）一书中曾这样描述当时的情形：

> 在广播远未结束之前，全美国的人就已经在祈祷、哭叫、紧张万分地四处奔逃，以逃避火星人带来的死亡。有些人跑去救心爱的人。其他人打电话道别或发出警告，匆匆通知邻居，从报纸或广播电台寻求信息，叫来救护车和警车。至少有六百万人收听了这一广播。至少有一百万人受到了惊吓，或感到了不安。[①]

有鉴于此，坎特里尔在该书的末尾特别提及了教育的重要性，他断言：“人们必须学会对自己听到的东西学会质疑。”[②] 这也从一个侧面印证了媒介素养教育的重要性。

一、媒介素养教育的基本理念

媒介素养教育发轫于20世纪30年代的西方发达国家，它是最先由英国学者和丹麦的教育

---

① 转引自［美］伯格，姚媛译：《通俗文化、媒介和日常生活中的叙事》，138页，南京，南京大学出版社，2000。

② 同上书，138页。

工作者提出的一种教育主张。从20世纪下半叶开始，媒介素养教育逐渐在欧洲、北美洲、大洋洲、拉丁美洲以及亚洲部分地区成为一种新兴的教学科目。目前，澳大利亚、加拿大、英国、法国、德国、挪威、芬兰和瑞典等国已将媒介素养教育设置为全国或国内部分地区中小学的正规教育内容。同时，媒介素养教育在世界各国各地的表述也有所不同。英国称之为“media education”，美国和加拿大等国家则将其称作“media literacy education”，我国香港地区将之翻译为“传媒教育”，台湾地区则译为“媒体识读教育”。我国内地最初也将媒介素养教育称为“媒介教育”。

那么，究竟什么是媒介素养教育呢？目前，学术界对此依然众说纷纭，相对达成共识的定义是：作为一种培养和提高学生媒介素养的教育形式，所谓媒介素养教育就是指导学生正确理解、建设性地享用大众传播资源的教育。通过这种教育，培养学生健康的媒介批评能力，使其能够充分利用媒介资源完善自我，参与社会发展。[①] 换言之，媒介素养教育的起点和归宿都是培养合格公民。

媒介素养教育涉及新闻学、传播学、教育学、心理学、社会学等诸多学科领域，其基本理念也因为国家及其发展阶段的不同而有所差异。近年来，不同国家的学者依据本国实际提出了不同的媒介素养教育理念。在此，我们遴选了一些有代表性的观点，试作简要评析。[②]

1. 媒介素养教育组织加拿大联合会（Canadian Association of Media Education Organizations）主席约翰·彭金特提出的关于媒介素养教育的八大理念

(1) 媒介并不提供外部客观世界的简单映像。更准确地说，媒介向我们提供的是经过人工精心建构的产品，这种产品反映着生产者的各种选择和判断，是多种因素影响的结果。媒介素养教育致力于解剖和辨析媒介的建构（constructions），使人们得以洞悉其中的机理与因果联系。

(2) 我们对于外部世界的多数观察和体验，是通过媒介获得的。根据这种观察和体验，我们得以增进自己对周围世界的了解。我们有关客观事实的许多看法和观点，是在媒介讯息的基础上产生和发展的，而我们所接触的媒介讯息都已经过加工建构，这种加工建构将某些意念、解释和结论渗透到媒介外传的讯息之中。因此，从某种意义上说，媒介不仅向我们提供了讯息，它也左右着我们对客观事实的感觉和判断。

(3) 如果说，媒介向我们提供了认知世界的大部分材料，那么，我们每一个人都将根据自己的需要、期望、日常的喜怒哀乐、种族立场、性别意识、家庭和文化背景等诸多个人因素来捕获或者“勾兑”（negotiates）媒介讯息的意义和蕴涵。

(4) 媒介素养教育的目的在于提醒人们注意商业动机对媒介的影响，注意这种影响如何侵蚀媒介讯息的内容、技术和资源的分配。大部分媒介生产是一种商业活动，媒介总是要考虑如何从中盈利的。因此，对于媒介素养教育来说，媒介所有权和控制权是两个至关重要的议题。我们应当关注这样一种现实：向我们提供视听阅读资源的媒介由相对少数的个人所操持和

---

① 参见宋小卫：《西方学者论媒介素养教育》，载《国际新闻界》，2000（4）。

② 综合参见：宋小卫：《西方学者论媒介素养教育》，载《国际新闻界》，2000（4）；张艳秋：《国外媒介教育发展探析》，载《国际新闻界》，2005（2）等。

控制。

（5）所有的媒介产品都具劝服因素，而且从某种意义上说，所有的媒介产品都宣示着一定的价值观念和生活方式。主流媒介或明或暗地传播着有关道德生活的本性、消费者至上主义（consumerism）、妇女的社会角色、权力认同和绝对爱国主义（unquestioning patriotism）等问题的意识形态讯息。

（6）媒介对于政治和社会变革具有巨大的影响。电视以其影像传播可以影响国家领导人的选举。媒介使我们关注诸如公民权利、非洲饥荒和艾滋病流行趋势等时事议题。媒介使我们对国家事务和全球范围内的重要事件和问题保持一种密切的接触，我们因此而成为麦克卢汉所言的地球村的村民。

（7）麦克卢汉指出，每一种媒介都有自己的文本建构规则，并以自己特有的方式梳理和呈现事实。不同的媒介可以报道同一个事件，但它们所产出的是不同的映像和讯息。

（8）正像我们可以品赏某一诗篇或散文的动人韵律一样，我们也应当学会去品赏不同媒介带给我们的美的形式与映像。

2. 英国利物浦大学高级研究员、联合国教科文组织及欧洲议会媒介素养教育问题咨询顾问莱恩·马斯特曼关于媒介素养教育的18项基本原则

（1）媒介素养教育是一种值得认真对待，并有重要意义的努力尝试。它事关大多数人的权利得失和社会民主结构的稳定与盛衰。

（2）媒介素养教育的一个核心概念是“再现”（representation）。媒介不是简单地反映（reflect）现实而是再现现实。媒介就是符号或符号的系统。不承认这一原则，任何媒介素养教育都将无所作为；依循这一原则，则媒介素养教育可以满盘皆活，尽展所长。

（3）媒介素养教育是一种终身教育。因此，提高学生的学习兴趣，培养学生在媒介素养方面的求知欲是媒介素养教育的最高追求。

（4）媒介素养教育应当着眼于增强学生（对于媒体信息）的独立自主的批评、判断能力，而不仅仅是单纯要求学生记住某些批评、判断的手法和技巧。

（5）媒介素养教育重在调查研究，它不应将某种特定的文化价值强加于人。

（6）媒介素养教育应当与时俱进，善于应对周遭情势的变化。它力求送给人们终身受益的理智之光。为达此目的，它可能将眼前的事件和问题置于更加广阔的历史和意识形态环境之中加以分析和考量。

（7）媒介素养教育的核心理念首先是分析工具（analytical tools），而不仅仅是教材、课本上的某些段落和章节。

（8）对于媒介素养教育而言，内容是达到目的的一种手段。这里所说的目的，就是学会灵活地应用各种分析的方法与工具。

（9）媒介素养教育的效果可以用以下两种标准来评估：学生以自己的批判思维应对新的（媒介）环境和情势的能力；学生在各种活动中所展示出来的责任感的高低和主动精神的强弱。

（10）媒介素养教育理想中的“评价”（evaluation），首先意味着学生的“自我评价”（self-evaluation），这种自我评价既为学生的个性所影响，也反过来影响学生的个性之发展。

（11）媒介素养教育尝试重塑施教者与受教者的双边关系，它既向受教者同时也向施教者

提出问题，请求对话。

(12) 媒介素养教育更多的是通过对话（dialogue）而不是通过论说（discussion）来展开自己的调查研究。

(13) 媒介素养教育本质上是能动的、与人分享的，它鼓励发展一种更加开放的、民主的教学方法。它鼓励学生对自己的学习承担更多的责任、享有更大的支配权，鼓励学生参与课程提纲的安排和调整，鼓励学生以更长远的眼光对待和审视自己的学习。简而言之，媒介素养教育所采用的工作方法，正如它的教育内容一样，都有诸多新的尝试。

(14) 媒介素养教育涉及合作的学问。它强调团体精神。在媒介素养教育工作者看来：个人学业的进步，不是竞争的结果，而是源自共享整个团队的智识和资源。

(15) 对于媒介素养教育来说，实践的批评和批评的实践两者缺一不可。它认定，文化批评的位置高于文化生产。

(16) 媒介素养教育是一种牵涉整体的教与学的过程。理想的媒介素养教育意味着以最佳的配方整合学生与父母、媒介从业者及教师的多边关系。

(17) 媒介素养教育信守变无止境的原则，它必须不断发展以应对随着时间变化的现实。

(18) 媒介素养教育植根于一种独具特色的认识论。这种认识论认为，现有的知识不是简单地来自教师的传授或学生的“发现”。它是起点而非终点。它是一门批评性的调查研究和对话的学科。通过这种批评性的调查研究和对话，新的知识和认识被学生和教师能动地创造出来。

3. 联合国教科文组织在德国慕尼黑召开的媒介素养教育国际大会（1982年1月）中与会19个国家共同发布的《媒介教育宣言》，提出了媒介素养教育的三大理念

(1) 媒介素养教育涉及广阔的媒介领域，包括活动图像媒介（如电影、电视、录像、VCD）、广播媒介（包括音乐录音带）、印刷媒介（主要是报纸、杂志等），以及新兴的数字传播技术。媒介素养教育旨在培养人的素养，这里的素养不仅仅涉及印刷媒介，也包括影像和声音符号在内。

(2) 媒介素养教育是针对媒介和媒介内容发展所开发的一种新型教学活动和教育研究，这与以媒体为手段和工具的教学具有天壤之别，比如采用电视和电脑等先进的教学设备，进行科学、历史、语言等学科的教学。媒介素养教育不是以媒介为教学支持的，它不可以与教育媒体和教育技术混为一谈。

(3) 媒介素养教育以培养人的思辨能力和积极参与能力为宗旨，通过接受媒介素养教育，作为媒介的消费者，青年人面对媒介不仅具备解释媒体和做出明智判断的能力，而且能自己动手制作媒介产品，从而成为积极的、能力不俗的社会参与者。因此，媒介素养教育就是要开发和培养年轻人的评判、理解和创造等能力。

上述理念，几乎都涉及了媒介素养教育的内涵、定位、目的、意义、范畴等基本问题，尽管内容各有侧重、表述各有差异，但是变化的是形式，不变的是实质。从根本上说，“媒介教育理念的变化历程，实质上就是对于大众媒介及其文化认识变化的过程”[①]。因此，作为一种终

① 黄旦、郭丽华：《媒介教育教什么？——20世纪西方媒介素养理念的变迁》，载《现代传播》，2008 (3)。

身教育，媒介素养教育的目的在于以媒介作为一种尺度，始终关注人、媒介与社会三者的关系，进而培养具有思辨能力、批判能力与参与能力的现代公民。综合考量媒介素养教育的理论与实践两个维度，目前，被世界上大多数国家所广泛认同的媒介素养教育理念包括以下六个基本范畴。①

媒介代理人：谁在传播？传播什么？目的为何？（此项理念包括：媒介文本由谁制作；制作过程的重要性；媒介机构的特性；媒介的商业性和意识形态；媒介的意图和传播效果。）

媒介的类别：是什么样的媒介文本？（此项理念包括：不同的媒体，如电视、广播、电影、网络；不同类型的文本形式，如新闻、纪录片、广告、电视剧、综艺节目、评论、科幻等；不同类型的文本如何与接受、理解关联。）

媒介技术：媒介文本是如何被制作出来的？（此项理念包括：采用什么技术；谁拥有这种技术；如何运用技术；制作过程中的产品与最终成品的关系。）

媒介语言：人们如何理解媒介讯息传输的意义？（此项理念包括：媒体如何产制思想；如何交流；媒体的编码；媒体的条例；媒体的描述结构等。）

媒介受众：谁接收信息？受众如何结构信息？如何领会信息？（此项理念包括：受众的界定；受众的构成；吸引受众的方式和渠道；受众对媒介讯息的认知、选择、消费和反馈等。）

媒介的再现特性：媒介如何反映客观现实？媒介与现实的关系？（此项理念包括：媒介文本与实地、真人、事件之间的差距；媒介文本所承载的思想、观念和偏见；媒介文本与传播效果之间的关系等。）

二、媒介素养教育的基本内容

媒介素养教育理念规定了媒介素养的基本内容。事实上，不同国家、区域在不同时期内，其媒介素养教育的内容也会有所不同。今天，媒介素养教育已经发展成为多含义、多角度、多层面的概念。早期的屏幕教育（screen education）、媒介素养（media literacy）、图像教育（visual literacy）、电视素养（television literacy），以及后来的视觉传播（visual communication）、视觉意识（visual awareness）与批判性观看技能（critical viewing skills）等均与媒介素养教育的概念密切相关，或者说是媒介素养教育的内容。②

以下，我们再对目前学术界关于媒介素养教育内容的基本观点作一番简单梳理。

加拿大媒介素养教育主要包括两项内容：一项是培养学生的“自我认同能力”，即帮助他们区分虚拟和现实、个人和世界的关系，认识媒体价值和自我价值，并懂得媒体价值不应为媒体所主导。同时，还要提高学生作为媒体消费者的意识。学生还需要理解人口统计学、消费心理学、市场份额等基本概念，清楚地了解媒体在社会经济结构中的作用。另一项是培养学生的“公民意识”。学生们应该知道公民的作用，以及如何行使好自己的公民权。③

---

① 参见张开：《媒介素养概论》，192～197页，北京，中国传媒大学出版社，2006。

② 参见卜卫：《媒介与性别》，88页，南京，江苏人民出版社，2001。

③ 参见张毅、张志安：《加拿大未成年人媒介素养教育初探》，载《新闻记者》，2005（3）。

郑保卫认为媒介教育大众化的内容应该包括：(1) 普及媒介基本知识；(2) 传授媒介运用方法；(3) 传播媒介批评理念。①

我国台湾学者吴翠珍根据当地媒体的发展和儿童素质现状，提出台湾电视素养教育的内容包括：(1) 观看行为之管理；(2) 节目真实性之区分；(3) 说服性信息的理解；(4) 媒介生态与组织。②

卜卫从英国、美国和台湾的媒介素养教育内容中概括出四点：(1) 媒介特质；(2) 媒介信息特质；(3) 媒介生态与组织；(4) 受众对自己接触行为的管理和分析。③

李琨把媒介素养教育的内容划分为：(1) 技术和应用层面；(2) 语言、语义、美学和价值观层面；(3) 媒介环境层面。④

张冠文和于健从媒介素养的内涵引申出媒介素养教育四个方面的内容：(1) 建立对信息批判的反应模式；(2) 发展关于媒介的思想；(3) 提高对负面信息的免疫能力；(4) 学会有效地利用大众传媒帮助自己成长与进步。⑤

张开把普通民众媒介素养教育教学内容细化为十个方面：(1) 媒介素养的定义；(2) 媒介素养的意义和重要性；(3) 信息时代的媒介环境；(4) 媒介符号语言；(5) 解读媒介信息的技能；(6) 媒介的真实性；(7) 媒介传播效果；(8) 受众研究；(9) 媒介与文化；(10) 媒介产品制作实践。⑥

张志安、沈国麟认为，媒介素养教育的主要内容不外乎两个方面：(1) 增加对媒介的了解，学会以批判的意识接触媒介的信息；(2) 掌握与媒介交往的能力，懂得合理地运用媒介完善自我、服务自我。前者是媒介素养教育的基础，将尽可能地减少媒介信息对我们的负面影响；后者是媒介素养教育的提升，将进一步提升我们利用媒介的水平并使我们从中获益。⑦

蔡骐认为，面对媒介化社会的来临，媒介素养教育需要从技术、艺术和道德三个维度着手。第一，求真去伪：技术发展与媒介素养教育。媒介素养教育的第一个目标就是教会人们在信息的洪流中去伪存真，而这要求受众必须在加深对媒介技术的认识和了解的基础上，增强自身的分析、判断能力，练就一双“火眼金睛”，从而杜绝虚假信息的传播。第二，美的创造：艺术实践与媒介素养教育。艺术传播的过程往往包括两个环节：在经历了传播者的第一次创造之后，人们在阅听和理解那些媒介产品时，往往会结合自身的经历和观点对其进行一次新的创造。而这第二次创造必须是在充分了解传播者创作文本时所遵循的规则和方法的前提下才能够顺利进行。第三，善的追求：道德指向与媒介素养教育。媒介素养教育的最终指向在于能够使其在接收信息内容之后，从中汲取营养和有益的成分以构建自身正确的价值体系，培养健全的

---

① 参见郑保卫：《媒介教育大众化势在必行》，载《中华新闻报》，2002-01-16。

② 参见吴翠珍：《媒体教育中的电视素养》，载《新闻学研究》(台湾)，1996 (53)。

③ 参见卜卫：《论媒介教育的意义、内容和方法》，载《现代传播》，1997 (1)。

④ 参见李琨：《媒介素质教育与中国》，载《国际新闻界》，2003 (5)。

⑤ 参见张冠文、于健：《浅论媒介素养教育》，载《中国远程教育》，2003 (7)。

⑥ 参见张开：《媒介素养概论》，236～237 页，北京，中国传媒大学出版社，2006。

⑦ 参见张志安、沈国麟：《媒介素养：一个亟待重视的全民教育课题——对中国大陆媒介素养研究的回顾和简评》，载《新闻记者》，2004 (5)。

人格。①

陆晔认为，从实践目标上看，则需要不断增强媒介素养实践的互动性和参与性，拓展新媒介技术在公众媒介素养方面的积极作用，并且，关注媒介素养从个体素养提升到社区行动能力的拓展。②

综合各家观点，依据媒介素养教育的基本理念和目标，我们认为，当代媒介素养教育的核心内容主要包括三个层面：

（1）教会学生认识各种媒介形态的特质与功能、运作规律与操作方法以及媒介内容生产的各个环节等。

（2）帮助学生深刻理解现代传媒的权利与责任，把握传媒与政治、经济、文化等社会生态环境之间的关系。

（3）引导学生学会合理、科学、高效地使用媒介，独立、理性、专业地甄别、解读甚至批判媒介信息，最终运用媒介及其信息完善自我、服务社会。

三、国外媒介素养教育的发展概况③

作为一种教育主张，媒介素养教育理念发轫于20世纪30年代的欧洲发达国家。1933年，英国文学批评家F.R.利维斯和他学生丹尼斯·汤普森在《文化与环境：批判意识的培养》一书中，首次就学校教育中引入媒介素养教育的问题作了专门的阐述并提出了系统的教学建议。利维斯和汤普森指出："教育界应以系统化的课程或训练，培养青少年的媒介批判意识，使其能够辨别和抵御大众传媒的不良影响。"与此同时，丹麦的一些教师也开始倡导并尝试在中小学开设媒介素养课程或讲座。他们认为，"教育学以往有关文化素养的认识，主要着眼于学生的文字识读及创作能力，由于电影、广播等视听媒介的普及，传统的文化素养概念亟须增加新的内涵。一个有文化素养的人，不仅应当具备文字阅读和表达能力，还应在视、听音像方面表现出良好的欣赏和判断素养"。

不难看出，媒介素养教育正是当时的西方学者对人类文明进程积极反思的产物。从学科建构的意义上说，英国学者和丹麦教师倡导的媒介素养教育，不仅开辟了文化教育的一个新领域，而且也拓展了大众传播学和教育学的研究视角与选题。这之后，伴随电视等大众传播媒介的诞生与发展，人类接触和使用传媒资源的机会和频率都大大增加，越来越多的国家和地区真切地体味到开展媒介素养教育的必要性和紧迫性。尤其在20世纪七八十年代以后，随着各国

---

① 参见蔡骐：《媒介化社会的来临与媒介素养教育的三个维度》，载《现代传播》，2008（6）。

② 参见陆晔：《媒介素养的全球视野与中国语境》，载《今传媒》，2008（2）。

③ 综合参见：[英]大卫·帕金翰，宋小卫摘译：《英国的媒介素养教育：超越保护主义》，载《新闻与传播研究》，2000（2）；宋小卫：《学会解读大众传播——国外媒介素养教育概述》（上），载《当代传播》，2000（2）；宋小卫：《学会解读大众传播——国外媒介素养教育概述》（下），载《当代传播》，2000（3）；刘清泉：《媒介教育刍论》，载《重庆师范大学学报》，2003（4）；张志安：《未成年人媒介素养教育行动策略研究》，见"中国青少年社会教育论坛——2004·媒体与未成年人发展"，2004-12-12；张艳秋：《国外媒介教育发展探析》，载《国际新闻界》，2005（2）；陈先元：《大众传媒素养论》，上海，上海交通大学出版社，2005；张开：《媒介素养概论》，北京，中国传媒大学出版社，2006；黄旦、郭丽华：《媒介教育教什么？——20世纪西方媒介素养理念的变迁》，载《现代传播》，2008（3）。

政府以及联合国教科文组织的介入，许多西方国家对媒介素养教育的重视达到了前所未有的程度。越来越多的国家开始将媒介素养教育纳入学校的正式课程，配套出版了一系列的相关教材，并陆续探索出一整套符合自身国情、民情的教学模式，媒介素养教育逐渐成为一种针对每一位普通公民的终身教育。

在欧洲，一些国家的政府部门明确规定，要求小学、中学乃至大学开设媒介素养教育课程，或在相关学科中增加媒介素养教育的内容。

1986年，英国“教育和科学部”与英国电影学院合作成立了全国初级媒介素养教育工作小组委员会（National Working Party for Primary Media Education）。1988年，该委员会在一份名为《面向5岁至11岁学生的英语教学》的文件中明确指出，媒介素养教育“对于英语教学的传统目的和关注的问题是至关重要的”。1990年，这个委员会在其提交的《11至16岁学生的英语课程设置》的报告中，提出了同样的建议。到1997年，英国已有将近三分之二的学校开设进阶式媒介研究课程，并有超过三分之一的中学毕业生参加媒介研究学科的中等教育证书考试。

概而言之，英国的媒介教育强调公民对于媒介整体的理解，其主要内容包括：媒介经济、媒介科技、媒介法律、媒介运行机制、媒介政治、媒介文化和美学。麦努尔（Alvarado Manuel）等学者将其概括为四个部分。第一，媒介运行机制——了解媒介的基本特征及社会因素对媒介的控制。第二，媒介真实性辨别——学习辨别新闻、纪录片、戏剧以及媒介世界与现实世界之间的差异。第三，媒介基本论题分析——一些研究者指出，阶级、性别、种族、年龄是媒介中经常表现的内容，而且常常被表现为传统印象。例如，妇女在媒介广告中大多被表现为家务劳动者、贤妻良母等形象，这些传统印象都是媒介教育中经常被讨论的议题。第四，受众——主要讨论受众与媒介的关系，包括“媒介在哪些方面影响了受众”、“受众又如何被媒介所影响”、“我们应该怎样看待传媒的力量”等相关论题。

北美洲的加拿大是另一个媒介素养教育广为普及的国家。加拿大媒介素养教育的第一次浪潮始于20世纪60年代的“屏幕教育”，这一活动主要由当时比较著名的媒介组织加拿大屏幕教育协会（Canadian Association for Screen Education，CASE）来推广，后来由于经费不足以及观念滞后等问题，这一组织宣告解散。从20世纪80年代开始，随着一系列官方和非官方组织的推进以及相关政策、措施的制定，加拿大中小学媒介素养教育又有了新的发展。譬如，由于加拿大媒介教育协会（Canadian Association for Media Education，CAME）的努力，安大略省（Ontario）最先将媒介素养教育引入课堂教育。到1987年，加拿大已有50家大专院校提供90多个媒介素养教育项目，其中包括单个短期课程和完备的4年学位课程。至20世纪90年代初期，全国大部分省份都成立了媒介素养教育协会。1999年9月，媒介教育已成为加拿大英语语言文学课程的必修课。如今，加拿大教育界已普遍接受了这样一种观念：青少年要想成为一个具有文化素养的人，就必须具有识读、理解不同形式的信息的能力，此外，他们还应当具备健康的批判思维能力。与其他西方国家相比，加拿大媒介素养教育的一个显著特点就是不同省份、地区都建立了相应的媒介素养教育组织。其中，全国性媒介素养教育组织，如媒介意识网（Media Awareness Network）、加拿大媒介教育协会。地方性媒介教育组织，如艾伯塔媒介认知协会（Alberta Association for Media Awareness，AAMA）、萨斯卡万媒介素养协会（Media

Literacy Saskatchewan，MLS）、马尼托巴媒介素养协会（The Manitoba Association for Media Literacy，MAML）、新斯科舍媒介素养协会（Association for Media Literacy Nova Scotia，AML-NS）、魁北克媒介素养教育协会（Quebec Association for Media Education，QAME）、安大略媒介素养协会（Association for Media Literaly，AML）、耶稣会会员交流机构（Jesuit Communication Project，JCP）等等。

美国的媒介素养教育起步较晚，从 20 世纪 70 年代末开始，媒介素养教育逐渐得到各方人士和社会团体的支持与响应。这首先体现在立法方面。1994 年 4 月，时任美国总统的克林顿签署了《目标 2000：教育美国法案》（The Goals 2000：Educate America Act），成立了全国教育标准和改进委员会（National Education Standards Improvement Council）。该法案鼓励学校在英语、数学、历史、科学、外语、公民教育、经济学、艺术和地理学九个核心学科中制定自己的内容标准，其中艺术学科的课程内容标准包含小学和中学各年级的媒介素养教育内容。除此以外，各州也制定了一系列法案来推进媒介素养教育的实施。譬如，加利福尼亚州通过了一项有关媒介素养教育的立法，以之抵制和抗衡电视暴力的影响。夏威夷州则通过媒介素养教育来防范和减少种族歧视与民族偏见。北卡罗来纳州、佛罗里达州和新墨西哥州也都通过了有关的立法来推行媒介素养教育。至于如何将这些政策、法案转变为具体的教育实践，则又会因地区的不同而有所差异。例如，美国东部地区和北卡罗来纳州都开展了关于媒介素养教育的教师培训项目。有些州甚至规定，要获得媒介素养教育的教学职位，应当具有学士以上的学位，再加一项授课认证（大约 30 个学分的证书），教师必须从提供教育学位的正式机构得到有关的认证培训。与此同时，全美还建立了若干组织良好且参加者颇众的媒介素养教育组织，像旧金山“媒介素养教育方略”、洛杉矶“媒介素养教育中心”、麦迪逊“全国电子传媒协会”和阿什维尔“媒介素养公民行动”等都是美国颇有影响的媒介素养教育社团。这些组织不约而同地将媒介素养教育视为同媒介暴力、毒品、烟草和酒精作战的有力武器，不仅开展很多活动普及媒介素养教育，还定期召开会议宣传、研讨有关媒介素养教育的议题。

亚洲开展媒介素养教育较早的国家是日本。20 世纪 60 年代以后，日本国内开始有学校试行“屏幕教育”，内容包括电影评析和电视评析，目的是帮助儿童了解大众传播的特性和现状，培养他们对大众传播的正确态度，实施这类教育的学校有时还邀请家长到学校和教学人员一起讨论电视节目。70 年代中期，“儿童与公民电视论坛”等民间团体通过筹办会议，组织专题研究等形式大力倡导媒介素养教育，并将加拿大的《安大略媒介素养教育资源指南》译成日文介绍给国内从事教育和媒介研究的各方人士。到了 20 世纪 80 年代，日本的媒介素养教育得到了显著加强，不仅形成了包括高等新闻教育、在职新闻教育、大众普及新闻教育在内的高度发达的新闻教育体系，而且开始有了媒介素养教育方面的教师培训，出版了若干有关媒介素养教育的手册和论著。总体而言，日本媒介素养教育主要由私人机构或个别教师推动，规模较小，教育行政部门一般不提供任何资助。但是，近年来日本政府已逐渐意识到开展媒介素养教育的迫切性。1986 年，东京市政府就提出了“媒体教育是未来教师和父母的重要工作”以及“学校必须将媒体教育加入课程”的两项主张。2000 年，日本邮政省发布《广电传播领域之青少年与媒体识读》的调查报告，自此媒介素养教育的概念逐步被日本社会广为知晓。目前，日本的大众媒介素养教育主要通过两个途径拓展。一是加强中小学的新闻教育。例如，日本的小学课本里通常会有介绍新闻传播业的内容，中学则至少会开设一门新闻类课程，向学生普及相关新闻知识。同时，为了充实中小学新闻师资队伍，日本的一些名牌大学还会动员新闻专业的部分毕业生到中小学执教，向学生传授新闻知识。二是鼓励新闻媒体利用多种形式，向大众传授新闻知识，开展媒介素养教育。日本的新闻媒体会经常性地举办各类新闻讲座，向社会大众传授新闻采编知识。

以上，我们简要地描述了国外媒介素养教育的发展概况，很容易得出这样一个结论：由于各国具体的国情和文化传统的差异，媒介素养教育在世界范围内的发展并不平衡。较为系统的媒介素养教育大都集中在大众传播业高度发达的工业化国家，非洲（南非除外）和亚洲部分地区的媒介素养教育则仍处于萌芽状态，有的国家甚至尚未开始。为此，联合国早在20世纪70年代就开始致力于推动媒介素养教育在世界范围内的全面开展。

1978年，联合国教科文组织委托芬兰的媒介研究专家锡尔卡·明基宁（Sirkka Minkkinen）设计了一项国际性的媒介素养教育方案。明基宁在该方案中指出，在资本主义社会，大众传媒的消极影响是其积极影响所无法抵消的。这种社会环境里的大众传媒，有可能发展成为操纵公众舆论的重要工具。因此，媒介素养教育的目标，不仅是教会青年人应对各种大众媒介，而且要鼓励学生为建立具有真正民主精神的高质量的大众传播体制而努力。1982年、1984年和1986年，联合国教科文组织又依次出版了《将大众媒介用于公共教育国际研讨会的最后报告》、《媒介教育》、《了解媒介：媒介教育与传播研究》等三种读物。在该组织1989年发表的《世界交流报告》中，也设专节对媒介素养教育的国际趋势和亚洲太平洋地区、欧洲和拉丁美洲的媒介素养教育状况作了介绍，并且提供了25种媒介素养教育的论著索引。

四、我国媒介素养教育的发展概况

我国对于媒介素养教育问题的关注最早可以追溯到20世纪30年代。尽管当时并没有“媒介素养教育”明确的提法，但“在中小学课程中加入新闻学课程”则成为其时新闻学者与中小学教育工作者的一种较为普遍主张。1931年，新闻学者、复旦大学新闻系教授黄天鹏在《怎样做一个新闻记者》一书中就专门撰文指出：“在东方，新闻记者的教育已为一般人所承认，在中等教育中也已有加进新闻学一门为必修的课程的动议。最低应给予中学生以‘新闻纸是什么’的观念。”黄天鹏进而又在《新闻学概要》中指出，“新闻学谁都有研究的必要”，这是因为，“我们对新闻学有相当的了解，对新闻社有若干的常识，则对新闻纸的记事，自有较深的认识；对新闻纸的评论，也有更明确的判断。在社会上为报纸的监督者，在自己增加了是非的判别力”。具备这种常识，人们面对“无论何种的新闻纸，都有敏锐的判别眼力，不致为有作用的新闻纸所同化”。人们“能尽读者的责任，有监督记者的力量，督责新闻社的向上”[①]。这种不被“同化”的力量源于对新闻纸即报纸的正确认识。

1935年，中学教师潘觉则在《怎样普及新闻教育》一文中对媒介素养教育的具体方法进行了探讨：“第一，师范学校中添列新闻课程。第二，普通中学及职业学校中添授新闻学科。第三，商人团体应于补习学校中添授经济新闻读法科目。第四，利用无线电播音灌输新闻学知

---

① 转引自李秀云：《中国媒介素养教育思想萌芽的阐发》，载《新闻记者》，2005（1）。

识。第五，民众教育馆设法指导民众读报。”①

不难看出，鉴于当时的国情和民情，我国早期的媒介素养教育思想与西方国家的媒介素养教育思想之间存在很大的差异：中国重在新闻学理知识的普及，而西方国家则强调媒介批评精神和独立国民性格的培养。

我国对真正意义上的媒介素养和媒介素养教育的关注始于1997年。其时，中国社科院副研究员卜卫女士发表了中国内地第一篇系统论述媒介素养教育的论文——《论媒介教育的意义、内容和方法》。该文追溯了“媒介素养”这个概念在西方演进的历史。文中提及的“媒介教育”即今天的“媒介素养教育”。② 此后，内地学者开始通过译介的方式，将西方媒介素养研究成果引入中国新闻传播学界。《英国的媒介素养教育：超越保护主义》③、《学会解读大众传播——国外媒介素养教育概述》和《西方学者论媒介素养教育》④ 等文章就是其中的代表性成果。2003年以来，由于大众媒介特别是网络媒介的负面影响为越来越多的人所重视，以及媒体对《公民道德建设实施纲要》和《全国青少年网络文明公约》的大力宣传和引导，社会对媒介素养教育的认知度逐渐提高，这方面的研究成果和学术交流活动也随之增多。

2003年9月起，上海的《新闻记者》杂志开设专栏，连续刊登关于媒介素养研究的系列文章。2004年3月，中国传媒大学《媒介研究》杂志推出了我国第一本传媒素养论文集；7月，教育部把传媒素养教育理论和实践研究列为哲学社会科学研究四十个重大攻关项目之一；10月1日，中国内地第一个媒介素养专业网站（www. medialiteracy. org. cn）由复旦大学媒体素养小组创建并正式开通；10月28日，为期四天的首届“中国媒介素养教育国际研讨会”在中国传媒大学召开。此次研讨会以“信息社会中的媒介素养教育”为主题，来自加拿大、英国以及中国台湾和香港等地的知名学者就如何建立适合中国国情的媒介素养教育理论、推动中国媒介素养教育事业的发展、保护在媒介巨大影响下表现脆弱的青少年、保护被媒介侵蚀的传统文化等问题进行了交流和探讨。《媒介素养》一书即是此次研讨会提交论文的汇编。12月，“中国青少年社会教育论坛——2004·媒体与未成年人发展”在上海举行。⑤

近年来，学术界诞生了一大批关注中国本土媒介素养教育的研究成果。例如，复旦大学陆晔教授主编的《媒介素养：理念、认知、参与》(2010)，该书是教育部哲学社会科学研究重大课题攻关项目“媒体素质教育理论与实践”的最终成果，书中涉及多项中国本土媒介素养状况与发展的实证研究。中国传媒大学副教授张艳秋女士在其博士论文基础上修订出版的《理解媒介素养：起源、范式与路径》(2012) 则是媒介素养研究领域中比较全面与深入的一部专著。除了在学术期刊、研讨会上发表论文外，学者们也开始有意识地利用报纸、网络等大众传播媒

① 转引自李秀云：《中国媒介素养教育思想萌芽的阐发》，载《新闻记者》，2005 (1)。

② 参见卜卫：《论媒介教育的意义、内容和方法》，载《现代传播》，1997 (1)。

③ [英] 大卫·帕金翰，宋小卫摘译：《英国的媒介素养教育：超越保护主义》，载《新闻与传播研究》，2000 (2)。

④ 宋小卫：《学会解读大众传播——国外媒介素养教育概述》(上)，载《当代传播》，2000 (2)；宋小卫：《学会解读大众传播——国外媒介素养教育概述》(下)，载《当代传播》，2000 (3)；宋小卫：《西方学者论媒介素养教育》，载《国际新闻界》，2000 (4)。

⑤ 综合参见：刘伟国：《中国媒介素养教育现状及实施难点分析》，载《新闻界》，2005 (1)；谢金文：《新闻与传播通论》，87～88页，上海，复旦大学出版社，2006。

介普及相关知识，媒介素养教育实践也逐渐开展起来。比如，学者卜卫在中青网（www. cycnet. com）“少年园地”频道开设了“媒介课堂”栏目，专门为青少年开设了“一种使我们获得对大众媒介具有批判能力的新课程”。这些不仅在媒介素养教育实践方面做出了有益的探索，而且对于媒介素养教育理论研究具有重要的参考和借鉴意义。

2004 年，张志安等学者曾撰文指出：“我国媒介素养教育的主要问题之一在于仅限于理论研究和介绍，媒介素养教育缺乏有效实践。对媒介素养和媒介素养教育，少数学者的关注和研究仅局限于在学术期刊或学术论坛中发表文章，有关媒介素养教育的实践非常匮乏。目前，中国大陆尚没有一本真正的媒介知识普及读物，也没有一所高校或中小学开设媒介素养课程。”① 在多方努力下，此状况很快得以改观。当年 9 月，上海交通大学在中国内地高校中第一个开设传媒素养教育课。除了传播学专业的学生外，首批七百多名电子工程、农学和其他理工科的学生参加了这门课程的学习。该校谢金文老师还出版了国内第一本媒介素养教材《新闻·传媒·传媒素养》。②

2005 年 9 月，中国传媒大学正式开设面向本科生和研究生的媒介素养课程。2006 年 9 月，安徽大学新闻传播学院开始为 06 级本科新生开设“当代媒介素养”课程，浙江大学传媒与国际文化学院开设面向全校本科生的通识课程“媒介素养”。2012 年，由安徽大学姜红和刘勇两位老师主讲的“当代媒介素养”课程被教育部遴选为“精品视频公开课”，成为第一门媒介素养类精品课程。目前，该课程的教学录像已在爱课程网站（http：//www. icourses. cn/）上线。

此外，从 2004 年开始，各大高校相继推出了一批媒介素养方面的教材。例如，上海交通大学陈先元的《大众传媒素养论》（2005）、中国传媒大学张开的《媒介素养概论》（2006）、南京大学段京肃等合著的《媒介素养导论》（2007）、安徽大学刘勇等编著的《当代媒介素养教程》（2007）、云南大学单晓红的《媒介素养引论》（2008）、中山大学张志安等主编的《躲不起惹得起：提高你的媒体素质》（2010）、北京师范大学于翠玲等合著的《大学生媒介素养概论》（2010）、中国青年政治学院黄楚新主编的《新媒介素养》（2012）、中南财经政法大学吴玉兰的《媒介素养十四讲》（2014）、北京印刷学院高萍的《当代媒介素养十讲》（2015）等。

第二节　大众传媒与媒介素养教育

“媒介素养教育的对象是谁，是否包括对传播者的教育？”这是媒介素养教育理论研究与实践运作中一个至关重要却又存在争议的问题。目前，绝大多数研究者认为，媒介素养教育的基本对象是普通民众，在传播学意义上，则更多指涉的是受众。我国学者陈力丹教授则将媒介素养分为两个层次：“一个是公众对于媒介的认识和关于媒介的知识，另一个是传媒工作者对自

---

① 张志安、沈国麟：《媒介素养：一个亟待重视的全民教育课题——对中国大陆媒介素养研究的回顾和简评》，载《新闻记者》，2004（5）。

② 参见刘伟国：《中国媒介素养教育现状及实施难点分析》，载《新闻界》，2005（1）。

己职业的认识和一种职业精神。”① 与之相呼应，不少学者认为媒介素养教育也应该包括对传者的教育，进而将媒介素养教育分成两种类型，即终身教育——针对每个普通公民，专业教育——针对媒介从业者。② 这些争论背后实际牵涉媒介素养教育的主客体问题。也许，纯粹地做形而上的理论推导过于抽象，我们不妨先撇开主客体的二元对立，将上述问题置换为“大众传媒在媒介素养教育中究竟应该充当怎样的角色”这样的追问可能就显得相对具体了。

一、大众传媒在媒介素养教育中的双重角色

随着科技水平的提高和全球化进程的加快，大众传媒充斥着我们的生存空间，并以其强大的辐射力影响着人们的生存方式，甚至塑造着一个时代的核心品格。传播学集大成者威尔伯·施拉姆（Wilbur L. Schramm）就曾指出：“大众媒介一经出现，就介入了一切重大的社会变革，包括智力革命、政治革命、工业革命，以及兴趣爱好、愿望抱负和价值观念的革命。这些革命使我们懂得了一条基本规律：由于传播是基本的社会过程，由于人首先是处理信息的动物，因此，信息状态的重大变革，以及传播在社会变革里的介入，总是和重大的社会变革相生相伴的。”③ 因此，作为一次全民教育的变革，媒介素养教育是一个需要全社会普遍参与的系统工程。其中，大众传媒的作用不可小觑，充当着推介者与参与者的双重角色。作为推介者，大众传媒通过生产新闻产品来建构社会文化，启迪民智，担负着向全社会宣传和推广媒介素养教育的职责，传媒借此成为实施媒介素养教育的主体；作为参与者，大众传媒及其从业者自身也需要身体力行，通过媒介素养教育来强化专业意识和职业操守，更好地充当社会“守望者”的角色。“我们应该以马克思主义的新闻观规范传媒人的传媒道德和职业道德，从而提高媒体的媒介素养，也即是传者素养。”④

从这个意义上说，传媒又成为媒介素养教育所针对的对象之一。“推介者”与“参与者”的双重角色，既体现了大众传媒在媒介素养教育这一系统工程中的作用与地位，也预示着媒介素养教育的复杂性。

（一）大众传媒作为推介者的原因分析

媒介即信息。大众传媒之所以能够担当媒介素养教育的推介者角色，一个最重要的原因即在于传媒对现代社会的影响力与日俱增。“虽然媒介自成一个行业，但它们已经深深地渗透到我们的社会之中，在有限的程度上，它们已经成为我们教育体制的一部分。”⑤ 尤其在今天这样一个信息化、媒介化的社会里，大众传媒已经成为我们生活不可或缺的组成部分。不仅我们日常所接触的大部分信息来自大众传播媒介，而且我们对外部世界的了解也主要依赖大众传

---

① 陈力丹：《关于媒介素养与新闻教育的网上对话》，载《湖南大众传媒职业技术学院学报》，2007（2）。

② 参见张开：《媒介素养概论》，213页，北京，中国传媒大学出版社，2006。

③ ［美］威尔伯·施拉姆、威廉·波特，何道宽译：《传播学概论》（第二版），16～17页，北京，中国人民大学出版社，2010。

④ 胡莹、项国雄：《传者素养：媒介素养教育的根本》，载《传媒观察》，2005（8）。

⑤ ［美］梅尔文·德弗勒、桑德拉·鲍尔-洛基奇，杜力平译：《大众传播学诸论》，136页，台北，五南图书出版公司，1991。

媒。事实上，传媒在为我们提供信息的同时也影响着我们方方面面的认知。

美国大众传播心理研究专家鲍尔-洛基奇（Sandra Ball-Rokeach）在谈到传媒的这种巨大影响力时曾经说过："媒介传播能产生强大的效果，是因为它发出的信息能协助建构社会现实，提供给受众一种世界观，久而久之，人们便依据媒介所提供的参考框架来界定并修正个人的观念和行为。"① 基于此，传媒也就成为向社会公众推广和介绍媒介素养教育的最为合适的渠道和平台：

> 媒介素养是受众高效率利用媒介的必要素质，因此媒介在提高公众媒介素养方面责无旁贷。更何况，新传播技术带来的多种多样的传播方式，极大地方便了人们对各种知识的获取和学习。现代媒介在全面提升自身素养的同时有责任和义务普及媒介素养，让人们将媒介素养知识内化为一种自觉性的行动。媒介素养的关键在于培养公众的批判思维。拓展多方面的信息源以防止偏听偏信，多元视角，多方思维，让受众在立体化呈现的事实中寻找真相。不论是传统媒体还是新媒体，都应当在发掘有价值的新闻，保证公民知情权的同时，逐步培养受众的批判性思维，以保证良好的传播效果。②

（二）大众传媒作为参与者的原因分析

大众传媒的社会功能不仅包括正面、积极的功能，也具有负面、消极的功能。因此，传播主体如果不具备专业素养和职业精神，暴力、色情等不健康信息就会轻易地经由传媒之手扩散出去，造成信息污染，进而对社会大众尤其是青少年产生不良影响。事实上，20 世纪 30 年代，西方倡导媒介素养教育的初衷即在于帮助社会大众抵制媒体的负面影响。今天看来，提高受众的媒介素养的确相当必要，但对传媒进行媒介素养教育也势在必行。因为，当今传媒在此方面的缺失往往也让人触目惊心。这主要体现在两个方面。

一方面，传媒职业定位不清，责任不明。

从本质上说，大众传媒代表着社会公众的根本利益，充当的角色是公众代言人。在我国，传媒是党、政府和人民的"喉舌"。这一基本性质决定了我国传媒要"吃透两头"，不仅要承担宣传党的路线、方针、政策的任务，也要切实反映人民的心声和需要。党的十四大以来关于新闻媒介双重属性的认定，为我国新闻媒体走向市场提供了理论支撑并由此促发了传媒产业化进程的高歌猛进。从历史视域出发，双重属性无疑具有解放思想的进步意义。然而，在具体的运作中，一些传媒在巨大的商业利益面前开始迷失本性，一旦职业定位逐渐由"公众代言人"向"广告主或经济集团代言人"倾斜，权利与责任的天平就势必出现失衡状态，丧失人文精神和职业操守的现象也就时有发生。职业定位不清，必然导致职业责任不明。现实中，还有一些媒体工作者将传媒的"权利"当作"权力"，混淆传媒与政府机关、商业机构的社会角色，有的甚至滥用传媒的"权利"，利用其掌握的传播渠道将传媒的话语权演变成一种"话语霸权"。

另一方面，"四大公害"泛滥。

作为人类精神产品输出者的新闻传媒，其根本职责（或者说传媒存在的合法性）在于：以

---

① 转引自胡莹、项国雄：《传者素养：媒介素养教育的根本》，载《传媒观察》，2005（8）。

② 芮必峰、陈夏蕊：《新传播技术呼唤新"媒介素养"》，载《新闻界》，2013（14）。

人民大众的根本利益及信息需求为出发点，传播信息，记录历史，客观、忠实地报道新近发生的事实，监督社会其他机构的运行，进而建构人类文化。然而，近年来，我国传媒在市场化过程中却出现了很多与此相悖的状况，“有偿新闻”、“虚假报道”、“低俗之风”和“不良广告”被并称为当今中国传媒的“四大公害”，且大有继续泛滥之势：一些媒体从业者不惜抛却起码的专业操守和职业道德，有的甚至铤而走险，触犯基本的法律法规，大肆出卖其报道权，从报道对象方面赚取不义之财；一些媒体为了追求所谓的轰动效应，甘愿摈弃新闻报道的真实性原则，人为制造、“策划”虚假报道，尽管社会各界对此深恶痛绝，但至今“虚假报道”仍未绝迹；一些媒体一味迎合某些低级趣味，新闻报道中充斥着煽情化、刺激性的“星”（明星）、“性”（色情）、“腥”（暴力）等相关内容，有的娱乐类节目也是内容浮浅，格调低下；媒体发布的广告中，很多不仅违反广告发布的法律法规，有的甚至完全是色情或者虚假广告。近年来，传媒发布的许多虚假、不实的药品广告、医疗广告已经造成了极其恶劣的社会影响，对人民生命安全业已形成了相当大的威胁。尽管从2006年8月1日起，国家广电总局明令禁止在电视中出现美容、减肥药品、器械广告，但由于巨大经济利益的驱使，这类广告至今仍屡禁不止。

传媒的这些现状着实堪忧，同时，社会也对传媒工作者提出了基本的素养要求。诚如有研究者阐释的那样：“媒介工作者应充分加强职业精神、道德自律，从各个方面提高自身的媒介素养水平，做好媒介传播的把关人，权责分明，充分发挥社会信息的资源功能，充当好社会的重要公器。”①

二、大众传媒作为媒介素养教育推介者的基本任务

为了推动媒介素养教育在全社会范围内顺利实施，大众传媒需要在三个方面“着力”。

第一，切实理解媒介素养的特质，把握媒介素养教育的精髓和意义。

对于传媒而言，要在全社会范围内，有效宣传和推广媒介素养教育，一个重要前提就是传媒首先必须对媒介素养和媒介素养教育的基本内容有一个细致且深入的了解。譬如，媒介素养和媒介素养教育的内涵、历史沿革及其对现代公民和现代社会的意义等。尤其需要系统把握媒介素养教育的三个基本内容，亦即教会普通公众：正确认识各种形式媒介的特质与功能、运作规律与操作方法以及传媒内容生产的各个环节等；深刻理解传媒的权利与责任，了解传媒与政治、经济、文化等社会生态环境之间的关系；在此基础上，引导社会大众独立、理性、专业地甄别、解读甚至批判传媒信息，使之最终能为自身的生存发展服务。如果传媒对这些基本情况了解得不够全面、透彻，甚至相对“外行”，那么，其宣传的深度、广度、力度乃至宣传效果势必会大打折扣。

第二，结合不同媒介的传播特点采取不同的推介策略。

大众传媒的一个传播优势在于其面向相对广泛的社会大众，波及的范围大，影响力深远。与此同时，不同传播媒介又拥有各自的传播特性，如果每一种媒介都能够结合自身的特点来推

① 胡莹、项国雄：《传者素养：媒介素养教育的根本》，载《传媒观察》，2005（8）。

广媒介素养教育，其效果自然也会相对明显。例如，纸质媒介可以通过开设专版、专栏等形式来普及媒介素养的内容，这方面可资借鉴的是美国。该国的《纽约时报》（*The New York Times*）、《华尔街日报》（*The Wall Street Journal*）等一批主流大报都开展了名为 NIE（*newspaper in education*）的媒介教育活动，该活动的中文译名为“报纸参与教育”。其基本做法是，这些报纸通过与学校教育的有机结合或创办辅助性刊物和印发相关材料，扩大报纸在学校的发行量，千方百计地培养青少年阅读报纸的习惯。[①] 国内方面，一些面向青少年的报纸也纷纷设立学生记者团，由报社的编辑、记者定期培训这些学生记者，教会他们关于新闻采、写、编、评的基本知识。比如，《安徽青年报》就与安徽省的大、中学合作创办《学生周刊》，大量刊载大、中学生自己采写的稿件。再比如，上海《青年报》的学生记者团也已经有十几年的历史。上海东方电视台的“东视少儿新闻”节目，就是由电视台提供制作设备，由几百名特约的学生记者自己采集、编辑电视新闻，然后在电视台播放的。[②]

第三，为受众提供参与媒介素养教育的渠道和机会。

受众是媒介素养教育的基本对象，从本质上说，媒介素养教育的目的就是提高全社会公民对不同媒介的特质、功能的认知能力，对媒介传播信息的解读、批判能力，以及运用传媒及其信息为个人生存发展和社会进步服务的能力。为此目的，传媒可以做的工作有很多。例如，媒介机构可以利用其先进的设备和丰富的实践经验定期为受众举办关于媒介使用和认知方面的培训，中央电视台“百家讲坛”栏目的推广和运作模式就完全可供媒介素养教育借鉴。传媒也可以向社会开放，邀请普通公众参观媒体、了解和参与新闻制作的过程。近年来兴起的传媒招募“市民记者”，举办“请市民当一天记者”或“DV 大赛”等活动，就是比较有益的尝试，这些活动使受众得以通过自身的实践来加深其对媒介产品制作流程的认识，进而切实提高普通受众的媒介素养。最后，传媒还应该与受众进行积极、良性的互动。今天，很多传媒将“互动”仅仅理解为吸引受众注意力的手段，事实上，其内容远远比单纯的增加受众接触媒介的几率要深刻得多。从本质上说，它是媒介素养教育的题中应有之义。具体来看，新闻传媒不仅要开展专业的受众调查，了解受众的信息需求，并依据受众的反馈信息及时调整传媒的传播行为和策略；还可以通过邀请受众参观、参与媒介产品的制作过程，使其得以从宏观上了解传媒业的基本运作。同时，更有机会发表个人的意见和观点，为来自“民间的声音”提供渠道和平台。

三、大众传媒作为媒介素养教育参与者的基本任务

作为媒介素养教育的参与者，大众传媒的基本任务有两个。

第一，认识传媒进行媒介素养教育的重要性，切实提高自身的媒介素养和专业素养。

大众传媒只有从关系自身生存的高度来认识媒介素养教育的重要意义，才能切实地提高其从业人员的媒介素养和专业水准。中国是一个传媒大国，拥有规模庞大的新闻从业者队伍。2014 年，由中山大学传播与设计学院发布的《中国新闻业年度观察报告 2014》显示：目前全

---

① 参见辜晓进：《走进美国大报》，21 页，广州，南方日报出版社，2002。

② 参见郑保章、柴玥：《我国媒介素养教育体系的建构主体及方式》，载《新闻记者》，2005（6）。

国持证的新闻记者约有25万人，而实际上从事新闻采编工作的从业者规模超过百万；从业者男女比例持平，分别为48.5%和51.5%；整体年龄结构较轻，平均年龄32岁，约76%的人年龄在35岁以下。其中网络新闻记者编辑平均年龄最小，仅为28.6岁。[①] 这样，切实提高传媒从业者的媒介素养就显得特别重要。一方面，传媒从业者不仅要具备选择、编辑、传播信息的能力，也要具备媒介批评的能力。不仅能够报道事实，还要能够分析事实，引导那些缺乏辨识能力的受众认清真相。另一方面，媒介从业人员要坚守自己的专业操守和职业道德，明确自身作为公众代言人的职业定位，具备强烈的社会责任感。

有学者指出今天我们正处在一个社会化媒介时代，因此，新闻从业者可以从三个层面来提升其媒介素养：

> 对社会化媒体的认识与运用能力：对社会化媒体信息的辨识能力，对社会化媒体资源的协调、组织与整合能力，运用社会化媒体进行自我拓展的能力。
>
> 社会化媒体时代的数据与技术素养：社会化媒体中用户的参与带来了巨大的数据量，社会化媒体时代也是大数据（big data）时代，要更好地利用社会化媒体资源，就需要有大数据技术作支撑。
>
> 社会化媒体中“公”、“私”界限的把握能力：代表个人还是代表媒体，为个人行为负责还是为媒体声誉负责，成为社会化媒体平台中，媒体人时时要思考与把握的问题。[②]

第二，建立健全媒介批评机制。

要杜绝大众媒介信息传播的负面影响，就必须对传媒的行为加以监督和规制。建立健全媒介批评机制则是监督传媒的一个基本途径。

一般来说，媒介批评包含三个方面：来自政府的批评、来自社会公众的批评以及来自媒介自身的批评。[③] 来自政府和社会公众的批评，属于“他律”范畴，来自媒介自身的批评属于“自律”范畴。来自政府的批评涉及政策、体制层面的考虑，主要通过法律、政策来规范媒介的行为；社会公众对于媒介的批评则从社会公共利益出发，体现的是社会舆论的巨大力量；来自媒介自身的批评主要运用职业道德来规范媒介自身的行为。西方发达国家一般会建立由社会力量开办的媒介观察及监督机构定期对大众传播媒介进行评议，譬如英国、荷兰、印度的“新闻评议会”，瑞典的“新闻业公正委员会”，波兰的“记者法庭”，美国的“新闻公评人制度”。它们的性质是“新闻传播行业的自治组织。英国的新闻评议会成员由记者、编辑、社会人士的代表组成；瑞典、荷兰、土耳其的自律组织的主席请法学家或律师担任”[④]。其职责是对新闻媒介及其从业者的职业行为进行专业评议，并接受各种因为新闻工作者违反职业道德而引发的申诉。一旦发现传媒发布的信息侵害到公共利益或相关社会群体，这些组织就会采取相应措施，号召公众抵制这些有害信息乃至传播这些有害信息的媒介，使违规的传媒丧失原有的受众

---

① 参见许青青：《调查称国内九成以上基层新闻从业者月收入低于1万》，见http：//www.chinanews.com/，2014-09-13。

② 彭兰：《社会化媒体时代的三种媒介素养及其关系》，载《上海师范大学学报》，2013（3）。

③ 参见陈先元：《大众传媒素养论》，218页，上海，上海交通大学出版社，2005。

④ 陈力丹：《新闻理论十讲》，241页，上海，复旦大学出版社，2008。

市场和广告市场，得到社会效益和经济效益两个方面皆受损失的惩罚。

鉴于我国的基本国情，来自政府的批评一直是我国媒介批评的主要方式，这对于保证媒介传播的方向具有重大作用。近年来，我国社会公众的媒介素养水平总体上得到了较大幅度的提升，加之互联网的普及又极大拓宽了媒介批评的渠道，因此，来自公众的批评正在成为媒介批评机制中一支不可小觑的新生力量。目前，我国很多媒体都在其内部设立了相关机构，由专人对传媒的报道及其他行为进行评估和监督。值得一提的是，2013 年 5 月，浙江、上海、河北、山东、湖北五个省市率先试点，成立“新闻道德委员会”，开始对媒体的行为进行专业评估，强化行业自律。2014 年，试点范围进一步扩大。目前，成立新闻道德委员会试点的省市和机构已达 19 家。①

第三节　加强当代大学生媒介素养教育的意义与方法

媒介素养是现代公民的基本素养之一。作为一个特殊的群体，当代大学生不仅是现代公民的重要组成部分，也承载着国家建设、民族复兴的伟大重任。尤其在今天这样一个媒介化社会，通过媒介素养教育来切实提升大学生的媒介素养，就显得必要而迫切了。

一、当代大学生媒介素养现状

按照媒介素养的基本内涵，我们可以从媒介接触、媒介认知和媒介参与三个向度来观测当代大学生的媒介素养现状。

（一）媒介接触

媒介接触主要考察的是选择媒介的种类和接触媒介的频率。今天，我们所面对的是一个媒介化社会，每个人都无法回避无处不在、种类繁多的媒介形态。对于当代大学生而言，他们面对的是一个新媒介更新换代日益频繁的时代，智能手机、笔记本电脑、平板电脑等移动终端的普及与繁荣，极大地影响了他们媒介接触的种类和频率。具体来说，当代大学生的媒介接触现状主要呈现两个特点。

一方面，媒介尤其是手机、网络等新媒介，已经成为当代大学生学习与生活不可或缺的组成部分，而且大学生对这些媒介的日常接触频率也极高。对此，最近的三项调查数据提供了佐证。

2013 年，一项针对上海 11 所高校大学生“媒介使用与媒介信任”的调查显示：大学生群体主要通过互联网来接触各种媒介。其中，通过网络读报、收听广播、收看电视的比例分别为：46.6%、52%、6.2%。在媒介的接触频次上，他们对于传统媒体的接触频率远远小于互

---

① 参见《记协新闻道德委员会试点扩大至 19 家》，见 http：//news. xinhuanet. com/，2015-02-16。

联网，几乎每天都上网的学生比例高达75%，且平均上网时间为每天4.49小时。①

2014年，一项关于两岸大学生媒介素养的调查显示："网络"和"手机"已经成为两岸大学生最常使用的媒介，分别位列第一、第二位。该调查还指出：大陆大学生在接触媒介的过程中，并不太注意媒介技术与技巧的运用，对媒介的表现方式和技巧缺乏一双"发现的眼睛"，较少去思考媒介技巧的运用原理和目的。②

2014年，中国互联网络信息中心发布的《2013年中国青少年上网行为调查报告》显示：截至2013年12月，中国青少年网民规模达到2.56亿，占青少年总体的71.8%，超过全国互联网普及率26个百分点。其中，大学生网民占14.4%，较2012年上升2个百分点。同时，2013年大学生每周上网时长为25.1小时，较2012年多了2.3个小时。此外，对大学生而言，排名前十位的互联网应用依次是：即时通信（97.7%）、网络音乐（91.3%）、搜索（91%）、博客/个人空间（86.5%）、网络视频（81.9%）、网络购物（77%）、微博（76.7%）、网上银行（70.4%）、网上支付（70.3%）、电子邮件（68.7%）。③

另一方面，将个人电脑、手持设备（如pad、手机）等终端以无线方式互相连接的Wi-Fi技术的应用与普及，加之微博、微信等即时通信平台的推出，使大学生可以随时随地与世界互联互通。新技术在带来便捷交流的同时，也占据了学生们大量的时间，耗费了他们大量的精力，从而减少了学习、阅读的时间。更为重要的是，网络上的碎片化信息也从某种程度上影响了大学生的阅读思维和写作逻辑，降低了他们的理解力和表达力。2012年，日本的一项调查显示：由于过度依赖电脑、手机里的短信功能，日本人的书写能力显著退化：有66.5%的日本人书写能力退化，比2002年增长了25个百分点；有42%的日本人认为"用手写字麻烦"，比2002年增长了10个百分点。④

与此同时，不加控制地接触网络等新媒介还会产生很多负面的影响。多项针对不同高校的调查表明，部分大学生对于经常接触的网络已经产生较深的依赖。例如，2011年北京某高校的调查显示，对网络存在轻度依赖的人数比重为43.83%，中度依赖的人数比重为26.48%，严重依赖的人数比重为11.63%。⑤ 2013年，针对上海市大学生的调查显示：大学生"上课或工作时会不由自主看手机"的比例为68.5%；"出门没带手机或者手机没电，觉得不安"的比例为64.6%；"即使不使用，会一直登录手机通信应用（如QQ等）"的比例为33.4%。⑥ 2014年，一项针对广西某师范学院的调查也表明：30.3%的大学生中度依赖网络，6%的大学生严重依赖网络。⑦

---

① 参见邢虹文：《新媒体环境下大学生的媒介使用与媒介信任——基于上海11所高校相关状况的分析》，载《新闻记者》，2013（8）。

② 参见郑保章、王一茹：《两岸大学生媒介素养状况的实证研究》，载《新闻传播》，2014（5）。

③ 参见中国互联网络信息中心：《2013年中国青少年上网行为调查报告》，见http：//www.cnnic.net.cn/，2014-06-11。

④ 参见《过度依赖电脑手机　近七成日本人书写能力退化》，载《新闻记者》，2012（10）。

⑤ 参见马众、谢司、李哲谦、洪惠堂：《大学生网络依赖现象调查与分析》，载《黑龙江科技信息》，2012（18）。

⑥ 参见邢虹文：《新媒体环境下大学生的媒介使用与媒介信任——基于上海11所高校相关状况的分析》，载《新闻记者》，2013（8）。

⑦ 参见毛家武：《广西大学生网络依赖的实证调查和心理分析》，载《现代视听》，2014（8）。

（二）媒介认知

作为媒介素养的一个重要指标，媒介认知主要考察大学生能否全面、理性、科学地评判媒介及其传递的信息。譬如，“媒介世界”是否就能代表“现实世界”？新闻报道的真实性究竟有哪些内涵？如何判断媒介传播信息的真伪？凡此种种的问题，都属于“媒介认知”层面的问题。目前，从多项调查结果看，大陆大学生在媒介认知层面还存在不少问题。

2004年针对西安大学生的媒介素养现状调查表明：“大学生虽然能够快速、便捷地获取信息，但却无法对媒介传播信息的方式及信息本身做出更为准确的评价，无法将自身的信息需求与媒介所提供的内容有效联系起来，使得他们不能有效地辨别信息的价值，也因此不能充分有效地利用媒介资源。”①

2005年针对上海大学生媒介素养状况的问卷调查显示，在回答“有人认为媒介报道是现实的一面镜子，能够真实反映现实。你赞同吗”这个问题时，66％的被调查者表示基本同意或比较同意，10％的人表示完全同意，16％的人对此表示了怀疑，仅8％的人对此持否定态度。这说明，大部分大学生对媒介表征和建构缺乏清醒的认识，容易把媒介现实和客观现实混为一谈，在媒介理解上仍存在重要缺陷。②

2013年针对上海11所高校大学生的调查表明：对于网络信息的看法，表示“凭自己的经验批判地接受”的比例高达65.5％。③

上文提及的2014年关于两岸大学生媒介素养的调查也表明：虽然两岸大学生具有一定的媒介质疑和批判能力；但是，大陆大学生较台湾大学生的媒介质疑与辨析能力有显著差异，表现在对大众传媒所构建的“媒介社会”与“客观真实”的关系，以及对各种类型的刻板印象的辨析能力上，大陆大学生的能力层次还未达到台湾大学生的高度。④

（三）媒介参与

媒介参与主要考察大学生能否运用媒介及其信息，为个人生存发展服务，同时经由媒介参与社会公共事务。对此，上述的两项调查也表明我国大学生的“媒介参与”程度还比较低。上海大学生媒介素养状况的调查显示：27％的人从未参与任何形式的媒体互动；49.6％的人曾经有过网络留言；22.5％的人参加过短信竞猜；14.5％的人打过热线电话；12.1％的人点过歌；10.2％的人投过稿。⑤ 上海市大学生媒介使用与媒介信任的调查表明：在社交媒体的各种行为中，参加线上线下活动的比例最低，仅为30.4％，而排在前三名的是转发话题（86.7％）、发照片（80.1％）和留言或评论（75.5％）。⑥两岸大学生媒介素养的对比调查也显示：台湾大学

---

① 鲍海波等：《象牙塔里看媒介——西安大学生媒介素养现状调查》，载《新闻记者》，2004（5）。

② 参见刘佳：《上海大学生媒介素养现状调查报告》，载《新闻记者》，2006（3）。

③⑥ 参见邢虹文：《新媒体环境下大学生的媒介使用与媒介信任——基于上海11所高校相关状况的分析》，载《新闻记者》，2013（8）。

④ 参见郑保章、王一茹：《两岸大学生媒介素养状况的实证研究》，载《新闻传播》，2014（5）。

⑤ 参见刘佳：《上海大学生媒介素养现状调查报告》，载《新闻记者》，2006（3）。

生更倾向于通过媒介表达对政治、民主及社会的关心，而这方面大陆大学生表现较差。在访谈中发现，大陆大学生对此解释为“人微言轻”。①

基于上述三个维度的考察，不难发现，尽管我国业已进入媒介化社会，大学生接触媒介的数量和频率都显著提高，但他们关于媒介的认知尚处于自发状态，尤其在运用媒介参与公共事务方面的主动性与能动性不足，因此，中国大陆大学生整体的媒介素养状况并不乐观。

二、加强当代大学生媒介素养教育的现实意义

如前所述，作为现代公民的基本素养之一，媒介素养是打开媒介化社会的一把钥匙，是公民在新传播革命中得以纵横捭阖的重要保证。对于当代大学生而言，其意义主要表现在三个方面。

（一）媒介素养教育可以帮助大学生切实增强对于媒介负面效果的“免疫力”

20 世纪 30 年代，媒介素养教育理念诞生之初，其提出者和实践者们的基本初衷就是为了让年青一代通过接受教育形成对媒介负面效果的“免疫力”，从而保护社会的高雅文化不受大众文化的侵蚀。

对于现今大学生而言，媒介的繁荣带来一系列社会问题。譬如，无节制、过度地接触网络常常会凸显网络的一个重要的负效应——“网瘾”问题。中国青少年网络协会在 2005 年、2007 年、2009 年、2011 年发布了四次青少年“网瘾”调查报告，“网瘾”人数和比例在不断攀升。《2011 年中国网络青少年网瘾调查数据报告》中将“网瘾”评判标准的前提界定为：上网给青少年的学习、工作或现实中的人际交往带来不良影响。充分条件为：（1）总是想着去上网；（2）每当互联网的线路被掐断或由于其他原因不能上网时会感到烦躁不安、情绪低落或无所适从；（3）觉得在网上比在现实生活中更快乐或更能实现自我。网瘾倾向定义为：（1）实际上网时间往往比自己预期的时间长；（2）向亲人隐瞒自己的上网时间。照此标准，2011 年我国网瘾青少年约占青少年网民总数的 26%，在非网瘾群体中，大约有 12%的青少年存在网瘾倾向。网瘾青少年上网的主要目的是打游戏、浏览新闻和听音乐。②

除此以外，媒介中的虚假报道、暴力、色情新闻、不良广告等问题，也会对大学生造成影响，唯有通过科学的媒介素养教育才能抵御这些不良影响。诚如西方学者所言：“大学的学生进入到一个社会化的环境，传媒渗透到他们的生活中，虽然不能从本质上认识它，但它却无所不在——就像谚语所说的水容易被鱼遗忘。而且今天的大学生经常接触一些关于传媒对于大众文化影响不准确、夸大其词的宣传，以至于创建与传媒效果直接相关的记录已经成为文科教育中日益重要的部分——一种经常被称为传媒素养和传媒教育的现象。”③

---

① 参见郑保章、王一茹：《两岸大学生媒介素养状况的实证研究》，载《新闻传播》，2014（5）。

② 参见中国青少年网络协会：《2011 年中国网络青少年网瘾调查数据报告》，见 http：//d. youth. cn/，2012-08-07。

③ ［美］詹宁斯·布赖恩特、苏姗·汤普森，陆剑南等译：《传媒效果概论》，1 页，北京，中国传媒大学出版社，2006。

（二）媒介素养教育可以帮助大学生在媒介化社会中更好地生存与发展

媒介是媒介化社会的基本特征。因此，认识媒介、理解媒介、使用媒介就成为现时代媒介素养的重要组成部分。对于当代大学生而言，一方面，参与未来社会竞争所必需的知识与技能、对于外部世界的体验与理解，越来越多的内容都是通过媒介获得的。另一方面，不同形态的媒介，其属性特征与传播方式的差异也会带来大学生接受程度的差异。例如，作为精神产品的输出者，大众传播媒介向受众提供的是其精心建构的产品，这种产品是多种因素共同作用的产物。因此，大众传媒往往会因为自身的立场、传播者的主观倾向等因素筛选信息，进而客观上造成了部分真相隐匿不见。这样，现代公民既要能够从大众传媒上获取信息，更要能够对这些信息进行去伪存真、去粗取精、由表及里、由此及彼的加工处理，获得自己独立而理性的判断和结论，最终为自己的生存发展服务。

与此同时，我们还必须强调的是：媒介素养并“不仅仅是一种传播素养，而是社会发展以及变革（特别是政治变革）所要求的能力的某种体现”①。从这个意义上说，致力于培养和提升大学生媒介素养的媒介素养教育，其实质是素质教育的重要组成部分，从根本上关涉了当代大学生的生存和发展的能力。如果能够有效推广、合理开展，则势必会增进当代大学生与他人、社会的良性互动。换言之，对于当代大学生而言，只有充分认识媒介的特质与功能、深刻理解媒介的运作与问题，同时，能够相对娴熟地使用媒介新技术，才能在媒介化社会中更好地生存与发展。

（三）媒介素养教育能够帮助大学生成为合格的公民

1999年，联合国教科文组织会议中，33个国家的40多位学者共同发布了这样的声明：“媒体教育为全球每一个国家、每一个公民所应享有的权利，包括自由表达和资讯流通的权利，同时，媒体素养也是建立与支撑民主体制之重要途径……”② 这即是说，媒介素养教育的终极目标是培育社会理想公民。基于此，我们还必须从公民权利、公民意识等维度来思考媒介素养教育之于当代大学生的意义。在我们看来，一个健全的社会必然要求拥有素质与之相匹配的合格公民。所谓合格公民，即是指能够以公民的权利与义务观来处理个人与国家、个人与社会、个人与他人之间的关系，能够始终强调人在社会生活中的责任意识、公德意识、民主意识等基本道德意识等。而当代大学生恰恰具备成为合格公民的文化素养和规模优势。一般而言，大学期间的专业教育为大学生奠定了坚实的知识基础，但有知识不等于有文化，具备专业素养不等于具备公民素养。

今天，大学教育已经从传统的精英教育转向大众化教育阶段，高等教育不仅承担了培养社会精英的使命，也承载了培育合格公民的重任。按照教育部的统计，截至2014年7月9日，全国高等学校（不含独立学院）共计2 542所。其中，普通高等学校2 246所（包括民办普通

---

① 彭兰：《社会化媒体时代的三种媒介素养及其关系》，载《上海师范大学学报》，2013（3）。

② 转引自黄旦、郭丽华：《媒介教育教什么？——20世纪西方媒介素养理念的变迁》，载《现代传播》，2008（3）。

高校 444 所)；成人高等学校 296 所（包括民办成人高校 1 所）。[1] 根据中国教育在线的消息，2014 年全国高校计划招生 698 万人，其中本科 363 万人，高职（专科）335 万人。高考报名人数为 939 万人，较 2013 年增加了 27 万人。2014 年全国高考录取率约为 74.33%，本科录取率 38.7%。[2] 国家统计局的数据则显示：2013 年，我国全日制本专科在校生数量为 2 468.0726 万人。[3] 规模巨大的高等教育，集聚了丰厚的教育资源；数量庞大的在校大学生，原本就是合格公民的生力军。换言之，高校理应成为培养高素质公民的“摇篮”。

媒介化社会的来临使媒介成为人们认知当下社会的一个重要向度，由此也引发了当今社会结构的深刻变革。今天，媒介的影响力正与日俱增，它不仅已经渗透到了人们日常生活的方方面面，而且还通过各种形式对人们的世界观、人生观和价值观产生或显或隐的影响。因此，当代大学生要成为合格的公民，首先必须对媒介化社会的现实有一个充分的理解。从这个意义上说，媒介素养应该成为现代公民素养的一部分。诚如有西方学者所言：“媒介素养教育的目标不是帮助人们成为媒介产品的接受者和消费者，而更应该是帮助他们成为具有民主意识的公民”[4]。

三、加强当代大学生媒介素养教育的路径与方法

作为针对普通公民的一种终身教育形式，媒介素养教育的根本目的“并不在于简单地追求真实的信息、判断媒介产品的价值（如电视节目的好坏等），而在培养多角度解读、阐释信息内容的能力。体现在具体的媒介素养教育过程中，就是不过分单一强调某一媒介信息的绝对价值标准，而是培养学生主动质疑的习惯和思辨能力，从而消除其消极、被动的媒介使用观念和行为，把媒介使用变成自主和自觉的选择；鼓励他们接近并合理使用媒体，积极参与信息的媒介加工和传播过程，以达到培育社会理想公民的终极目标”[5]。然而，一直以来，媒介素养教育在中国的传统教育体系中并没有一席之地。因此，如今我国大学媒介素养教育还处于摸索阶段。结合西方媒介素养教育运动的基本经验，以及中国高等教育的现实状况，我们认为，加强当代大学生媒介素养教育可以从以下四个方面着手。

（一）引导学生明确个人的媒介需求，养成媒介接触的良好习惯

作为信息传递的载体，任何一种媒介都可能会使我们自身的思想停止运转，任何一种媒介都可能具备潜在的价值以激发我们的思考。因此，接触媒介不能率性而为，接触媒介的数量也并不是越多越好。适当的时间选择适当的媒介往往能够事半功倍。这背后就涉及人们媒介接触的动机与习惯问题。对于当下的大学生而言，他们遭遇的一个困境在于：当可以选择的媒介形

---

① 参见《2014 年全国高等学校名单（截至 2014 年 7 月 9 日）》，见 http://www.moe.edu.cn/，2014-08-07。

② 参见《2014 年全国高校招生计划公布　本科录取率 38.7%》，见 http://www.eol.cn/，2014-06-14。

③ 参见《各级各类学历教育在校学生数》，见 http://data.stats.gov.cn/，2014-12-07。

④ 转引自黄旦、郭丽华：《媒介教育教什么？——20 世纪西方媒介素养理念的变迁》，载《现代传播》，2008 (3)。

⑤ 张艳秋：《国外媒介教育发展探析》，载《国际新闻界》，2005 (2)。

态越来越多时，如何选择反而变成一件非常困难的事情。学校教育在这个方面大有可为。美国媒介环境学派代表人物尼尔·波兹曼教授就认为，学校要引导学生的媒介接触行为："帮助年轻人学习解读文化中的象征是学校不可推卸的责任，要做到这一点，学生应该学会疏远某些信息形式。我们希望学校应该把这样的任务纳入某些课程之中，甚至成为教育的中心。"[①] 因此，面向大学生的媒介素养教育，首先就应该引导学生明确个人的媒介需求，亦即让他们明确接触媒介的动机。对此，美国媒介学者詹姆斯·波特就曾提出过每个人在考量自我媒介接触时，需要自问的三个问题：

(1) 我关注的媒介范围是变宽了还是变窄了？

(2) 我所关注的信息类别是变多还是变少了？

(3) 我是要主动地接触媒介内容还是仅仅被动地接受信息？[②]

通过启发学生对上述三个问题的自省，大学生不仅很容易发现他们接触媒介的真实动机、选择某一种媒介的频率以及对相关媒介的期望值，而且也能够减少媒介选择的盲目性和由此带来的危害。在此基础上，循序渐进地培养大学生良好的媒介接触习惯，使他们既懂得通过接触媒介掌握信息、理解社会，也能够有效防范"媒介依赖"，尤其是"网瘾"的出现。

（二）传授大学生关于媒介的基本知识

中国大学生在入学前接受的基本都是应试教育，关于媒介的知识也大多以个人体验为基础的感性认识为主，缺乏系统、理性的认知。"皮之不存，毛将焉附？"只有教会大学生了解不同媒介形态的特点、功能、历史沿革等基础知识，才有可能进一步加深学生对于媒介内涵的理解及至使用方法的把握。譬如，我们应该尽可能地让大学生了解并理解：媒介不是"镜子式"的简单再现社会现实，媒介的很多内容都是被建构出来的，媒介信息背后存在着多种因素、多重力量的互动与博弈。对于当代大学生来说，这也是建构其知识系统的需要。作为人类的创造物，媒介本身蕴含的知识容量巨大，这些知识对于大学生认知社会、认识自我、理解他人，都具有非常重要的意义。因此，作为文明社会的一员，储备一定的媒介知识是一个基础性要求。更为重要的是，一旦大学生能够合理吸纳媒介知识，形成自身完整而丰富的知识系统，他们就能够更加理性、科学地面对媒介及其信息，不再偏听，不会盲从，也能够从不同层面来全面思考新闻事件的意义，最大限度地接近真相，独立、自主地做出判断。简言之，强化对于媒介知识的吸收，对于拓展大学生的知识背景、改善他们的知识结构都具有积极意义。这不仅是大学生媒介素养教育的基础，也是其中的一个重要组成部分。

（三）培育并提高大学生对媒介及其信息的甄别、剖析和驾驭的能力

在媒介化社会，形态各异的媒介如影随形，对人的影响不仅无处不在，而且常常潜移默化。借此，媒介素养教育的一个基本目的是培养并提高大学生的能力，这种能力即是对媒介及

---

① ［美］尼尔·波兹曼，章艳译：《娱乐至死》，210～211页，桂林，广西师范大学出版社，2004。

② W. James Potter, *Media Literacy*, Sage Publications, Thousand Oaks, 2001, p. 378.

其信息的判断、评估和驾驭的能力。

一方面，要努力培养并提高大学生对媒介负面效应的认知和防护的能力。只有全面认识媒介的功能，充分估量媒介负面效应的危害程度，才会在具体的实践中将这种负面影响降到最低。诚如尼尔·波兹曼在《娱乐至死》中所阐释的那样："如果某种媒介的使用者已经了解了它的危险性，那么这种媒介就不会过于危险。……只有深刻而持久地意识到信息的结构和效应，消除对媒介的神秘感，我们才有可能对电视或电脑，或任何其他媒介获得某种程度的控制。"①

另一方面，要帮助大学生建构关于媒介的认知体系，从而提高其对媒介信息的甄别能力、剖析能力和驾驭能力。尤其在今天这样一个信息过剩的时代，大学生获取媒介信息的途径日益多元，接收与传播信息的方式更加便捷，但是，面对真假难辨、良莠不齐的信息洪流，如何迅速甄别出真实的、有用的信息，如何理性剖析出信息的意义与价值，如何驾驭信息而不被信息所左右，这些都是当代大学生媒介素养教育的重要内容。

（四）帮助大学生构建并提升运用媒介"为我所用"的本领

在科学技术突飞猛进的今天，个人的生存与发展与对媒介的运用须臾不可分离。因此，媒介素养教育的一个根本归宿就是必须让大学生学会利用媒介为个体的生存发展服务。这需要从以下两个方面加以落实。

其一，要帮助大学生实现从单纯学习知识到建构"学习能力"的转换。如果说，知识是以一个个"实体"而存在的，那么，"学习能力"则是一种无形的素养，不具备这种素养，就无法迅速学习新知识、适应新环境。道理很简单，各种各样的专门知识千差万别，但其背后都蕴含了"学习"这样一种行为，换言之，"学习知识"的关键不在于学到多少知识，而在于具备科学、快速的学习能力和学习方法，观察和参与新的体验与实践，进行新旧知识的融合，在"学会"之前，实现"会学"。今天，媒介技术日新月异，几乎每时每刻都会有新的媒介诞生，而很多新媒介往往又直接关乎我们的工作与生活。因此，唯有不断提高大学生的"学习能力"，才能不断学习新的知识，适应新的变化。

其二，要强化大学生自主学习的能力。在大学生媒介素养教育中，要力图改变我国高等教育中教师与学生关系不对等的状况，变传统"满堂灌"、"填鸭式"的教学为双向互动式教学。事实上，这也符合西方媒介素养教育的实践转向——"西方的媒介教育从保护主义到反思批判，试图改变教育者和教育对象之间的对立，不是媒介教育者作为先知作为领路，而是启发提问，激起学生自己自主的学习、理解和应用理论思考的能力。"②

【本章小结】

作为一种培养和提高学生媒介素养的教育形式，媒介素养教育发轫于20世纪30年代的西

---

① ［美］尼尔·波兹曼，章艳译：《娱乐至死》，208～209页，桂林，广西师范大学出版社，2004。

② 黄旦、郭丽华：《媒介教育教什么？——20世纪西方媒介素养理念的变迁》，载《现代传播》，2008（3）。

方发达国家，历经80多年的发展，其内涵和外延不断拓展。总体而言，媒介素养教育的主要内容包括三个方面：(1) 教会学生认识各种形式媒介的特质与功能、运作规律与操作方法以及媒介内容生产的各个环节等；(2) 帮助学生深刻理解现代传媒的权利与责任，把握传媒与政治、经济、文化等社会生态环境之间的关系；(3) 引导学生学会合理、科学、高效地使用媒介，独立、理性、专业地甄别、解读甚至批判媒介信息，最终运用媒介及其信息完善自我、服务社会。在媒介素养教育中，大众传媒充当着推介者与参与者的双重角色。作为推介者，大众传媒通过生产新闻产品来建构社会文化，启迪民智，担负着向全社会宣传和推广媒介素养教育的职责，传媒借此成为实施媒介素养教育的主体；作为参与者，大众传媒及其从业者自身也需要身体力行，通过媒介素养教育来强化专业意识和职业操守，更好地充当社会“守望者”的角色。此外，在媒介化社会中，加强对当代大学生的媒介素养教育，也具有特别重大的意义。

【思考与训练】

1. 什么是媒介素养教育？其核心内容有哪些？
2. 大众传媒在媒介素养教育中具有的双重角色是什么？为什么？
3. 作为媒介素养教育的推介者，大众传媒的任务有哪些？
4. 作为媒介素养教育的参与者，大众传媒的任务有哪些？
5. 为什么要对当代大学生进行媒介素养教育？
6. 如何培育并提升当代大学生的媒介素养？
7. 如果在你所在的大学展开一次本校大学生媒介素养状况的调查，请设计一份调查问卷。

【延伸阅读】

1. 黄旦、郭丽华：《媒介教育教什么？——20世纪西方媒介素养理念的变迁》，载《现代传播》，2008 (3)。
2. 卜卫：《媒介与儿童教育》，北京：新世界出版社，2002。
3. 卜卫：《媒介与性别》，南京：江苏人民出版社，2001。
4. 卜卫：《论媒介教育的意义、内容和方法》，载《现代传播》，1997 (1)。
5. ［英］大卫·帕金翰，宋小卫摘译：《英国的媒介素养教育：超越保护主义》，载《新闻与传播研究》，2000 (2)。
6. 李秀云：《中国媒介素养教育思想萌芽的阐发》，载《新闻记者》，2005 (1)。
7. 芮必峰、陈夏蕊：《新传播技术呼唤新“媒介素养”》，载《新闻界》，2013 (14)。

第二部分

媒介内容

第三章

新　闻

【学习要点】

掌握新闻的定义与特点、新闻价值的内涵与特质、新闻的不同类型等基本知识，理解影响新闻生产的各种因素，能够初步从真实性、倾向性、道德层面对新闻报道进行解读。

第一节　什么是新闻？

从政治动态、股市波动，到天气信息、娱乐资讯，每天，你都会接触到大量新闻。但是，你了解什么是新闻吗？你知道新闻究竟从何处来吗？新闻又具有哪些特性？让我们先从新闻的定义讲起。

一、新闻的定义与特点

美国社会学者盖伊·塔奇曼（Gaye Tuchman）在其经典著作《做新闻》中，开宗明义地指出，“新闻是人们了解世界的窗口”。这个窗口不仅可以让我们了解周遭发生的一切，也帮助我们建构对于世界、社会以及人类自身的认知。因此，“新闻就像一种替代物，它替代了旧时走街串巷向公众通告消息的人，其功能就是告诉我们想知道、需要知道以及应该知道的消息”①。但是，对于“什么是新闻”这个问题，新闻界却始终众说纷纭。

《纽约太阳报》的新闻编辑约翰·博格特说：狗咬人不是新闻，人咬狗是新闻。

更有甚者，西方新闻界的一位新闻人干脆说：凡是能让女人大喊一声“哎呀，我的妈呀”的就是新闻。

还有人“望文生义”，认为英文“news”（消息）的四个字母分别对应了英文单词中的north（北方）、east（东方）、west（西方）、south（南方），因此新闻就是“来自东西南北各个方向的消息”。

① ［美］盖伊·塔奇曼，麻争旗、刘笑盈、徐扬译：《做新闻》，30页，北京，华夏出版社，2008。

美国著名新闻人沃尔特·李普曼则形象地指出："新闻不是社会状况的一面镜子，而是对已经显露出头角的那方面的报告。新闻不会告诉你种子如何在土壤中生长，但可以向你报告第一棵秧苗的破土而出，甚至告诉你某人对种子在地下的情况都说了些什么。它还可能告诉你新芽并不是在预期的时间冒出地面的。任何正在发生的事情，如果可以确定、证实、衡量和命名的特点越多，新闻的发生点就越多。"①

美国传播学者梅尔文·L·德弗勒等人认为："新闻就是具体的问题、事件和过程提供的关于现实的当代景象的报道。它通常监视着个人或社会关系重大的变化，并且把这些变化同普通或特殊的社会背景联系起来。"②

美国社会学者迈克尔·舒德森则通过对著名的"揭丑"记者林肯·斯蒂芬斯的研究得到启发，指出："新闻是信息的一种特殊形式，一种特殊类型，它绝不是有趣事物的总和，而只是从特定角度考虑的有趣事物。"③

我国新闻学先驱徐宝璜先生在他那本被称为"中国新闻学'破天荒'之作"（蔡元培语）的著作《新闻学》中明确指出："新闻者，乃多数阅者所注意之最近事实也。故新闻者，第一须确实，第二须新鲜。"④

复旦大学著名新闻学者王中教授认为："新闻是新近变动的事实的传布"⑤。

立足于新闻的不同内涵，中国新闻学界比较认同的定义有两个：一个定义的表述是"新闻是新近发生事实的报道"；另一个定义则表述为"新闻是新近事实变动的信息"⑥。前者强调新闻是报道，表达的是新闻的形式；后者突出新闻是信息，凸显的是新闻的实质。应该看到，形式与内容具有内在统一性，因此，新闻的内涵应是两个定义的结合体。换言之，新闻的本源是事实，真实与新鲜是其与生俱来的两个特点。

（一）真实

"真实是新闻的生命"。即使没有学过新闻专业知识的人，恐怕对这句话也耳熟能详。虽然这句话揭示了一个基本的新闻常识，但是，其背后蕴含的深意却未必人人都能领会。新闻为什么必须真实？或者说，我们为什么需要真实而非虚假的新闻？这其实与人类对于新闻的基本诉求有关。一方面，我们需要通过新闻来了解这个世界，因为人的时间和精力都是有限的，不可能仅仅通过个体的直接经验来获得对于这个世界的全部认知；另一方面，我们也需要新闻作为我们决策的依据。对此，美国的两位新闻学者做出了较为深入的诠释：

> 希望得到真实信息，这是人的基本欲求。因为新闻是人们了解和思考自己身外世界的主要依据，所以有用和可靠成为最受重视的素质。……真实会带来安全感，安全感来自知

---

① ［美］沃尔特·李普曼，阎克文、江红译：《公众舆论》，270页，上海，上海人民出版社，2002。

② ［美］梅尔文·L·德弗勒，埃弗雷特·E·丹尼斯，颜建军、王怡红等译：《大众传播通论》，446页，北京，华夏出版社，1989。

③ ［美］迈克尔·舒德森，刘艺娉译：《新闻的力量》，97页，北京，华夏出版社，2011。

④ 徐宝璜：《新闻学》，6页，北京，中国人民大学出版社，1994。

⑤ 王中：《论新闻》，载《新闻大学》，1981（1）。

⑥ 李良荣：《新闻学概论》，24页，上海，复旦大学出版社，2001。

晓。真实是新闻的本质。①

基于此，“真实”遂成为新闻职业化的基本要求，中西新闻界都将之视为新闻专业主义的基础。1991年以来全国记协四个版本的《中国新闻工作者职业道德准则》，都强调了“真实是新闻的生命”②。2004年，一项关于新闻工作者新闻专业主义理念的调查显示：“事实准确”成为采编人员职业追求重要性评价中排名最高的选项。③ 2014年，由中山大学发布的《新媒体环境下中国新闻从业者生态调查报告（2014）》显示，从业者感到最无法容忍的采访手法依次是“改变或编造消息来源说话的内容”、“接受来自消息来源的金钱”和“发表含有未核实内容的新闻”。④ 其中的第一项和第三项都涉及新闻真实的问题。这表明，在中国的新闻从业者心中，新闻真实性依然是最重要、最根本的职业要求。国外方面更是如此。1999年，美国皮尤调查中心（Pew Research Center）和热心新闻记者委员会（Committee of Concerned Journalists）在调查记者心中最重要的价值时，100%的受访者都回答：“得到正确的事实”（getting the facts right）。⑤

虽然“真实”被新闻人置于如此重要的地位，但是，新闻失实、虚假报道却始终是新闻界难以治愈的“顽疾”。2002年，《新闻记者》杂志设置了“全国十大假新闻评选”栏目，其“编者按”写道：

> 2001年，可谓是中国假新闻的“丰收年”，从年头到年尾，传媒源源不断地生产出五花八门、令人瞠目结舌的假新闻。为了全面“检阅”2001年假新闻的“重大成果”，以提请新闻界同仁自重，本刊特评选出2001年十大假新闻，并授予相应的“荣誉称号”。今后，本刊拟每年评选当年的十大假新闻。不过，但愿我们的“阳谋”会落空：这次评选是第一次也是最后一次。⑥

然而，这个“阳谋”却没有落空，至今该栏目已连续举办了14年，每年都有大量内容各异、手法相似的虚假新闻被曝光。2013年，一项针对上海市新闻工作者新闻道德状况的调查显示，上海新闻工作者认为当前新闻道德存在的具体问题包括：第一是“有偿新闻”（占比51.9%），第二是“低俗新闻”（占比48.2%），第三是“虚假新闻”（占比46.1%），第四是“恶意炒作新闻、妨害社会正常生活与工作秩序”（占比43.2%），第五是“新闻失实”（占比42.7%），第六是“剽窃、抄袭他人劳动成果”（占比39.5%），第七是“新闻工作者缺乏敬业精神”（占比37.7%），第八是“把广告处理成新闻”（占比33.5%），第九是“侵犯他人名誉

---

① ［美］比尔·科瓦齐、汤姆·罗森斯蒂尔，刘海龙、连晓东译：《新闻的十大基本原则：新闻从业者须知和公众的期待》，32页，北京，北京大学出版社，2011。

② 转引自陈力丹：《新闻真实，一个并不复杂的职业要求》，载《新闻记者》，2011（3）。

③ 参见吴飞、吴风：《新闻专业主义理念的建构》，载《中国人民大学学报》，2004（6）。

④ 参见张志安、张京京、林功成：《新媒体环境下中国新闻从业者生态调查报告（2014）》，见 http://www.cssn.cn/，2014-12-19。

⑤ 参见［美］比尔·科瓦齐、汤姆·罗森斯蒂尔，刘海龙、连晓东译：《新闻的十大基本原则：新闻从业者须知和公众的期待》，32页，北京，北京大学出版社，2011。

⑥ 陈斌、贾亦凡：《2001年十大假新闻》，载《新闻记者》，2002（1）。

或隐私”（占比 16.0%），“其他方面”占比 2.5%。① 其中，“虚假新闻”和“新闻失实”均属于新闻真实性范畴，无论是单项排名，还是两项比例累积，其排名都稳居前列。这也从一个侧面反映了当前我国新闻工作者在新闻真实性方面仍存在较大的问题。那么，新闻学意义上的真实性究竟有着怎样的内涵？不妨请看下面这篇报道：

丈母娘在婚宴送女婿 4 百万宾利车　女婿激动下跪

昨天，在马鞍山一对新人的婚宴上，丈母娘当场宣布赠送给女婿的礼物堪称“马鞍山史上最贵嫁妆”：一辆价值 400 万元左右的宾利牌轿车。

婚宴档次惊呆全场

昨晚 6 点 18 分，位于马鞍山太白大道上一家很气派的酒店举行了一场上档次的婚宴。婚宴价格 5 888 元/桌，惊呆了赶来参加婚礼的“小伙伴们”，其中自然也包括后来在 OK 论坛发帖的刘先生。

刘先生告诉金陵晚报记者，他是新郎张先生的好朋友。据他了解，新郎和新娘都是本地人，在谈了一年多恋爱后，两个出生于 1988 年的情侣结婚了。没结婚时张先生就告诉过他，女友的父母做矿产生意，挺有钱的。与之相比，张先生的父母都在民营企业工作，是普通的工薪阶层。不过刘先生表示，在女性眼中，张先生有一个优点一般人难以比拟，那就是相貌英俊。

现场赠嫁妆引爆全场

刘先生告诉记者，到了家人上台的环节，在双方父母都感谢过来宾，祝大家吃好喝好后，主持人特意留下了女方的母亲，也就是张先生的丈母娘。

再一次在台上对女婿女儿做了一番“互敬互爱，和睦相处”的大众教导后，丈母娘拿出了一把钥匙。刘先生和同桌人一开始以为丈母娘要送房，100 万元在马鞍山可以买到一处不错的房子，200 万肯定可以买别墅。就在大家七猜八想之际，丈母娘在台上对女婿表示：“听女儿说你喜欢车，都说父母是全心全意为子女的，今天把女儿嫁给你，看你对我女儿一直不错，我和你岳父商量，就送给你一件喜欢的礼物。”

众人这才明白这是一把车钥匙。主持人从女婿手中借来钥匙一看，随即对众人宣布：“这是一辆宾利欧陆的车钥匙，都说丈母娘看女婿，越看越喜欢，果然不假！”懂行的客人已经“哇”声一片。

自称“矮穷矬”的刘先生用手机上网搜了一下“宾利欧陆价格”，答案是 400 万元。

再看台上，在接钥匙时，小两口都在擦眼泪，新郎似乎哭得更凶些，毕竟惊喜来得太突然了。更突然的是，新郎在搞清楚特别嫁妆为何物后，居然扑通一声当众跪下，向丈母娘保证一辈子不辜负她女儿，一辈子孝顺双方父母，将丈母娘感动得也在台上流泪，还一个劲说“好儿子，快起来”。

刘先生感叹：“拼爹不济没关系，‘土豪’丈母娘也能改变人生啊。”通过刘先生，记

① 参见上海市新闻道德委员会“媒体及从业人员新闻道德状况调研”课题组：《上海新闻工作者的新闻道德认知与实践——2013 年上海新闻道德状况调查报告》，载《新闻记者》，2014 (3)。

者试图采访被赠“土豪金”的女婿张先生，但被对方婉言谢绝，于是记者本想通过女婿再采访丈母娘的计划也无法实现。

网友：还可拼丈母娘

金陵晚报记者看到，对于奢华婚礼和刘先生的感叹，网友们观点不一。一些网友赞同刘先生的看法，认为如今除了“拼爹”又多了一个缩短人生奋斗历程的办法，找“土豪”丈母娘。不过大部分网友还是认为，张先生的境遇只是个例，人生还是靠自己奋斗才踏实。

（《金陵晚报》2013年10月4日）

“马鞍山史上最贵嫁妆”、400万的“豪车”、“土豪丈母娘”、“土豪金”等豪华绚丽的字眼频频夺人眼球，加之“扑通一声当众跪下”、“小两口都在擦眼泪，新郎似乎哭得更凶些”、“懂行的客人已经‘哇’声一片”等看似跌宕起伏的情节，再配以盛大的场景描写、夸张的直接引语，整篇报道迅速为读者营造出如临其境的感受，自称“矮穷矬”的采访对象一句“拼爹不济没关系，‘土豪’丈母娘也能改变人生啊”的感叹恰好契合了某种不良的社会心态。很快，这篇报道就引发了社会各界的热评。事实上，仔细分析，不难发现，这篇报道在真实性方面是存疑的：涉及的报道对象、消息来源都是匿名的，事件发生地也只是交代了“马鞍山太白大道上一家很气派的酒店”，整个事件都是由消息来源刘先生一个人提供的，没有对当事人、当事酒店的采访，缺乏专业的核实。当然，记者似乎知道这是报道的“硬伤”，于是在文中提及了打算采访“土豪金”女婿并通过女婿采访丈母娘的计划，因为女婿的婉拒而作罢，简单的一句话就帮记者打了个“圆场”。也许是这篇报道撩拨了太多人的心弦，社会舆论关注的重点并不是这篇新闻的真实性问题，而更多地集中在了“拼爹”、找“土豪”丈母娘等议题上。于是，第二天，该报又“趁热打铁”，刊发了一篇更具戏剧性的后续报道：

赠豪车丈母娘作出回应　知情人披露另一细节

单身汉婚宴上受刺激竟咆哮父母

10月3日晚，马鞍山一席高档婚宴上，丈母娘在女婿改口后给了对方一个价值400万元的惊喜：一辆宾利汽车，惊呆当场全部“小伙伴”。昨日，赠豪车的丈母娘委托他人回应赠豪车的行为，称父母全心全意为子女的心情希望大家可以理解。同时，知情人也向记者披露了婚宴上的另一细节。

女婿和丈母娘在网上火了

“女婿和丈母娘火了，我惨了！”昨日上午7时许，还没起床的记者接到了前日发帖的刘先生的电话。刘先生告诉记者，金陵晚报该篇稿件见报后即被各大门户网站及微博疯转，他早晨6点就被新郎的电话“搞醒了”，新郎埋怨他不该发帖，更不该和记者说这么多细节，马鞍山那么小，这样一弄，两家人在马鞍山会成“众矢之的”，而且已有媒体通过各种途径找到了丈母娘，逼得丈母娘电话关机。

刘先生称，张先生的丈母娘也和他通了一个电话，委托他带话给希望采访的媒体朋友，她和老公也是吃了大半辈子苦才有今天的一点成绩，年轻时去过山西，到过河南，哪里有矿去哪里，她和丈夫都差点死于矿难事故。大难不死后生活好了，当然也希望子女过得好，父母全心全意为子女的心情相信大家可以理解。另外，她和丈夫挣的每一分钱都是辛苦钱，合法钱，从没偷税漏税，送给子女好一点的汽车纯属家庭内部事情，家里人并不情愿被媒体报道，希望大家理解。

小伙怒吼“没一百万生我干吗”

在与刘先生的交流中，记者还了解到了这席“惊呆诗城”婚宴上的另一细节。酒过三巡后，亲友团中一位看起来30岁出头的男子当场发起了酒疯，在新郎张先生过来敬酒时，该男子搂着张先生大赞其丈母娘“大方”，说完话锋一转，开始说自己父母“穷”，称自己从上学就没有零花钱，同学喝可乐他只能喝自来水，压岁钱也被父母拿走用来还人情，找工作父母帮不上忙，如今相亲不知道多少次都失败，就因为没独立婚房，工资又不高，连拼丈母娘的机会都没有。

说到兴起时，该男子站起来直指父母怒吼：“没有一百万！你们生我出来干吗！不是害我吗!”男子的父亲一声不吭坐在座位上，母亲则一直默默流泪。亲友们见势不妙，赶紧将该男子带去婚宴厅外醒酒。刘先生告诉记者，婚宴上大家都觉得该男子说的话实在不应该。自家功名自家挣，自己不努力反将人生路上的压力宣泄给父母，给生之养之的最亲的人带去伤害，其行为只会被人鄙视。

一百万结婚生子　被认为不算多

不过也有人议论，如今城里结婚、养育孩子的成本确实太高，该男子的酒后真言能够代表一些已到婚龄却依然是单身男女的观念，甚至能代表一些打算生育孩子，却迟迟下不了决心的年轻夫妻的想法。生孩子要手术费、坐月子要请月嫂、奶下不来要请催乳师……如此算来，酒后真言要的一百万元还真不多。这样说来，有了这样一位结婚就送宾利的丈母娘，张先生的运气确实值得该男子嫉妒。

（《金陵晚报》2013年10月5日）

第二篇报道的故事性更加浓厚。记者通过消息来源刘先生之口，一方面，交代了当事人及其亲属均不愿被新闻媒体报道的“心声”，其实质是为记者没有采访到当事人埋下“伏笔”，提供借口。另一方面，又披露了另一个充满戏剧性的细节，即婚礼现场一位男子因为父母没有100万，而“怒吼”父母。这样一个“嫌贫爱富”的儿子与之前的“土豪女婿”形成了强烈的对比，从而强化了第一篇报道设置的“拼爹”议题，报道结尾更将公众拉回到了“现实”，表面是为那位“酒后吐真言”者辩护，却更像是在不断强调两篇报道的真实性。然而，基本新闻要素残缺，过于离奇的故事情节，不禁让人疑窦丛生。距离《金陵晚报》刊登首篇报道的四天后，安徽本地都市报《新安晚报》刊发了该报记者对此事的调查《“丈母娘婚宴送宾利”被指时间地点人物对不上》。

“丈母娘婚宴送宾利”被指时间地点人物对不上

国庆长假期间，一则“丈母娘婚宴上送400万元宾利轿车”的新闻，引起极大关注。对此，有人感慨，有人批评，但也有人质疑该新闻的真实性。记者为此展开调查。

10月4日，南京一媒体刊发了一篇“丈母娘婚宴上送400万元宾利轿车”的新闻，文章说，昨日（10月3日）一对新人在马鞍山太白大道上一家很气派的大酒店举行婚宴，婚宴价格5 888元/桌。婚宴上，丈母娘当场宣布，赠给女婿一辆价值400万元左右的宾利牌轿车。

网名叫“名字被占用”的网友刘先生，在看到这则新闻后，第一感觉有些蹊跷。刘先生发帖称，他2号在论坛发了一帖子，说一朋友结婚，丈母娘送了辆宾利欧陆，但朋友不是马鞍山的，后来他怕受到影响，删除了。结果4号凌晨，马鞍山本地也出现了这个新闻……

除了网友“名字被占用”，还有不少网友对“丈母娘送宾利”新闻的真实性表示怀疑。

为查证这件事的真伪，记者赶到马鞍山市太白大道。这条路上的中高档酒店均否认在10月3日晚，接待过5 888元/桌的婚宴，也否认酒店内发生过“丈母娘送宾利”的事。

昨天，记者联系上该文作者洪先生。洪先生说，文章出来后，他和通讯员压力都很大，有不少媒体给他打电话，甚至还有威胁电话。“有50多家（媒体）了。但当事人给我的压力很大，为了保护当事人隐私，在写稿件时，将时间地点都做了技术处理。他们不愿意接受采访，所以新人电话、婚宴地点不方便提供。通讯员和我全程参与了采访，我问心无愧。”

该文通讯员告诉记者，新闻线索是他提供的。“新闻本身是真的，可以告诉大家，丈母娘给的宾利是顶配，超出400万不少，另外丈母娘家并非住在马鞍山市区，我也和写稿记者一同去办酒席的酒店核实了。为了保护当事人隐私，文内办酒席的日子略作了调整。”

昨天下午，记者联系了马鞍山市市委宣传部副部长梁发年。他称，将对该文调查求证，如果是虚假新闻，将按程序处理。

（《新安晚报》2013年10月8日）

在这篇报道中，记者首先采访了该事件的原发帖人，证实此事并不是发生在马鞍山。之后，记者又查证了报道中提及的新闻发生地——马鞍山市太白大道上一高档酒店，结果证明这条路上的所有中高档酒店均表示没有在10月3日这天接待过5 888元/桌的婚宴，也都否认了酒店内发生过“丈母娘送宾利”的事。但是，两位作者却坚称报道属实、“问心无愧”，因为他们均到新闻现场进行了核实。只是为了保护当事人隐私，而在写稿时将时间、地点进行了“技术处理”，同时拒不提供新人电话、婚宴地点。然而，仅仅一天之后，《新安晚报》再度发文揭示出了整个事件的真相：

一名作者承认采访不扎实

本报讯 10月4日，南京一家媒体刊发了一篇新闻称，10月3日，一对新人在马鞍山举行婚宴，丈母娘当场宣布，赠给女婿一辆价值400万元左右的宾利牌轿车。昨天，此文的作者之一、通讯员崔先生说，该新闻是爆料人在朋友聚会上听说的，他们采访不扎实，后经“加工”打擦边球写出该新闻。

崔先生说，写这个新闻有瑕疵，打了擦边球。一位爆料人在和几位朋友聚会时，听说马鞍山一些青年人结婚，婚礼搞得很气派，有丈母娘送车送房。爆料人就把这事告诉了崔先生。两天后，崔先生在马鞍山一家论坛上看到一则“丈母娘婚宴送豪车”的帖子，以为是发生在马鞍山的新闻，就和南京这家报纸的记者取得联系，两人向马鞍山一家酒店了解情况。崔先生说，他们在向这家酒店求证时，见对方服务员模棱两可，既没有肯定也没有否定，两人就写成了“丈母娘婚宴送宾利豪车”的新闻。

记者随后和南京这家媒体的记者联系，对方说，新闻是爆料人向通讯员提供的，目前已经联系不上爆料人。

马鞍山市委宣传部相关部门负责人告诉记者，他们已经和这篇文章的两名作者取得了联系，要对方提供新闻来源。

（《新安晚报》2013 年 10 月 9 日）

原来，所谓“丈母娘送女婿豪车”事件，不过是新闻爆料人道听途说、记者和通讯员在缺乏对事实进行完全核实的情况下，“联手”加工而成的“假新闻”。有媒体据此称这两篇虚假报道为“假新闻双黄蛋”。

通过对上述案例的分析，你也许开始对新闻真实有了一个相对直观的认识。新闻学术界认为，新闻真实性就是新闻报道必须符合客观事物本来的面目。事实上，一篇新闻报道一般包含五个基本要素，新闻界称之为“5W”，即何人（who）、何事（what）、何时（when）、何地（where）、何故（why）。在此事件中，《金陵晚报》的两篇报道就存在五要素残缺不全以及指代不清的问题，《新安晚报》记者正是从这五个基本要素出发，进行专业的核实，才证明了《金陵晚报》的两篇报道涉嫌造假。

由此可以看出，新闻的本源是事实，先有事实，后有新闻，事实第一性，新闻第二性。换言之，事实是构成新闻的依据，有了客观事实的发生、变动，才会产生新闻，没有事实就没有真正意义上的新闻。作为新闻与生俱来的基本特点，“真实”也延宕出新闻报道的根本要求——真实性。借此，记者在进行新闻报道时，必须以事实为基础，不断核实，不断查证，按照事实本来的面目报道事实，既不能闭门造车，更不能向壁虚构。从这个意义上说，离开真实，新闻报道、新闻记者乃至新闻机构都将失去其存在的价值与意义。以下，我们将从三个方面来阐释新闻报道的真实性要求。

第一，真实性要求记者必须客观地反映新闻事件本来的面目，但绝对的客观难以达到。

新闻报道的真实性要求记者在报道中必须尊重客观事实，确保报道中的每一个具体事实都合乎客观实际，即表现在新闻报道中的时间、地点、人物、事件、原因和经过等要素都经得起核实、具有可查证性。然而，作为一种职业规范，新闻真实性却常常处于理论与实践脱节的尴尬境地。诚如我国著名新闻学者陈力丹教授所言：

除了管理松弛、传媒内部自律缺失、教育的欠缺外，在深层认识上，新闻真实并没有成为我国新闻传播行业一个被充分尊重和认可的准则。因为我们在实际操作中，对于事实本身的看重，远不如对事实“意义”的看重，我们对遵守职业规范的热情，远不及“满足宣传需要”的热情。[①]

与此同时，还必须看到，“新闻报道由真实事件而引发，但新闻作品却是记者们对现实的再构建”，因此，“新闻报道并不像镜子那样真实地再现客观世界，新闻展示的景象是由那些被自身理解力、新闻制作过程和各种人为限制所左右的记者框架而成的”[②]。对此，美国学者伯纳德·罗希科的提醒言犹在耳：为了对新闻下定义和加以识别，我们需要承认“发表的新闻都有双重来源。作为社会产品，新闻的内容反映了产生它的社会；作为一个机构的产品，新闻的内容是收集和发布新闻的专门机构的工作成果”[③]。换言之，既然新闻报道是由人来完成的，那么它必然要受到报道者的主观影响。因此，作为一种社会意识，新闻报道具有两重性——一方面要准确无误地反映新近发生的事实，另一方面又不可能不带有反映者的主观色彩；一方面要受到客观存在的严格制约，另一方面又要受到主观认识的必然影响。

基于此，真实性还要求记者在报道中只提供事实，不提供观点，叙述新闻事件应尽量秉持客观性原则，谨慎赋予新闻事实“意义”，避免直接发表意见。譬如，图 3—1 是网络上流传甚广的一张图片，虽然略显夸张，却揭示了新闻真实的复杂性。面对一起并不复杂的事件，拍摄

图 3—1　网络上广为流传的媒体误导观众的图片

资料来源：www. baidu. com。

① 陈力丹：《新闻真实，一个并不复杂的职业要求》，载《新闻记者》，2011（3）。

② W. James Potter，*Media Literacy*，Sage Publications，Thousand Oaks，2001，pp. 86 - 87.

③ 转引自［美］梅尔文·L·德弗勒，埃弗雷特·E·丹尼斯，颜建军、王怡红等译：《大众传播通论》，445 页，北京，华夏出版社，1989。

者通过刻意选择，将摄像镜头仅仅聚焦到整个事件的一部分。这样，真相被倒转，是非被颠倒：原本的受害者变成施害者，施害者却变成受害者。可见，记者在新闻报道中，如果缩小或者放大事件的某一细节，刻意使用某种具有导向性的表述，比如，大量使用表意强烈的形容词、副词，都会造成新闻报道的不真实，进而对社会公众产生误导。

第二，新闻报道真实性的实现不可能一蹴而就，人的认识水平决定了真实的程度。因此，新闻报道的真实性更多地体现为一个无限逼近真实的过程。

新闻真实性的基本要求看似简单，但在具体的新闻实践中，又显得十分复杂。美国著名报人约瑟夫·普利策就曾要求他的编辑部："除非把一件事的真相弄个水落石出，否则决不放过它。连续报道！连续报道！直至问题真正被弄清楚。"① 这表明，具体新闻报道的真实性需要通过一个认知过程才能达到。在传统媒体时代，新闻如何被呈现，主要由职业新闻生产者（记者、编辑、传媒机构）来决定。很多时候，传播主体的认识水平就决定了新闻真实性的程度。对于某一具体新闻事件的原初报道，并不一定就能够立刻准确地反映事物本来的面目，有时还可能出现真实性方面的偏差，但伴随报道的深入与人的认识水平的提升，通过不断的报道，最终达至真实。因此，"新闻真实不只是准确（accuracy）。它是一个去伪存真的过程（sorting-out），它是报道与公众、被报道者与新闻工作者之间的相互作用。新闻的首要原则——超越功利地追求真实——最终将新闻与其他形式的传播区别开来"②。

今天，伴随新媒体的崛起，新闻的传播主体出现多元化态势。新媒介降低了技术门槛，实现了传播权力在社会层面的重新"赋权"。从理论上说，普通公众、社会组织可以随时随地采集、发布新闻，传统上由大众传媒独享的新闻采集与发布的权利被重新分配给了不同的传播主体。这些传播主体不仅包括专业的新闻生产者，也包括活跃在各种社交媒介的个体与组织。这样，新闻真实的呈现方式和实现方式就发生了巨大变化：

> 新闻真实越来越成为一种"有机真实"，越来越成为多元新闻传播主体（职业新闻传播主体，民众个体传播主体，非新闻职业、非民众个体的其他组织或群体传播主体）共建的"有机真实"；新闻真实不再是某一种眼光中看到的真实，而是多元眼光中"对话""协商"的真实，不是"我的"、"你的"、"他的"真实，而是"我们"共同认知、共同反映、共同呈现新闻事实的真实，是"我们"以主体间关系有机作用、有机影响、有机统一而达致的"有机真实"。③

第三，新闻的真实与全面有关，但是绝对的全面是无法做到的。

新闻是选择的艺术。大千世界，每时每刻都会发生各种各样的新闻，但是，媒体的容量是有限的，人的精力也是有限的。因此，新闻生产者只能选择其中极其微小的一部分加以报道，而就是在对这极小部分进行报道时，记者也不可能面面俱到。他们必须选择一个新闻角度去观

---

① ［美］迈克尔·埃默里、埃德温·埃默里，展江、殷文主译：《美国新闻史：大众传播媒介解释史》（第八版），201页，北京，新华出版社，2001。

② ［美］比尔·科瓦齐、汤姆·罗森斯蒂尔，刘海龙、连晓东译：《新闻的十大基本原则：新闻从业者须知和公众的期待》，36页，北京，北京大学出版社，2011。

③ 杨保军：《新媒介环境下新闻真实论视野中的几个新问题》，载《新闻记者》，2014（10）。

察、结构、叙述新闻事件。所以，新闻报道往往只能呈现事实的一个或几个侧面，而难以触及事实的全貌。这既与新闻的职业特点有关，也与新闻人的认知能力密切相关。对此，议程设置理论的提出者马克斯韦尔·麦克姆斯（Maxwell McCombs）的这段话确实切中肯綮：

> 新闻行业是一种经验行为，对能够证实的事实进行观察。近年来，欧美新闻界曾发生过一些重大丑闻，这些丑闻产生的基本原因就是违背了这一职业准则。然而，在通过新闻机构的职业透镜之后，每日事件及其情形会发生折射，结果便常常是一幅世界图画，一种拟态环境，这种图画与拟态环境远远不能与真实环境相契合。许多事件与情形在吸引记者的注意。记者没有能力采集关于这些信息的所有信息，也没有能力将所有这些信息告知公众，因此他们凭借一些职业规范，并在其指导下每日对环境进行取样。结果造成新闻媒介只能描绘大环境中的有限一部分，就像透过狭窄的窗户观看外部世界，观察到的视野非常有限。如果窗户的透明度与光滑度较差，那么这个比喻更能传神。①

（二）新鲜

既然新闻报道是对事实的反映，那么是不是所有的事实都值得报道呢？这里就牵涉新闻的另一个基本特点——新鲜。新鲜意味着时间发生近，内容鲜活。从理论上说，越是新近发生的事实，越容易引起人们的关注，因为人们接收新闻的最根本原因是获得新闻中的信息，并且用这些信息来增益自身的生存与发展。当然，“新鲜”与否，主要取决于人的经验，换言之，人的经验中没有或者很少触及的事，往往就是新鲜的。因此，“新鲜”也是因人而异的。

由“新鲜”拓展出的就是新闻报道的“时效性”。所谓“时效性”是指新闻事件的发生与新闻报道之间有一个时间差，这个时间差越小，新闻的时效性就越强。人们常说“抢新闻”，实际“抢”的就是这个时效性。再重要的新闻，一旦失去了时效性，就变成“明日黄花”，其报道价值往往会大打折扣。徐宝璜在《新闻学》中就明确指出：“明日黄花之消息，亦不能认为新闻。盖新闻有如鲜鱼，鱼过时稍久，则失其味。新闻逾时稍久，则价值不失亦损矣。”②从这个意义上说，新闻常常又被称为“易碎品”，因为“新闻只有一天生命”。为此，“时效性”遂成为新闻媒体之间竞争的重要筹码。

美国三大广播公司（CBS、NBC、CNN）全年各自播出上万条重要新闻，为争取观众，它们各出绝招，都想争先报道重大新闻。但1995年的统计显示，三大广播公司全年在报道时间上累计总和相差不到一分钟。③

2001年9月11日上午8时36分40秒，美国航空公司第11次航班以大约每小时490英里的速度撞向世界贸易中心一号楼。8时47分，美国有线电视新闻网（CNN）开始现场直播，成为全球第一家报道“9·11”事件的媒体。

---

① ［美］马克斯韦尔·麦克姆斯，郭镇之、徐培喜译：《议程设置：大众媒介与舆论》，24～25页，北京，北京大学出版社，2008。

② 徐宝璜：《新闻学》，4页，北京，中国人民大学出版社，1994。

③ 参见姚福申：《新时期中国新闻传播评述》，245页，上海，复旦大学出版社，2002。

2003年3月20日上午10时30分，美国对伊拉克开战。10时34分，新华社率先向全世界发出了“巴格达响起空袭警报”、“巴格达响起巨大的爆炸声”的快讯。这一消息的发布，比以反应迅速而著称的美国CNN电视台快了10秒，使新华社成为全球第一个报道伊战爆发的媒体。①

2008年5月12日14时28分04秒，四川省阿坝藏族羌族自治州汶川县发生里氏8.0级地震。18分钟后，新华社发布了第一条地震报道；32分钟后，中央电视台新闻频道开始直播“关注四川地震特别节目”。

…………

媒体之所以如此重视时效性，一个最重要的原因就是它决定了媒体在竞争中的地位与价值，不能在第一时间提供关乎人们生存发展的信息的新闻传媒，势必会遭到淘汰。同时，我们也应该看到，新闻报道的时效性会受到多重因素的制约，比如，媒体的快速反应、记者的新闻敏感和新闻发现能力等。但归根到底，媒介技术是影响新闻时效性的根本因素——“在报纸时代，‘昨日’发生的就是新闻；在广播时代，‘今天’发生的才是新闻；在电视时代，‘现在’发生的才是最符合要求的新闻；而在网络时代，与全球各地正在发生的新闻同步报道才叫新闻。”② 换言之，媒介技术的代际更迭，对新闻时效性的要求会有所差异，也使传媒最大限度地缩短新闻报道与事件之间的时间差成为可能。

与此同时，新传播革命也消解了“时效性”对于传媒的原初意义。新闻学者喻国明教授认为，新闻的传播有三个落点，第一落点就是传统的时效性追求，考察的是媒体的“反应力”。新传播革命带来“公民新闻”的繁荣，普通公民常常会取代媒体工作者而掌握第一落点的信息发布权。可是，“当人人都能生产新闻内容，每个利益集团都在自我表达的时候，整个社会的信息平衡和意见平衡就要由媒体和新闻工作者来承担”。因此，未来媒体的工作将向第二、第三落点转移。由于第一落点的信息在价值方面具有缺陷，既不全面，又呈现碎片化，第二落点就是弥补第一落点的这些缺失，“为受众把握信息提供一个架构”。而网络给人带来的最大变化之一就是“完成了从共性社会向个性化社会的转型”。第三落点就是能够给人以归属感的“圈子”，媒体要从“圈子”文化中“提炼出某些共性的东西，形成一条价值的通路，最终把人们重新整合起来”。因此，在今天这样一个网络时代，“一个媒体的价值除了体现在能够第一时间告诉受众信息，告诉受众信息的来龙去脉之外，还体现在超越对具体问题和事件的报道上，也就是说，媒体要给受众更具恒长性的东西，这就是人们在社会生活中必需的把握事物的标准、方法和逻辑”③。简言之，在网络时代，媒体间的竞争势必会超越传统的时效性层面，追求更高层面的价值。

以上，我们分析了新闻的两大特点：真实与新鲜。必须指出的是，真实是新闻的前提，不能为了追求新鲜，而舍弃真实这一根本性要求。

---

① 参见潘苹、钱克锦、杨清华、樊毅：《伊战爆发，他抢先报道》，见 http://www.ycwb.com/，2003-12-13。

② 陆小华：《整合传媒》，23页，北京，中信出版社，2002。

③ 喻国明：《传播的“语法革命”和舆论引导力》，载《电视研究》，2009（10）。

二、新闻价值

既然新闻报道是选择的产物，只有很小一部分新鲜的事实能够见诸媒体，那么，这背后又蕴含着怎样的选择标准？2014 年 3 月 8 日，搭载 239 人、从吉隆坡飞往北京的马航 MH370 航班失去联系。此后，美联社、路透社、法新社、新华社等通讯社，美国有线电视新闻网（CNN），《华尔街日报》，中国中央电视台等多国媒体无一例外地都对此事进行了密集的报道。这些来自不同国家、不同媒体的记者，其生活环境与认知水平往往大相径庭，那么，为什么对于重大新闻的判断却如此一致？又是什么左右着新闻从业者的职业判断？这即是新闻价值。所谓新闻价值，是指事实本身所包含的能够引起社会公众共同兴趣的素质，它实质是新闻工作者长期实践经验的结晶，是新闻工作者进行新闻选择的一条重要且根本的标准。

新闻价值理念诞生于 19 世纪 30 年代。1833 年 9 月 3 日，《纽约太阳报》创刊。此后，《纽约先驱报》、《纽约论坛报》、《世界报》、《纽约新闻报》等一大批类似报刊的出现，促发了美国报业开始进入“大众化报刊时代”。为了争取更大的发行量、获取更多的经济利益，大众化报纸一改政党报刊的严肃面孔，真正关注读者的基本需求，着力从新闻内容、新闻报道方式方法等层面进行改革，不仅刊登具有人情味、刺激性的新闻内容，而且强化新闻报道的故事性，从而获得了普罗大众的青睐。大众化报刊的实践实质上赋予了新闻价值理念一个基本前提——“传受双方的共同兴趣”。因此，“只被一方认为有价值的新闻，交流中没有被对方接受或回应，这个新闻对另一方来说，是没有价值的。确认新闻价值的最基本前提，就是双方都要认可。双方共同认可，才能形成关于新闻价值的理念”①。

对于新闻价值的基本要素，中西方学者的理解和解释可谓异曲同工。

美国社会学者赫伯特·甘斯通过对美国 CBS 晚间新闻、NBC 夜间新闻、《新闻周刊》及《时代》周刊的研究发现，美国新闻中有八组恒久价值：

（1）民族优越感；

（2）利他的民主；

（3）负责任的资本主义；

（4）小城镇的田园主义；

（5）个人主义；

（6）温和主义；

（7）社会秩序；

（8）国家领导权。②

美国传播学者梅尔文·L·德弗勒与埃弗雷特·E·丹尼斯通过研究发现，在说明构成新闻的各种因素时，出现最为频繁的特征有九种：

---

① 陈力丹：《新闻理论十讲》，28 页，上海，复旦大学出版社，2008。

② ［美］赫伯特·甘斯，石琳、李红涛译：《什么在决定新闻》，52 页，北京，北京大学出版社，2009。

（1）冲突（紧张—惊异）；

（2）进步（胜利—成就）；

（3）灾难（失败—毁坏）；

（4）后果（对公众的影响）；

（5）显赫（卓越或地位重要）；

（6）新奇（不寻常甚至极不寻常）；

（7）趣味性（感情背景）；

（8）时效（新鲜、及时）；

（9）接近性（地方性吸引力）。①

我国新闻学者陈力丹教授认为，新闻价值就是“传播者选择事实、予以报道时考虑的若干标准（要素）”。他将新闻价值的基本特质总结为“十个要素”：

（1）事实发生的概率越小，便越有新闻价值。

（2）事实或状态的不确定性越大，越是减少不确定性的事实或信息，便越具有新闻价值。

（3）事实的发生与受众的利益越相关，越具有新闻价值。

（4）事实的影响力越大，影响面越广，越能立即产生影响力，这三个条件同时存在，则最具新闻价值。

（5）事实与接受者的心理距离越近（兴趣、生活地域、性别、年龄、教育程度和专业、经济收入、民族或种族或宗族的心理距离），便越具有新闻价值。

（6）越是著名人物，其身上发生的事实，就越具有新闻价值；越是著名地点，那里发生的事实，也越容易引起受众的关注。

（7）凡是含有冲突的事实，多少都有新闻价值，内含的冲突越大，越具有新闻价值。

（8）越能表现人的情感的事实（悲欢离合），便越具有新闻价值。

（9）越具有心理替代性的故事性事实（各种成功者、英雄母题、撒旦母题、大团圆母题等等），越具有新闻价值。

（10）事实在比较中带有的反差性越大，越具有新闻价值。②

上述要素，基本都是从新闻工作者报道经验中总结而来的，具有较强的现实指导性和实用性。如果将这些要素再做一些简化，那么新闻价值通常包括五个要素，这也是长期以来我国新闻界比较认同的划分。

（一）时新性

“新闻只有一天生命”、“今天的新闻是明天的历史”，其实都是在强调新闻的时新性要求。所谓时新性是指时间近，内容新，即通常所说的“时效性”。人们的注意力资源是有限的，通

---

① ［美］梅尔文·L·德弗勒、埃弗雷特·E·丹尼斯，颜建军、王怡红等译：《大众传播通论》，444页，北京，华夏出版社，1989。

② 陈力丹：《新闻理论十讲》，35～45页，上海，复旦大学出版社，2008。

常最关心新近发生的事实，因为这样的事实有可能是其想知而未知的，也可能是其经验中没有出现过的。

对于传媒而言，只有抢占先机，第一时间报道正在发生的事实，才能获得受众的信赖，进而在激烈的传媒竞争中占据一席之地。

譬如，在2001年“9·11”事件中，凤凰卫视“时事直通车”栏目打乱节目编排，第一时间发出了第一条消息：“美国纽约世贸大楼被袭起火。”由此，凤凰卫视成了香港、内地乃至世界华语媒体对“9·11”事件的最早播报者。与此同时，凤凰卫视中文台、资讯台、欧洲台、美洲台全线并机，连续进行了36小时直播。2004年9月3日，俄罗斯发生“别斯兰人质危机”，凤凰资讯台再次中断正常节目，开始了长达20个小时的现场直播。据了解，凤凰卫视的直播与西方知名电视台如BBC、CNN和欧洲新闻电视台等基本同步。① 从某种意义上说，2001年1月1日刚刚成立的凤凰资讯台，正是在通过大量时效性强、有影响力的现场直播塑造了“大事看凤凰”的民间口碑。

（二）重要性

重要性更多指涉的是新闻内容，那些关乎人类生存发展、与人民群众切身利益密切相关的新闻事件，例如国家政局的变化、重大经济政策的出台、国家与地区之间的军事冲突、外交领域的重大变化、科技领域内的重要发明、食品安全问题、社会安定问题等等，往往具有较大的新闻价值。重要性实质考察的是新闻事实与受众切身利益的相关性，这种相关性越大，重要性就越大，新闻价值也就越大。例如，新华社评出的“2013年国内十大新闻”：“国家机构换届顺利”、“神十天宫对接嫦娥玉兔奔月”、“群众路线教育实践活动展开”、“《大气污染防治行动计划》打响呼吸保卫战”、“薄熙来案终审 反腐力度加大”、“中国（上海）自贸区成立”、“十八届三中全会部署全面深化改革”、“青岛、德惠发生特大安全事故”、“划设东海防空识别区强化维权”、“中央首次召开城镇化工作会议”全部包含了新闻价值的重要性特质。

不妨再看下面这篇报道：

利弊兼有 外媒：3D打印将改变未来战争

参考消息网1月7日报道 法新社1月5日报道称，专家表示，3D打印将彻底改变战争和外交政策，不仅让不可思议的新设计成真，还能将国防工业（也可能是整个全球经济）完全改变。

对很多人来说，3D打印看起来依然像一种噱头，用来打印毫无用处的塑料玩偶，干不了别的。

但是随着关键专利今年到期，使用金属、木材和布料的新打印机将更多地出现，让整个工程界走向重大历史改变。

数十亿美元的国防工业位于这场创新的前沿，IHS技术咨询公司的分析师亚历克斯·乔索夫斯基表示，美国军队已经投巨资试图用3D打印技术生产制服、用以治疗战争创伤

---

① 参见《911与别斯兰 凤凰卫视经典“现场直播”》，见 http://phtv.ifeng.com/，2009-03-30。

的人造皮肤，甚至食物。

麻省理工学院的科学家已经发明了“4D打印”——创造了能在接触水等元素时变色的物质。

这将意味着，总有一天3D打印出的制服等东西能根据环境改变颜色。

在真实世界中，已经取得了初步进展。

去年底，英国国防企业英国航空航天系统公司将第一个打印出的金属部件用在了“旋风”战斗轰炸机上。

该公司最近发布了一个动画视频，显示他们认为这种技术有一天会走向何方。

它想象，一架飞机能在其内部打印出另一架飞机，然后将其从下面发射出去。

负责英国航空航天系统公司3D打印部门的马特·史蒂文斯告诉记者：“这是长期的过程，但是毫无疑问，完全用3D打印技术制造飞行器是我们的最终目标。”

未来战区彻底改变

但是3D打印的真正革命不在于你能做什么，而在于在哪儿做。

新美国基金会未来战争专家彼得·辛格表示，能将打印机带到战区意味着战斗和国防工业的彻底改变。

他说：“国防承包商想要卖给你产品，但是同样想要拥有未来50年的供应链。”

“但是有了3D打印机，就像在阿富汗偏远简朴哨站的士兵只要能下载一个备件的软件，微调一下设计，就可以把它打印出来。”

这将使军队完全裁掉国防企业。通过将3D打印和组装线机器人结合起来，生产流程变得非常精简。

这种技术革命会带来重大的政治意义，在美国，国防企业刻意在全国扩张，提供了数百万个就业岗位。

辛格说：“五角大楼和国防工业在创新方面面临异常艰难的时刻，但是你不想等到输掉一场重大战争后才做改变。”

3D打印甚至能改变外交政策，例如破坏制裁。

辛格说：“美国的制裁从战斗机备件到石油设备等各种东西。制裁是外交政策的重要部分，但3D打印能将制裁变成过时的理念。”

伴随降低武器制造壁垒而来的，还有更可怕的可能。

乔索夫斯基说：“想一想，中东炸弹制造专家能将新设计变得像日常用品，或者独狼行动者打印出一把塑料枪，他能拿着它通过白宫安检。”

但是与3D打印技术能引发的经济变革相比，这些都会相形见绌。

如果有人能打印零售商品，那么依赖廉价工厂劳动力制造服装和玩具的经济体会发现它们有了大麻烦。

3D打印即将爆发

3D打印是在20世纪80年代发明的，比很多人知道的更古老。人们最近对它的兴趣增加与原始技术专利即将到期有关，这给竞争开辟了道路，将提高质量，压低价格。

第一项重大专利是在2009年到期，那是一个使用塑料的系统，被称作“熔融沉积成型工艺”。

但是后来在2014年上半年到期的重大模式是“选择性激光烧结”，打印铝、铜和钢铁等，拥有更清晰的轮廓。

工程师们不用再使用固体的块状金属，而是能用少得多的材料做出复杂的新形状。

乔索夫斯基说：“你钻不出弯洞。但通过3D打印，你能创造出用传统手段永远不可能做出的产品。现在依然很难想象此事的全部意义。”

史蒂文斯说：“这是很长一段时期以来，工业工程方面发生的最彻底的改变。我们不是仅仅改善事物，我们重新改写了规则。”

（参考消息网2015年1月7日）

本篇报道独辟蹊径，不是仅仅介绍作为一项科技发明的3D打印技术，而是将落脚点放在这一重大科技发明对于未来战争、外交政策、国家安全、国防工业等多方面的影响层面。这样，记者就强化了报道主题与人类之间的关联度，尤其是这种关联度涉及人类未来的方方面面，其重要性显著增强，新闻价值也就随之凸显出来。

（三）显著性

显著性指新闻报道对象（包括人物、团体、地点等）的知名度越高，新闻价值就越大，譬如名人、名胜等。著名人物的一举一动、一颦一笑总是那么引人注目，社会名流、政府官员、演艺界明星往往更容易成为媒体追逐的对象，他们出现在大众传媒中的概率也远远高于普通人。西方新闻界普遍认为：名人＋寻常事＝新闻、名人＋不寻常事＝大新闻、普通人＋寻常事≠新闻。这些公式虽然过于化约，但其背后体现的正是新闻价值中的“名人效应”。媒体关注名人，原本无可厚非，因为“名人新闻”满足了社会公众的好奇心，赋予了他们对于难以达到的生活与境遇的想象空间。但是，一旦媒体在新闻实践中不断放大这种新闻价值观，事无巨细地报道名人生活点滴，追踪名人甚至窥探他们的隐私，就常常会做出有违职业道德的事情。1997年8月31日凌晨，被誉为“英格兰玫瑰”的英国王妃戴安娜就是为了躲避被称为“狗仔队”的娱乐记者们的追逐而命令司机高速驾驶，最终不幸命丧车祸的。

同样道理，如果风景名胜发生了新闻，也更易于被关注。2013年4月10日，湖南凤凰古城将原来免费的古城景区和南华山神凤景区合二为一“捆绑销售”，游客需要购买148元门票才能进入古城。经新闻媒体报道后，此事件迅速“引爆”了全国范围内的舆论热潮。媒体和普通民众之所以如此关注此事，一个重要原因就是凤凰古城不仅是文学大师沈从文的故乡，也是历史悠久、风景秀丽的“国家历史文化名城”、国家4A级景区，每年慕名而来的人络绎不绝。

（四）接近性

人们对于离自己较近的事情，往往会多加留意。接近性考察的就是新闻与受众的接近程度，新闻越接近受众就越会得到关注，新闻价值也就越大。接近性一般包括地理上的接近和心理上的接近。一般而言，本地媒体更多地报道本地的新闻，因为本地的受众通常更关注本地的事情。这就是地理上的接近。例如，20世纪90年代兴起的晚报与都市报、2003年开始崛起的电视民生新闻等，都以关注本地新闻、都市新闻为主，从而迅速获得了受众的青睐。

所谓心理上的接近，主要是指虽然超越时空，却能引起受众心理层面发生共鸣的新闻。一方面，由于职业、家庭、经历、社会背景等产生关联的人们，容易就某一新闻产生共鸣。譬如，每到“高考季”，媒体常常会报道考场内考生的辛苦、考场外家长的焦急、填报志愿时全家的纠结等，这些新闻常常能够引起正在以及曾经经历高考的家庭的“感同身受”。

另一方面，人类具有某种共通的情感，好的新闻能够抓住受众的心理，因为触及了人们内心最柔软的部分。2011 年 7 月 27 日，《中国青年报》刊发了该报记者赵涵漠采写的《永不抵达的列车》。这篇特写以“7·23 甬温线特别重大铁路交通事故”为背景，报道了两位在事故中逝去的大学生的故事。这篇报道刊出后，立刻被其他媒体广泛转载，阅者无不为之动容。我们首先来看看报道的开头几段：

> 在北京这个晴朗的早晨，梳着马尾辫的朱平和成千上万名旅客一样，前往北京南站。如果一切顺利的话，这个中国传媒大学动画学院的大一女生，将在当天晚上 19 时 42 分回到她的故乡温州。
>
> …………
>
> 23 日一早，20 岁的朱平穿上浅色的 T 恤，背上红色书包，兴冲冲地踏上了回家的路。临行前，这个在同学看来“风格有点小清新”的女孩更新了自己在人人网上的状态：“近乡情更怯是否只是不知即将所见之景是否还是记忆中的模样。”
>
> 就在同一个清晨，中国传媒大学信息工程学院的 2009 级学生陆海天也向着同样的目的地出发了。在这个大二的暑假里，他并不打算回安徽老家，而是要去温州电视台实习。在他的朋友们看来，这个决定并不奇怪，他喜欢“剪片子”，梦想着成为一名优秀的电视记者，并为此修读了“广播电视编导”双学位，“天天忙得不行”。
>
> …………
>
> 23 日 6 时 12 分，陆海天与同学在北京地铁八通线的传媒大学站挥手告别。
>
> 7 时 50 分，由北京南站开往福州、途经温州南站的 D301 次列车启动。朱平和陆海天开始了他们的旅程。
>
> 后来，人们知道陆海天坐在 D301 次的 3 号车厢。可有关朱平确切的座位信息，却始终没有人知道。有人说她在 5 号车厢，有人并不同意，这一点至今也没人能说得清。

此后，报道开始穿插两位主人公的故事，结尾处再次扣人心弦：

> 在 D301 次列车发生的惨烈碰撞中，两个年轻人的人生轨迹终于相逢，并齐齐折断。这辆列车在将他们带向目的地之前，把一切都撞毁了。
>
> 天亮了，新闻里已经确认了陆海天遇难的消息，但没人相信。有人在微博上写道：“我不敢相信也不愿相信！希望有更确切的消息！”
>
> …………
>
> 阳光下花草、树木的倒影还留在这个姑娘的相机里；草稿本里还满是这个姑娘随手涂画的大眼睛女孩；她最喜欢的日剧《龙樱》仍在上演；这个夏天的重要任务还没完成，她在微博上调侃自己“没减肥徒伤悲”……
>
> 但朱平已经走了。

新华社发布的消息称，截至25日23时许，这起动车追尾事故已经造成39人死亡。死者包括D301次列车的司机潘一恒。在事故发生时，这位安全行驶已达18年的司机采取了紧急制动措施，在严重变形的司机室里，他的胸口被闸把穿透。死者还包括，刚刚20岁的朱平和陆海天。

23日晚上，22时左右，朱平家的电话铃声曾经响起。朱妈妈连忙从厨房跑去接电话，来电显示是朱平的手机。“你到了？”母亲兴奋地问。

电话里没有听到女儿的回答，听筒里只传来一点极其轻微的声响。这个以为马上就能见到女儿的母亲以为，那只是手机信号出了问题。

似乎不会再有别的可能了——那是在那辆永不能抵达的列车上，重伤的朱平用尽力气留给等待她的母亲的最后一点讯息。

这篇特写没有扣人心弦的情节，却在朴实无华的陈述中深深地打动了受众的内心。两个原本没有交集的年轻大学生，他们的人生轨迹因为一场灾难而定格在一个不幸的句点。当这两个鲜活的生命戛然而止于那辆“永不抵达的列车”时，人们除了唏嘘不已、感叹生命的无常之外，也会对平凡生活的真谛增添一种更深层次的理解。报道中，记者没有过度地煽情，没有大量地使用感情色彩浓厚的形容词、副词，只是在用平缓的笔触进行平实的叙述，生活中最为寻常的点滴细节在记者的笔下被一一呈现，字里行间透露出的那种平凡的感动，恰恰最容易接近读者的心灵。

（五）趣味性

趣味性指受众对新闻感兴趣的程度。那些有人情味、使人感到愉快、能够引起人们兴趣的事情往往具有新闻价值。例如下面这篇报道：

忠犬医院门口守候主人8天　风雨无阻感动世人

中新网4月18日电　常言道，狗是人类最好的朋友。如今，这句话又有了更好的例证。据外媒消息，近日，在巴西帕苏丰杜市的一家医院里上演了温馨感人的一幕：一只狗狗在医院门口苦等了8天之后，终于见到自己日思夜想的主人。

小狗的主人科斯塔（Lauri da Costa）是一名流浪者。不久前脸部不幸被人用石头砸伤，就医时又被诊断出患有黑色素瘤，需要住院治疗。一直与他相依为命的狗狗发现主人没出来，一等便是八天，风雨无阻，不离不弃。

医院的工作人员被小狗的忠诚与坚守深深感动，每天都会好心地喂给它食物和水。在院方的通融与安排之下，狗狗终于见到了心念已久的主人。科斯塔由于尚未完全康复，头部绑着绷带坐在轮椅上，一见爱犬随即展露灿烂笑容拥其入怀。狗狗也是欣喜若狂，在主人膝盖上激动地摇着尾巴，又亲又蹭难掩相思与快乐。

据了解，科斯塔由于病情问题仍需留院观察几天，短聚数分钟后便又回到病房继续休养。而小狗则继续守候在医院门口，直到主人完全康复的那天。

这篇报道讲述的是忠犬与主人的故事，因为充满人情味，人们除了感到有趣之外，一定会被忠犬的“守候”行为所感动，自然也就会有耐心读完整篇报道。可见，越有人情味的新闻越能够引发受众的接受兴趣，其新闻价值也就越大。

当然，我们还必须明确的是，“趣味”是有低俗与高雅之别的。记者在选择新闻事实时，不能“专攻”某些人的低级趣味，而遗忘了新闻记者应该担负的社会责任。

新闻价值的五个要素中，“时新性”是前提，在此基础上，附着在事实上的要素越多，其新闻价值也就越高。例如，2012 年中共十八大召开之后，新华社连续推出七篇特稿，集中报道七位新任中共中央政治局常委的背景、经历和家庭生活。这组特稿就兼具了新闻价值的所有要素：因为报道距离他们担任常委仅一个月，对于特稿而言，其时新性已经算很强了；因为打破了传统领导人新闻的“禁忌”，在交代的领导人各自成长经历中暗含了他们的施政理念，释放了很多明确的政改信号，而具有重要性；因为报道对象的知名度而具有显著性；因为披露了领导人许多平常而不为人知的生活细节，展示了他们的亲民形象，拉近了与读者的心理距离，而具有接近性；因为公开了过去被视为国家机密的领导人家庭成员等敏感信息，写法上完全跳脱过去官样文章的窠臼，笔触充满了人情味，而具有趣味性。

三、新闻的类型

现实生活中，不同人群总是从各自利益和视角出发关注不同类型的新闻。投资者关心经济新闻、学生家长们关心教育新闻、农人们关心农业新闻、旅行者关注气象新闻……这背后就涉及新闻的类型问题。关于分类，我们首先必须明确，任何分类都只是为了更好地认识事物或者研究问题，不能为了分类而分类。同时，依据不同标准，不同分类之间往往会有一定的交叉与重合。

关于新闻报道的分类方法和标准较多，比较常见的有以下五种。

（一）按新闻的性质划分

这种分类方式主要将新闻分成硬新闻与软新闻两种。所谓硬新闻是指关系国计民生、与人们切身利益密切相关的新闻，包括国家大政方针的制定与修改、宏观经济政策的发布、股市或汇市的变化、自然灾害与重大事故的发生等。由于这类新闻与人们的生存与发展关联紧密，很多时候甚至直接为人们的决策提供依据，因此，硬新闻在时效性和准确性方面也就具有更严格的要求。请看下面这篇报道：

非典型肺炎病原是衣原体?

广东专家对此持保留意见，认为病毒引起的可能性极大

本报讯 昨天，新华社发布消息，称经中国疾病预防控制中心和广东省疾病预防控制中心的共同努力，引起广东省部分地区非典型肺炎的病原基本可确定为衣原体，但广东的绝大多数专家对此持保留意见，他们认为是病毒性肺炎的可能性很大。

北京专家认为病原可能是衣原体

为什么将本次非典型肺炎的病原基本确定为衣原体呢？新华社报道说，中国疾病预防控制中心病毒预防控制所报告，通过电镜观察发现两份死于本次肺炎病人的尸检肺标本上有典型的衣原体的包涵体，肺细胞浆内衣原体颗粒十分典型。

报道说，衣原体是一种在真核细胞内寄生的原核微生物。某些衣原体曾经被归为病毒，可通过呼吸道分泌物、气溶胶，直接与病人接触，以及与病禽或鸟类接触而传播，临床表现为肺炎和支气管炎。衣原体引起的肺炎采用针对性强的抗生素治疗非常有效，但必须是全程、足量的规范化治疗。同时对病人加强护理和休息，供给营养丰富，易于消化吸收的食物及充足水分。

报道称，该病是完全可以预防的。

广东专家认为病毒性肺炎可能性大

昨晚，记者采访了很多广东专家，他们认为本次非典型肺炎是病毒性肺炎的可能性极大，因而对病原是衣原体的结论持保留意见，理由大致如下：

一、衣原体肺炎一般呈散发性，即零零星星地发生，所以流行的可能性不大，但这次广东局部地区发生的非典型肺炎有局部流行的特点；

二、衣原体肺炎死亡率不高，在0.1%～1%之间，而且发病也不凶险，比如发烧热度不会太高，这与本次发生的非典型肺炎不同；

三、衣原体肺炎属肺间质肺炎，肺泡隔会增宽，但这次非典型肺炎死亡病例尸检显示，肺泡隔变化不大；

四、在本次发生的非典型肺炎病例中找到了病毒包涵体，这是诊断为病毒性肺炎的重要依据。

鉴于此，还有专家说，不能按衣原体的结论来制定治疗方案，否则可能造成可怕后果。他们表示会按既定预防治疗方案行事。

专家们说，虽然本次非典型肺炎属病毒性肺炎可能性极大，但到底是何种病毒引起的尚难确定。这需要多长时间很难说，因为病毒有很多种，很难分离。不过暂时找不到病原体不可怕，可以针对具体症状，对症治疗。

（《南方日报》2003年2月19日）

这是一篇典型的“硬新闻”，因为它直接关涉了人民群众的生命安全。2003年“非典”疫情爆发之初，全国人民都在焦急等待对“非典”病原的权威认定。当新华社已经刊发消息确定“非典”病原为“衣原体”时，《南方日报》却在全国众多媒体中第一个发出不同的声音，如实报道了广东专家的观点。在当时那个非常时期，这不仅需要专业的判断力，更需要敢于担当的勇气。后来证明，广东专家的判断完全正确，广东省也在“抗击非典”的战役中创下了“最低病死率”和“最高治愈率”的佳绩。《南方日报》的这篇报道也一举斩获了当年的“中国新闻奖”和“广东新闻奖”两个“一等奖”，此篇报道的记者段功伟因此被广东省委、省政府授予“二等功”，这是当年给予非医务人员的最高奖。

软新闻是指具有一定的知识性、趣味性或者人情味的新闻。这类新闻往往并不直接关涉社会公众的切身利益，却能通过提供知识、娱乐、谈资等满足人们在某一方面的兴趣。与硬新闻相比，软新闻一般对时效性要求不高，写法上也强调生动活泼，不拘一格。比如下面这篇报道：

美一父亲打孩子屁股惩戒 法院判决“动武合理”

中新网7月22日电 据外媒20日报道，美国纽约州一家上诉法院近日做出一项判决，判定一名父亲打8岁儿子屁股的行为“是合理动武”。

此前当地家庭法院法官曾判决这名父亲对自己的孩子“使用过度惩罚”。

这名父亲表示，他是用自己的手掌打孩子屁股的，为了惩罚他在参加朋友派对时的不好表现。而法官称这名父亲曾用皮带和皮扣向孩子抽打，但父亲对此表示否认。

上诉法院对此前的判决予以推翻。该法院判决称，这名孩子公众场合对一名成人恶语相向，父亲回家后只是对孩子的不良行为进行惩戒，这种打屁股的方式是“合理动武”，并非“过度惩戒”。

报道称，纽约当地的居民对这个判决表态不一。一名有着9岁儿子的父亲称，有些“熊孩子”如果不打一打屁股，就不能从教训中学习。但也有人表示，打屁股的方式不一定管用，还有其他惩戒方式，用武力有些野蛮。

（中国新闻网2014年7月22日）

孩子淘气，父亲打其屁股以示惩戒，在中国原本是一件稀松平常的事情。但在美国，却需要法院的判决，这首先吸引了中国受众的阅读兴趣。当看到报道中对“熊孩子”“动武合理”的表述时，你一定忍俊不禁，或许也愿意与朋友们分享这个新闻，这即是软新闻的魅力。

事实上，硬新闻和软新闻的划定并不是绝对的。美国新闻工作者认为：硬新闻是“让人感兴趣的”（interesting to human beings），是“人们作为知情公民应该知道的信息”，是“讲重要的事”；软新闻则是“因为讲人的生活而具有趣味性”（interesting because it deals with the life of human beings），是“关于人的缺点和‘生活的方式’”，是“讲有趣的事”。对此，美国社会学者塔奇曼提出了质疑。塔奇曼观察媒体的新闻生产发现：“同一个事件既可以做成硬新闻，也可以做成软新闻。”① 当然，这背后往往会涉及新闻人的专业判断和操作方式等问题。

（二）按新闻的时间性划分

按此划分，新闻一般包括突发性新闻和延缓性新闻两种。所谓突发性新闻，主要指出乎意料、突然爆发的事件，比如事故、灾难、战争等。这类新闻往往对时间要求严格，因此要求媒体报道迅速、准确。例如，2014年12月31日晚，上海市发生重大踩踏事故，新华社在第二天的报道开头即交代了事件的时间、地点、伤亡人数等重要细节。

新华社上海1月1日电 记者1日凌晨从上海市政府核实，2014年12月31日晚23时35分许，上海外滩陈毅广场发生群众拥挤踩踏事故，截至1日上午11时，上海外滩踩踏事件已造成36人死亡，13人重伤。受伤者中7人已康复出院，仍在医院接受救治的40名伤员中，有39人的身份已得到确认。

所谓延缓性新闻，主要是指具有新闻价值但时效性不强的新闻，多是针对某一现象或问题

---

① ［美］盖伊·塔奇曼，麻争旗、刘笑盈、徐扬译：《做新闻》，65～66页，北京，华夏出版社，2008。

进行的报道。例如，一段时间内房地产价格的上升或下降、物价的波动、社会治安方面的新问题等这类报道往往要求记者具有一定的问题意识，同时要通过一段时间的观察、密集的采访和详细资料的收集等，获取一定的知识积累和经验总结。

（三）按新闻发生的地域划分

这种分类方式主要将新闻分成国际新闻、国内新闻、本地新闻等。国际新闻一般有三种供稿渠道：其一是在国外聘请特约记者；其二是购买通讯社的稿件；其三是设立驻外机构，直接派出“驻外记者”。新华社就在境外设立了180多个分支机构并派驻了记者。

全国性媒体一般都要在中心城市设立记者站或分社（譬如，中国青年报驻安徽记者站、新华社安徽分社、人民日报社安徽分社等），派出“驻站记者”来采集国内新闻。由于成本、受众等因素的制约，通常情况下，地方性媒体往往以采集本地新闻为主，偶尔发生重大事件时，实力较强的地方性媒体也会派出记者赴新闻发生地报道国内新闻或国际新闻。

（四）按新闻的题材划分

根据新闻报道的题材，新闻一般可以分为政治新闻、经济新闻、社会新闻、军事新闻、体育新闻、文化新闻、教育新闻、娱乐新闻、医疗卫生新闻等。这种划分不仅有利于不同诉求的受众快速选择新闻，也便于媒体分工。比如，传统报社一般就是按内容分为时政新闻部、经济新闻部、文教新闻部、政法新闻部、社会新闻部、体育新闻部等，在此基础上，设置相应的报纸版面。

此外，不同内容的新闻报道往往对记者的采访、写作要求也会有所差别。传统媒体一般都会设有“跑口记者”，就是按照新闻题材来将记者分配到不同区域或部门。例如，如果某记者专门跑“医疗口”新闻，就要为其所在的媒体长期提供各大医院、食品药品监督局、卫生厅等部门的新闻。“跑口记者”一般都对其报道领域相对熟悉，有的甚至具备该领域的专业背景，不仅能够采访到权威的新闻来源，而且能够进行专业的判断，因而更能发掘这些领域内的“独家新闻”。

（五）按照新闻的体裁划分

按照体裁，新闻一般分为消息、通讯、特写等。消息是一种快速、简要地报道新近发生事实的新闻体裁。通讯是详尽报道新闻事实的体裁。特写是用描写的手法对新闻事实的精彩片段进行突出描绘以再现新闻事件某种情景的新闻体裁。

（六）按刊载的媒体划分

根据刊载新闻媒体的不同，一般可以分为报纸新闻、广播新闻、电视新闻、网络新闻、手机新闻等。不同媒介的特性会对新闻报道提出不同的要求，比如广播新闻是为“听”而写的，其报道语言就要求具体化、通俗化、口语化。

第二节　什么在决定新闻？

新闻报道是人们利用文字、声音或图像等符号对新闻事实进行表征的结果。但是，哪些新闻能够被报道以及如何被报道，通常是宏观、中观和微观三个层面多个因素互动与博弈的产物。

一、宏观层面

新闻报道是一定社会的产物，它在反映社会真实状况的同时，也势必受到一定社会的政治、经济、文化等宏观因素的影响。

（一）政治因素

政治与新闻具有天然的关联性。一方面，政治体制影响新闻体制，进而对新闻生产形成一定的规约。"新闻体制的焦点问题之一是媒介、政府以及公众三者之间的关系。而这一关系的基本面貌是由政治体制决定的，新闻体制只是将其明确地体现出来。"[①] 旅美传播学者李金铨先生则以"跳舞"来比喻媒介与政治的关系，"媒介和权力机构像跳支探戈舞，领舞的总是权力机构，跟舞的总是媒介，领者与跟者配合才跳得起舞。换句话说，权力机构是首要的现实界定者（primary definer of reality），是第一性的，而媒介是次要的现实界定者（secondary definer of reality），是第二性的"[②]。另一方面，社会政治秩序的稳定需要新闻媒体的维护与认同，国家与政府的政治宣传则需要新闻工作者的支持与参与。传播学先驱哈罗德·拉斯韦尔（Harold Lasswell）就曾断言："毫无疑问，新闻工作者所具有的品质是最适合宣传工作的"，因为"他们知道如何让大街上的普通人理解他们，并利用他们的词汇、偏见和热情"[③]。而这些最终都会转化为对新闻报道内容与呈现方式的影响。

在我国，新闻媒体是党、政府和人民的喉舌。这一属性决定了我国的新闻媒体不仅要积极能动地宣传党和政府的路线、方针与政策，还要自觉地接受各级党委和政府部门的管理。这种管理有组织人事层面的行政管理（比如，各级党报、党台的主要负责人往往是由上级主管部门任命的）；更为重要的是，各级宣传部门还会专门制定相关的新闻宣传政策，对新闻单位的新闻生产施加影响。"作为媒介的直接管理者，来自宣传部门和其他行政管理部门的权力，构筑

---

① 李良荣：《新闻学概论》，132页，上海，复旦大学出版社，2001。

② 李金铨：《记者与时代相遇》，见李金铨：《报人报国：中国新闻史的另一种读法》，404页，香港，香港中文大学出版社，2013。

③ ［美］哈罗德·D·拉斯韦尔，张杰、田青译：《世界大战中的宣传技巧》，36～37页，北京，中国人民大学出版社，2003。

了边界明确清晰的新闻生产的有形控制空间。”①

例如，2005年3月22日，中共中央宣传部、国家广播电影电视总局、国家新闻出版总署颁布《关于新闻采编人员从业管理的规定（试行）》，对新闻从业人员在新闻生产中的相关问题做出了较为详细的规定。规定要求，“贯彻团结稳定鼓劲，正面宣传为主的方针，把握正确的舆论导向，为人民服务，为社会主义服务，为全党全国工作大局服务”、“新闻采编人员增强政治意识、大局意识、责任意识，不泄露自己知悉的党和国家秘密”、“报道违法违纪案件，要确保正确导向，克服负面影响，自觉遵守案件报道的纪律，注意案件报道的政治效果、社会效果。……坚决制止渲染凶杀、血腥、暴力、色情等情节，坚决制止详细描写公安人员破案过程和破案细节”、“遵守对外宣传纪律，与中央对外口径保持高度一致，不得出现任何杂音和噪音”等等。

2014年6月30日，针对一些新闻从业人员“滥用职务行为信息，随意传播、散布涉密信息，擅自将职务活动中获悉的信息发布在网络社交平台，有的利用职务便利或职务影响谋取不正当利益，导致违法犯罪”等行为，国家新闻出版广电总局依据《保守国家秘密法》、《劳动合同法》、《著作权法》等有关法律法规，制定了《新闻从业人员职务行为信息管理办法》，该办法指出，新闻单位要坚持“依法依规、趋利避害、善管善用、可管可控”的原则，明确规定了“新闻从业人员不得违反保密协议的约定，通过博客、微博、微信公众账号或个人账号等任何渠道，以及论坛、讲座等任何场所，透露、发布职务行为信息”等具体要求。这些都从政策层面规定了我国新闻媒体从业人员在新闻报道中必须遵守的新闻宣传纪律。

除此以外，新闻宣传主管部门直接下发“宣传通知”也是一种比较常见的管理方式。针对一段时期内或某一方面的新闻报道（个别情况下也可能针对某一则新闻报道），各级党委宣传部门（有时也联合有关部门）会向新闻生产者（组织/个人）下达具体指示，一般包括“宣传提示”和“报道注意”两大类型。前者侧重从正面对报道重点、宣传口径提出要求；后者侧重对一些报道内容的限制，通常被业界称为“宣传禁令”。在一份以正式文件形式下达的宣传通知中，往往同时包括这两方面的内容。②“宣传通知”是对媒体新闻工作最直接、最明确的引导与要求，其对于新闻生产的影响也是全方位的，包括从报道内容到报道规模，甚至报道方式。

（二）经济因素

在影响新闻的诸多因素中，经济是最为活跃，也是最直接的决定因素。

一方面，新闻媒介的产生与发展都是一定社会经济发展的产物，一个社会的经济发展为传媒的运作培育了受众市场和广告市场。因此，“媒介不可能脱离于整个经济体系而独立运作，外在的经济力量限制了媒介经营管理者的选择范围，如同其他行业的经营者也受到整个经济体系的制约一样”③。作为经济因素最直接的表征，广告在为传媒提供强大的资金支持的同时，

---

① 陆晔：《权力与新闻生产》，载《二十一世纪》（香港），2003（6）。

② 参见芮必峰：《新闻生产与新闻生产关系的再生产——以“宣传通知”及其执行情况为例》，载《新闻大学》，2010（1）。

③ ［美］罗伯特·G·皮卡德，赵丽颖译：《媒介经济学》，103页，北京，中国人民大学出版社，2005。

也会对新闻生产产生或直接或间接的影响。这首先与媒体盈利的经济逻辑有关。媒体、受众与广告三者的关联，构筑了现代传媒盈利的模式——"二次销售"，亦即媒体制作新闻产品卖给受众，再将受众的注意力资源卖给广告商，借此获得利润。这就是媒体追求高发行量、收视（听）率和点击率的根本原因，因为只有拥有了庞大的受众群，媒体的影响力才会有所支撑，广告商也才会因此来投放广告。换言之，广告商看重的正是媒体所拥有的受众资源。

这样，媒体常常唯"发行量、收视（听）率和点击率"马首是瞻。为了获得广告商的青睐，媒体就必须最大限度地吸引受众。那么，什么样的内容才能吸引受众？法国社会学家布尔迪厄发现了一条规律："任何一个新闻机构甚或一种表达方式，越是希望触及广大的公众，就越要磨去棱角，摈弃一切具有分化力、排斥力的内容。"[①] 于是，新闻报道的内容、主题、操作方式都势必会受此影响。"大多数自由市场传媒会很自然地把最大限度满足广告商的利益作为常规的运作内容。'常规'所能造成的影响，可以一直延伸到根据目标受众的消费模式来设定媒介内容的表现模式。传媒设计、布置、计划、安排都时常反映了广告商的利益。"[②] 中国知名新闻人崔永元甚至直言："收视率是万恶之源。"

譬如，电视媒体中广泛采用的"短信互动"、"有奖竞猜"等形式，其实质更多出自一种经济利益的考量。因为此举不仅可以获得高收视率，赢得广告商的青睐，同时，传媒与短信运营商之间往往存在一种"分账式"的利益关系，换言之，受众短信发得越多，传媒分得的利润就越大。这样，"看新闻得大奖"一时间成为不少传媒设置的广告语。然而，选择什么样的传播内容进行互动，却被许多媒体所忽略，一些媒体甚至仅仅注重"互动"的形式，而把互动的内容当作了可以忽略不计的"细节"。2004 年 9 月 6 日晚上，中央电视台国际频道"今日关注"栏目在报道俄罗斯北奥塞梯别斯兰市人质事件时，屏幕下方赫然滚动播出的有奖竞猜是这样的："俄罗斯人质危机目前共造成多少人死亡？选项：A. 402 人；B. 338 人；C. 322 人；D. 302 人。答题请直接发短信至：移动用户发答案至×××；联通用户发答案至×××。"这种缺乏人文关怀的"互动"所引发的不良后果显而易见。"从某种意义上说，它正是滋生抑或助长了人们功利心理的'催化剂'，它在用一种别样的方式诠释观众的收视行为的同时，仿佛又施与了观众某种不良的心理暗示，即把别人的痛苦当作自己参与竞猜、赢取大奖的筹码，是一种越发普遍且备受认同的收视行为，而这又与媒体引导、教育大众的社会功能是完全相悖的。"[③]

此外，在具体的新闻生产实践中，一旦广告商在一家媒体上投放广告，那么，这家媒体要想对广告商进行监督报道，就会变得异常困难。尤其在媒体竞争日趋激烈的情况下，为了吸引广告商，很多媒体甚至要求广告部门的工作人员列席新闻编辑部的选题会议，如果发现记者申报的选题危及相关广告客户的利益，或即刻制止，或采取补救措施进行"危机公关"。

另一方面，在市场经济环境下，大众传媒本身就是按照经济规律运行的市场主体。按照传播政治经济学的逻辑，资本主义社会的报纸新闻生产中就包含了"商品化"的过程，也就是"使讲故事的人变为出卖劳动力（即撰稿能力）赚取工资的雇佣劳动者。资本使劳动力转化为

---

① ［法］皮埃尔·布尔迪厄，许钧译：《关于电视》，64 页，南京，南京大学出版社，2011。

② ［英］丹尼斯·麦奎尔，崔保国、李琨译：《麦奎尔大众传播理论》（第五版），235 页，北京，清华大学出版社，2010。

③ 刘勇：《媒体岂能如此"互动"》，载《青年记者》，2004（11）。

新闻稿或专栏文章，和其他文稿及广告一起组合成整套的产品。资本把这套产品在市场中出售，如果成功就赚取到剩余价值（利润），资本可以将利润用于扩充报纸的规模，或投资在其他任何可以带来更多资本的事业中”①。

与此同时，作为独立的经济主体，新闻传媒的新闻生产也时时刻刻感受着来自市场的压力。“新闻竞争把新闻报道变成接力赛，一个主题追赶着另一个主题。从传媒的市场反应来说，一个复杂的主题不如一个善恶分明的主题，一个解释不如一个轰动，远处的事件不如身边的新闻。好信息需要投入，大信息大价钱，小信息小价钱。”② 1994 年，新闻学者麦克·曼诺思提出“市场模式”来阐释市场压力下的新闻生产，其基本原则是：“市场的力量要求尽量减少成本，在保护所有者和客户利益的同时还要最大化可以产生收益的受众。”为此，麦克·曼诺思设计了一个有关“新闻选择”的模型：

> 事件/问题成为新闻的可能性：
>
> 越可能危及投资商和赞助者的信息，越不被报道；
>
> 报道成本越高的信息，越不被报道；
>
> 广告客户愿意购买的对客户的吸引力越高的信息，越可能被报道。③

媒体之所以会在新闻主题、报道方式上做这样或那样的取舍，归根到底是受到了经济利益的制约。当媒体的“成本意识”、“效益意识”蜕变成唯利是图，一切向“钱”看的极端化思维时，加之法律法规不健全，以及新闻人自律意识和法律意识的淡薄，势必会导致新闻从业者“权力寻租”现象的出现。所谓“权力寻租”是指新闻从业者利用手中的“话语权”作为交易的筹码，为其个人或组织牟取不正当的经济利益。这种行为不仅有违新闻职业道德，也触犯了国家的相关法律，同时，对媒体的新闻生产亦会产生极大的负面影响，消解了传媒及新闻从业者的公信力与专业性。

事实上，美国《时代》周刊的做法值得借鉴。20 世纪 40 年代，为了防范市场对新闻采编部门的过度影响，《时代》周刊的发行人亨利·卢斯尝试用制度化方式来阻断广告经营部门对于新闻采编部门的制约与影响：发行人主管经营，主编主管采编，二者必须界限分明。在卢斯看来，媒体的“经营权”和“采编权”分别对应的是“国家”与“教堂”。媒体的“经营权”就像“国家”一样，是世俗的、逐利的；媒体的“编辑权”则像“教堂”的神圣地位一样，是崇高而不可侵犯的。④

（三）文化因素

什么是文化？这是一个既简单又复杂的问题。不同时代、不同国家、不同学科都给予文化不同的内涵。本书对文化的理解，更多指涉社会学层面。社会学的文化概念将重心置于“社会

---

① ［加］文森特·莫斯可，胡正荣等译：《传播政治经济学》，141 页，北京，华夏出版社，2000。

② 陈卫星：《传播的观念》，187 页，北京，人民出版社，2004。

③ ［英］丹尼斯·麦奎尔，崔保国、李琨译：《麦奎尔大众传播理论》（第五版），236～237 页，北京，清华大学出版社，2010。

④ 参见许知远：《新闻业的怀乡病》，1 页，北京，中国水利水电出版社，2005。

共享的价值观念和行为特征等方面”，代表性的定义如美国社会学家保罗·布莱斯蒂德所言：“文化是一个具有多种意义的语词，这里用作更为广泛的社会学含义，即是说，用来指作为一个民族社会遗产的手工制品、货物、技术过程、观念、习惯和价值。要之，文化包括一切习得的行为，智能和知识，社会组织和语言，以及经济的、道德的和精神的价值系统。一个特定文化的基本要素是它的法律、经济结构、巫术、宗教、艺术、知识和教育。”① 这也就是说，一个社会得以维系、社会成员之间得以交流、代际得以传承的，正是社会文化体系所提供的可以共享的价值观念。

文化对于新闻的影响，更多地体现在对操作新闻的人和组织的影响上。譬如，一个社会的主流价值观是其文化的表征，影响着新闻人对待新闻的态度以及处理新闻的方式。诚如美国社会学者塔奇曼所言：

> 在任何一个历史阶段，关于新闻价值的判断取决于当时人们对事件都具有的重要性的理解，这些理解是指导人类行为、机构行为和动机的规则。作为社会成员和社会机构的参与者，新闻工作者也不可避免地拥有作为社会资源的规则。在这些作为社会资源的规则中，有一些是新闻工作者用来确定社会关系的，包括新闻和其他知识类别之间的关系，新闻工作者与其他工作者之间的关系，新闻组织与其他社会机构之间的关系。②

此外，作为文化的一个重要组成部分，一个社会的法治氛围与法律条文也会对新闻产生影响。例如，1791 年，美国颁布的宪法第一修正案（The First Amendment）明确规定：

> 国会不得制定法律，确定某种宗教信仰，或者禁止信仰的自由；或者剥夺言论、新闻出版的自由；或者褫夺人民和平集会以鸣不平，请求政府救济的权利。③

自此之后，宪法第一修正案不仅成为美国新闻界捍卫新闻自由的重要依据，也奠定了美国新闻界追求新闻自由的行业传统。

到目前为止，我国尚没有出台一部《新闻法》。但是，宪法等多部法律都对新闻业、新闻记者的行为做了直接或间接的规定。因此，对于新闻从业者而言，必须了解、熟悉相关法律条文，否则往往容易造成新闻侵权，引发新闻纠纷。对于普通公众而言，认识和理解相关法律法规，也有助于我们认清新闻侵权行为，维护自身的合法权利。

二、中观层面

舒德森说：“新闻业是生产和传播攸关普遍公共利益的重要时事信息的活动或实践。该活动由定期（一般是每天）发布时事信息或评论的一组机构进行，它以真诚的态度为分散和匿名的受众呈现真相，从而获得公众的关注。”④ 这即是说，新闻是组织化的产物。塔奇曼也持有

---

① 转引自陆扬、王毅：《大众文化与传媒》，1～2 页，上海，上海三联书店，2000。

② ［美］盖伊·塔奇曼，麻争旗、刘笑盈、徐扬译：《做新闻》，194 页，北京，华夏出版社，2008。

③ ［美］参见唐纳德·M·基尔姆、杰罗姆·A·巴龙、托德·F·西蒙，梁宁等译：《美国大众传播法：判例与评析》（上），1 页，北京，清华大学出版社，2002。

④ ［美］迈克尔·舒德森，徐桂权译：《新闻社会学》，13 页，北京，华夏出版社，2010。

这样的观点，她认为，"新闻把单纯的事件转化成公众讨论的事件，就是赋予事件一种公众性格。所以新闻从根本上说具有一种机构的属性"[①]。换言之，媒体的新闻生产一定会受到来自其内部的组织架构、新闻操作"惯例"、组织文化等因素的影响。

一般而言，媒体都有比较清晰的组织架构，或者说是内部的一种权力安排。甘斯认为，新闻机构是"由专业人士组成的官僚系统。他们实践的是环环相扣的新闻生产（seriatim journalism），因为每一则新闻故事在到达受众之前都要经过好几位新闻从业者之手"。之所以这样安排，是为了避免混乱，使新闻工作高效有序。因此，"新闻判断的运用不仅仅要求新闻从业者之间达成共识，更要求存在一个等级化的机制，依据这种机制，那些握有更多权力的成员即可以将自己有关特定故事适应何种考量的判断强制执行"。他进而发现，"所有的全国性新闻机构都包含如下这些层级与角色（以权力渐次降低为序）：政策制定者、首席编辑（或制片人）、部门主管、记者与撰稿人（或摄制者），以及调研者。此外还存在各种后勤人员，其中某些人在新闻故事的选择中只扮演间接角色"[②]。事实上，中国媒体也同样存在这样的"等级机制"。这种制度性的安排，本身就是对新闻生产组织化的最好诠释。于是，什么样的新闻可以报道，哪些内容应该强化报道，哪些内容应该弱化甚至不能报道，判定这些的权力，则在媒体内部被逐级分配。

媒体如何将事件转化为报道？我国传播学者陈卫星教授作了如下描述：

> 要将某个事件变成新闻事件，就必须要成功地表达，新闻传播变成策划业务。正是这样，大众传媒才得以创造一个自在的象征空间，一个可以循环的再生产机制。一个新闻事件出现后，往往会带来连锁反应，而这些反应又成为新闻事件，换句话说，是事件制造事件。而在这个事件链条的过程中，各个不同的传媒工具竞相投入，加大报道广度和力度，形成了大众传媒的竞争局面。同时，在这个过程中演化出新闻事件的扩大再生产，就是说，原始新闻事件的一个小环节、一个小插曲，往往会在新闻事件的翻滚中得以放大而形成新的新闻点，在原始新闻事件的发展过程中，原来一个侧面的事件走向前台。这样新闻制作本身是一个全方位的网络思维，由主要信息带出附加信息，然后是附加信息再次烘托主要信息，反复循环，产生新闻事件的生产性意义。一个善于制作新闻的专业机构和专业人员，往往会在事件的起初就可能预见到新闻事件的发展规模，使新闻事件成为社会传播中的议题设置。[③]

媒体将事件变成新闻报道的背后，就会涉及媒体操作新闻的"惯例"问题。每家媒体都有其操作新闻的传统方式，这与媒体的性质、定位、风格等都有着千丝万缕的关系，也是媒体在长期运作中逐渐形成的一系列关于新闻报道的规范与规则。"新闻是由以组织方式而进行工作的专业人员来采制和传播的。所以，新闻必然是新闻工作者通过机构程序并遵循机构规范而生产的产品。"[④] 这即是"惯例"，它既包括成文的报道守则，也包括没有诉诸文字却代际相传的

---

① ［美］盖伊·塔奇曼，麻争旗、刘笑盈、徐扬译：《做新闻》，31～32页，北京，华夏出版社，2008。

② ［美］赫伯特·甘斯，石琳、李红涛译：《什么在决定新闻》，102～103页，北京，北京大学出版社，2009。

③ 陈卫星：《传播的观念》，228页，北京，人民出版社，2004。

④ ［美］盖伊·塔奇曼，麻争旗、刘笑盈、徐扬译：《做新闻》，32页，北京，华夏出版社，2008。

内部新闻政策。1987年，埃里克森（Ericson）等学者就提出，记者在新闻工作中实际会受到“先例的词汇表”（vocabulary of precedents）的影响。他们发现，在记者的工作文化中前后衔接的先例为他们提供了以下几种知识：认知性知识（辨认一个故事为某一类型的故事）、程序性知识（如何接触和使用人工信源和文献信源），以及表达性知识（怎样构建和表达故事，如何证明自己所选择的报道方法是合适的）。“先例的词汇表”由此深深地影响了记者：应该采访谁，采访时应该问些什么，如何展示采访内容。① 这里的“先例的词汇表”其实就是媒体的一种报道“惯例”。

那么，随之而来的一个问题就是，这种“惯例”是如何影响记者的？美国学者沃伦·布里德（Warren Breed）在其经典之作《新闻编辑部里的社会控制》（*Social Control in the News Room*）一文中指出，这是一种“潜移默化”的影响，也是从业者被“社会化”的结果。这种“社会化”是一个日积月累和各方面因素综合影响的过程。借助这样一个过程，“不仅政策可以在从业者意识中扎根，而且他们也可以由此找到与自己地位相符的权利、责任、规范和价值，并使之内化，从而真正成为组织中的一个成员”。概而言之，主要包括三个方面：

> （1）每天读自己的报纸，有些报纸甚至要求这样做。因为报纸的新闻栏目和社论常常是关于一张报纸的标准向导。
>
> （2）编辑或资深人员的言传身教，也可以起到控制导引的作用。比如用蓝铅笔在稿子上做记号，直至通过直接的训斥批评等。
>
> （3）记者们还可以发挥自己的能动性，通过了解自己上司的个性、兴趣及其社会联系而获得启示。②

三、微观层面

所谓微观层面，主要是从一篇新闻报道的生产过程来考察的。通常情况下，一篇新闻报道的生产流程大致包括：记者报选题——部门主任审核、批准——记者采写报道——编辑修改报道——部门主任初审——分管总编辑再审——总编辑终审、发稿。这背后涉及新闻选择、新闻采访、新闻写作、新闻编辑各个环节，其中有两个重要因素不容忽略。

（一）新闻来源

新闻来源又叫消息来源、信源，是指新闻的出处，可以是“人物”，也可以是“机构”或者某种“材料”等。作为人的新闻来源，具体包括新闻事件的当事人、目击者、政府机构的官员或发言人、某一领域的专家学者等。赫伯特·甘斯认为，“新闻记者观察与访问的行动者便是新闻的消息来源，包括在电视上出现的受访者，或者在报刊上出现的被引述的人，也包括那些只是提供背景信息或新闻故事议题的人”③。梅尔文·门彻（Melvin Mencher）则提出，“知

---

① 参见［英］斯图亚特·艾伦，方洁等译：《新闻文化》，83页，北京，北京大学出版社，2008。

② 转引自黄旦：《传者图像：新闻专业主义的建构与消解》，191页，上海，复旦大学出版社，2005。

③ ［美］赫伯特·甘斯，石琳、李红涛译：《什么在决定新闻》，98页，北京，北京大学出版社，2009。

道记者为一篇报道或背景而需要的信息的人被称为消息来源”[①]。1991 年，我国台湾学者郑瑞城提出了新闻来源的综合定义，“广义的消息来源泛指能作为新闻素材的任何新闻资料。这些资料是新闻工作者透过人物访问、收集之文件和观察所得。其中，人物访问（以口语资料为主）是最常运用，也是最重要的新闻来源。所以，狭义的新闻来源单指人物而言。新闻来源人物依其角色又可区分为：当事人（undertaker）、举事人（promoter）与评论人（commentator）”[②]。因此，狭义的新闻来源不单指提供信息的人，也包括在新闻中被引述观点的人。

新闻来源是记者获取信息的源头，是新闻报道的基石。甘斯就曾把新闻来源与新闻从业者之间的关系形象地比作“一场舞蹈”，“因为消息来源试图接近新闻从业者，而新闻记者也努力寻求消息来源的渠道。虽然跳探戈需要两个人，要么是消息来源，要么是新闻从业者领舞，但通常情况下扮演领舞者的都是消息来源”[③]。另一位社会学者舒德森也曾直言：“信源是媒体权力的秘密。这种权力大多不是由新闻机构本身来运作，而是由信源来操作的。”[④] 因此，对于新闻生产而言，新闻来源的重要性不言而喻。

一方面，作为最先提供新闻事实的人，新闻来源在采访中提供什么样的事实、事实的哪方面细节等都会影响记者关注新闻的切入点。同时，新闻来源本身难免会具有特定的动机和价值取向，这些都会在采访中或隐或显地暴露出来。换言之，新闻来源往往会通过对事实的描述、语气语调的选择等先期赋予新闻事实特定的意义，进而影响记者对新闻事实的判断。“消息来源本身并不足以决定新闻的全部形貌，但他们在很大程度上将新闻工作者的注意力集中在早先描述的社会秩序之上。消息来源本身也不能决定新闻中的价值，但他们的价值就隐含在他们提供的信息当中。”[⑤]

另一方面，新闻来源还会在新闻中或直接发表评论，或在事实陈述中隐含特定的观点，为新闻报道“定调”，因为很多时候，事实与观点的界限是难以截然分开的。大量关于新闻来源的研究表明，由于受到截稿时间、制作成本以及个人关系网络的影响，记者们往往偏向于使用那些易于接近、具有一定权威性且信息提供能力较强的新闻来源，比如政府官员、专家学者等。传播学上把这些人称为“意见领袖”，因为，“在每个领域和每个公共问题上，都会有某些人最关心这些问题并且对之谈论得最多”[⑥]。例如，政府官员在接受采访时往往会在事实中掺杂观点，或者记者常常会邀请某一领域的专家对报道中涉及的现象作评析，这些都是在对新闻事实赋予“意义”，进而引导公众舆论。因此，有学者指出：“过分依赖少数政府官员、民意代表或学者专家作为消息来源，将使新闻媒介监督政府与守望环境的功能无法完全发挥”，此外，消息来源的偏向也可能“使社会资源与权力分配不均的现象更加恶化”[⑦]。

---

① ［美］梅尔文·门彻，展江译：《新闻报道与写作》，339 页，北京，华夏出版社，2003。

② 转引自臧国仁：《新闻媒体与消息来源——媒介框架与真实建构之论述》，163 页，台北，三民书局，1999。

③ ［美］赫伯特·甘斯，石琳、李红涛译：《什么在决定新闻》，144～145 页，北京，北京大学出版社，2009。

④ ［美］迈克尔·舒德森，徐桂权译：《新闻社会学》，158 页，北京，华夏出版社，2010。

⑤ ［美］赫伯特·甘斯，石琳、李红涛译：《什么在决定新闻》，183 页，北京，北京大学出版社，2009。

⑥ ［美］保罗·F·拉扎斯菲尔德、伯纳德·贝雷尔森、黑兹尔·高德特，唐茜译：《人民的选择》，43 页，北京，中国人民大学出版社，2012。

⑦ 罗文辉：《新闻记者选择消息来源的偏向》，载《新闻学研究》（台湾），1995（50）。

（二）把关人

新闻报道是选择的产物。对于传统媒体而言，选择呈现抑或遮蔽哪些信息、用什么样的方式呈现或遮蔽信息，都由记者、编辑等“把关人”来决定。所谓“把关人”是指“采集、制作信息的过程中对各个环节乃至决策发生影响的人”①。传统的新闻生产其实就是一个由各级各类“把关人”掌控、影响的过程。从这个意义上说，“‘把关’不仅与信息的选择有关，而且关系到处理以及控制的各个方面，‘把关’实际上也是一个事件的基本框架被重新建构的过程”②。

记者是新闻生产中最早的“把关人”。从判断新闻线索的意义到评估新闻价值的大小，再到选择合适的新闻来源、取舍新闻采访的内容、最终呈现新闻报道的方式，每一个环节，记者都无时无刻不在进行“把关”。诚如有学者指出的那样：“新闻报道所直接反映的并非客观事实本身，而是作为报道者的经验结果、被‘自我意识’干预后的‘对象意识’”，从这个意义上说，新闻报道实质是新闻记者的一个主观构建过程，“新闻报道是报道主体对经验事实的陈述，其间渗透着陈述者的主观自我意识”③。那么，哪些因素又会影响记者的“把关”行为？我们认为，记者的个人经历与成长背景、专业积累与问题意识以及道德品质与生活态度等，都会影响他们对于新闻的判断与采制：

> 新闻媒介的运作是按照新闻价值的定义进行的。但这并不等于说有什么指南告诉新闻工作者，某些主题（毒品、性、暴力）总能吸引公众，或者某些人群（青年、著名人士、移民）总是重点报道对象。相反，一些内在因素，预先支配媒介，使其报道某一事件。从新闻工作者个人对什么能构成好新闻的直觉、诸如“公众需要知道什么”之类的信条，到已经形成的思想倾向性，都属于这类因素。④

除了公认的记者、编辑外，新闻生产中的“把关人”还包括采编部门的负责人、总编辑等。一篇报道能否被最终呈现以及如何被呈现，编辑与相关负责人的“把关”常常是最终的决定因素。李普曼在《自由与新闻》（*Liberty and the News*）一书中曾高度评价了“把关人”的工作：“到达报社编辑部的当日新闻是事实、宣传、谣言、怀疑、线索、希望和恐惧的混合体，其杂乱无章令人难以置信”，因此，“筛选与排列新闻是民主社会中真正神圣的和具有宗教性的工作。因为报纸是记录民主进程的圣经，是人民行为的依据”⑤。1949年，美国波士顿大学新闻学教授怀特（D. M. White）选择了一家地方早报的一位电讯稿编辑作为研究对象，对其一周的编辑工作进行了观察。第二年，怀特据此发表了影响深远的经典论文《“把关人”：新闻选择的个案》（The “Gate Keeper”：A Case Study in the Selection of News）。在这篇论文中，怀特发

---

① 张国良：《传播学原理》（第二版），157页，上海，复旦大学出版社，2009。

② 黄旦：《传者图像：新闻专业主义的建构与消解》，212页，上海，复旦大学出版社，2005。

③ 芮必峰：《新闻与新闻报道》，载《新闻大学》，2004（2）。

④ ［美］梅尔文·L·德弗勒，埃弗雷特·E·丹尼斯，颜建军、王怡红等译：《大众传播通论》，452页，北京，华夏出版社，1989。

⑤ 转引自［美］比尔·科瓦齐、汤姆·罗森斯蒂尔，陆佳怡、孙志刚译：《真相：信息超载时代如何知道该相信什么》，176页，北京，中国人民大学出版社，2014。

现，这位编辑在一周时间内，接收了来自 3 家通讯社、长度为 11 910 英寸的电讯稿，但他最后只采用了其中的 1 297 英寸的稿件。而在被他丢弃的稿件背后所写的理由则大多是"太激烈"、"宣传"、"胡扯"、"不感兴趣"等等。由此可见，"除了篇幅、时间等客观原因外，把关人的主观意识在稿件的取舍中，发挥了不容忽视的重要作用"①。

1979 年，美国社会学者赫伯特·甘斯也在对电视和杂志的研究中发现，记者之外的"把关人"对新闻生产中客观性原则的贯彻发挥了切实的作用：

> 在记者之外，编辑和制作人则扮演客观性的强制实施者这一角色，他们的大多数非风格式的编辑工作意在进行"软化"（softening），即更改记者们的尖锐判断和/或被视为有失公正的形容词。通过"软化"，记者们笔下的反动政客变成"保守主义者"，而"议院说客"有时候则被描述成"鼓吹者"。相反地，编辑们极少"锐化"某些判断；而且如果他们赞同某位撰稿人的批评性形容词，他们也不会对之作出改动。②

当然，"把关人"的上述作用更多是在传统媒体的新闻生产中呈现出来的特质。今天，伴随微博、微信等社交媒介的发展与壮大，"人人都有麦克风"的时代来临，新媒介的新闻生产机制发生了巨大变化，"把关人"的内涵和外延都在悄然发生改变。基于此，美国的两位新闻学者指出，新闻已经从"信我"（trust me）时代转向"秀我"（show me）时代，前者的"我"指新闻工作者，后者的"我"指受众，即新闻消费者。这一变化体现了数字时代的"权力更迭"——"作为把关人的记者将权力交给了自己充当编辑的消费者或公民。"③ 因此，"在 20 世纪，新闻是由新闻工作者们决定的。今天在决定何为新闻的过程中，公众扮演着更重要的角色。下一代新闻业必须欢迎并且为更具参与性的公民服务。正是从这个意义上说，新闻不再是讲授，它更多的是一种内容更加丰富的对话"④。

第三节 如何解读新闻？

通过以上的分析，我们在理解新闻生产复杂性的同时，也基本可以获得这样一个结论：新闻是被建构的产物，是在多重因素影响下呈现出的社会表象。那么，对于社会公众而言，我们还需要追问的是：如何透过这些表象来探寻生活世界的真谛？一个根本前提是，我们必须掌握解读新闻的理念与技巧，这也是现代公民媒介素养的重要组成部分。你一定充满疑惑：解读新闻真的有这么重要吗？

2011 年 9 月 5 日，有患儿家长向深圳新闻网报料称：出生仅 3 天的婴儿因无法正常排便而

---

① 黄旦：《传者图像：新闻专业主义的建构与消解》，174～178 页，上海，复旦大学出版社，2005。

② ［美］赫伯特·甘斯，石琳、李红涛译：《什么在决定新闻》，241～242 页，北京，北京大学出版社，2009。

③ ［美］比尔·科瓦齐、汤姆·罗森斯蒂尔，陆佳怡、孙志刚译：《真相：信息超载时代如何知道该相信什么》，35 页，北京，中国人民大学出版社，2014。

④ 同上书，178 页。

被送入深圳市儿童医院就医，医生要求做造瘘手术，全部费用需10万元。之后，父亲带婴儿转到另一所医院，仅仅用了医生所开的0.8元的石蜡油，孩子即被“治愈”。孩子父亲因此怀疑深圳市儿童医院过度医疗，要求医院撤销科室主任职务、退还3 900元住院费、赔偿10万元。这就是当年轰动全国的“八毛门”事件。让我们先来看关于此事件的首篇报道：

儿被诊断需做10万元手术　最终用8毛钱药痊愈

深圳新闻网讯　在龙岗开牙医诊所的陈先生最近喜得贵子，可是儿子降生以后，发现肚子有点鼓，深圳市儿童医院给孩子拍了十几张X光片后，要求给降生仅6天的新生儿做一场大手术。手术费用可能超过10万。然而学医的陈先生隐约觉得有蹊跷，他拒绝了手术，并带孩子到广州治疗，结果仅用8毛钱的药治好了孩子的病。9月5日，陈先生一家来到深圳市儿童医院讨说法。

医生建议手术治疗，价格不菲

据陈先生介绍，8月19日，儿子在深圳市人民医院降生，当时医生发现，孩子的肚子有点鼓，建议家长把孩子转到深圳市儿童医院做进一步检查。8月21日，孩子转入深圳市儿童医院，仅仅降生2天的婴儿，就开始接受X光检查。接下来四天时间，院方对孩子进行了十几次X光拍摄，不许孩子进食，并且没有炎症症状的情况下，每天还给孩子注射抗生素头孢他啶。同时还给孩子做了心脏彩超等各类超声波诊断。

儿童医院最终做出了先天性巨结肠的诊断结果，指出是婴儿排便不通，建议对降生仅6天的婴儿动造瘘手术。所谓造瘘手术，就是在婴儿肚子上开个洞，做一个临时的人造肛门，方便婴儿排便。6个月后再做关瘘术，把临时肛门封闭了，可能还要做对肠道修复的手术。3次手术和后续治疗费用预计将超过10万元。

有医学知识的陈先生对这一诊断结果有所怀疑，特别是对动手术的治疗手段产生了质疑。他拒绝了手术。8月24日，院方下了“病情告知书”，内容为告知家属孩子的病情，并建议手术治疗，但遭到患者家属的拒绝，只能先采取洗肠等保守治疗。陈先生在“病情告知书”上签了字。

广州医生仅开了8毛钱的药就治好了病

无奈之下，8月25日，陈先生带着孩子来到广州市儿童医院求医，广州的医生看了陈先生带去的深圳方面的检查和诊断，摸了摸孩子的肚子，听了听孩子的呼吸，认为症状不重，不必急于治疗，可以多观察。虽然不能排除是先天性巨结肠的可能，但现在下结论还太早。孩子还太小，拍大量X光片也意义不大。因为孩子太小，拍了也看不清楚，说明不了情况，注射抗生素也没有必要。广州的医生主张正常喂养，仔细观察。广州医生开了价值仅8毛钱的石蜡油，用来给孩子通便，建议病情有变化再复诊。

孩子回家后，进行正常喂养，没有用任何药物，仅仅用了一次石蜡油，孩子就可以排便。之后孩子能吃能拉，身体一天天成长。陈先生一家对深圳市儿童医院的误诊提出了质疑和投诉。陈先生告诉记者，他当时对先天性巨结肠的诊断结果进行怀疑，是因为这个病多为遗传病，但夫妻双方的家族上都没有得过这个病，因此得这个病的几率是较小的。医疗知识，让陈先生一家躲过一劫。

深圳儿童医院医生收入与科室收入挂钩?

陈先生质疑：按照广州医生的说法，孩子太小，症状不重，可以多观察，不急于下结论。但深圳市儿童医院却拍摄大量对孩子有害而且无必要的X光片，进行各类不相关的超声波检查，不让孩子进食，完全靠打点滴维持生存，并注射毫无必要的抗生素，最终急于给刚降生6天的婴儿动手术，甚至提都没有提保守治疗的方案。这是为什么？

据本身就是医生的陈先生介绍，有的医院，医生个人收入其实跟科室收入相关。医院普遍都有科室奖金，总的来说，科室的收入高，这个奖金也就高，医生收入就高。有的医院，医生甚至可以从手术中提成获益。所以医生会给病人安排毫无必要的检查，甚至动价格昂贵的手术。在他这个例子中，深圳市儿童医院的医生不愿意为病人多思考，更愿意让病人多花钱。在这种主观愿望支配下，做出了轻率而错误的判断，造成了误诊，险些造成医疗事故。其根本原因就是医生个人收入与科室甚至医院收入挂钩。

陈先生表示，一般人生病，都是完全听从医生的，因此很容易被误导。他学医，因此比普通人多一点医疗知识，了解多一点医院的情况，所以这次儿子在深圳市儿童医院住院4天花了4 000多元，但躲过了十几万的手术，躲过了手术带来的痛苦和伤害，但大量的X光照射和抗生素注射不知道是否会对出生几天的婴儿产生什么不良影响。

医院回应：医生不会从手术里拿提成

9月5日，陈先生一家来到深圳市儿童医院讨说法。深圳市儿童医院医务科接待了陈先生。据医务科科长刘医生介绍，目前刚刚接到患者投诉，院方需要时间对这个事件展开调查，还要请专家小组进行研究，院方承诺在5个工作日之内给出调查结果，给患者家属一个说法。因此是不是误诊，医院有无过错，或者别的什么结论，目前都无法做出。

但刘医生明确表示，医院没有医生从手术拿提成的制度。因此，医生不会从手术中获益。他表示，目前医院的手术非常多，都排得很满，医生的劳动强度很大，医生都希望减小劳动强度，不会去“没事找事”。因此，没有手术必要还要安排手术的做法是不可能的。

对于医院的回应，陈先生表示，他们已经不是第一次来医院投诉了。他们曾经找过医院的书记，对方承诺7天后给出说法，现在7天过去了，又要再拖5天，怀疑医院有意拖延。在陈先生一家的强烈催促下，院方表示将在9月8日星期四下午给患者一个调查结果。届时本网会继续报道。

（深圳新闻网 2011年9月5日）

这篇报道的标题首先就开门见山，向公众呈现了“10万元”与“8毛钱”之间的强烈反差。紧接着，报道又不断向我们展示“涉嫌乱收费的医院”、“不负责任的医生”与“焦虑愤怒的患儿父亲”的强烈对比。很快，网络上铺天盖地的质疑与批评就将医务工作者再次推到了舆论的风口浪尖。因为在普通公众看来，这又是一起典型的“医疗腐败”，记者在报道中通过陈先生之口提出的质疑，恰好符合公众对于丧失职业道德的医生群体的想象和预设。

但是，如果我们仔细阅读全文，就不难发现这篇报道的问题在于不够客观。患儿父亲陈先生不仅是新闻事件的当事人，也是整篇报道的新闻来源。报道中涉及的所有细节，记者全部采自陈先生一人，甚至就连医院一方的回应也是通过陈先生来转述的，而唯独不见对事件另一方诸如主治医生、深圳儿童医院等的采访。如果新闻来源“既当裁判员，又当运动员”，那么，这篇报道的倾向性就十分明显，其可信度也就会大大降低。

此外，记者在报道中还以小标题的形式凸显了一个缺乏根据的议题——“深圳儿童医院医生收入与科室收入挂钩?”虽然此处用的是一个疑问句，但这部分的内容却一再强调“本身就是医生”的陈先生的观点，“有的医院，医生个人收入其实跟科室收入相关。医院普遍都有科室奖金，总的来说，科室的收入高，这个奖金也就高，医生收入就高。有的医院，医生甚至可以从手术中提成获益”。循着这个逻辑，陈先生的观点——“所以医生会给病人安排毫无必要的检查，甚至动价格昂贵的手术”——就变得顺理成章了。这其实是记者用一种别样的方式来“引导”舆论，因为这样的观点显然是符合受众的某种阅读期待的。于是，舆论的一边倒也就显得合情合理了。

然而，正当社会舆论全面“讨伐”医院以及医务工作者的时候，患儿因病情复发而再次就医，最终被确诊为巨结肠症，并在武汉同济医院接受手术。2011 年 10 月 28 日，患儿父亲陈先生发出了《感谢及致歉信》，向深圳儿童医院道歉：“你们当初对我孩子的诊断是正确的，是我错怪了你们！给你们带来了伤害，我深表歉意！”与此同时，要求媒体道歉的呼声也不绝于耳。2011 年 10 月 31 日，深圳新闻网刊发了《深网公开信：八毛门，我们的错和爱》，专门检讨了该网对于首篇稿件的处理方式：

> 我们在此稿件的处理中，有新闻专业方面的失误，客观中立平衡的新闻专业精神没有得到好的体现。在接到患儿父亲一方的信息后，我们的稿件对院方的采访应该更深入，双方信息应该做到更好的平衡；对患儿病情的判断，我们缺乏健康传播领域的专业知识背景，没有中立专家和证据的充分支撑。于是，我们犯了错误。①

上述事件给我们的启示在于：作为普通公民，我们可以不去理会新闻的定义、新闻生产的运作方式等等专业性的知识，但是，我们必须具备解读新闻的能力，因为这是我们利用新闻助益我们生存与发展、追求美好生活的基础。对此，美国的两位新闻学者比尔·科瓦齐和汤姆·罗森斯蒂尔在其专著《真相：信息超载时代如何知道该相信什么》中，为我们提供了有效的路径和方法——怀疑性认知方法，即“知道如何提出并回答一系列的问题，这些问题以及指导如何解答它们，构成了确证新闻的规则”。这一认知过程主要包括以下问题：

(1) 我碰到的是什么内容?

(2) 信息完整吗? 假如不完整，缺少了什么?

(3) 信源是谁/什么? 我为什么要相信他们?

(4) 提供了什么证据? 是怎样检验或核实的?

(5) 其他可能性解释或理解是什么?

(6) 我有必要知道这些信息吗?②

在他们看来，虽然这些问题存在一定的重合，但排列顺序还是有一定逻辑性的，因为“我

---

① 深圳新闻网：《深网公开信：八毛门，我们的错和爱》，见 http：//www. sznews. com，2011-10-31。

② [美] 比尔·科瓦齐、汤姆·罗森斯蒂尔，陆佳怡、孙志刚译：《真相：信息超载时代如何知道该相信什么》，34 页，北京，中国人民大学出版社，2014。

们通常会在判断报道是否可信之前弄清楚它是否完整，在检查证据之前考虑信源”。至于为什么要把“确认内容”放在第一位，两位作者的解释是“在开放而复杂的媒介文化荒野里，信息标签往往是用来骗人而不是启发人的。尽管出现在公共媒体上的都自称新闻，但并不完全如此。即便是新闻，形式也各不相同”。基于此，我们首先要“分辨看到的或听到的是新闻、宣传、广告、公关、娱乐，还是原始信息”。为此，他们列出了四种主要的新闻模式：

> 确证式新闻（Journalism of Verification），强调准确和语境的传统模式。这一新闻模式起源于17世纪的早期职业新闻，19世纪后期逐渐成熟，20世纪日臻完善。它强调获得正确的事实而不是观点。大部分情况下，人们接触新闻就是想获得这种确证式新闻。他们想要的是讲述新鲜事实的最简单的新闻形式。因此，确证式新闻强调完整性：回答事实所暗示的问题，并努力将事实放在完整的语境中，使它们能如实地被理解。
>
> 断言式新闻（Journalism of Assertion），强调即时性和声音大小的新模式，一种趋向被动的信息渠道。它始于20世纪八九十年代美国有线电视新闻网（CNN），是一种以直播和即时、高度机动性的新闻采集为基础的连续新闻文化。这类新闻基本采用速记手法，记者只充当渠道角色，是信源和新闻制造者的助手，同时，允许新闻制造者背诵事先准备好的观点却不加质疑。由此带来了两个问题：其一是由于一味强调即时传输，新闻的真实性受到挑战，但记者们根本没有时间去核实信息；其二，因为记者的精力更多用来组织传播内容，导致了信源控制新闻，而且信源造假更容易。
>
> 肯定式新闻（Journalism of Affirmation），通过肯定受众的信念而不是依靠准确、完整或确证来构筑忠诚度的新型政治媒体，为了实现这一目标而刻意拣选（cherry-pick）信息。这种新闻常由脱口秀明星担任主播，节目内容和环节设置常刻意挑选事实，具有片面性。它的吸引人之处在于肯定受众的先入之见，获得受众的信任与忠诚，然后将忠诚度转化为广告收入。
>
> 利益集团式新闻（Interest-Group Journalism），包括针对特定目标受众的网站和新闻，经常从事调查报道。它们通常由专门的利益集团而非媒体机构资助，设计得很像新闻。辨别这种新闻的标志有二：其一是没有真正完全公开资金来源；其二是报道的倾向性一致，或重复同一个结论。①

尽管上述四种新闻模式是基于美国新闻业所进行的梳理与总结，但对于中国受众依然具有两个重要的意义。

第一，不同新闻模式背后隐含着特定的传播目的与新闻价值观，这些继而会对记者的新闻生产形成影响，并最终反映在新闻报道（作品）上。这些纷繁复杂、真假难辨的新闻报道（作品）又成为受众观测事件、感知社会、作出决策的重要依据。因此，对于受众而言，要做到相对专业地解读新闻，前提是明辨新闻报道（作品）背后的新闻模式。这是因为，“信息的品牌与质量正逐渐取决于每一条新闻本身，我们不能再完全根据新闻机构的名字来判断什么内容值得信任。只有理解并分清了这些模式，我们才能知道自己看的是什么，这是理解、解构和发现

---

① ［美］比尔·科瓦齐、汤姆·罗森斯蒂尔，陆佳怡、孙志刚译：《真相：信息超载时代如何知道该相信什么》，36～54页，北京，中国人民大学出版社，2014。

我们可以相信什么的关键性第一步"①。

第二，不论新闻模式如何变化、新闻的呈现方式如何改变，获取有价值的信息、寻求准确的事实，始终是受众新闻消费行为的根本诉求。因此，解读新闻，其实就是在分析新闻作品中事实的呈现方式是否专业、合理，是否存在造假或者过度偏向的可能，因为这些都会阻碍我们透过新闻追求真相。基于此，"指导怀疑性认知方法的原则，即证明新闻报道可靠的标志，是看记者或主持人花了多大功夫来梳理信源和证据，在多大程度上采用了开放和怀疑的思维"②。

结合中国新闻的基本特质，我们认为，公民可以从以下三条路径来解读新闻。

一、真实性的判断

如前所述，真实性是新闻报道的生命。虚假报道、失实报道永远是新闻工作的天敌，也是新闻界的"顽疾"。1980年，联合国教科文组织发布的经典文献《多种声音和一个世界》就罗列出了新闻失实的若干表现，即使在今天看来，依然具有典型性：

> 新闻失实就是用不准确或不真实的报道代替确凿的事实；或是通过使用一些具有轻蔑意义的形容词和千篇一律的陈词滥调，将带有偏见的解释编入新闻报道之中。还有其他各种方法可以歪曲事件和形势的全貌。这些方法是：突出强调并不真正重要的事件或把表面性的和毫无关系的事情与真正重要的事情混杂在一起；把各种零散情况拼凑成新闻，并且作为整体加以描述，或是将部分真实情况汇集在一起，拼凑成一个看来好像是完整事实的样子；通过一种暗示的办法介绍事实，以造成曲解，从而使读者、听众和观众作出有利于特殊利益的结论；用一种办法描写各种事件，以激起无根据的或夸张的疑虑和担忧，目的在于影响个人或者整个社会和政府决定今后的行动，对于假定公众不感兴趣的事实或事件，保持沉默。③

新闻真实性的判定是一个看似简单实则复杂的课题，并没有一个完备的公式可以加以套用。一般来说，一篇新闻报道的真实性大致可以从三个方面来判断。

（一）新闻要素的使用

简单地说，新闻基本要素包括5W和一个H，亦即何人（who）、何事（what）、何时（when）、何地（where）、何故（why）、如何（how）。通常情况下，一篇新闻报道必须交代新闻要素，这是新闻工作的基本要求。很多时候，我们可以从新闻要素的使用中来判断报道的事实性。例如下面这篇报道：

---

① ［美］比尔·科瓦齐、汤姆·罗森斯蒂尔，陆佳怡、孙志刚译：《真相：信息超载时代如何知道该相信什么》，37页，北京，中国人民大学出版社，2014。

② 同上书，33页。

③ ［爱尔兰］肖恩·迈克布赖德，中国对外翻译出版公司第二翻译室译：《多种声音和一个世界》，218页，北京，中国对外翻译出版公司，1981。

钱被风刮跑以后

一月二十日，长春，北风刮得很猛，我骑着自行车，只顾低头，往前紧蹬。临近和平大路口，把一个边走路边低头数钱的农民老大爷撞了个趔趄，他手中的一把人民币“哗啦”一声掉在地上。我慌忙跳下车，想赶紧把钱给老大爷拾起来，可是来不及了，散落在地上的钱已被呼呼的北风刮了起来，纷纷向四处飞扬。正在这时，只见过往行人都不约而同地向钱飘走的方向跑去，有的还高喊着：“钱跑了，快抢啊！”霎时间，整个路口沸腾起来。这突如其来的情况，使老人大为吃惊，随后便焦急地拍着大腿说：“风刮人又抢，这可怎么得了，钱可又要没了。”我本想安慰几句，可说什么好呢？

没过多久，风似乎小了，“抢钱”的人们也从四面八方陆续朝老人走来，把“抢”来的钱都一一交在老人的手里。老人喜出望外，不停地向众人点着头。

人们聚集在老人的周围，一再关切地要老人把钱数数。看得出来，老人有点情面难却，使用颤抖的手数了起来，旁边还有人帮着数。数完，只见老人略为迟疑一下，接着又数了一遍。还是二十六张。老人抬头用疑问的目光瞅着围在四周的人们，半自言自语地说：“不对……”老人的话还没说完，一个戴着红领巾的小学生抢着喊开了：“谁还没有把钱送来！”老人忙接着说：“不是少了而是多了。”“怎么会多呢？是你记错了吧？”“没错，我在家数得清清楚楚，明明是二十五张，都是五元一张的。”人们不解地互相对视着。那个小学生又喊开了：“谁又多送了？”话音刚落，只见一个中年妇女不好意思地说：“是我的，我拿着一张五元的钱准备到商店买东西，刚才光顾帮老大爷‘抢钱’了，竟忘了自己手里还拿着的钱，一起交给了这位老大爷。”说完，人群中爆发了一阵欢快爽朗的笑声。

我沉重的心情一下子变得轻松了。

（《人民日报》1980年2月23日）

这是一篇刊发于1980年的报道，虽然年代久远，但其暴露出的问题却依然具有当下的针对性。该报道采用了第一人称形式，通过“我”的现场目击及其伴随事件进程的心理变化，意在印证“文革”后社会风气明显好转这一“社会现实”。但是，通读全文，却让人难以信服：不仅整个事件太过蹊跷，报道本身也显得过于突兀，新闻要素中的时间、地点、人物都不够具体。

时间——“1月20日”。究竟是当天的上午、下午还是晚上？对于这样一篇事件性新闻，这种时间表述显然不够具体。

地点——“临近和平大路口”。那么，何为“临近”？“临近”到底有多近？这种对地点的表述显然也比较含糊。

人物——丢钱的“农民老大爷”、拾钱的“戴着红领巾的小学生”、“中年妇女”等都不够具体。虽然此事件是报道者的“偶遇”，也许那些“做好事”的人不愿透露姓名，但那位钱财失而复得的“农民老大爷”，姓甚名谁、哪里人士等信息却完全可以通过记者的采访获得。而本篇报道所有人物都是无名无姓的“代称”，真实性难以查证。

此外，报道高潮部分还交代了一个戏剧性的细节，即一位中年妇女多还了农民老大爷5元钱。看似跌宕起伏，却是报道者有意造假。当真相被揭开之时，该报道也因此被取消了当年

"全国好新闻"一等奖的资格。

由此可见，新闻要素是否齐备，关键性要素是否明确，是我们初步判断一篇报道真实与否的重要标准。现实中，我们还经常会发现一些"移花接木"的报道，将发生在甲地的事情，搬到乙地，把发生在这个人身上的事情，放到另一个人身上。不妨请看下面这篇报道：

女司机遇碰瓷男开车轧了过去……

碰瓷的事儿如今已经不算新鲜了，碰瓷的人无非也就是想通过假摔假撞来讹钱。但是近日，一段《碰瓷男惨遭女司机径直碾轧》的视频在网上引发热议，这段视频里碰瓷男子貌似是碰到了一位新手女司机，碰瓷男在倒地之后竟然真的被轧了过去。

这段视频是由一辆车的行车记录仪拍摄下来的，视频中显示记录画面的这辆车开到十字路口时，遇到红灯停了下来。这时路口的另一侧一辆汽车要左拐，就在小汽车出现的时候，一名男子也出现在画面里，记者从视频中看到当时汽车已经停了下来，并没有撞到男子，但是男子突然倒下躺在了汽车面前。

可此时女司机似乎正在查看路况，并没有看见已经躺在地上的男子，女司机一脚油门发动了汽车，径直从男子身上碾轧了过去。在感觉碾轧到了东西后，汽车颠簸了几下又停了下来，女司机貌似还不清楚状况，四处查看，但记者从视频中能够清楚地听到遭碾轧男子的惨叫声。

这段视频发布之后，网友在微博中展开了热议。一类网友的讨论是针对碰瓷男的，认为这是他咎由自取的结果。网友"晴妃-Royal-concubine"评论说：不作就不会死；网友"举着破刀"说：碰瓷有风险，入行需谨慎；网友"24k 贼啦帅"也评论道：自作孽不可活。

而另一类网友的观点则是指向了女司机。名为"学癌重症患者"的网友说：竟然有人敢碰瓷女司机！名为"紫开车"的网友说：最怕看到女司机，因为永远不知道她下一步想干什么。

还有一类网友则在帮大家分析女司机需不需要承担事故责任，网友"逆行圣"说：这位女司机应该不用承担主要责任：一是因为她开始没撞上所以感觉不到前面有人；二是天黑没看到车底盲区；三是碰瓷人主动藏到了车下盲区；四是当轮胎压上东西的时候会以为是杂物之类的障碍。

但不管责任在于哪一方，悲剧已经发生，在此也只能奉劝那些有碰瓷想法的人千万不要再做这样的傻事了，这钱还没讹到手，命却送了值得吗？

（《城市信报》2014 年 7 月 22 日）

这篇报道不仅没有对视频的真伪进行核实，而且，对于事件发生的时间、地点、人物、原因等新闻要素也完全没有交代。通篇只是对网络上流传视频的"看图说话"，先介绍一下视频的主要内容，接着再从网上摘抄几段"不着边际"的网友评论，这样，一篇新闻报道就"新鲜出炉"了。报道刊发后，国内媒体纷纷转载，有的还专门邀请交警和法律专家进行解读。7 月 25 日，《人民日报》刊登该报驻韩国记者万宇的报道，查证出视频中的事件发生在韩国忠清北道首府清州市，而该起事件并非“碰瓷”，属于交通事故，目前当地警方正在进一步调查。① 《新闻记者》杂志将此篇报道评为“2014 年十大假新闻”，并借此抨击了这种“时髦”的新闻写法。“这是当下不少媒体惯用的一种操作手法，选题的线索来自互联网，记者不做任何的采访，且故意‘省略’5 个 W，仅搜集一些网友的评论，一篇稿件就炮制出来了。”②

（二）新闻来源的使用

对于记者来说，寻找合适的新闻来源了解事实、探寻真相，同时在报道中使用合适的新闻来源来呈现新闻事实，既是其专业性的表现，也是新闻真实性的必然要求。因此，对于普通公众而言，新闻来源是我们判定新闻报道真实程度的一个重要维度。

通常情况下，记者在报道中必须明确交代新闻来源，这样不仅可以增强报道的可信度，也有利于受众对新闻做出相对正确的判断——“在实践中，诚实地告诉人们你知道什么的唯一方法就是尽可能披露你的信源和知晓方法。如果新闻工作者所掌握的最有价值的信息来自一个可能具有倾向性的信源，说出信源本身有助于向受众揭示出信息中可能隐藏的倾向——而且也可能阻止信源的欺骗。”③ 例如，下面这篇报道（节选）：

安徽今年上线考生女孩占 85%

追问高考“阴盛阳衰”现象

本报讯　今年高考录取工作结束后，来自安徽电视台的一则消息说：今年安徽专科（高职）以上的上线率，每 100 个学生中就有 85 个是女生，15 人是男生。这一数据创下了国内此类统计中女生所占比例的新纪录。

在北京打工的臧女士一听到这个消息顿感心乱如麻，扔下工作赶回家乡督促儿子学习。因为她孩子的班 40 多人，有近 30 个男生。也就是说，本来女生在班里就是少数，但更多的女生考上了大学。

在中国的绝大多数学校，男生仍然占多数，特别在乡村。安徽一些学校的初高中男生和他们的家长悲哀地认为：男孩越来越难上大学了。

这种现状和引发的担心令争议四起，一些掌握话语权的专家学者的观点中甚至不乏对相关部门的责难。趋势日益明显的“阴盛阳衰”现象更引发人们的思考——这到底是为什么？85∶15 的背后蕴藏着什么样的社会问题？究竟是“好得很”还是“坏得很”？

本报记者近日专门走访了安徽巢湖、池州、合肥等地，试图通过对最基层学校的探访、与第一线教育工作者的交流，得出对这一现象观察的一些结论。

巢湖 3 所中学：“阴盛阳衰”的典型标本

安徽省和县（巢湖市辖）沈家巷中学距离县城 30 多公里，是县里最偏僻的学校之一，

---

① 参见万宇：《伤者并非蓄意讹诈　警方寻视频上传者》，载《人民日报》，2014-07-25。

② 年度虚假新闻研究课题组：《2014 年虚假新闻研究报告》，载《新闻记者》，2015 (1)。

③ ［美］比尔·科瓦齐、汤姆·罗森斯蒂尔，刘海龙、连晓东译：《新闻的十大基本原则：新闻从业者须知和公众的期待》，83 页，北京，北京大学出版社，2011。

但“阴盛阳衰”的现象却很典型。

尽管这所学校的学生都是县城两所最好的重点学校挑完之后被录取的，但经过师生们3年的努力，今年高考还是有42名学生达到了二本分数线以上的好成绩。其中一本以上3人，全是文科班的女生。据介绍，今年该校的文科前10名是清一色的女生；理科前10名中，也有4名女生。而在过去，理科可是男生的传统优势项目，女生很难涉足。在所有达到本科线的学生中，女生比例达到65%。

同时，全县最好的省级示范中学——和县一中的文科前10名，有7名是女生，占了绝对优势。记者在巢湖市市级示范中学——居巢区柘皋中学调查的结果也表明，近5年来，该校女生考上大学的比例在逐年提高，今年比例已突破总人数的40%。汪学龙校长告诉记者，这所已有50多年历史的老学校，尽管周围的生源比较充足，覆盖六七个乡镇，但过去一到高中阶段，女生就成了“稀有人群”，一个班级能有两三个女生就很不错了。“这几年变化的速度实在太快”。

团巢湖市委也提供了一项统计数据，由团市委资助的贫困大学生，2006年158人中，男生114人，女生44人；2007年573人中，男生420人，女生153人，女生的规模在迅速扩大。

…………

（《中国青年报》2007年10月8日）

这篇报道的基本逻辑是由“安徽高考上线率男女生比例为15∶85”为起点，进而用大量论据证明高考中确已出现“阴盛阳衰”，再将原因推及传统教育观念中“男生教育”的粗暴与落后，最后提出“拯救男生”的观点。应该说，这样的报道思路还是比较清晰的，报道中涉及的问题也确实符合人们对于中国高等教育的直观印象——女生越来越多，男生越来越少。但是，事实究竟如何？让我们先来分析一下这篇报道的问题。

首先，记者仅凭安徽电视台的一则消息，在未经核实的情况下，就将这一数据与“阴盛阳衰”现象挂钩，进而在自己划定的“问题”框架内去寻找“答案”，不仅略显武断，更欠缺专业性。要知道，关于高考招生的数据发布，只有教育部门才是最权威、最可信的新闻来源。因此，作为报道起点的新闻来源出了问题，那么，整篇报道的真实性就必然会受到质疑。其次，第二段中关于在北京打工的臧女士的报道，似乎是为了迎合报道主题而“设计”的“由头”，但其真实性依然存疑，因为对于臧女士的身份、姓名、地域等，记者都没有交代。最后，记者为了证明“女生的规模在迅速扩大”，而选取的巢湖市委提供的数据，却恰恰无法证明其预设的观点。因为，既然牵涉两年之间的比较，仅仅靠绝对数的增减是不能说明问题的，而应该靠百分比来说话。如果按照百分比来计算，2006年158人中，男生114人，女生44人，男女生对应比例分别为72%和28%；而2007年573人中，男生420人，女生153人，男女生对应比例则分别为73%和27%。两相比较，女生的规模不仅没有“迅速扩大”，相反还减少了1%；男生的规模不仅没有减少，反而增加了1%。

这篇报道刊发后，影响较大，全国多家媒体进行了转载。《中国青年报》亦准备进一步深入探讨这一现象，其专门配发的“编后”称：“15∶85，这个数字触目惊心。男生教育病了？教育新闻版从今天开始，陆续推出围绕这个主题的系列报道和讨论，欢迎读者参与。”但是，当天教育部即证实该消息不属实，安徽省教育招生考试院发布的数据也显示，当年安徽高考实际上线男女生比例应为 57：43，并不存在报道中所呈现的“男生越来越少”的现象。一个未经核实的新闻来源，就这样瓦解了整篇报道的根基。由此可见，新闻来源是普通公众观测、解读新闻报道真实性的一个重要维度。

除了明确交代新闻来源以外，很多时候，你也许会对充斥在新闻报道中“消息灵通人士”、“不愿透露姓名的官员”、“一位著名学者”等不明身份的新闻来源产生迷惑，甚至犹疑：这就是新闻吗？例如下面这篇报道：

80后新娘奉子成婚　新郎不尴尬反更有“面子”

中新社阳江十二月五日电　年近岁末，喜事连连。连日来，当一对对新人在热闹的婚宴上频频接受着亲友祝福的时候，有心人士却惊诧地发现，眼下奉子成婚的新娘已“相当普遍”。

对此，广东阳江餐饮业人士“语出惊人”，称据“粗略”估算，其所在的酒店在近两年承办的婚宴中，至少有七成的新娘子有孕在身，奉子成婚在眼下已成风气，这类新娘大多为“80后”。

有鉴于此，民俗学者李先生认为，形成这道“独特风景线”的根源有二。一是受试婚思潮的影响，很多年轻人为达到相互“检验”的目的，在婚前就已同居一年半载行试婚之实，很多“有结果”就登记结婚，“无结果”就分道扬镳；二是中国传统的贞操观受到挑战，“未及敲钟就吃饭”已成平常事。

“大肚新娘”泛滥的现象，坊间众说纷纭。阳江民政部门分管结婚登记工作的官员称，很多到民政部门登记结婚的女子就已珠胎暗结甚至已经“成型”。奇怪的是，这些“准新娘”丝毫没有因婚前怀孕而觉尴尬。

资深文化人陈先生直言，在中国的当今社会，未婚同居在很大意义上可以理解为试婚。“奉子成婚”成普遍现象，表明今天的“80后”已在公然叫板中国传统意义上的道德底线。

记者日前在一位朋友的婚宴上看到，已有八个多月身孕的新娘挽着新郎乐呵呵地逐桌给客人敬酒，在坦然中接受着一句句“早生贵子”的祝福，席间客人直夸新郎“有本事”。

由试婚风潮直接或间接导致的奉子成婚现象，“80后”本身就有多种不同的看法。据了解，大多“80后”认为，做新娘是女人一生中最神圣的事，应以最美的形象展示新人的风采，做“大肚新娘”确实“有碍观瞻”。

但同时也有不少女性表示，尽管挺着大肚子穿婚纱很不雅观，但现在谁也不会在乎这些了。反正都是做女人要经过的事，迟早都一样。更有年轻人认为，新娘能挺着大肚子办婚礼，就多了一份女人的自豪和满足，而新郎不但不用尴尬，反而更有“面子”。

（中国新闻社 2009 年 12 月 5 日）

这篇报道的最大问题就是所有新闻来源都是匿名的。仔细分析，该报道一共使用了八处新闻来源：“有心人士”、“广东阳江餐饮业人士”、“民俗学者李先生”、“阳江民政部门分管结婚登记工作的官员”、“资深文化人陈先生”、“一位朋友”、“大多‘80后’”、“不少女性”。由于这个现象具有一定的私密性，所以，有些新闻来源使用匿名是可以理解的。比如，记者奉子成婚的“一位朋友”以及那位能够估算出在其酒店有七成新娘奉子成婚的广东阳江餐饮业人士。但是，其他的新闻来源却似乎没有匿名的必要。譬如，发现奉子成婚新娘“相当普遍”的“有心人士”是谁？感受到“‘准新娘’丝毫没有因婚前怀孕而觉尴尬”的“阳江民政部门分管结婚登记工作的官员”是哪位？对此现象分析得头头是道的“民俗学者李先生”和“资深文化人陈先生”又分别是谁？这些人的身份完全可以公开，因为既不涉及其隐私，也不会给他们带来不便。此外，诸如“大多‘80后’”和“不少女性”的提法，也都是身份不明的“泛指”，“大多”、“不少”究竟是一种什么比例？“多”到什么程度才能算“大多”和“不少”？这些提法，很容易让人怀疑这完全是记者信马由缰的想象。

作为普通公众，当我们看到这种既无确实来源，又无真凭实据的新闻报道时，我们首先要质疑的就是其真实性。因为“不署名的消息来源被称作民主的安全网，也是良心的庇护所，但同时，它也是那些懒惰、马虎的记者的拐杖”①。事实上，大量使用匿名新闻来源的做法，从来都不是也不应该是新闻行业的“时尚”。从新闻操作的专业角度看，提供具名新闻来源是新闻报道的一般规则，而模糊交代新闻来源（即提供匿名新闻来源）则是一种变通手段。2005年，美联社和美联社执行编辑协会联合对美国419家报纸（约占全美1 450份日报的29%）进行的调查显示：103家报纸决不允许记者在他们的报道中使用匿名新闻来源。而即使允许使用匿名新闻来源的报纸也大多制定政策，要求记者对匿名新闻来源的依赖程度必须降到最低。此外，还有35家报纸正在考虑紧缩其新闻来源的政策。② 那么，哪些情况下可以使用匿名新闻来源？

一般而言，使用匿名新闻来源，一方面是为了获得更多的“内幕”消息，另一方面也是为了保护新闻来源。如果有证据显示报道会给新闻来源带来生命、安全、财产等方面的实际损失，那么就不应该公开新闻来源的身份。例如，性犯罪的受害者、犯罪嫌疑人是未成年人等。同时，记者一旦同意不公开新闻来源的真实身份，就必须信守承诺。

美国新闻史上最著名的匿名信源莫过于“水门事件”（Watergate scandal）报道中的“深喉”（deep throat）。1972年6月17日，美国民主党总部水门大厦发生闯入事件，警察抓住了试图安装窃听器的5名窃贼。由此，《华盛顿邮报》的两位年轻记者鲍勃·伍德沃德（Bob Woodward）和卡尔·伯恩斯坦（Carl Bernstein）展开了艰苦而卓有成效的调查。结果发现：当时的美国总统尼克松为了获得竞选连任，故派人对民主党竞选办公室进行窃听。真相公之于众之后，尼克松在重重压力之下被迫于1974年8月9日宣布辞职，白宫幕僚长及总统顾问也被监禁。

在整个报道过程中，每当两位记者的调查陷入僵局时，匿名新闻来源“深喉”总能为他们指引调查的方向。30多年来，“深喉”的身份业已成为美国的一个历史之谜。两位记者也信守

---

① ［美］克利福德·G·克里斯蒂安等，蔡文美等译：《媒介公正：道德伦理问题真的不证自明吗?》，77页，北京，华夏出版社，2004。

② 参见张宸：《当代西方新闻报道规范：采编标准及案例精解》，19页，上海，复旦大学出版社，2008。

承诺，始终没有透露其真实身份。直到2005年6月，在《名利场》（*Vanity Fair*）杂志的一篇文章中，美国联邦调查局（FBI）原副局长马克·费尔特才公开承认自己就是当年的“深喉”。这一消息，随即获得两位记者的确认。三年后，据《纽约时报》报道，当地时间2008年12月19日凌晨45分，曾经改变美国历史的匿名信源马克·费尔特在美国加利福尼亚州圣罗莎去世，享年95岁。

对于新闻生产而言，使用匿名新闻来源无疑是一柄“双刃剑”。但是，无论是记者还是公众，都必须明确的是：匿名新闻来源的使用并不是一种“率性而为”，记者既不能借新闻来源之口说出自己想要说的话，也不能为了报道的便利亲自上阵“扮演”新闻来源。这种做法的危害显而易见——“这样做的结果可能有二：一是笼统地说业内人士、相关专家是没有任何权威性可言的；二是一旦真相披露，记者与媒体都将支付信誉代价。”① 因此，选择匿名新闻来源的前提是诚实而必要，这是对记者的基本要求。

（三）基于常识的考察

所谓常识，就是人们基于长期实践所形成的经验和知识。从某种意义上说，常识就是人们对于以往经验的总结。很多时候，仅仅凭借常识，我们也许就能判断一篇新闻报道的真伪优劣。譬如，2002年11月7日，新浪网推出的这则报道就在考验我们的常识：

美传媒称千年女木乃伊出土后怀孕

据美国《世界新闻周刊》报道，一埃及考古小组今年三月在开罗发掘出一具已逝世超过3 000年的经防腐处理的女木乃伊。但该学院负责人塞尔德最近获得一个惊人发现，证实这具木乃伊竟在出土后怀孕，至今其腹中胎儿看来已有八个月，经超音波检查后得出胎儿正常成长。该学院看守人西塔尔被指是胎儿的父亲，而他也承认自己难以抗拒女木乃伊的美色，不禁对她表达爱意。

这个估计将在不足两个月后临盆的木乃伊，现时存放在学院内。塞尔德表示，他们从未想过木乃伊竟可怀孕，但事实却又发展到如此不可思议的地步。以塞尔德为首的研究员肯定，这具女木乃伊在被发现时没有怀孕的迹象，他们安排了西塔尔负责看守她。

西塔尔坦承，这具女木乃伊对他产生一股难以抗拒的吸引力，是他心目中的可爱美人。为此，西塔尔竟向木乃伊表达爱意，并觉得她对其爱的呼唤作出响应。

据分析，这具女木乃伊应当生存于公元前1206至公元前924年的时代，其皮肤、肌肉组织和血管仍然存有。塞尔德估计这名女子死于24岁左右，应当来自上层社会甚至王室贵族。不过，他无法确定这具木乃伊的真正身份、死因和亲属安排特别安葬方式的目的。

塞尔德表示，这具木乃伊已死去三千年，但却仍能受精怀孕，或许，浸泡这具木乃伊的液体具有神奇功效，竟可令她在死后几千年仍可怀孕甚至生育。木乃伊体内胎儿稳定发出心跳，而且经过检查后已断言胎儿是一名女婴。

---

① 高钢：《新闻报道教程》，64页，北京，高等教育出版社，2010。

木乃伊的陪葬品有不少是婴儿用品，似乎显示她的家人寄望她来世有机会做妈妈。

（新浪网2002年11月7日）

这篇报道内容荒诞，却引人入胜。但是，稍有常识的人，一定会对其真实性产生怀疑。原因很简单，木乃伊是经过防腐处理的干尸，如何能够怀孕？南京博物院院长徐胡平研究员对此篇报道的评价是："惊天之作，违背常理，不可思议。"他在接受媒体采访时说："木乃伊已经过古代人为防腐处理，其大脑、内脏均已拿掉，人体活的细胞已不复存在，而且木乃伊只有在干燥的特定自然环境中才能存在，怎么可能受孕？"① 事实上，美国《世界新闻周刊》（*Weekly World News*）本身就是一份专门编造荒诞故事、恶搞新闻以博读者一笑的"超级市场小报"。但是，中国的一些新闻人却奉行不加思考的"拿来主义"，不负责任地以新闻的形式加以传播。其实，完全不需要多么专业的知识，仅凭常识就能发现其真实性存疑。

以上只是判断一篇新闻报道真实性的基本方法。事实上，在新闻的世界中，对真实性的判断要远比这些复杂。譬如，对于新闻图片的真伪通常就比较难以判断。尤其在被称为"读图时代"的当下，曾经笃信"眼见为实"的人们更加确信"有图有真相"。然而，事实并非如此。这是因为，凭借越来越先进的数码技术、各种计算机应用软件，人们可以轻而易举地对新闻图片进行颠覆性的处理，新闻的真实性因此而受到极大挑战。有鉴于此，麦克卢汉在20世纪60年代的一段话依然具有当下的适用性："我们给年轻人提供的图像世界的训练要和印刷世界的训练相媲美，这一点难道不是自然而然、非常必要的吗？"②

图3—2中间的一张是原图，左右两边都经过了技术处理和剪裁。处理后的图片与原本的事实大相径庭，图片中不同的内涵和倾向也显示出媒体是如何通过"选择"来"操纵"我们的判断的。由此可见，如果新闻图片的摄制者本身就裹挟着特殊的传播目的（不论是政治的、经

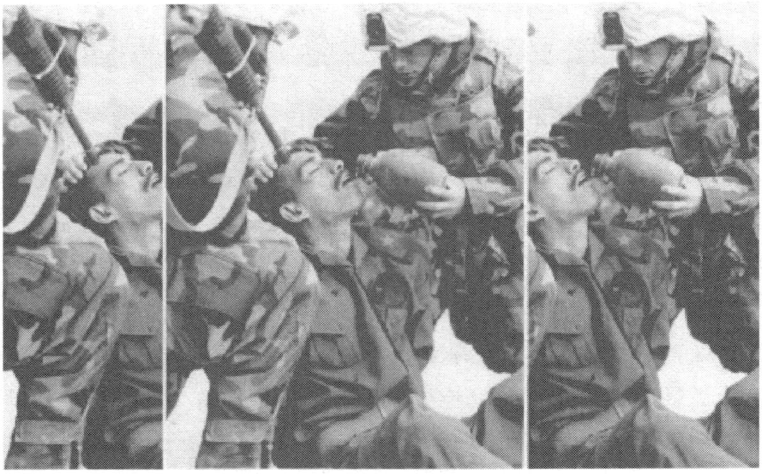

图3—2 媒体是如何操纵我们的观点的

资料来源：www.zhan.renren.com。

① 陈斌、贾亦凡：《2002年十大假新闻》，载《新闻记者》，2003（1）。

② ［加］马歇尔·麦克卢汉，何道宽译：《理解媒介——论人的延伸》，286页，北京，商务印书馆，2000。

济的，还是其他方面的目的），再辅之以先进的数码摄影技术、图片处理技术等，就能轻松地制作出“天衣无缝”的假图片。诚如马丁·李斯特在《电子影像时代的摄影》一文中所阐释的那样：“影像的真实价值问题或者影像所提供的证据的可靠性，不简单地由生产它们的技术——不管是机械的，还是电子的或数字的技术——所决定。”因为“用于宣传目的的摄影，既不会开始也不会终结摄影、影像的电子化操控”①。

2012年11月17日，浙江日报报业集团所属《今日早报》在头版刊登了一张女兵学习十八大的照片（见图3—3），图片说明为：“11月16日，温岭市石塘镇雷公山民兵哨所的女哨员们，正在学习党的十八大会议精神。”图片刊发后，细心的网友很快就发现该图片涉嫌造假——“手持14日《人民日报》的女兵在看第四版，而第四版的内容是珠海航展；拿着《台州日报》的女兵是在看第十二版，该版是整版的苹果手机广告。”第二天，浙江日报报业集团图片新闻中心在其主办的视野网上发表致歉声明，值班编辑和照片作者也得到了相应的处分。但是，《人民日报》官方微博发表的评论却导引了更深层面的思考——“摆拍事件以公开道歉、处理当事人收场，可追问仍在继续：明显摆拍的照片，何以堂而皇之登上头版？现实中，此类摆拍因何时有发生？记者的职业操守固然有问题，好大喜功、歌功颂德的心态更需要反思。真相是传播力的前提，真诚是感染力的基础，根治摆拍，须从革除过时观念入手。”② 因此，对于普通公众而言，专业地判定新闻图片的真实性虽然存在很大的难度，但是我们仍可以从区分“摆拍”与“抓拍”入手。所谓摆拍，指的是拍摄者在拍摄过程中，通过干预拍摄对象和场景，

图3—3 “女兵学习十八大”摆拍照片

资料来源:《今日早报》2012年11月17日。

① ［德］瓦尔特·本雅明、［美］苏珊·桑塔格等，吴琼、杜予编：《上帝的眼睛——摄影的哲学》，158页，北京，中国人民大学出版社，2005。

② 年度虚假新闻研究课题组：《2012年虚假新闻研究报告》，载《新闻记者》，2013（1）。

进而使新闻图片达到其预设的效果（见图 3—3 和图 3—4）。所谓抓拍，是指拍摄者抓取拍摄对象的某一瞬间，呈现新闻事件未经修饰的真实状态。因为新闻图片是瞬间的艺术，所以唯有抓拍，才能捕捉到新闻的真实。从这个意义上说，我们如果能明晰摆拍与抓拍的区别，就能够初步判断新闻图片的真实性。

图 3—4　摆拍图示例

资料来源：http://image.baidu.com/。

除此以外，还有很多更为专业的方法，则需要受众掌握一定的摄影技巧和图片编辑技术。目前，很多媒体编辑都能熟练使用各种图片编辑软件，但是，这对于新闻真实性却带来了很大的挑战。因此，西方主流媒体一般都会对如何使用这类软件做出明确规定。例如，运用 Photoshop 软件对图片进行如下处理往往是被禁止的：

(1) 增加或删除图片内容；

(2) 移动被摄体；

(3) 通过调整色调和色彩平衡来伪饰图像元素或改变其背景；

(4) 模糊人的脸或身份；

(5) 实质地改变原始场景的密度、对比度、色彩和饱和度；

(6) 增加颜色；

(7) 使用蒙太奇；

(8) 改变或消除背景；

(9) 夸张地使用局部额外曝光、局部遮光法或色彩饱和度。

而利用该软件对图片做下列处理则一般是可以接受的：

(1) 剪裁图片；

(2) 平衡影调和色彩；

(3) 消除灰层、斑点；

(4) 去掉划痕；

(5) 复制；

(6) 对图片做较小的、适当的调整，包括局部遮光、局部曝光和转换灰度、正常调色以及色彩调整等。①

如果我们不仅会使用图片编辑软件，而且能够了解媒体关于图片编辑软件的使用规则，那么，就能相对轻松地判断新闻图片的真实性与专业性问题。

二、倾向性的考量

如前所述，记者在报道新闻时，必须秉持客观性理念，尽可能悬置个人的主观情感，努力将事实呈现与价值判断分开。只有这样，才可能帮助公众理解新闻、认知社会。事实上，作为记者的报道方式与工作理念，客观报道的形式与新闻业的客观性规范，在意涵上稍有不同："前者是一种报道的呈现方式，后者则是专业的理念、守则。而作为一种理念，客观性的目的是使有理性的读者更便于发现真相。"② 很多时候，一篇报道专业与否的一个重要标志是考察其是否具有"信息品质"，而这种"信息品质"多半是基于客观性来考量的：

媒体应该就社会上、世界上的相关新闻和背景信息提供综合性的服务。

信息应该达到以下对客观性的要求：正确、诚实、充分、忠实于事实、经得起检验、意见与事实分离等。

信息应该平衡与公正（不偏不倚），尽可能以一种不煽情、不偏私的方式来报道不同的观点。③

不妨来看下面这篇报道：

野蛮"奥迪哥"猖狂撞人

昨天下午1点半左右，在三孝口附近某酒店门口，一名驾驶奥迪轿车的男子倒车时，差点轧到附近行人。正当行人欲与其理论时，奥迪男钻进车内，强行发动汽车、猛踩油门，将行人撞飞数米远，造成对方腰椎位置受伤。奥迪车主这种有钱无德的行为真的让人汗颜。

倒车野蛮

记者闻讯赶到现场时，事发地周围聚集了不少围观群众，人群里爆发出阵阵嗟叹声，"现在人有钱怎么就这么猖狂，何必呢！"在人群中央，有一名男子捂着腰、蹲在水泥道

① 张宸：《当代西方新闻报道规范：采编标准与案例精解》，265～266页，上海，复旦大学出版社，2008。

② 彭家发：《新闻客观性原理》，61页，台北，三民书局，1994。

③ ［英］丹尼斯·麦奎尔，崔保国、李琨译：《麦奎尔大众传播理论》（第五版），163页，北京，清华大学出版社，2010。

上，似乎是受了伤，一直低头不语，旁边停着一辆崭新的奥迪轿车，车辆尚未上牌。

一名自称姓张的男子告诉记者，坐在地上的正是被撞的行人孟先生。据介绍，张某和孟先生中午在附近吃完饭步行路经这家酒店门口时，一辆奥迪轿车正在倒车，猛地直接冲过来，两人根本来不及反应，孟先生的脚面差点被轧到。

撞人无德

气愤的孟先生敲了一下车窗，本想告诉对方注意点。没想到，引起了对方震怒，车主下车后开口就骂了句："谁手这么贱!"双方随后发生口角，并发生推搡。一番"激战"之后，奥迪车主返回车内，想离开现场，受气的孟先生冲到车前，挡住汽车。

"信不信我撞你!"奥迪车主放出狠话之后，竟然踩油门直接撞了过来。"啊!"又没来得及反应的孟先生被撞，应声倒地。天底下怎么会有这么猖狂的人，有围观群众悄悄拨打了报警电话。

厚颜抵赖

随后，奥迪车主被辖区派出所带走。让人大跌眼镜的是，这位嚣张的奥迪男竟然在派出所里大言不惭，满口狡辩，称自己当时并未撞人，说是对方栽赃陷害。民警在此前已经走访了附近多位目击者，充分掌握了事件的整个过程，对于奥迪车主的狡辩，警方没有上当。

伤者孟先生在附近医院做了检查，医生诊断为腰椎损伤，没有大碍。警方根据伤者伤情对此事进行调解处理，最后撞人的奥迪车主赔偿了孟先生医药费和误工费，共计2 600元。

（《合肥晚报》2010年12月10日）

这篇报道最大的问题就是倾向性过于明显。

首先，无论是新闻标题还是各部分的小标题，加之"猖狂"、"嚣张"、"大言不惭"、"满口狡辩"等词语的使用，都无一例外地表露了记者对"奥迪哥"的厌恶与鄙夷之情，导语中的最后一句话"奥迪车主这种有钱无德的行为真的让人汗颜"更直接表达了记者的观点。记者在新闻报道中如此轻率地表达自己带有鲜明倾向性的观点和感情，之于受众的却是一种先入为主的阅读"导向"，这其实是新闻报道的"大忌"，因为谁能保证记者的观点对受众来说不是一种误导？譬如，按照记者的逻辑，"奥迪男"一定就是"车主"，也因此一定就是"有钱人"。那么，何以见得？如果这辆车是他借的，或者是单位的呢？记者却断然下此结论，实在有些武断。

其次，从报道中可以看出，记者是"闻讯"赶到现场的，也就是说，事发时，记者并不在现场。但是，导语对事故的描述却又那么细致，尤其是对"奥迪男"一连串动作的描写——"奥迪男钻进车内，强行发动汽车、猛踩油门，将行人撞飞数米远"，让人感觉是记者的亲眼所见。这是一种典型的不在现场的现场化描写。那么，哪些是目击者的陈述？哪些是记者的想象？作为普通读者，我们无从判断。因此，此处的真实性实在可疑。

最后，关于事件的重要细节（诸如原因、经过甚至连"奥迪男"的直接引语）都仅仅采自当事一方的张先生。这一点显然有失公允。从报道中可以看出，双方其实发生了"推搡"和"激战"之后，"奥迪男"才返回车内，那么，既然是涉及双方的纠纷，为什么不采访当事的另一方？此外，现场的目击者和处理此事件的警察，为什么也都没有采访？这样，报道的天平完全偏向了事件的一方，缺乏起码的客观。

有无明显的倾向性是衡量一篇报道专业与否的一个重要标志。因此，对于普通公众而言，我们在判断一篇报道的倾向性时，可以先问三个问题。

（一）记者是否在报道中表达了观点？

如果记者在报道中鲜明地表达了个人的观点，或者在对事实的陈述中，含蓄地表达了自己的观点，那么，这篇报道就不够客观。因为新闻报道只提供事实，新闻评论才提供观点，新闻客观性的核心要求就是将事实与观点分离。因为，“事实是关乎世界的，不受个人判断和好恶影响。而价值判断是个人有意识或无意识中对大千世界的好恶，是主观的，是不能推及他人的。客观理念就是要忠于‘事实’、不相信‘价值’，将二者剥离开”①。

（二）报道中是否使用了感情色彩浓厚的形容词或副词？

感情色彩浓厚的形容词或副词，往往能够体现报道者的主观倾向，进而会影响受众对于新闻事实的判断。例如，“她流下了幸福的眼泪”、“她流下了辛酸的眼泪”、“她流下了悔恨的眼泪”，因为使用形容词的不同，其意涵也就截然不同。但是，记者何以能够判断出她的眼泪是“幸福”的，还是“辛酸”的，抑或是“悔恨”的？这背后其实已经渗入了记者的情感和预设。

2013年备受关注的兰考“爱心妈妈”袁厉害的报道，就是一个很有代表性的案例。不同媒体秉持了不同的报道立场和角度，使用的形容词不同，呈现的意义也就截然不同。以下两段文字摘录于两家媒体的报道，不妨对比来看：

> 一方面，这个农村妇女缺少教育（小学一年级辍学），性格急躁、泼辣，有着朴素与善良的动机；另一方面，她精明、警惕、狡猾、心思缜密，自我保护欲望强烈。她熟悉明里暗里的各种规则，甚至是掌控媒体心理的好手，多数时候都能取得采访者信任，达成自身目的，并巧妙隐藏秘密。②

> 事故发生之后，惊惧的她悲伤而懊恼，但当被问及“还收不收孩子”的问题时，她的回答依然是肯定的。27年来，她的“犟脾气”让她成为了远近闻名的穷人慈善家。通过提供极为贫乏的生存条件，她建造了自己的“弃婴家园”。③

第一段文字出自《厉害女士》一文，全文基于质疑袁厉害的立场，故而在此段文字使用的多个形容词中，负面的表述占了更大比例；第二段文字出自《兰考大火之前的“弃婴王国”》一文，此段文字中使用的形容词则更多地表达了对袁厉害的同情以及对国家孤儿救助体系的“拷问”。

---

① ［美］迈克尔·舒德森，陈昌凤、常江译：《发掘新闻：美国报业的社会史》，3页，北京，北京大学出版社，2008。

② 魏玲、习宜豪：《厉害女士》，载《人物》，2013（2）。

③ 雷磊、习宜豪：《兰考大火之前的“弃婴王国”》，载《南方周末》，2013-01-10。

（三）报道是如何呈现涉事多方的观点的？

新闻客观性要求记者在报道中基于中立的立场，平衡地、准确地呈现各方的观点。对于一篇涉及多方的报道来说，如果通篇只见一方的观点而其他几方的观点却隐匿不见，或者一方观点所占篇幅明显高于其他几方，或者记者在使用直接引语时，引用的话语明显不符合说话者的身份、背景，采访对象有“被代言”之嫌；那么我们就可以基本认定这篇报道不够客观。

三、道德层面的省察

从道德层面考察一篇新闻报道和记者的职业行为，是我们解读新闻的又一个重要维度。因为，作为一种面向社会的公共产品，新闻报道必须合乎一般的社会公德。虽然媒体从业者有他们的职业道德要求，但对于普通公民而言，我们无须关注媒体的职业道德是什么、有哪些内容，我们只需要考察一篇报道或者记者的职业行为是否触犯了公众利益，是否违背了社会道德的基本规范，比如侵犯报道对象的隐私权、缺乏人文关怀等等。对于一篇报道，我们同样可以问三个问题。

（一）报道是否具有人文关怀？

所谓人文关怀是指新闻报道切实关注人、尊重人，关注人的生存状态与内心世界。现实中，我们在阅读新闻报道时，常常会莫名地出现或感伤或悲愤或同情等等之类的心理情绪，就是因为这些报道激发了我们内心的某种共鸣。例如，面对下面这些新闻标题，恐怕你的内心就会有些许的难受，抑或愤怒。

> 《广州“酷”毙三十余人》（某地因酷暑而死亡 30 人）
> 《骑车人“中头彩”惨死》（骑车人死于车祸）
> 《公交车轮从头越》（一男子被公交车碾压致死）
> 《工棚起火，民工成“烤鸭”》（几名民工葬身火海）
> …………

2005 年 5 月 9 日，福建《东南快报》刊发了一组新闻图片（见图 3—5），多家媒体予以转载，旋即引发人们关于记者伦理的大讨论。这组照片是记者在大雨中“蹲守”近一个小时的成果。据该记者事后解释，他这么做是为了引起有关单位的重视，“当时狂风暴雨，我在那里坚持了差不多一个小时，才等到那个场面。如果没等到，我根本不能用照片说明那里有个水坑。拍不到那个坑，有关单位或许不够重视，今天就不会填补那个坑，这样的话，就会有更多的人可能在雨中摔跤”[①]。应该说，记者的这种说法确实有一定的道理。但是，为了所谓大多数人利益，就可以置少数人安全于不顾吗？事实上，人们之所以对记者的拍摄行为提出质疑，一个很重要的原因就是无法接受记者对于别人痛苦的漠视。诚如新闻学者陈力丹先生指出的那样：

---

① 转引自李湘荃：《一组照片引发网民热议记者职业伦理》，载《北京青年报》，2005-05-11。

“从‘厦门照片事件’进一步引申的问题，便是我们现在新闻报道中对被报道者的人身安全、尊严和生命的冷漠心态。这件事情比起那些较大的人身伤害来，是件小事，但是当事的记者编辑对一个骑车人摔倒本身不当回事的心态却是可怕的。其实，问题不在事情的大小，重要的是，我们是否心存对人的尊重。”①

图 3—5 “骑车人暴风雨中突遇马路陷阱栽跟头”组图中的三幅照片

资料来源：www.xinhuanet.com。

如果说这起事件反映出记者在新闻的目的与手段之间的两难抉择，那么，下面这两篇报道则更清晰地体现出报道者对于人文关怀的淡漠。

2013 年 7 月 6 日，韩亚航空 214 号班机在美国旧金山国际机场降落过程中发生事故，共有三名中国女孩遇难。7 月 9 日，《中国青年报》刊发《花谢旧金山》，报道其中遇难的两名女生的故事。记者在文中写出了一段极富争议的文字：

> 如果她们在世，知道浙江省委组织部部长蔡奇在关注她俩，王琳佳也许会惊喜地睁大了眼睛，笑眯眯的，而叶梦圆也许不敢相信地跳了起来。7 月 7 日，拥有 928 万多名“粉丝”的蔡奇在微博上发出了两个哭脸图形：“悼念在韩亚航空客机失事中遇难的两位浙江籍女学生！”短短两天，阅读数达 1 653 万次。②

几乎在报道刊发的同时，网络舆论就出现了一边倒的“挞伐”，多家媒体也相继提出批评。复旦大学新闻学院陆晔教授率先发言：“这不仅是基本的新闻伦理问题，更是基本的做人底线问题。”人们质疑的一个重要方面在于记者的报道意图。记者何以要在缅怀两个逝去的年轻生命的报道中，加入一段毫无根据、毫无来由的“想象”的文字？更令人无法接受的是，这又是一段疑似“谄媚”领导的文字。那么，逝者的尊严何在？记者的人文关怀又到哪里去了？《重庆时报》的社论就一针见血地指出了该段文字的“症结”，请看其中几段：

> 由这场争议，很容易让人想到另一场争议，同样是这场空难，前些天，韩国的新闻主播在报道此事时，竟然说“万幸是中国人死亡”。实际上，《花谢旧金山》里的想象，与这

---

① 陈力丹、胡森林：《记者职业行为的边界何在》，载《新闻记者》，2005 (7)。

② 庄庆鸿：《花谢旧金山》，载《中国青年报》，2013-07-09。

种“万幸”言论有某种共通之处，那便是目中无“人”。无论是外国人、被官员关注的人还是其他附加在生命身上的色彩和属性，有个底线不能忽略：失去的是生命，逝去的是人。无论你怎么想象，基于何种情绪，都不能忘了人的底色和基础。目中无“人”，附庸于生命的东西就很容易喧宾夺主，反倒让生命成为了附庸。

“人是丈量万物的尺度”，这是让我记忆深刻的一句话。是的，无论哪种问题、哪种想象，它的底色和基础必须是人，也必须是基于人性的思考。如果缺乏了对人的重视，缺乏了对生命的敬畏，那么所有的思考，不过是虚妄的想象。①

尽管写作这篇报道的记者后来在微博中一再为自己辩解，并声称不会删去这段文字。但是，当天下午，《中国青年报》官方微博还是发布了“致歉”：“行文确实不妥，中青报已删除电子报里的这一段，并诚恳接受所有的批评。”

一篇缺乏人文关怀的新闻报道，往往能够迅速激发受众的心理不适、不满甚至愤怒。再请看下面这篇报道（节选）：

境外媒体：哈尔滨大火“官方通报”招非议

参考消息网1月5日报道 境外媒体称，在把5名消防战士在一场仓库大火中丧生的灾难新闻变成一篇赞扬“指挥消防官兵灭火的勤勉的高级官员”的官样文章之后，黑龙江省哈尔滨市的宣传官员引发了众怒。

据香港《南华早报》网站1月4日报道，1月2日晚间，在消防战士试图扑灭道外区一个仓库燃起的熊熊大火时，大楼突然垮塌。牺牲的5名消防战士中最年轻的只有18岁，年龄最大的也只有22岁。另有13名消防战士和1名仓库保安受伤。

但是，在1月3日官方发布的585字的新闻通报中，当地政府把重点牢牢地放在9位省市高级官员身上，称这些官员“赴现场指挥”、“第一时间做出部署”，并分别列出了他们的姓名和职务。

消防战士遇难的情况只是在通报末尾被一笔带过。

报道说，通报激怒了内地的微博用户们。在哈尔滨警方微博贴出这则通报几小时之后，就有超过6 400条评论强烈抨击这条“用典型的中国式习惯写成的灾难新闻”。

一名哈尔滨微博用户写道：“新闻稿让我们伤透了心。为什么与官员的头衔相比，消防战士的生命是如此微不足道？这些在‘第一线’的官员们知道怎样灭火吗？”另一名用户写道：“看到失去生命的消防战士对于我们的政府来说不过是一个数字，我感到恶心。”

记者无法联系到该市的宣传部门以便让其作出评论。②

…………

这篇报道呈现了两个事实：其一，官方发布的585个字的新闻通报中，重点牢牢地放在9位省市领导的姓名、职务以及各种官话、套话上，而遇难的消防战士的情况却只是在通报末尾

---

① 社论：《记者想象的底线》，载《重庆时报》，2013-07-10。

② 姜涛：《境外媒体：哈尔滨大火“官方通报”招非议》，见 http://china.cankaoxiaoxi.com/，2015-01-05。

被一笔带过；其二，社会公众对此表达出了强烈的不满。面对如此惨烈的灾难，新闻报道的主角却发生了不该有的“移位”，官员成了主角，逝者却成了冰冷的数字。今天的社会公众越来越无法接受这种缺乏人文关怀、漠视普通人尊严的新闻报道，即使是官方的新闻通报，也不例外。对此，《中国青年报》首席评论员曹林撰文指出这是一种典型的“官本位”思想：

> 哈尔滨火灾官方通报，585 字“领导高度重视”占了 258 字，让“高度重视”及其后的通稿宣传模式再成为靶子。前段时间曾有地方因为灾难报道中的“高度重视”已成众矢之的，但其他地方并未吸取教训。毕竟是几十年形成的宣传套路，短时间内很难改变。更重要的是，这种总把灾难报道写成“领导高度重视”的官话套话，不仅仅是话语的问题，背后还是“以领导为中心”的僵化宣传思维，是根深蒂固的官本位思维。[①]

(二) 报道是否低俗?

低俗，是指报道中所透露的趣味低级、无聊。“低俗新闻”往往是媒体追求轰动效应的产物。因为在一些媒体看来，只有不择手段地吸引受众的注意力，才可能获得较高的经济效益。殊不知，“低俗新闻”不仅会污染社会风气，而且对社会公众尤其是青少年一代危害巨大。同时，“低俗新闻”也在不断消解着媒体的公信力和权威性。对此，早在 2004 年，国家有关部门就将“低俗之风”列为媒体的“四大公害”之一。根据中央政策研究室文化研究局有关专家分析，“低俗新闻”主要表现在五个方面：

> (1) 少数媒体采用非常手段，甚至通过偷窥的方式，把注意力集中在明星的绯闻、丑闻、诉讼和琐事上。以至有人反映，在部分媒体上，“明星取代了模范，美女挤走了学者，绯闻顶替了事实，娱乐覆盖了文化，低俗代替了端庄”。
>
> (2) 少数“时尚”报道热衷于对豪宅、盛宴、名车和其他奢侈品的炒作，或者将性虐待等低俗的文化元素当作时尚标签加以追捧。
>
> (3) 少数媒体以“性”为卖点打“擦边球”，以追求“眼球效应”。
>
> (4) 少数媒体漠视苦难，轻薄死者，缺少人文关怀。
>
> (5) 少数媒体渲染暴力色彩，过度追求猎奇。比如，对抢劫、凶杀、强奸等报道津津乐道，细节描写、大标题、大图片，以求最大限度地刺激读者感官；偏爱离奇古怪、荒诞不经的内容，乐于刊登无聊内容。[②]

基于此，对于受众而言，我们既要能够敏锐地辨别又要时刻警惕“低俗新闻”。如何检验？一个重要的方法就是你在接触这些新闻时，是否会产生不适感。比如，当我们面对缺失人性的新闻采访时，总会感到愤怒；当我们看到过度渲染的暴力场景或血腥画面时，总会下意识地出现恶心、难受的心理反应。

2010 年 5 月 26 日，《钱江晚报》刊发《14 岁的妈，痛了整个杭州》一文，率先报道了

---

① 曹林：《灾难报道为什么不说人话》，见 http://blog.sina.com.cn/caolin，2015-01-04。

② 邱红杰、邹声文：《“要钱不要下一代”——低俗之风拷问媒体社会责任》，见 http://news.xinhuanet.com/，2004-12-09。

“小学五年级女生被家里的帮工侵犯做了妈妈”的恶性事件。尽管记者已经了解到了很多细节，但是为了保护孩子的隐私，故而刻意在报道中隐去了该女生的姓名、学校、住址等信息，克制地呈现了一个女孩的悲伤。[①] 与之形成强烈对比的是，个别媒体为了吸引受众的眼球而大肆炒作，一些记者不仅无视未成年人保护法，而且丧失了新闻人基本的职业道德，给受害者及其家庭造成了非常严重的“二次伤害”。有研究者记录了个别媒体记者的这些“丑行”：

> 但个别媒体就肆无忌惮得多，他们甚至安排记者扛着摄像机赶到医院，非要拍女生的画面，在得不到允许后提出“拍一个侧面或背影”都可以，后来在医生的怒斥之下才悻悻然离开病房。另有媒体的记者千方百计地打听这个女生的住址和学校……
>
> 14 岁的妈妈，就这样被放到了聚光灯下。
>
> “漂亮吗?”“是不是问题孩子?”带着先入为主，有记者居然提问：“你过去有不良行为吗?”“是被强暴还是自愿的?”问题粗暴，语言生硬，像一颗颗钉子，把孩子从惊恐，直接钉到了耻辱柱上。后来，就连派出所的民警都觉得太过分了，说“请放过孩子”。[②]

2011 年 11 月 8 日，《南方都市报》发表题为《妻子遭联防队员毒打强奸　丈夫躲隔壁“忍辱”一小时》的报道。报道称，2011 年 10 月 23 日晚，深圳宝安区西乡街道社区治安联防队员杨喜利，来到安徽阜阳人杨武（化名）家中，毒打并强奸了杨武的妻子王娟（化名）。杨武出于恐惧，在杨喜利对妻子施暴的过程中始终躲在杂物间报警，未敢出来制止……这篇报道刊出后，多家媒体的记者找到杨武的家，“用摄像机、相机、话筒和录音笔将杨武及王娟团团围住，一遍又一遍地向他们逼问事件的经过”。尽管《南方都市报》此前的报道已经描述了受害人王娟的精神状态，称她“自事发后一直躺在家中不愿见人，也不愿与人对话，不吃不喝，精神失常，还时常撞墙”，并有自杀行为，“但蜂拥而至的媒体依然找上门，一直逼问到王娟用被子捂住脸，杨武痛哭流涕地下跪哀求”[③]。2011 年 11 月 9 日，《江淮晨报》用整版篇幅刊登了题为《“我是世界上最窝囊的丈夫”　是的，你还好意思说!》的报道，并配发了杨武痛哭的压题照片（见图 3—6）。这些报道随即引发舆论的强烈谴责，人们纷纷指责这些媒体从业者缺乏基本的职业道德和做人底线。11 月 10 日，《江淮晨报》在官方微博上发出了“致歉声明”：

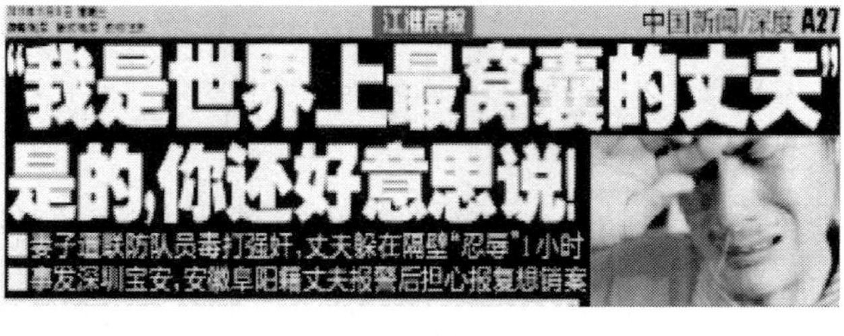
江淮晨报　中国新闻/深度 A27
“我是世界上最窝囊的丈夫”
是的，你还好意思说!
■妻子遭联防队员毒打强奸，丈夫躲在隔壁“忍辱”1小时
■事发深圳宝安，安徽阜阳籍丈夫报警后担心报复想销案

图 3—6　《“我是世界上最窝囊的丈夫”　是的，你还好意思说!》报道截图

资料来源：《江淮晨报》2011 年 11 月 9 日。

---

① 参见王丽、陈淳戈：《14 岁的妈，痛了整个杭州》，载《钱江晚报》，2010-05-26。

② 梁建伟：《做新闻，永远不是比谁更会煽情》，载《中国记者》，2013 (9)。

③ 叶铁桥：《“最残忍的采访”有违新闻伦理》，载《中国青年报》，2011-11-12。

在制作标题时，我们只是浅薄地对受害人杨某“哀其不幸，怒其不争”，未能做到应有的公正、公平，给受害人及读者带来了伤害，在此表示道歉。

2012年2月24日，安徽省合肥市发生了一起恶性“少女毁容案”。该案首先经网络曝光，随后引发传统媒体的广泛关注。虽然涉案双方均为未成年人，犯罪嫌疑人作案手段残忍，造成受害者面部、颈部、胸部等多处严重烧伤。但是，很多媒体在报道过程中，却将案发的经过不加处理就直接呈现出来。下面的这段话最初出自网络，但不少传统媒体在报道中或完全或类似地引用过：

施暴者陶某某因追求少女周某不成，破门闯入其家中，趁周某不备，拿出准备好的打火机油浇到受害人头上并点着，不停地叫骂：“去死吧！”周某痛苦地哀号惨叫。

与此同时，网络原帖中曾出示了少女被毁容前后的对比照片，不少传统媒体在报道时也“照单全收”，尽管有的做了部分遮盖处理，但是画面依然血腥。这种处理方式，不仅给受众造成心理上的不适，更为重要的是，也给受害者及其家庭带来了很大伤害和心理负担。

（三）报道是否侵犯了他人的隐私?

隐私权，又称免知权，是指“公民享有的私生活安宁与私人信息依法受到保护，不被他人非法侵扰、知悉、搜集、利用和公开等的一种人格权”[①]。作为公民的一项基本权利，隐私权是受法律保护的独立的民事权利。因此，新闻工作者在从事新闻活动中，必须遵守相关法律法规，尊重公民的隐私权。新闻活动中侵害他人隐私权的行为，主要有两种表现：一是在新闻内容中公布、宣扬隐私；二是在采访活动中侵入私生活区域。[②] 如果说后者多属于“无心之过”，那么，前者则更多地表现为“有意为之”。一些媒体将他人不愿示人的秘密视为吸引受众注意力的“卖点”，极力窥探他人的隐私，公然迎合某种低级趣味。

2013年9月13日晚，歌手王菲宣布与演员李亚鹏离婚，一时间舆论哗然。当天晚上，王菲抵达首都机场，乘车返回途中，被腾讯娱乐记者在机场高速上一路追踪，最终，记者将王菲的车逼停到了桥下，并“成功”拍摄到了独家的视频和照片。记者在后来的报道中不无得意地写道：

00:10 王菲乘坐的保姆车驶出机场高速，腾讯娱乐迅速将王菲的车截停在了桥下，王菲的车只得停在原地。记者下车拍摄到了王菲在车内的独家清晰图片，从图片可以看出，王菲眼眶发红、含泪，似乎有哭过。王菲并没有躲避记者的镜头，只是低头一动不动坐在车内。

然而，记者“千辛万苦”换来的“独家新闻”，却受到了舆论的普遍质疑，众多媒体同行也对此提出了批评。第二天下午，腾讯娱乐通过微博发布了“致歉声明”，称对王菲回京新闻采访过程中发生的“截停并过度拍摄行为”和审稿不严对王菲本人及其他受此事件影响的人受到的伤害表示诚挚的歉意。

---

① 张新宝：《隐私权的法律保护》，21页，北京，群众出版社，2004。

② 参见魏永征：《中国新闻传播法纲要》，268页，上海，上海社会科学院出版社，2002。

在此事件中，记者追求独家新闻是一种职业行为，本无可厚非，但是，其操作手法却过于激进，而且在高速公路上逼停汽车，亦是一种非常危险的行为，已经给报道对象人身安全造成了威胁。与此同时，记者肆意拍摄坐在自己车内的王菲，其实已经侵犯了王菲的个人隐私，因为私家车内即属于应该得到保护的私人空间。尤其需要指出的是，对一个刚刚经历离婚的女性进行强行拍照，本身就是一种缺乏人文关怀的行为。

【本章小结】

新闻是人们认知世界的“窗口”。新闻的本源是事实，真实与新鲜是其与生俱来的两个特点。新闻报道是人们利用文字、声音或图像等符号对新闻事实进行表征的结果，是被选择和建构的产物，是在多重因素影响下呈现出的社会表象。首先，新闻报道在反映社会真实状况的同时，也势必要受到一定社会的政治、经济、文化等宏观因素的影响。其次，媒体的新闻生产一定会受到来自其内部的组织架构、新闻操作“惯例”、组织文化等因素的影响。最后，新闻来源、把关人等因素也会从微观层面影响新闻的生产。现代公民的媒介素养不仅包括认识和理解新闻的性质、功能与特质，而且包括相对专业地解读新闻，运用新闻为个人的生存发展服务。解读新闻的路径主要有三条，亦即真实性的判断、倾向性的考量和道德层面的省察。

【思考与训练】

1. 什么是新闻？新闻有哪些代表性的定义？
2. 如何理解新闻的“真实”？
3. 如何理解新闻的“新鲜”？
4. 什么是新闻价值，其基本特点有哪些？
5. 影响新闻生产的宏观因素有哪些？
6. 媒体内部的“惯例”对新闻生产有哪些影响？
7. 什么是新闻来源，它对于新闻生产有哪些影响？
8. 新闻报道应该如何使用新闻来源？
9. 什么是把关人，其对新闻生产有哪些影响？
10. 针对新近发生的一个新闻事件，选择媒体的一篇报道予以解读。

【延伸阅读】

1. ［爱尔兰］肖恩·迈克布赖德，中国对外翻译出版公司第二翻译室译：《多种声音和一个世界》，北京：中国对外翻译出版公司，1981。

2. ［美］比尔·科瓦齐、汤姆·罗森斯蒂尔，刘海龙、连晓东译：《新闻的十大基本原则：新闻从业者须知和公众的期待》，北京，北京大学出版社，2011。

3. ［美］盖伊·塔奇曼，麻争旗、刘笑盈、徐扬译：《做新闻》，北京：华夏出版社，2008。

4. ［美］马克斯韦尔·麦克姆斯，郭镇之、徐培喜译：《议程设置：大众媒介与舆论》，北京：北京大学出版社，2008。

5. ［美］赫伯特·甘斯，石琳、李红涛译：《什么在决定新闻》，北京：北京大学出版社，2009。

6. ［美］迈克尔·舒德森，陈昌凤、常江译：《发掘新闻：美国报业的社会史》，北京：北京大学出版社，2008。

7. ［英］斯图亚特·艾伦，方洁等译：《新闻文化》，北京：北京大学出版社，2008。

8. ［美］克利福德·G·克里斯蒂安等，蔡文美等译：《媒介公正：道德伦理问题真的不证自明吗?》，北京：华夏出版社，2004。

9. 李良荣：《新闻学概论》，上海：复旦大学出版社，2001。

10. 陈力丹：《新闻理论十讲》，上海：复旦大学出版社，2008。

11. 芮必峰：《新闻与新闻报道》，载《新闻大学》，2004（2）。

12. 陆晔：《权力与新闻生产》，载《二十一世纪》（香港），2003（6）。

13. 臧国仁：《新闻媒体与消息来源——媒介框架与真实建构之论述》，台北：三民书局，1999。

第四章 新闻评论

【学习要点】

了解新闻评论的定义、本质特征、分类等基础知识，理解新闻评论对于传媒与公民的双重意义。把握新闻评论的核心追求——“新意”的基本内涵，能够相对专业地解读新闻评论作品，并初步掌握撰写新闻评论的基本流程与技法。

第一节　新闻评论概说

作为现代传媒的一个重要内容，新闻评论为社会成员提供了一个表达自我和参与社会公共事务的有效途径。从这个意义上说，能够理解和撰写新闻评论无疑是现时代公民最应该具备的媒介素养。

一、新闻评论的定义

廓清定义是我们认识事物的基础。关于新闻评论，其定义不下几十种。不同历史时期，人们对于新闻评论的认知，往往都打上了时代的烙印。在此，我们选择20世纪80年代到21世纪初的六种较有代表性的定义，进行简要评析。

(1) 新闻评论是就当天或者最近报道的具有新闻价值的事情和问题，所发表的政治性的，面向广大读者群众的评论。①

(2) 新闻评论是就新近发生的事件、思想倾向、社会活动或工作发表议论的文章。②

(3) 新闻评论是新闻报刊、通讯社、广播电视针对国内外新近发生的重大事件、重大问题，或现实生活中具有普遍意义的事件或问题发表意见、提出主张、表明态度、影响舆

① 范荣康：《新闻评论的一般特征》，载《新闻战线》，1984 (3)。
② 《中国大百科全书·新闻出版卷》，232页，北京，中国大百科全书出版社，1990。

论、指导工作的说理文章。①

（4）新闻评论是针对现实生活中新近发生的、具有普遍意义的新闻事件和迫切需要解决的问题而发议论，讲道理，直接发表意见的文体。②

（5）新闻评论是新闻传播工具对当前重大问题和典型新闻事件进行批评论说的议论文，是新闻媒体上社论、评论员文章、短评、编后、专栏评论、述评诸种评论形式的总称。③

（6）新闻评论是媒体编辑部或作者对最新发生的有价值的新闻事件和有普遍意义的紧迫问题发议论、讲道理，有着鲜明针对性和引导性的一种新闻文体，是现代新闻传播工具经常采用的社论、评论、评论员文章、短评、编者按、专栏评论和述评等的总称，属于论说文的范畴。④

以上六种定义，尽管侧重点各不相同，表述方式也有所差异，但各家表述中均有所涉及的内容应视为新闻评论最为本质的内涵。概括起来，包括以下五点：

第一，新闻评论表达的是意见或态度，属于论说文范畴。

第二，新闻评论关涉的对象是新闻事件和社会生活中具有普遍意义的问题。

第三，新闻评论的发布载体是大众传播媒介。

第四，新闻评论的受众是最广泛的社会大众。

第五，新闻评论的种类有社论、评论员文章、短评、编者按、专栏评论、述评等。

据此，本书给新闻评论下的定义是：新闻评论是针对当前社会生活中具有普遍意义的问题和典型新闻事件发表议论、阐释道理，并运用社论、评论员文章、短评、编者按、专栏评论、述评等多种形式，通过大众传媒发布的一种论说文体。

基于这种定义，我们很容易厘清新闻评论与新闻报道的联系与区别（见表4—1）。新闻报道的根本功能是传播信息，要求客观陈述事实，尽可能避免记者直接发表意见，将事实与观点分开；新闻评论则是"据事论理"或"就事说理"，要求以新闻事实为依托，直接发表观点，表明立场、态度，许多时候，新闻传媒就其报道发表的重要评论，往往代表编辑部的意见。从这个意义上说，新闻评论是新闻传媒的灵魂和旗帜。值得一提的是，西方新闻界在处理新闻报道与新闻评论的关系时，往往泾渭分明，其基本要求是，"不要在事实报道中加入记者的意见，不要表达所发生事件的思想意见和感受，而要仅仅叙述所发生的事件"。对此，美国报纸的通常做法是，把编辑的评论和意见放在单独的社论版（editorial page），该版经常安排在报纸第一部分末尾，而把头版和第一个里页（inside pages）留给"第一手"新闻（straight news）。另一种做法是，清楚标明解释性分析或评论。⑤

同样，理论文章和新闻评论的联系与区别也是显而易见的（见表4—2）。同属于论说文范畴，理论文章是针对某一特定领域的问题发表较为专业的论述，注重学理的探讨，其受众一般

① 周永固：《新闻评论学原理》，20页，武汉，武汉大学出版社，1997。

② 胡文龙、秦珪、涂光晋：《新闻评论教程》，1页，北京，中国人民大学出版社，1998。

③ 刘根生：《新闻评论范文评析》，2页，北京，新华出版社，2001。

④ 丁法章：《新闻评论教程》，15页，上海，复旦大学出版社，2002。

⑤ 参见［美］Ray Eldon Hiebert等，潘邦顺译：《大众传播媒介》，701页，台北，风云论坛出版社，1996。

为该领域内的专业人士；而新闻评论的对象是“当前社会生活中具有普遍意义的问题和典型的新闻事件”。这样，一方面通过评论对象的普遍性和典型性保证了受众群体的广泛性，另一方面通过依托于新闻事实，体现了新闻评论强烈的时效性以及对现实生活的“干预”。正如马克思在《新莱茵报·政治经济评论出版启事》中所阐释的那样：“报刊最大的好处，就是它每日能干预运动，能够成为运动的喉舌，能够反映出当前的整个局势，能够使人民和人民的日刊发生不断的、生动活泼的联系。”① 与此同时，二者的写法和要求也都不一样。我国知名媒体人胡舒立女士就认为：“新闻评论这种体裁，与学术文章及一般的理论文章的写法是不同的，它追求快节奏的出版、语言和文章结构所带来的冲击。”② 为此，新闻评论写作往往要求快速切入主题，直接发表意见，遣词造句也要尽可能通俗易懂；理论文章的写作则要求学理性，表述上也常常是专业性大于可读性。

表 4—1　　新闻报道与新闻评论的联系与区别

类别		新闻报道	新闻评论
联系		新闻传媒的两个基本内容； 新闻评论的依据是新闻事实。	
区别	功能	传播事实性信息	表达意见性信息
	要求	客观陈述事实； 报道中事实与意见分开	直接发表观点，表明立场； 据事论理、就事说理

表 4—2　　新闻评论与理论文章的联系与区别

类别		新闻评论	理论文章
联系		同属论说文范畴	
区别	内容	社会生活中具有普遍意义的问题及新闻事件	某一特定领域的专业问题
	强调重点	对现实的影响能力	注重学理的探讨
	对象	普通受众	专业受众

二、新闻评论的本质特征

在以上的比较中，我们之所以能够区分新闻评论与新闻报道、理论文章，从表面看，所依据的标准是新闻评论的定义，其实质是新闻评论自身的质的规定性，也就是新闻评论的本质特征。我们认为新闻评论的本质特征主要包括三个方面。

（一）新闻性

新闻性是新闻评论最为根本的特质。这是因为：

---

① 马克思、恩格斯：《马克思恩格斯全集》，中文1版，第7卷，3页，北京，人民出版社，1959。

② 胡舒立：《舒立观察：中国十年之真问题》，4页，广州，中山大学出版社，2010。

第一，新闻评论必须以新闻事实为依托。

新闻评论是借新闻而发议论的，因此，新闻事实是新闻评论写作的依据和前提，如果评论不以新闻事实为依托，就不能称之为新闻评论。

第二，新闻评论必须通过新闻媒介发布。

现实生活中，人们对于新近发生的事实，经常会进行口头评论，这虽然也是对新闻事实的评论，但由于其没有在新闻传媒上发布，因此，我们认为，口头评论不是真正意义上的新闻评论，充其量只是新闻评论的“雏形”，或者说具备了成为新闻评论的可能。

第三，新闻评论必须注重时效性。

时效性是“新闻性”的应有之义。一篇新闻评论，如果不能及时、快速地对新闻事实加以评论，就成了“明日黄花”，其传播效果和影响力无疑都会大打折扣。正因为这样，旧时中国新闻界存在着“看完大样写社论”的说法。1926年创刊的新记《大公报》，其总编辑张季鸾先生在撰写社论时，总是要等当天报纸的新闻版面排好版后，看完报纸的大样，通过比较，寻找值得发表评论的新闻，再一边撰写评论，一边发排，写一段排一段，最后打出小样再作润色。从这个意义上说，新闻评论的时效性必须依赖于新闻报道的时效性。换言之，如果传媒不能及时报道新近发生的事实，新闻评论的时效性就无从谈起。这些对于新闻评论的时效性都产生了深刻影响。伴随传播技术的不断进步，新闻评论的时效性已开始由原先的“及时”向“即时”发展。在一些突发性新闻事件中，要求记者不仅能够发回现场报道，而且能够同步进行现场评论。

（二）思想性

思想指“能够得体地、恰如其分地表现见解的能力，体现在论证事物的真伪或讲述一般道理的言论里”①。新闻评论写作往往要通过“摆事实”来“讲道理”，至于“摆什么事实？讲什么道理？怎样才能把道理讲清说透？”这些问题背后涉及的就是新闻评论的思想性。思想性不仅是新闻评论的根本特征之一，也是甄别一篇新闻评论优劣好坏的决定性因素。

首先，思想性表现在评论者能够在大千世界中找准评论的对象，能够透过纷繁复杂的表象洞察出事物的本质，能够抓住问题的要害，提出人们“意中所有，笔下却无”的新颖而正确的观点，进行有的放矢的评论。

其次，思想性体现在对论据的分析与筛选方面。在评论写作中，评论者不仅要掌握大量翔实的材料，还需要对这些材料进行去伪存真、去粗取精、由表及里、由此及彼的加工处理，既要对材料的真实性进行判断，又要在此基础上，筛选出能够证明自身观点的论据，这些工作背后，闪耀的正是思想的光芒。

最后，思想性贯穿整个说理、论证过程。新闻评论要论的是一个“理”字，其实质就是评论者借助概念、判断、推理进行抽象思维的过程。在这个过程中，无论是论点的提出、论据的筛选，还是论证角度、方法的选择、文章的谋篇布局，无不以思想性为支撑。

---

① ［古希腊］亚里士多德，陈中梅译：《诗学》，65页，北京，商务印书馆，1996。

（三）公众性

公众性又叫“群众性”或“大众性”，主要体现在四个方面。

第一，新闻评论的议题具有公共性，涉及公众利益。

新闻评论的对象是当前社会生活中具有普遍意义的问题。这些问题必须与社会公众的切身利益密切相关，为社会公众所广泛关注，必须能够反映和代表社会公众的愿望、要求和呼声，具有现实意义。做不到这一点，新闻评论就失去了其存在的必要和源泉。

第二，新闻评论的目的是反映并引导舆论，从而影响社会生活。

新闻评论的根本目的是反映舆论，进而在更高的层面上影响、引导大众舆论。所谓舆论，是指“在特定的时间、空间里，公众对于特定的社会公共事务公开表达的基本一致的意见或态度”，其本质是“民意表达和民众力量的显示”。因此，作为公开的社会评价，舆论的社会功能是“公开表达的集合式的公众意见直接或间接地干预社会生活”①。一方面新闻评论要反映社会公众对于新闻事件的基本看法，另一方面舆论并不总是正确或者有益于社会的。因此，新闻评论要通过对社会中的各种舆论进行甄别与分析，剔除错误与片面的观点，形成正确的意见与看法，从而反映并引导民意，帮助社会公众认识社会现象的本质，形成自己的判断。

第三，新闻评论需要社会公众的积极参与。

新闻评论公众性的一个重要内涵就是让社会公众参与到评论写作中来，这样既可以扩大评论作者队伍和论题范围，也切实地反映出社会主义新闻自由的真实性与广泛性。因为，从本质上说，新闻自由是人民的权利，写作自由和言论自由是“一切伟大智慧的乳母”②。只有让公众参与进来与传媒进行充分的互动、交流，新闻评论才能成为“有源活水”，其社会影响力才能得到最大限度的发挥。

第四，新闻传媒的大众化特点决定了新闻评论的公众性。

新闻评论的发布载体是大众传媒，而大众传媒的一个重要特点就是面向社会大众进行传播，这就决定了新闻评论不同于受众面有限的理论文章、学术论文，它面对的是绝大多数的社会公众，要求从选题到立意，从内容到形式，从论证方式到语言风格，都必须考虑社会公众的接受习惯和兴趣，符合他们的接受心理。

三、新闻评论的当代意义

今天，我们正在步入一个“观点时代”。从传统媒体、网络媒体到博客、微博、微信等新兴社交媒体，每天都充斥着各种各样的观点，评论的对象也从国内、国际重大新闻到娱乐明星的“八卦新闻”、社会新闻等，几乎无所不包。尽管这些观点中既有真知灼见，也有陈词滥调，甚至歪理邪说，但不可否认的是，新闻评论已经成为整个社会话语空间中不可或缺的组成部

---

① 李良荣：《新闻学概论》，47～49页，上海，复旦大学出版社，2001。

② ［英］密尔顿，吴之椿译：《论出版自由》，44页，北京，商务印书馆，1958。

分，“新闻评论话语充斥于媒体与舆论，它在某种意义上形塑了一个话语意义上的国家与社会”①。以下，我们从传媒和公民两个维度来探讨新闻评论在“观点时代”的意义。

（一）新闻评论之于大众传媒的意义

对于大众传媒而言，新闻评论的意义主要包括两个方面。

1. 新闻评论是现代传媒的重要组成部分

作为一种独立文体，新闻评论是新闻传媒的一个重要组成部分。早在1927年，新闻学者戈公振先生在《中国报学史》中就将新闻与评论置于同等重要的地位——“报纸者，报告新闻，揭载评论，定期为公众而刊行者也”②。一直以来，新闻界都有一个传统，即将评论视为新闻传媒的旗帜与灵魂。因为新闻评论常常反映媒体的观点与立场，不仅能够为受众解疑释惑，也为受众认知社会提供了最有效、最直接的帮助。“大众媒介的分析和解释功能，尽管未被赋予像新闻和信息或娱乐和广告那么大的作用，但却是重要的；随着现代生活越来越复杂，其重要性可能会更大。”③ 今天，新闻评论在报纸、广播、电视、网络四大媒体中“首席文字”的地位业已确立并日益巩固，越来越多媒体设立评论类的专版、专栏、节目、网页。譬如，报纸设立的社论版、时评版，电视台的新闻评论类栏目，网络媒体的“观点频道”等，新闻评论在大众传媒中所占的比重越来越大。

2. 新闻评论是新闻传媒发挥舆论影响力的一个重要且直接的手段

作为社会的言论机关，新闻传媒需要彰显其存在的价值，而新闻评论正是其发挥舆论影响力的一个重要且直接的手段。对此，中西方新闻界都有类似的看法。

我国新闻学者徐宝璜先生在《新闻学》中提出了新闻纸的六大功能，其中有两项涉及新闻评论。其一是代表舆论，新闻纸“应默察国民多数对于各重要事之舆论，取其正当者，善论立说，代为发表之。言其所欲言而又不善言者，言其所欲言而又不敢言者，斯无愧矣”。其二是创造舆论，“新闻纸不仅应代表舆论也，亦应善用其势力，立在社会之前，创造正当之舆论，而纳人事于轨物焉”。而创造之法有三，除了“登载真正之新闻”、“访问专家或要人”，第三项即为“发表精确之社论，以唤起正常之舆论”④。

美国新闻界普遍认为，评论对于媒体的意义在于：

> （1）为读者大众服务。社论写作远不是另一种生财之道。它是一个投身于公众利益和公共服务的职业。
>
> （2）为读者、社区和国家提供一个论坛——一个自由交换观点的市场。在评论写作中，你的观点为人所知是重要的；而为别人创造一个自由交流思想的市场——让所有人的观点都为人所知——则是最关键的。
>
> （3）做社会的守望者。作为评论撰稿人，你应该而且必须去监督权力部门。去评论，必

---

① 马少华、曹林、王彦飞、张若渔、马想斌、刘义昆：《我们对新闻评论的理解》，载《新闻与写作》微信公号，2014-12-10。

② 戈公振：《中国报学史》，8页，上海，上海古籍出版社，2003。

③ ［美］Ray Eldon Hiebert等，潘邦顺译：《大众传播媒介》，723页，台北，风云论坛出版社，1996。

④ 徐宝璜：《新闻学》，5～7页，北京，中国人民大学出版社，1994。

要时批评他们对权力的行使。而且，这样做的同时，你必须保持独立并为公众的利益服务。

（4）为你的读者提供信息并引导他们去促成变革。不仅为读者提供信息，还要引导他们——提建议、给忠告、搞倡导、作劝诱。这是评论写作与新闻写作的区别所在。①

反观历史，媒体通过新闻评论来影响社会进程的事件比比皆是。1978 年，尽管“文革”已经结束，但“两个凡是”却严重阻碍了国家政治、经济建设，整个中国思想领域更是混乱不堪。5 月 11 日，《光明日报》发表了影响深远的特约评论员文章——《实践是检验真理的唯一标准》。当天新华社转发。很快，《人民日报》、《解放军报》等全国各地的报纸开始陆续转载，引发了全国范围内关于真理标准的大讨论，从根本上促成了国人思想的解放，改革开放的大幕也由此逐渐开启。

20 世纪 90 年代，中国的改革开放遭遇到了各种问题与诘难，“中国将向何处去”成为时代的命题。1991 年 2 至 4 月间，上海市委机关报《解放日报》连续发表了四篇署名为“皇甫平”的系列评论《改革开放需要新思想》、《扩大开放的意识要更强些》、《做改革开放的带头羊》和《改革开放需要大批德才兼备的干部》，率先阐述邓小平同志关于深化改革、扩大开放的最新思想，引发了国内各界关于改革姓“资”姓“社”的大讨论。经过讨论，厘清了人们的思想认识，推动了改革开放的纵深发展。

（二）新闻评论之于当代公民的意义

在“媒介化社会”的今天，新闻评论的意义已经超越了媒体及其从业者的范畴，进入公民媒介素养的序列，成为现代公民表达自我最合适的手段，诚如《新京报》评论员王彦飞先生所言：

通过学新闻评论，你会慢慢形成一种稳定的、健康的价值观。在写评论的过程中，你会不断地在价值观、立场这样的角度，探视事件的真相和本质，你也得靠着这样的价值观去影响更多的读者。②

1. 新闻评论是实现公民言论自由的基本手段

300 多年前，倡导“新闻自由”之第一人约翰·密尔顿曾经振臂高呼：“让我有自由来认识、发抒己见，并根据良心作自由的讨论，这才是一切自由中最重要的自由。”③ 言论自由从本质上是属于公民的一项基本权利。1982 年颁布的《中华人民共和国宪法》第 35 条规定：“中华人民共和国公民有言论、出版、集会、结社、游行、示威的自由。”宪法是我国的根本大法，这是从法律层面对公民言论自由的明确保障。

在现实中，新闻评论则是实现公民言论自由的基本手段。普通公民可以通过新闻评论，发表对新闻事件和社会现象、问题的意见与看法，无论其观点是否正确，对于实现公民言论自由的意义都不可小觑。尤其在微博、微信等社交媒介上，任何人都可以对全球正在发生的事件做出同步的评论，任何人都可以即时“跟帖”，对别人的评论进行“再评论”。没有时空限制，没有身份差别，各种观点都以最直接、最率真的方式存在，新与旧、对与错、真知与歧见时刻发

---

① ［美］康拉德·芬克，柳珊等译：《冲击力：新闻评论写作教程》，4～16 页，北京，新华出版社，2002。

② 马少华、曹林、王彦飞、张若渔、马想斌、刘义昆：《我们对新闻评论的理解》，载《新闻与写作》微信公号，2014-12-10。

③ ［英］密尔顿，吴之椿译：《论出版自由》，45 页，北京，商务印书馆，1958。

生“碰撞”；任何事件，上至世界动态、国家大事，下至家长里短、个人琐事，一切皆可成为评论的议题；嬉笑怒骂、委婉含蓄，各种不同风格的表述都有其一席之地。

对此，《中国青年报·青年话题》原主编李方先生的一段话就颇能体现现时代新闻评论对于公民言论自由的意义——“我从事的主要是公民表达这一块，那就是要鼓励每个人就任何事件自由表达自己的观点，如果你有想法的话。我愿意这样说：表达，然后公民。自由表达是百姓与公民的本质区别。”①

2. 新闻评论是促进公民理解所处时代、参与社会公共生活的有效途径

因为新闻评论的对象是新近发生的事实和具有普遍意义的社会问题，所以，对普通公民而言，阅读、撰写新闻评论就是他们理解所处时代、参与社会公共生活的有效途径。诚如华中科技大学新闻评论研究中心张若渔先生所言：“现代社会，新闻评论是一种最富时代性的表达方式与表达载体。作为一种公民表达，它已经成为公民日常话语的重要部分，同时也是国家话语的重要倾诉出口，要读懂当下的时代精神，就必须对新闻评论有充分的理解。”② 因此，新闻评论是现时代公民“读懂中国”、“读懂时代”的重要途径。近十多年来，持续繁荣的时评就是这一观点的最好诠释。

1998 年 11 月，《中国青年报》开辟“冰点时评”专栏。从此，时评成为新闻评论园地里的一株“奇葩”。对此，《南方周末》这样评价：“一种文体的繁荣昭示着时代巨变，这一情形在历史上并不少见。而在短短几年中就呈现出高度繁荣的时评写作，就是当下最突出的实例。”③

其实，时评并非《中国青年报》所独创，传统的中国新闻史学界一般认为：最早把“时评”和当天新闻密切结合，又作为经常的主要评论手段的是 1904 年 6 月 12 日创刊的《时报》。④ 2009 年，中国人民大学新闻评论研究专家马少华先生经过考证认为，“作为一个栏目的名称的‘时评’概念，最早可能出现在 1902 年到 1903 年之间《新民丛报》的实践”⑤。尽管学界对时评起源的时间有所分歧，但大多都认同时评的基本特点——“时评是面对新闻事实本身的一个毫不避让的回答：这事儿，我怎么看。它是清晰的判断形式，是针对这种判断的有效率的表达。”⑥ 从这个意义上说，时评是一种有别于社论、评论员文章等评论形式的“公民写作”，它为公民针砭时弊、参与社会公共事务提供了一个重要平台。

3. 新闻评论是培育理性公民的重要方式

今天，博客、微博、微信等社交媒介的崛起，促成了“人人都有麦克风”的“观点时代”。然而，在现实的舆论空间中，人人都乐意表达观点，人人都能够表达观点，却未必人人都能合乎理性、合乎逻辑地表达观点。诚如华中科技大学新闻评论研究中心的刘义昆先生所言：“这个社会存有很大的讲道理的空间，但一些人似乎失去了讲道理的耐心。微博、跟帖中常常充斥着叫骂、板砖或戏谑。而大家似乎陷入了‘你不讲道理，所以我也不讲道理’的怪圈。从理论

---

① 赵金：《才子李方——专访中国青年报青年话题主编李方》，载《青年记者》，2004（1）。

② 马少华、曹林、王彦飞、张若渔、马想斌、刘义昆：《我们对新闻评论的理解》，载《新闻与写作》微信公号，2014-12-10。

③ 《首届最佳时评作品评选启事》，载《南方周末》，2003-11-06。

④ 参见李良荣：《中国报纸文体发展概要》，36 页，福州，福建人民出版社，2002。

⑤ 马少华：《论时评的起源》，载《国际新闻界》，2009（2）。

⑥ 马少华：《关于“时评”的写作》，载《新闻与写作》，2002（4）。

上讲，这会伤害舆论生态；现实点说，这将会伤害我们自身。”① 因此，社会的进步需要理性的公民，而理性公民的养成需要经历长时间的积累。

新闻评论则是培育理性公民的一种重要方式。一方面，新闻评论讲求“就事论理”、“以理服人”，这个“理”不仅是道理，也包含理性的意思。公众可以通过阅读与理解媒体上的新闻评论，在“众声喧哗”中寻求真理，并且逐渐形成对于社会现象的理性思考方式。另一方面，公众还可以通过撰写、发布新闻评论，在意见的“自由市场”中与其他观点进行碰撞，进而养成理性的思维与理性的表达。

有鉴于此，了解新闻评论的基本内容和写作技法，进而能够解读和撰写新闻评论作品，也就成为现代公民媒介素养的一个有机组成部分。对此，教育部马克思主义理论研究和建设工程“新闻评论”第一首席专家、中国人民大学新闻学院涂光晋教授认为，“今天的新闻评论不仅是新闻业务课程，更是媒介素养课程。这种能力既包括评论写作能力，也包括参与社会、影响社会的能力，不仅学会表达，更要善于理性思考和理性表达。从这个角度来看，可以训练学生更加开放的心态，更加宽广的视野”②。

四、新闻评论的分类

对于新闻评论的分类，历来有很多分法，不同国家、不同学者的分类标准都会有所不同，以下我们简单介绍西方国家和我国新闻评论的主要分类形式。

（一）西方国家新闻评论的分类

西方国家对新闻评论的分类比较宽泛，社论、专栏文章、漫画等都被划归其列。例如，美国报纸中一个典型的言论版每天的主要内容包括：三封读者投书，两幅漫画，三篇辛迪加专栏，一篇国内或国际事务的社论，平均两天一篇的当地事务社论，平均三天一篇的地区事务社论。版面不含广告栏。③ 这其中，社论漫画（editorial cartoons）不仅历史悠久，而且至今仍是美国社论版上的一股重要力量。社论漫画主要采用漫画艺术的快捷笔法，对某种性格、个性或特征加以夸张，以此表达看法，这种形式“可以节约时间和空间，这就赋予社论漫画适用于大众传播的特殊力量”④。1754年，《宾夕法尼亚报》为本杰明·富兰克林（Benjamin Franklin）所撰写的社论配发了美国报业的第一幅漫画——《要么联合，要么死》，画中是一条被切成了13段的蛇，每段分别代表了一块英国殖民地。这幅漫画对北美各州联合抗击英国并最终获得独立起到了很好的鼓动宣传作用。

一般说来，西方国家主要把新闻评论分为五类：社论、专论、释论、短评和杂志评论。其中，社论最为重要。美国新闻学者卡斯柏·约斯特说：“新闻是报纸的身躯，社论是报纸的灵

---

① 马少华、曹林、王彦飞、张若渔、马想斌、刘义昆：《我们对新闻评论的理解》，载《新闻与写作》微信公号，2014-12-10。

② 转引自吴佳珅：《教师更应重视学生素质和能力的培养——高校名师谈新闻评论教学变革》，载《科技日报》，2014-12-25。

③ 参见李良荣等：《当代西方新闻媒体》，247～249页，上海，复旦大学出版社，2003。

④ ［美］Ray Eldon Hiebert等，潘邦顺译：《大众传播媒介》，719～720页，台北，风云论坛出版社，1996。

魂。"[①] 社论是代表编辑部发言的主要形式，一般不署名，其基本流程是：社论版主笔每天一开始就要决定哪些问题需要发表社论，再由编辑人员商量对这些问题的总体处理办法，并且以管理部门对关键问题的看法为指导，决定报纸将采取的立场。一般而言，编辑、出版者和记者对正在报道的新闻都会有坚定的看法，他们对形成意见中肯的社论都会起一定作用。西方社论运作的这种传统是17世纪英国随笔作家开创的，美洲殖民地的作家和印刷商发扬了这一传统，他们用社论这一形式推进政治事业。[②] 专论是就某一方面的问题约请相关领域的专家撰写文章发表意见的评论形式。释论即是解释性评论，它一般是对当前的政治局势、经济形势、重大新闻事件等进行分析，解释其意义，揭示其实质，预示其未来。包括大事分析、时事述评等。

（二）我国新闻评论的分类

如同新闻评论的定义一样，我国学者对于新闻评论的分类方法也有许多种，比如按新闻评论的内容，可以分为政治评论、经济评论、军事评论、法制评论、科技评论、文艺评论等；按发布媒体，可以把新闻评论分为报刊评论、通讯社评论、广播评论、电视评论和网络评论。目前比较一致的分类方法是按新闻评论的形式和规格，把它分为以下六类。

1. 社论

社论是代表媒体编辑部观点的权威性言论，是传媒的灵魂和旗帜。属于社论性质的还有编辑部文章，它是代表编辑部对国内外重大事件、重大问题进行分析评论的文章，一般具有较强的政策性和理论性。从内容上看，社论和编辑部文章涉及的都是社会生活各个领域内较为重大的问题；从规格上讲，二者同属于大型、重型评论范畴，且编辑部文章的规格高于社论。党报的社论（党台的本台评论）与编辑部文章同时代表同级党委和媒体编辑部的立场和观点，其指导性、权威性强，影响力大。媒体在发布此类评论之前，一般要经过同级党委或有关部门的审定。

2014年初，海南省副省长冀文林因涉嫌严重违纪违法被查处。2月20日，《新京报》刊发社论《冀文林身后的腐败权力网有多大》，通过对关联事实的分析和逻辑推演，率先揭示出了冀文林背后的腐败权力网。请看其中的两段：

> 冀文林履历最值得关注的阶段，就是其在国土资源部、四川、公安部的工作经历。他和郭永祥在国土资源部、四川的履历高度重合，关系非同一般。冀文林没有石油系统的工作经历，但是，郭永祥有。1998年郭永祥就是由中石油研究室副局级研究员、副主任，成为国土资源部办公厅主任。也就是在这一年，冀文林成为国土资源部办公厅值班室助理调研员、部长秘书。然后，在2000年1月、4月，郭永祥和冀文林又先后从国土资源部调往四川省委任职。冀文林和郭永祥的履历互相补充、印证，就看到了这个腐败网的大体结构。
>
> 之所以说，这是一个腐败权力网，恰恰正是因为，冀文林和郭永祥交叉任职，跨多个部门、地区，表明了这个网结构复杂，并且能量巨大。其不是一条线，而是脉络交织、盘根错节。除了这二位，在十八大以来已经落马的副省级以上官员中，和这张网有关联的还有李崇禧、蒋洁敏、王永春、李春城等人，加起来占比超过三分之一。若论由此而牵连的

---

① 转引自童兵：《比较新闻传播学》，305页，北京，中国人民大学出版社，2002。

② 参见［美］Ray Eldon Hiebert等，潘邦顺译：《大众传播媒介》，704～705页，台北，风云论坛出版社，1996。

较低级别的官员，或许人数就更多了。[1]

这篇社论论题敏感，对于冀文林的“落马”，《新京报》没有停留在事件表面，而在综合分析大量材料的内在关联之后，寻找到了解读此事件的新路径，从而发出了该报的“独家判断”。全文脉络清晰，分析入理，行文审慎而理性，是一篇评论佳作。文章刊发后，各大网站纷纷将其作为头条或重点文章转发，白岩松评价这篇评论是：“在‘你懂的’基础上，让人更懂了一些。”2015年，该文被评为“新京报2014年度评论写作金奖”，其颁奖词为：

> 在“康师傅”还是敏感词的时候，这篇评论试图通过事实和逻辑推演撩开那层面纱，让“你懂的”变得更懂一些。对重大题材的准确把握，对敏感问题的巧妙呈现，彰显了新京报评论的理性、锐气和影响力。[2]

2. 评论员文章

评论员文章的规格介乎社论与短评之间，是仅次于社论的中型评论，也代表编辑部观点，具有一定的权威性和指导性，包括本报（台）评论员文章、本报（台）特约评论员文章等。本报（台）评论员文章一般不必署上评论员的名字，直接体现编辑部立场、观点和态度。本报（台）特约评论员文章是媒体约请编辑部以外的专家或权威人士撰写，可以署名，也可不署名，文章观点表面上代表个人，实质反映媒体编辑部的倾向，冠以“特约”二字是为了加重作者的身份，因而，特约评论员文章的规格高于评论员文章。譬如，1978年《光明日报》刊发的影响中国未来方向的评论《实践是检验真理的唯一标准》（见图4—1）就采用了“特约评论员”的署名方式，其作者是当时南京大学哲学系的胡福明老师。

实践是检验真理的唯一标准

本报特约评论员

检验真理的标准只能是社会实践

理论与实践的统一，是马克思主义的一个最基本的原则

（下转第二版）

图4—1 《光明日报》发表《实践是检验真理的唯一标准》

资料来源：http://www.pep.com.cn。

---

① 于德清：《冀文林身后的腐败权力网有多大》，载《新京报》，2014-02-20。

② 《2014年度评论写作金奖颁奖辞》，见 http://zt.bjnews.com.cn/，2015-02-11。

3. 短评

短评是针对具体的新闻事实、代表编辑部观点的小型评论，通常配合新闻报道发表，也可以单独发表；可以署名，也可以不署名；要求论题集中，一事一议，角度新颖，分析扼要，短小精悍。例如，针对一则根据网络视频撰写的假新闻，《人民日报》于 2014 年 7 月 25 日发表了辟谣报道《伤者并非蓄意讹诈　警方寻视频上传者》，同时配发了下面这篇署名短评：

“飞来网帖”不该炒成热点

朱卫禄

一段没有标注来源的视频，因为内容是人们深恶痛绝的“碰瓷”现象，而被网民大量转发，甚至被媒体大肆引用报道、评论，不禁让人错愕不已。

当网民议论纷纷，媒体解读“碰瓷者”有没有责任、该定多少责任的时候，难道就没有人先核实下该视频来源吗？也许核实真相确有难度，对网民来说也不具备条件，但媒体以其作为新闻来报道，则应该谨慎求证，想法采访到当事人，而不能信手拈来，含糊其辞。这样伤害的不仅是读者，更是媒体的公信力。

真实是新闻的生命，每一个媒体都不能为了追求一时的“眼球效应”而“偷工减料”，甚至以讹传讹。而对于自媒体时代的网民来说，发表观点、传播信息的空间广阔，也要注意在众声喧哗中明辨是非，理性表达。

（《人民日报》2014 年 7 月 25 日）

这篇短评只有三段两百多字，却非常集中批判了媒体不加核实即炒作“飞来网帖”的行为。同时，评论末尾也委婉地批评了网民在此类事件中的盲目性。这篇文章即体现了短评的一个基本特点：言简意赅，有的放矢。

4. 编者按

编者按又称按语，起源于汉朝司马迁在《史记》中的“太史公曰”，是编者对其编发的新闻报道、文章所做的批注评论或补充说明性文字，属于小型评论。按其性质和内容，可分为政论性按语和说明性按语。依据其在文中的位置，可分为文前按语、文中按语和编后。文前按语与文中按语一般不署名，也不配标题，编后则比较灵活，可以署名也可不署名，标题可拟也可不拟。编者按的写作要求既立足新闻报道又超越新闻报道，评论画龙点睛，行文辞简意丰。

5. 专栏评论

专栏评论是以个人名义在媒体专门栏目中发表的署名评论，体现作者本人的立场和风格，具有论题广泛、内容丰富、形式活泼、风格多样等特点。我国专栏评论兴起于 20 世纪 80 年代初，至今已形成各式各样的专栏评论形式。按作者类型可以分为个人专栏、群言专栏、集体专栏；按形式品种可以分为小言论专栏、论坛专栏、经济漫笔、思想杂感等。

6. 新闻述评

新闻述评又称记者述评、述评，是介于新闻与评论之间的新闻体裁，既报道新闻事实，又对新闻事实进行必要的分析与评价，述评结合、夹叙夹议。一般包括事件述评、工作述评、形势述评等。新闻述评要求记者在报道新闻事实的基础上进行有针对性的评论。新闻述评中“述”的部分要求全面、完整地陈述新闻事实，“评”的部分则要求紧扣事实，恰到好处。正如乔冠华在总结述评写作的要诀时指出的那样：“在没有充分根据的情况下，要设想几种可能，做几手准备。有了比较充分的根据，在指出主要倾向时，也要注意留有余地，不要把话说绝，说死。”① 请看下面这篇述评：

新华社就女老师被打发问：少爷背后的老爷是谁

“新华社发布”客户端北京11月15日专电 据媒体报道，14日一群人冲进吉林市船营区第二十五小学教室，殴打两名老师。打人者说“以后谁也不许动我家少爷”。被打老师郭鑫前一天调解了“少爷”的打架纠纷，还被该班班主任要求向“少爷”道歉。此事激起公愤，20余名家长聚集该校抗议。

对此我们不禁要追问，“少爷”凭什么在校园里耀武扬威？谁来查查给“少爷”撑腰的“老爷”是谁？

“少爷”“老爷”等带有封建等级色彩的称谓，早已经随着剥削阶级被打倒变成了历史，只有在影视作品中才能听到。现代文明社会，人与人之间都是平等的关系，万万没想到，“少爷”这个早就被扫进历史垃圾堆的头衔，又在当代校园里还魂了。

被打的老师说，“少爷”的班主任曾特别向她说明，这孩子是班里的“小少爷”，还要求她向“少爷”道歉。半个月前，有位体育老师用手指点了这孩子，结果该老师就被他家的司机给打了，对方扬言谁都不许动“小少爷”。为“少爷”助拳、哄“少爷”开心，有人为何心甘情愿地做起“家丁”“打手”，还把这种“主子”威风耍进了校园。而处处呵护“少爷”的班主任，俨然也成了“奶妈”。

“少爷”还是个小学生，没有完全行为能力，被宠溺娇惯，也不能算他的错。事情的关键，是“少爷”背后的“老爷”。能让这么多人俯首帖耳，甚至充当打手，这“老爷”想必不是位高权重，就是富甲一方。光天化日之下，一群人闯入校园动手打人，这是标准的寻衅滋事，已经涉嫌伤害他人和破坏公共秩序，理应受到追究。鉴于此事引起轰动并成为公众事件，也有必要查查“少爷”是什么背景，背后有谁撑腰，以给被惊到的师生和公众一个交代。

毕竟，人民当家做主60多年了，容不得再有“少爷”“老爷”骑在头上。

（新华社2014年11月15日）

这篇新闻述评一共六段，其中，第一、四段是“述”，其余四段是“评”。应该说，“述”“评”结合得比较自然，叙述重点突出，评论一针见血。第一段简要陈述新闻事实，并着重从当事人的话语中凸显出“少爷”的提法。第二段提出追问，引出对“老爷”身份的关注。这其实是为整篇述评定调。第三段从历史的维度来分析“少爷”、“老爷”背后的封建等级色彩。第四段再次回归“述”，通过具体实例来陈述“主子”威风是如何“耍”进学校的。第五段再

① 张之华：《中国新闻事业史文选》，619～621页，北京，中国人民大学出版社，1999。

"评"必须查查老爷身份的必要性。第六段则总结全篇，提出对这一现象的明确批评。

第二节 如何解读新闻评论？

公共空间中的任何一篇新闻评论或带有评论性质的文章，总是从一定的逻辑起点出发，运用概念、判断、推理等各种论证方法，经由一定的论据来证明一个特定的论点或结论。对于普通公民而言，识别一篇新闻评论的好坏优劣，是我们支持或反对这篇新闻评论的基础，也是我们进一步交流与讨论的基点。那么，如何解读一篇新闻评论？我们认为，考量一篇新闻评论优秀与否的标志是看其是否具有"新意"。

本节所指涉的"新意"，不能仅仅从字面意思去理解：它不是"为新而新"，不是"剑走偏锋"式的新，不是"花架子"式的新，亦不是仅仅追求"思维的乐趣"而罔顾观点的正确和思想的深度。它其实是一个具有丰富内涵的综合体，囊括了新闻评论的选题、立意、角度、论据、语言表达等诸多方面。而且，必须明确的是，新闻评论是基于新闻事实的评论。因此，"新意"的前提一定是事实的真实和观点的准确；"新意"的最终诉求也一定是评论的社会思想性和服务性。否则，"新意"即成了无源之水和无本之木。

所以，本节所讨论的"新意"就是指对精心选择的论题，运用新思维、新视角组织材料和事实，再辅之以准确而精彩的表述，最后用专业的评论手法进行有机的整合，最终实现评论之"新"。

元代陈绎《文说》引戴师初语指出："凡作文发意，第一番来者，陈言也，扫之不用；第二番来者，正语也，停之不可用；第三番来者，精意也，方可用之。"那么，如何扫去"陈言"，如何筛去"正语"，而最终达至评论的"精意"？我们将从以下六个方面来探讨。

一、新论题

选题是评论写作的第一步，如果能将现实生活中出现的新事物与新问题作为评论的论题，往往会使评论具有新意。但是，并非所有的新事物都适合作为评论的论题。只有那些与当下社会中出现的某种倾向、思潮、问题相关联，可能对人们的生活产生影响但一时又难以被人们感知的新事物、新问题、新现象，才最容易形成有新意的论题。当然，这就需要评论者长期的观察与思考，具备强烈的问题意识。譬如，《中国青年报》在1998年发表的这篇《国旗为谁而降》：

国旗为谁而降

郭光东

东北的灾民早已在雪前住进了温暖的地窨子；九江大堤决口封堵处也于近日开始拆除重筑。洪灾过后，诸多善后事宜有条不紊地进行，但现在回想起来，有件事被忽略了：按照《国旗法》第十四条的规定，为九八特大洪灾的死难者下半旗致哀。

1990 年颁布的《中华人民共和国国旗法》第十四条第二款规定："发生特别重大伤亡的不幸事件或者严重自然灾害造成重大伤亡时，可以下半旗致哀。"今年我国发生洪水的河湖之多，时间之长，水位之高，损失之大，为历史罕见，更为《国旗法》颁布以来所仅有，当属"严重自然灾害"；洪灾中，人员死亡达 3 656 人，当属"造成重大伤亡"。尽管《国旗法》对严重自然灾害造成重大伤亡时下半旗规定的只是"可以"，不是"应当"、"必须"。但如果一次灾害死亡 3 656 人还不能适用这一法条的话，不知这一规定几时才能派上一回用场。

事实上，国旗不仅是国家主权和民族尊严的象征，也是民族精神和民族凝聚力的体现。而下半旗正是一种由中央政府以全体国民的名义举行的哀悼仪式。它不但能给予死难者的亲人以莫大的精神慰藉，再次体现抗洪斗争中全民族的强大凝聚力，而且更有助于增强每个公民的国家观念和爱国情感，使人真切地感受到自己是祖国大家庭的一员，从而激发为国奋斗的热情。

遗憾的是，我国还从未有过为一般民众下半旗的先例。古代的礼制，其实质是正名分，巩固等级制度。《礼记·曲礼》曰"礼不下庶人"，一直是西周以来的一条重要原则。及至现代民主政体确立，"礼"理所应当下及"庶人"，因此我国现行《国旗法》规定，除了国家重要领导人逝世应下半旗外，对国家作出杰出贡献的人、对世界和平或者人类进步事业作出杰出贡献的人逝世，以及因不幸事件、严重自然灾害造成重大伤亡时，也应或也可下半旗致哀。这项立法反映了社会进步，无疑使我国的降半旗制度走上了民主化、规范化的轨道。

但从目前实践和人们的观念看，下半旗的对象还仅限于逝世的国家重要领导人，对其他几类对象尚未予以充分重视。比如，在洪灾刚过的 9 月 21 日，我国依法为不幸因病逝世的杨尚昆同志下半旗致哀；而 3 656 名普通民众在洪灾中死难则几乎与此同时。

值得一提的是，就在我国洪灾前的 1998 年 6 月 3 日，德国一列高速列车出轨，酿成德国近 50 年中最惨重的铁路交通事故，100 人死亡。事故次日，德全国降半旗致哀。

两相对照，没能为 36 倍于德铁路事故死亡人数的我国洪灾死难者降半旗，我宁愿看成是有关部门的一时疏忽。倘若今后再有我们不愿其发生的重大伤亡，请切记关注《国旗法》的相关法条，以下半旗的仪式寄托全国人民的哀思，体现国家对普通公民生命的珍重。

（《中国青年报·冰点时评》1998 年 12 月 2 日）

这篇评论的作者郭光东当时只是华东政法学院一名三年级的硕士研究生。据他后来回忆，一次偶然的机会，他发现《国旗法》中竟有一条并不为人注意也从未实施过的规定——"严重自然灾害造成重大伤亡时，可以下半旗致哀"。而在此之前，"国旗可不可以也为普通百姓而降，更像是一个想都不该去想的问题"。于是，他迅速就此论题撰写了时评，投给了国内数家媒体，最后，只有刚刚创办一个多月的《中国青年报·冰点时评》敢于刊发，其时的主编李大同最终把标题改为“国旗为谁而降”，责任编辑马少华为评论润色了更有时效性的新闻由头。[①]这篇评论刊发之后，迅速引发舆论的关注，其影响力也持续发酵。2008年，这篇评论被评为“改革开放30年的传媒经典作品”。应该说，这篇评论之所以具有如此深远的影响，一个重要原因就是这个涉及公共利益且十分敏感的论题长期被官方所“忽略”、被社会所“遗忘”。因此，一经凸显，其背后的意义也同时被发掘出来。正如有评论指出的那样：

> “国旗为谁而降”恰恰奏响了诸多时代旋律：国家、政府和人民之间宪法关系的实现，法律平等与“礼不下庶人”思想沉疴的对决，生命尊严的平等与保障、人对尊严的渴盼。[②]

二、新思想

如果说新闻报道最根本的职责是“传事”，那么新闻评论最基本的功能则是“论理”，而“论理”本身就是在传递一种观点或见解，这个过程渗入了作者的思想。从本质上说，评论写作最重要的品质就是能传递新鲜且正确的思想，即“立意”要新且准。一篇新闻评论如果没有新鲜准确的观点，即使充满了丰富、翔实的材料以及华丽的辞藻，都只能是一种拙劣的“堆砌”。探寻新思想是评论写作应该追求的至高境界，而是否具备质疑精神则是能否达至这一境界的关键。因此，评论者必须勇于质疑权威，质疑传统，质疑约定俗成的观念，既不要人云亦云，更不能见风使舵，永远不囿于似是而非的事物或约定俗成的观念。换言之，如果没有强烈的社会责任感和新闻专业主义精神，缺少足够的智慧，缺乏可贵的质疑精神，就无法在新闻评论中彰显新思想。新思想主要体现在两个层面。

其一是新观点的提出。这其中融入了作者的见识、判断和价值观念，是论说文的精髓所在。新观点就是“言人所未言”，它建立在对论题的思考与提炼的基础之上。例如，针对湖北省京山县农村老人自杀成风的现象，2014年8月12日《北京青年报》发表评论《难以承受的死亡之轻》，该文观点新颖，论证有力。作者立足传统孝道与现代文明两个维度，指出“京山现象”是因为“缺乏伦理与法律的庇护”。因此，从富裕、文明和法治的视野看去，“京山现象是多么残忍又多么无法理喻的存在！他们似乎生活在野蛮而荒凉的飞地上，只有生存才是最高的法度，只有强者才有活着的权利。这难道不是最沉痛也最麻木的文化返祖吗?”基于此，文章最后一段提出了一个新鲜且具有人文关怀的观点：

> 真正文明的社会，不仅要关注人们怎么活，更要关注人们怎么死。活着的方式，多少还带有自由意志的痕迹，而死的方式，则最为鲜明地反映出社会的文明现状。京山老人“沉静”的自杀，是最为触目惊心的当代标本。在遮蔽一切、淹没一切的城镇化凯歌声中，它是痛到骨髓的一声呜咽。[③]

---

① 参见郭光东：《有担当的报纸才是好报纸》，载《中国青年报》，2011-04-27。

② 华商时评：《哀悼日 那些不能忘却的声音》，见 http：//hsb. hsw. cn/，2010-08-15。

③ 蔡方华：《难以承受的死亡之轻》，载《北京青年报》，2014-08-12。

其二是新的思维方式的萌发，即“想人所未想”。我们知道，不可能每一篇评论都具有全新的观点，因为很多道理是具有普适意义而且亘古不变的，同时，人的认识能力和精力亦是有限的，没有人能保证他的观点永远都是“新”的，但人们思考问题的方式却可以常变常新，不断深化拓展。事实上，在今天这样一个信息源趋同的社会里，一篇具有新思想的评论往往不在于能否提出别出心裁的观点，而更多地体现在对人们习以为常的思维定式的解构和新的思维方式的建构上。

2014 年 6 月，广西玉林市“狗肉节”引起爱狗人士与食客的冲突，进而在公共空间引发民众的激烈争论，而争论的焦点多集中在“是否应该吃狗肉”、“是否应该办‘狗肉节’”这些层面。旅美学人徐贲教授撰写的《公共争议需要权威仲裁》一文却完全跳脱了纯粹的观点之争，该文首先指出人们在处理这类问题时往往容易陷入两个误区：“第一，争议可以由争论双方的‘说理’来解决；第二，如果双方说不拢，产生肢体的或更严重的冲突，那么，就必须由警方来解决。”紧接着，话锋一转，即将评论的落脚点放到了如何仲裁公共争议的维度，其核心观点是“在动物保护问题上，民众因不同观点而产生分歧和对立的情况在许多国家都很常见，而有效解决争端依靠的是法治程序，而不是警察”。为了证明这个观点，评论引用了一个美国处理是否允许贩卖活鸡的真实案例，由此引出了全文的核心段落：

> 单凭双方的辩论，是谁也说服不了谁的，因为他们运用的理由并不相同，各方说了自己的理由，却无法有效反驳对方。这是公共辩论经常会发生的情况，正因为如此，公共说理总是在讨论问题，而未必总是能解决问题。
>
> 一般来说，解决问题是指双方达成统一的看法，这就需要一方能改变看法，接受另一方的看法，或者双方都适当转变一些自己原先的立场。这种情况只有在熟人间的对话说理中才有可能发生，而在公众辩论中极少发生。绝大多数公共争议都需要放在一个外在于争议的仲裁机制中才能得到结果。①

在此基础上，评论着力论证了权威仲裁的意义，从而打破了长期以来人们对于这类争议的固有思维习惯和认识误区，拓展了处理此类问题的新思路。这即是一种新思想。

三、新视角

新闻工作是选择的艺术，这一点在评论写作中显得尤为突出。每天发生在现实生活中的事件层出不穷，为什么单单会选择这样一件或几件事件组合作为评论的论题或论据？对于同一新闻事件的评论，为什么会出现“横看成岭侧成峰，远近高低各不同”的状况？写作的方式多种多样，为什么会选择这样的结构或那样的话语来表达观点、传递思想？这些都是因为评论者选取了不同的角度。立足不同的维度看问题，常常会产生不同的结果。

从这个意义上说，新视角贯穿评论写作创新的始终，是评论新意的一种支撑。没有视角的变换，就不可能产生有新意的评论。因此，新闻评论写作要力求在平凡事物中凸显出个性化、

---

① 徐贲：《公共争议需要权威仲裁》，载《南方都市报》，2014-06-23。

前瞻性的观点，在特殊事件中梳理出被人们忽略却最为本质的意义，追求“出乎意料之外，却在情理之中”的效果。例如，下面这篇评论：

李娜不笑是其权利

新京报体育评论员 肖十一狼

面对扑面而来的热情和奖励，李娜平静对待。你可以说她耍大牌，但李娜也有控制自己面部神经的权利。

在百度贴吧的笑傲江湖吧里，曾有人发起过一个话题，吕颂贤版的令狐冲和李亚鹏版的令狐冲谁更深入人心？回复里绝大多数人支持吕颂贤，因为他爱笑，相反李亚鹏版的令狐冲则总是紧绷着脸。

如果你忘了不会笑的李亚鹏版令狐冲是什么样子，可以去网上看看新科澳网冠军李娜回武汉接受领导会见时的照片。

一张是李娜和湖北省领导手举“奖金80万元”的照片，一张是李娜和昔日教练拥抱的照片。这两张照片中，李娜脸上的表情和现在北京的气温差不多，冷冰冰的。不管是湖北省的80万元奖励，还是授业恩师的热情拥抱，都没让李娜笑起来，她脸上写着三个字：不高兴。

李娜现在的教练卡洛斯在弟子澳网夺冠后指出，和以往相比，李娜最大的改变在于会笑了。但是，为什么短短几天后回家的李娜反而不会笑了呢？

前些年在果壳看过一篇微型科幻小说，内容差不多都忘了，我只记得作者写的是一个不会笑的程序员。当然，李娜不是不会笑，她只是不想笑。或者说，她面对的是她笑不出来的一群人。

这群人从来都是这样：他们不愿意和你承担失败，却十分愿意和你分享胜利。他们也许不知道啥叫穿越、一发、二发或者ACE球，但他们却很容易自豪、骄傲，而且还喜欢代表别人。他们这一招，对奥运金牌战略里的人百发百中，但李娜经过多年职业网球的洗礼，早就对这种程序化的仪式有了抗体。所以，她不笑。

有网站针对李娜不笑做了一个调查，结果24%的网友认为她是耍大牌。在我看来，你可以说她耍大牌，你也可以说她不职业，可既然她无法拒绝屏蔽这些面子工程，她总可以控制自己的面部神经吧，她总有权利挺直自己的腰杆吧。

我不喜欢不笑的女人，但我捍卫李娜不笑的权利。你呢？

（《新京报》2014年1月29日）

针对网球运动员李娜在接受奖励和官员接见时，因为没有笑而被质疑为“耍大牌”这件事，《新京报》的这篇评论没有人云亦云，而是变换了一个角度，从基本人权出发，明确提出“不笑是李娜的权利”这一论点，进而在论证中，又以李娜的外籍教练的话来反衬她其实“会笑”，据此评论话锋一转，阐释李娜回国后不笑的原因是她面对的是“她笑不出来的一群人”。作者其实是在借此抨击国内体育界的“面子工程”，但其选择的角度却是从一个运动员不笑的权利来切入的。这样的角度不仅新颖，而且巧妙。

四、新材料

好的评论必须能够提供新的信息、新的知识、新的材料。而选用新材料作为证明观点、表达思想的论据，可以增强评论的新意。西方新闻评论界把这种新材料称为评论的“附加值”，即评论中的新的信息。评论写作中经常会出现“年年岁岁花相似”的论题，选用新材料则往往能达到“岁岁年年人不同”的意境。这里的新材料包含两层含义：一是新鲜的材料。用当下发生的事实性材料作为由头或论据来论证观点，是最有效的写作方法，正所谓“事实胜于雄辩”。二是材料的新组合。包括旧材料的新组合、新旧材料的组合以及新材料之间的组合。材料的新组合，既能为论证提供充足的论据，又集中体现作者的“匠心”。很多时候，不同材料的不同组合常常能表达出完全不同的内涵。

以下我们来看评论《日本之本　德国之德》的第一段：

> 8月15日发生的一些事情总能触动中国人的神经，58年前的这一天，日本宣布无条件投降。今年围绕“8・15”发生的两件事令人格外感慨。一是德国决定为二战期间被屠杀的600万犹太人建造“大屠杀纪念碑林”，尽管这一争论已在德国国内进行了10年，但争论的结束表明德国希望借此表达勿忘历史的决心。另外一件发生在中国的近邻日本，8月15日，日本政府防灾相鸿池祥肇、农林水产相龟井善之、经济产业相平沼赳夫、国家公安委员会委员长谷垣祯一4名阁僚参拜了靖国神社。①

这篇评论的首段在输入两则新闻信息的同时，还交代了两则新的背景资料，即当天是日本投降58周年，以及德国为建造“大屠杀纪念碑林”争论了10年。接着作者又在后文连续输入了多条历史和新闻信息，如：1970年德国总理勃兰特在华沙无名烈士墓前下跪，并于次年被授予诺贝尔和平奖；30年后，施罗德总理再次来到其前辈曾经真诚下跪的纪念碑前敬献花圈。与之相反，直到1995年，日本首相村山富市才到新加坡的“日本占领时期死难人民纪念碑”前献花，而且，从1997年后，其首相和大臣一再参拜靖国神社；2003年6月19日，小泉首相声称将再次参拜。这样，评论通过多种事实性信息的组合与比较，既在加大信息含量的同时提升了信息质量，又有效地表明了观点。

2014年，在河南南阳通往社旗县的一辆大巴上，一位22岁的女孩在车上遭一男子猥亵。在女孩反抗并向司机求救、要求其报警时，司机没有及时施救，导致女孩被犯罪嫌疑人拖下车殴打。12月11日，《中国青年报》发表了时评《网民都是热血的，路人都是冷漠的?》。作者在文中就是通过不同材料的组合，来展开对这一事件的剖析。评论在第二段末尾以“这一幕，让人想起更令人发指的场景”，引出了2001年的一个类似的新闻事件，进而在第五段又引述《合同法》的相关内容来论证司机和运输公司的责任。评论的最后一段又巧妙地引用了网友关于“键盘党”的描述，辛辣地批评了路人的冷漠。

> “网民都是热血的，路人都是冷漠的。到底是网民从来不上街，还是路人从来不上

---

① 石洪涛：《日本之本　德国之德》，载《中国青年报》，2003-08-22。

网?”有网友如此调侃“键盘党”。我们确实应该有一颗正义的心、勇敢的心，在网上敢于义愤填膺，在线下也热血沸腾，何时何地都不让邪恶张狂。①

五、新表述

“言语的美在于明晰而不至流于平庸。”② 评论写作要在准确、清晰表述的前提下，追求语言表达上的“新”，这种新鲜的表述不仅来源于使用新的话语或表达方式，同时，通过对传统话语的意义解构和重新解读，往往也能传达出新的内涵。《中国青年报》2003年6月14日发表的评论《微笑，并保持微笑》(作者尚德琪)，就是通过对“非典”的英文单词SARS进行全新的诠释即Smile and Retain Smile（即“微笑，并保持微笑”）来倡导对生命的一种积极、乐观的态度，令人耳目一新。

除此之外，新表述还包括新的叙述方式、结构和行文风格等，“评论撰稿人的职责之一就是形成一种抓住读者、能有效传递思想的行文风格”③。例如，2015年《新京报》发表的这篇“新年评论”：

时间未老，理想仍在

不愿温顺走入那长夜的人们，都要来欢欣地迎接新年。这是2015。一切仍如你所见，时间未老，理想仍在。

时光深沉悠远，让我们一再陷入迷思：我们所抵达的今天，是否就是我们曾经向往的明天，曾经梦想的彼岸?

就像双手捧着光芒。我们走过的2014，饱含敬畏，充满力量。

又一个甲午之年。这是中日甲午战争爆发120周年，第一次世界大战开始100周年，也是“二战”全面爆发75周年。

这是新中国成立65周年，新中国第一部宪法颁布诞生60周年，《中共中央关于经济体制改革的决定》发布30周年，一位叫做邓小平的中国人诞辰110周年。这也是第一次国共合作90周年，中英签订《关于香港问题的联合声明》30周年，柏林墙倒塌25周年。

时光流转之中，在过去未来之间，我们续接了什么，又开启了什么，可曾辜负，又是否真正获得了祝福?

虽不去向历史寻找某种镜像，但这一年必定深刻于历史。我们一起走过的2014，石印或是铁痕，无不深藏功与名，也寄予梦想与光荣。

这是深改之年。这一年，户籍制度、财税体制、公车制度、城乡养老并轨等一批重大改革方案相继出台，简政放权持续加码，改革在全面深化。

---

① 王石川：《网民都是热血的，路人都是冷漠的?》，载《中国青年报》，2014-12-11。

② ［古希腊］亚里士多德，陈中梅译：《诗学》，156页，北京，商务印书馆，1996。

③ ［美］康拉德·芬克，柳珊、顾振凯、郝瑞译：《冲击力：新闻评论写作教程》，16页，北京，新华出版社，2002。

这是反腐之年。巡视升级，打虎拍蝇，清理裸官，海外追逃。十八大以来，已有4位副国级以上的高官落马。重拳更兼整风之下，民心或有昂奋，官意难免怵惕。

这是洗冤之年。蒙冤8年的念斌等来无罪判决；枉杀18载之后，呼格吉勒图同样迎来无罪宣判。与此同时，最高法院指令复查聂树斌案。

这也是融合之年。APEC会议在北京举办，首届世界互联网大会在乌镇召开，中国在"主场"与世界融会贯通。

权力是否规束，权利是否无恙。司法是否找到了公正与程序，法律是否成为了信仰与文化。令人欣慰，十八届四中全会提出了全面推进依法治国、依宪执政之方略。

这一年互联网仍在继续创造新的奇迹，成就新的梦想。这一年，有传统媒体和媒体人的告别，同样也有理想的坚守和跨越介质的媒体融合。

这一年的失联事件频繁发生，恐怖事件时有出现，灾害事故依旧频仍。但我们从未丧失对苦难的感同身受，对于正义的心醉神驰。

一个大国的叙事，如何深度契合每一个个体的感受，而我们是否真的可以坦然讲述这一切？无论如何，这是我们的2014，我们的血肉故事与心灵风暴。

不是所有的告别，都能以赞美结束；但一切的开始，都要以祝福开启。时光漫长，道路宽广，我们仍旧拥有理想，拥有未来。

这是一场早已开始的变革，根本停不下来的转型。2015，注定更多元也更复杂，更急剧也更深刻，更动荡也更精彩。

面对这一切并不轻松，但我们在一起。我们拥有对变化的期待，对现实的善意，对价值的坚守，也拥有对这个国家的信心，对这片土地的热爱。

我们深信，世界必然向好。今天所有的混乱与芜杂，努力与精进，都将在进步中变得更加清晰。

时光不老，理想仍在。早安2015，早安中国。

（《新京报》2015年1月1日）

这篇评论一改以往此类文章厚重有余，生动不足的缺陷，运用"有温度"的表述，呈现出了一张报纸关于2014年的"中国叙事"以及对于2015年的期待与祝福。具体来说，其特点有三。

第一，结构清晰，纵横交错。

应该说，"新年评论"写作最难的是对一整年重大事件的梳理：无论时间节点的选取，还是事件的选择，既要与主题紧密相连，又不能牵强突兀。本篇评论的一个显著特点就在于运用纵横交错的结构，凸显了叙事的张力。作者先从时间维度，展示了以2014年为节点的十个纪念周年，依次呈现了"中日甲午战争爆发"、"第一次世界大战开始"、"'二战'全面爆发"、"新中国成立"、"新中国第一部宪法颁布诞生"、"《中共中央关于经济体制改革的决定》发布"、"邓小平诞辰"、"第一次国共合作"、"中英签订《关于香港问题的联合声明》"、"柏林墙倒塌"，其中以七大国内事件为主，并穿插了三大国际事件。接着，评论再从横向维度用"深改之年"、"反腐之年"、"洗冤之年"、"融合之年"、"互联网创新、传统媒体的坚守与转型"、"失联、恐怖与灾难事件"串接起了整个2014年，这种叙事方式摆脱了"大事记"式的简单罗列，具有一定的新意。

第二，逻辑清楚，叙事与评论有机结合。

这篇评论一共近千个字，分为20个自然段。其中，叙事占9段，评论占11段。尽管所涉内容庞杂，行文却并不显凌乱。一个重要原因就是始终有一以贯之的内在逻辑，即“时光不老，理想仍在”。在这条主线的牵引下，叙事与评论也达到了有机的融合。前三段是评论性文字，第1段开门见山，点明主旨，第2段以“迷思”设问，第3段以“饱含敬畏，充满力量”回答追问，牵引出第4、5两段的叙事，第6段再度用四个问题“设问”，第7段则用“石印或是铁痕，无不深藏功与名，也寄予梦想与光荣”来回答追问，并开启下文（第8、9、10、11段）的叙事，第12段用“十八届四中全会提出了全面推进依法治国、依宪执政之方略”对8～11段的叙事进行评论。第13、14段进一步叙述2014年的大事，第15段用“这是我们的2014，我们的血肉故事与心灵风暴”对2014年进行总结。到此，评论只完成了第一个任务。从第16段到20段，作者又用五段评论性文字展开了对于2015年的想象与期待。

第三，虚实相间，表述新颖。

无论是结构，还是立意，最终都需要用合适的语言来表现。而本篇评论最大的特点就是表述上虚实相间，但落笔不俗。从工整的标题，到叙事上的排比、对仗（譬如，“这是深改之年”、“这是反腐之年”、“这是洗冤之年”、“这也是融合之年”），再到评论性文字的诗化表达（例如，“权力是否规束，权利是否无恙”、“不是所有的告别，都能以赞美结束；但一切的开始，都要以祝福开启”）。恢弘的句式，简约的表达，呈现出的整体基调是温暖而励志，娓娓道来背后，却激荡着评论者真挚的情感。

六、新整合

新闻评论的新意是一个综合体，写作中需要运用更为专业的整合技巧，将以上五个方面有机地融为一体，形成一股“合力”，从而更加有效地彰显“评论的力量”。美国新闻学者将这种整合称为“SEA”——激发（stimulate）、解释（explain）、提出倡言（advocate）——“你的社论有没有激发起一个有关当天至关重要的议题的公众对话？有没有激发读者以新的、不同的方式去思考？他们有没有因为读到你的社论中的新信息而互相谈论？你的社论是否以那些能够为读者的思考提供全新角度的方式对议题作了解释？……你的社论是否提出倡言支持一种立场？你的报道[①]有没有逻辑性和说服力？吸引人，令人信服吗？你是否超越了那种‘一方面，但是另一方面’的写法，而是劝导读者接受新的见解、新的结论？”[②]

总之，新闻评论新意的六个方面既相互独立，又紧密相连。在实际操作中，可以有所侧重，但又不可偏废，要找到一个契合点，才能切实提升新闻评论的整体品质。请看下面这篇评论：

---

① 即评论写作。

② ［美］康拉德·芬克，柳珊、顾振凯、郝瑞译：《冲击力：新闻评论写作教程》，72页，北京，新华出版社，2002。

不能让踩踏健忘症再跨年

曹　林

不敢相信，更不愿相信，早晨打开手机看到的2015年第一条新闻竟然是：上海外滩跨年夜发生踩踏，35人身亡43人伤。2015年的新闻日历，竟以这样的惨剧翻开，我们看到的只是一个冰冷的数字，可以想象每一个数字背后亲人的悲痛欲绝。亲历者描述着自己与死亡一步之遥与死神擦肩而过的那一刻，微博微信以碎片化的方式还原着跨年前那十几分钟可怕的踩踏细节，那恐怖的程度，甚至让无数不在场的事后听闻者都能嗅到那里死亡的气息。

踩踏悲剧发生后，网络舆论场在还原现场的同时，也在猜测悲剧原因中陷入了混乱。愤怒的人们习惯性地陷入灾难情绪中，从网络碎片化的传闻中寻找导致悲剧的原因并义愤填膺地脑补当时现场：有传闻称当时有人往下抛洒美钞造成哄抢，立刻便有人把矛头指向了可能的抛洒者，并进行人肉和攻击；有传闻称踩踏源于几个“大叔”的推搡，网友立刻又把愤怒指向了“大叔”；又有传闻对“怎么又是碰巧35人死亡”的数字提出质疑，议论着“人祸35人死亡上限”这个传说。

这种不辨真假的混乱归咎，是另一场可怕的舆论踩踏。对悲剧确实要寻找原因和追问责任，但归咎永远不能跑在调查的前面，评论不能跑在新闻的前面，情绪不能代替理智的思考。踩踏事故的原因尚在调查之中，不能听信传闻不分青红皂白就随意“制造敌人”，应该根据警方通报和权威信息作调查。踩踏是在失去理性的混乱中发生的，舆论场的信息和情绪混乱，同样会制造“踩踏”。这时候公众不能像广场通道中失控的人群那样无序狂奔踩踏，不是先找个靶子去批判，不是随意找个“原因”，而应该结合调查结果和现场还原追问问题。

有人在反思“跨年活动”，有人在感慨“以后不敢再去人多的地方了”，有人在总结“看以后谁还敢凑热闹”，这些都属于对突发悲剧刺激后的情绪反应，而不是冷静的思考。反省如果缺乏理智，只不过是一时的浅层、偏激情绪罢了，很快就会健忘。“跨年活动”并没有错，“去人多热闹的地方”也没错，真正的教训需要在对真相的调查和责任的追问中吸取。

看亲历者的讲述，那在疯狂的人群中无力挣扎无力呼吸的窒息感，是那么的熟悉，我们在无数的新闻报道中看到过亲历者在踩踏事件中的类似描述。没有想到，这样的悲剧重演了；没有想到，会发生在这个欢乐的跨年时刻；没有想到，会发生在上海外滩。有人说：从城市管理水平而言，上海恐怕是中国最不应该发生公共悲剧的城市，太遗憾了。

为什么没有想到呢？惨剧以残酷的方式教训着人们的习惯健忘并以为别人的教训跟自己无关。踩踏悲剧的幽灵本就紧追着人群容易聚焦的节日，从德国音乐节的踩踏事件到柬埔寨的节日踩踏悲剧，再到印度宗教节日发生的踩踏，乐极生悲一再重演。类似踩踏事件在安哥拉、科特迪瓦、刚果（金）、赞比亚、坦桑尼亚等发展落后国家时有发生，在搜索关键词时踩踏这个词常与贫穷落后联系在一起，被视为发展落后、管理落后的一种符号，没想到竟然发生在头顶着“国际性大都市”光环的上海，对这座城市的管理水平是极大的拷问。踩踏悲剧的具体原因需要调查和报道的跟进，不能情绪化地归咎，但踩踏暴露出的管理问题却无可回避。

踩踏事件发生后，很多评论在反思“悲剧本可以避免”。面对35个生命，这句灾难后貌似深刻的反思显得多么空洞苍白无力，如果习惯健忘，这种事后反思一文不值。查清问题，让那些有责任避免悲剧却没有尽职的人受到追究，才是真正应该做的。

可想而知，悲剧之后类似的跨年活动会被一刀切地取消，类似公共活动会出现断崖式下降。这也只是浅层次的本能反应，如果不能在事件调查中真正吸取教训，断崖式的下降之后可能是如山倒地复原。要从问题中吸取教训，必须先承认问题。悲剧发生在跨年时，不能让对踩踏悲剧的健忘再跨年。

（《中国青年报》2015年1月1日）

本篇评论的特色即在于整合了“新意”的方方面面。

1. 立意新

评论的标题即开宗明义，点明主旨——“不能让踩踏健忘症再跨年”，这个观点本身就具有新意。同时，文中还提出了一系列新鲜的观点。例如，“对悲剧确实要寻找原因和追问责任，但归咎永远不能跑在调查的前面，评论不能跑在新闻的前面，情绪不能代替理智的思考”、“舆论场的信息和情绪混乱，同样会制造‘踩踏’”、“惨剧以残酷的方式教训着人们的习惯健忘并以为别人的教训跟自己无关”、“踩踏悲剧的具体原因需要调查和报道的跟进，不能情绪化地归咎，但踩踏暴露出的管理问题却无可回避”等等。这些观点的提出，既有对论点的补充，也有对论点的深化，同时，还是一种新的思维方式的体现，结合在一起，共同形塑了本篇评论的立意。

2. 角度新

对于这样一起惨烈的悲剧事件，评论焦点一般多集中在缅怀遇难者、问责相关人员、反思事件原因等层面，而本篇评论却跳脱了评论这起事件的一般性角度，将重点放在了“踩踏健忘症”上，这其实是从更深层次去反思事故的原因，这背后既包括政府的管理水平问题，也涵盖了普通民众自身的问题，还暗合了历史维度的思考，经由此视角，让读者看到了一种更为理性的分析，由此提出的论点才更具深度。

3. 材料新

除了引述新闻内容外，该评论还加入了不少新的材料，譬如，网络舆论场在还原事件现场时，对原因的三个传闻以及由此带来的舆论反应。还有，亲历者讲述中的三个“没有想到”。同时，评论不仅引入了德国音乐节的踩踏事件、柬埔寨的节日踩踏悲剧、印度宗教节日发生的踩踏，来证明“乐极生悲一再重演”，而且，还引入了经常发生踩踏事件的发展落后国家，如安哥拉、科特迪瓦、刚果（金）、赞比亚、坦桑尼亚等，来质疑“国际性大都市”——上海的城市管理水平。这些材料的组合，既丰富了评论的内容，又凸显了评论的主题。

4. 表述新

一方面，本篇评论引入的新概念具有新意。例如，作者将人们对事故原因不辨真假的混乱归咎，命名为“舆论踩踏”，这种提法不仅“入脑”，更“入心”。再如，评论者用“断崖式下降”来说明悲剧过后管理部门可能出现的简单化处理方式，同样让人耳目一新。

另一方面，该文在遣词造句方面也颇为讲究，综合运用了多种修辞手法。例如，作者在批评“舆论踩踏”现象时，就运用了类比的手法，“这时候公众不能像广场通道中失控的人群那样无序狂奔踩踏，不是先找个靶子去批判，不是随意找个‘原因’，而应该结合调查结果和现场还原追问问题”。再如，在说明人们的“踩踏健忘症”时，作者又运用了排比的手法，“没有想到，这样的悲剧重演了；没有想到，会发生在这个欢乐的跨年时刻；没有想到，会发生在上海外滩”。这样的表达既形象生动，又能够恰如其分地说明问题。

评论末尾，作者含蓄地对一直以来政府管理部门的简单化、一刀切的做法，提出了批评，暗示如果不能汲取教训、不能克服“踩踏健忘症”，“断崖式下降”过后就可能是“如山倒地复原”。这种批评方式虽然相对温和，但匠心独运，耐人寻味。

总之，这篇评论融合新意的各种表现手段，综合运用引证、例证、比较等多种论证方法，铸就了一篇佳作。

“新意”既是判定新闻评论好坏优劣的一种重要且直接的标准，也是解读新闻评论的一种有效方法。目前，国内还有不少新闻评论的实践者、研究者也都提出过类似的标准与方法。譬如，中国人民大学的马少华教授认为好的评论应该包括三个方面：“对事物准确的判断；论证自己观点的丰富材料；给人印象深刻的修辞。”① 其中，“对事物准确的判断”，其维度就包括新思想和新角度，“丰富材料”关涉新材料，“给人印象深刻的修辞”则涉及新表述的问题。

再如，《中国青年报·青年话题》原主编李方先生从实战中总结出的“评论的四个境界”也与“新意”相关，且影响甚广：

> 符合见报标准的评论，我以为大致有四个境界：一、把众所周知的道理讲清楚；二、讲出别人想不到的道理；三、权威；四、有情怀。
>
> 第一个境界是把众所周知的道理讲清楚。这样的文章是评论版上最常见的类型。当发生一件事，或者是某种潮流、思潮，作者有感于心，形成文字，讲属于大众第一反应的那种道理，扮演大众代言人的角色。
>
> 第二个境界是讲出别人想不到的道理。无论“发前人所未见”也好，“剑走偏锋”也好，它追求的是思维的乐趣，而在道义感上比第一类稍逊。
>
> 第三个境界是权威。我常想，如果自己的评论文章能够“权威”，我宁愿放弃第二种境界。但我知道，可能我永远都无法“权威”，倒不是剑走偏锋的思维习惯问题，而是受制于两个方面：一、组合材料的能力；二、逻辑和方法。
>
> 第四个境界，也是评论的最后一个境界，叫做情怀。王国维说“有境界自成高格”，而我则以为评论是“有情怀自成高格”。……情怀有一大敌，名曰世故。人能登上顶峰而不世故，难矣，中国人犹难。我看评论亦如此。②

在我们看来，第一个境界“把众所周知的道理讲清楚”，是评论最基本的层次，时下大量的时评基本属于这个层次。但是，文似看山不喜平，第二个境界“讲出别人想不到的道理”，

---

① 张钰婷：《马少华：如何形成独特的评论风格——红辣椒评论十周年座谈会系列访谈之马少华专访》，见 http：//hn. rednet. cn/，2013-07-31。

② 李方：《评论的境界》，见 http：//wenku. baidu. com/，2011-03-03。

其实就是我们在前文所述的“新思想”和“新视角”的叠加。但是，需要强调的是，“讲出别人想不到的道理”不应该仅仅停留在“思维的乐趣”层面，很多时候，“新思想”和“新视角”导引出的应该是思维的深化和思想的启发，进而形成对事实更多维度的观测。第三个境界“权威”则主要指评论对于事件的穿透力和解释力。而很多时候，这就涉及评论者的职业身份和专业素养。换言之，了解内情的政府官员往往比一般就事论事的评论者要权威。“术业有专攻”，有建树的专家学者论及其研究领域内的事件也一定具有权威性。第四个境界“情怀”，更多是从评论的格调、气质与眼界着眼，看似有些虚空，实则却是评论写作的最高追求，是评论者自身综合素养的体现。一篇有情怀的评论，不是就事论事，更不是“为赋新词强说愁”，而是饱含人文关怀，浸润理想主义，笔锋“常带感情”。不妨先来阅读李方自己撰写的这篇评论：

有一种光亮穿透了愤怒和悲哀

李　方

我的手还有点哆嗦。我得让自己平静下来，敲出下面的文字。

聂清文，这个农民矿工已经不在人世，但他最后留下的东西，照亮了降临在我身边的这个阴霾的夜晚。

“骨肉亲情难分舍，欠我娘200元，我欠邓曙华100元……”

那时候他快要死了，但是他想清清白白地死，交代得明明白白地死。他嘱托妻子要带好孩子孝敬父母，要把他的遗体火化，这样可以给家里省点钱。

我似乎听见，写完这些话，他长出了一口气，然后把自己彻底交给地底下那无边的黑暗。

这就是“4·16”湖南娄底矿难中，一个农民矿工留给世界的最后的东西。

它穿透了矿难带给人们的愤怒和悲哀，照亮到更远的地方。

当矿难频频发生，似乎连愤怒都已经廉价了。难道相同的愤怒重复一千遍就可以成为更大的愤怒？难道相同的反思重复一千遍就可以成为真正的反思？我怀疑。

如果那些遇难者永远只是一个个苍白的名字，永远只是一组组冰冷的数字，我实在很怀疑他们是不是真的能够唤醒什么。

上午看到这个消息的时候，不知道是一种什么力量，促使我发了疯似的奔走在编辑部的每一间办公室，向遇见的每一位同事几乎带着哭腔地说：看看，看看，他们杀死了一个什么样的人啊！

我不愿意有任何语言把话题扯远，比如信用啦，责任啦，善良啦，亲情啦，等等等等。我完全没有兴趣说这些，尽管它们似乎正在成为越来越稀有的品质。我只是难过，我失去了一个多么好的同胞。在某个瞬间，我甚至想到，如果我遇到什么危难，如果他看见了，我相信他一定会帮我的。这是一种特别温暖的感觉，但是现在，他能够给我的这个可能性永远地失去了。

如果我们每个人都能够给对方这样的感觉，我们的国家该有多么美好！

这就是我刚才说的能够穿透愤怒的东西、照亮我身边的黑夜的东西。它的名字叫做责任。这就是一个人，在他快要死去的时候，留给我们的东西。

（《中国青年报》2003年5月24日）

这是一篇配合新闻报道、融合了理性思辨与感性表达、具有“情怀”的评论。2003年，在“4·16”湖南娄底矿难中，遇难矿工聂文清在生命弥留之际，将生前的各项债权债务作为遗言写在安全帽上。按照惯常的写作思维，大多数评论的角度往往会集中在谴责矿难的频频发生、哀悼矿工的遇难以及对体制的追问上，而李方在本篇评论中却跳脱了这些视角，独独聚焦一个农民矿工的“安全帽上的遗言”，并运用“曲笔”，在描摹个人真实而悲愤的内心感受中，展开评论的写作，结尾点明题旨：能够穿透愤怒、照亮黑夜的东西是“责任”——“这就是一个人，在他快要死去的时候，留给我们的东西。”字里行间透出的是一种真情实感，感性文字背后凝结的却是作者深邃的理性思考。

第三节　如何撰写新闻评论？

现代公民为什么要学习撰写新闻评论？撰写新闻评论是否仅仅是专业评论员需要掌握的技能？要回答这些问题，让我们首先来了解一位专业人士的看法。《华商报》评论员马想斌先生认为：

> 回答为什么要写新闻评论，除了评论作为新闻学一大分支必须掌握外，更多的是评论的思维和视野，能够帮助你更好地去理解一则新闻，让你摆脱新闻就是人云亦云的局限，摆脱别人说什么你就照实写什么的困境。[①]

换言之，现代公民之所以要学习新闻评论的撰写技能，就是为了建构一种思考问题的专业化方式，进而能够形成对于社会问题和社会现象的一种独特的洞察力和独立的判断力。因此，在今天这样一个“观点时代”，我们不仅要能够对大众传媒发布的新闻做出独立、合理的判断，而且还要具有对相关新闻事件、社会现象发表专业评论的能力，这也是当代公民媒介素养的题中应有之义。

一、新闻评论的要素

要素，即是“构成事物的必要因素”。论点、论据和论证是论说文的三要素，新闻评论本质上属于论说文体，因此，这三者也构成了新闻评论的三要素。

论点，是作者在评论中所持的观点、主张和态度，它集中反映评论者的思想观念，起着统率全篇的作用，是新闻评论的核心要素。例如，2007年，美国弗吉尼亚理工大学发生枪击案，

① 马少华、曹林、王彦飞、张若渔、马想斌、刘义昆：《我们对新闻评论的理解》，载《新闻与写作》微信公号，2014-12-10。

《中国青年报》发表的这篇《反思美国枪击案　人性超越国界》评论，其论点不仅鲜明而且发人深省，请看该评论的最后一段：

> 政府的归政府，人性的归人性。我想这应该是我们认识事物特别是国际事务的一个基本出发点。政府是有国界的，而人性是无国界的，因此发生在弗吉尼亚的枪杀事件才引起全世界包括我们自己那么多的哀悼和思考。本质上它仅仅是一个人性的问题，不管它发生在离我们100米的地方，还是发生在1万公里以外，不管那里飘扬的是五星红旗还是星条旗——在生命和人性的层面，有些东西是不能够追究什么外在属性的，而这正是我们被称为人的原因。①

论点有总论点和分论点之分，总论点又叫中心论点或基本论点，是对新闻评论中全部观点的高度集中和概括，反映评论者对所论述事物总的主张和看法，是一条贯穿全篇的思想主线，在评论中居于主导地位。分论点又叫从属论点或子论点，它从属于总论点并为阐明总论点服务。一篇新闻评论的分论点既是各自论述部分的“统帅”，又是支撑总论点的论据。

论据，既是论点形成的根据，又是用来证明和支撑论点的证据，它解决两个问题：第一，论点建立在什么基础之上，即“言之有据”。论点不是“从天上掉下来的”，而是评论者运用逻辑思维，从客观事实中抽象、提炼和总结出来的。第二，论点靠什么来证明。论点确立后，必须有充分的证据来证明其合理性，即“持之有故”。论据大体分为事实性论据和理论性论据两类。前者包括现实生活中的典型事例、历史资料和统计数据等；后者包括科学理论、法律法规、党和政府的大政方针、社会公认的道德行为规范、公理常识和定义法则、格言警句等。

论证，是运用论据阐释、证明论点的过程和方法。论证过程不是论据的简单堆砌，也不是空泛说理，其任务是揭示论点和论据的内在联系，把观点与材料统一起来，使之组成一个有机的说理整体。论证在新闻评论写作中的作用至关重要，而忽略论证或者论证乏力却是当前评论写作中的重要问题。《中国青年报》首席评论员曹林认为论证上的偷懒是这个时代最大的“病”：

> 论证，不仅是新闻评论的核心，也是日常交流中说服的核心。我们要让别人接受一个道理，是需要论证的，要以事实和逻辑去论证，要有论证的过程。而论证上的偷懒，有意无意地忽略论证的过程，只有结论而无论证过程，或者论证过程完全是狡辩，是这个时代最大的病。对论证的藐视，充斥于社会生活的方方面面，不讲理像病毒一样流淌于社会的毛细血管中。②

在评论写作中，三要素担负着不同的使命，也有着不同的要求。论点表明“要证明什么”，要求正确、鲜明、深刻、新颖；论据表明“用什么来证明”，要求真实、典型、充分；论证则是“如何来证明”，要求严密且合乎逻辑。一句话，新闻评论写作就是选择合适的论据和论证方法来证明、阐释论点的过程。

---

① 李方：《反思美国枪击案　人性超越国界》，载《中国青年报》，2007-04-19。

② 曹林：《论证上的偷懒是这个时代最大的病》，载《新闻记者》，2013（10）。

二、新闻评论写作的一般流程

以上，我们从静态角度考察了新闻评论的写作，下面再从动态角度来审视其写作过程和具体要求。

（一）调查研究是基础

高质量的新闻评论必须建立在充分的调查研究基础之上，对此，中西方新闻界的看法比较一致。我国新闻界历来就存在“没有调查研究，就没有发言权”的共识。美国新闻界则认为社论撰稿人首先是“记者”，因此，“不应允许任何撰稿人坐在社论部办公室里年复一年、月复一月地自我冥想。他应该走出去同人们接触”①。调查研究的这种基础性作用，主要表现在三个方面。

第一，新闻评论是基于新闻事实的评论。新闻传媒的报道固然是评论者获取新闻事实的重要来源，但“除了可能的失实、疏漏之外，新闻报道对事实的表述本身就存在局限性”，因此，评论员的工作准则是——“必须了解比新闻版上的事实报道更多的东西，应当亲身接触实际以获取第一手材料，特别是掌握将要作评的那个事件的‘前后左右’的情况。”② 调查研究既能帮助评论者验证媒体新闻报道的真伪，又能帮助其掌握更翔实全面的材料，作为评论立论的依据。

第二，新闻评论也是对社会普遍存在问题的评论。对社会问题的抓取，依赖于评论者的社会经验和综合分析判断问题的能力，这些必须来自脚踏实地的调查研究。社会中的许多问题和矛盾，显露出来的也许仅仅是“冰山一角”，不进行深入的调查研究，就无法把握其实质，进而也就不能进行有针对性和建设性的评论。因此，调查研究是新闻评论写作不竭的源泉，评论者只有将其视为一种“常态”的工作，才能加深对各种社会问题的熟悉和理解程度，为长期从事评论工作储存选题、积累材料、扩充知识和丰富经验。

第三，新闻评论必须力求面向社会大众，帮助他们认清事物的本质，为他们做出判断、采取行动提供理性的依据和有效的参考。这就需要深入到民众中去，切实地了解他们在现实中存在的困难、问题和矛盾，知晓他们的愿望、需要和想法，把握他们的利益所在，这样才能写出具有强烈现实针对性、受公众欢迎的评论作品。

譬如，荣获第十一届“中国新闻奖”一等奖的评论《警惕加重农民负担新动向》就是一篇在深入调查研究基础上写就的佳作。文章引论部分即交代了这篇评论是作者调查研究的产物——“年末岁尾，又到了各种收费和摊派的高峰期、多发期。为此，笔者调查、走访了一些乡村。”③ 在此基础上，作者总结出了加重农民负担的“三种新动向”，并逐项加以有理有据的论述。评论中有资料，有数据，有比较，有实例，有总结。显然，不通过细致的调查研究，我

① ［美］康拉德·芬克，柳珊、顾振凯、郝瑞译：《冲击力：新闻评论写作教程》，45 页，北京，新华出版社，2002。

② 李良荣等：《当代西方新闻媒体》，258 页，上海，复旦大学出版社，2003。

③ 邓抒扬：《警惕加重农民负担新动向》，载《安徽日报》，2000-01-03。

们不仅难以发现实际中存在的问题，评论写作也难以落到实处。

再如，《老师们为上好课做了些什么》一文也融入了作者的调查研究。作者在文中写道："只要我们走进大学稍作调查就可以发现，老师们除了上课，真正为了上课和教学的时间其实很少。"紧接着，作者列举了他对于国内高校教师生存状态和香港高校教师上课的调查，请看其中两段：

> 他们更多地在忙做课题。从中央到地方，各种各样的纵向、横向课题伴随着丰厚的经费和过硬的考核指标，引诱着、逼迫着老师们花费大量的时间和精力。他们更多地在忙着写论文和著作。这些都是老师们晋升、评职称不可少的内容。于是乎，各种各样的核心、权威目录应运而生，杂志社抬高版面费用，出版社变着花样拉拢作者，而老师们也为着"著作等身"辛勤耕耘。他们更多地在忙着参加各种学术会议、颁奖会、座谈会、咨询会。
>
> 不能说上述活动不重要，问题在于老师们都去干课堂以外的事情了，还有多少时间和精力去上课和上好课。我曾以访问学者的身份造访过香港的大学，每当做完当天的功课离开大楼准备回家时，总能看到学院老师的办公室里还亮着灯，一打听才知道他们在为上课做准备。香港大学的老师们很少有那么多与上课无关的社会活动。①

（二）选题、立意是关键

选题和立意是新闻评论写作的核心环节，是决定评论写作质量的前提和关键。选题是立意的基础，立意是对选题的提炼和升华。通常情况下，选题在前，立意在后，但二者又绝非这种简单的时间先后关系，往往相互依存，难以截然分开。

所谓选题，是指选择评论所要分析、评述的对象和范围。简言之，就是选择和确定论题，就是选择"评什么"的价值判断过程。它直接关系到评论写作的其他环节。那么，新闻评论的选题从何而来？"理论是灰色的，生活之树常青。"我们认为，只有深入实际、深入生活，进行充分的调查研究，才能寻找到有价值的论题。具体来说，新闻评论的选题主要来源于三个方面：一是党和国家的大政方针、最新的决策部署和宣传任务；二是社会大众的生活实际；三是新闻媒体的相关报道。因此，在选择论题时，评论者必须"吃透两头"——既要理解、把握社会主流价值观和发展方向，又要关注社会发展和公众现实生活中遇到的各类实际问题，从二者的契合处寻找选题。唯有准确把握社会的热点、重点和难点问题，评论的选题才能落到实处，评论写作才会具有现实针对性。

立意，也称立论，即确立评论的主题思想，它集中反映了评论者对论题的主要观点和基本看法。立意是评论写作中最为核心的环节，因此，常有"意在笔先"、"炼意"等说法。立意的基本要求有三点：一是要"准"，即评论的主要观点必须正确，必须合乎事物发展的规律，同时，要切中要害，抓住论题的主要矛盾；二是要"深"，即评论的主要思想要深刻，要能透过事物的表面深入其内部、发现其本质；三是要"新"，就是要"言人所未言"，评论中要提出新的观点和见解，参入新的思想和理念，所谓"意取尖新"就是这个意思。在准确的前提下，立

① 赵振宇：《老师们为上好课做了些什么》，载《中国青年报》，2014-12-18。

意应力求出新。如前所述，立意之“新”，是新闻评论“新意”的重要组成部分。

譬如，《现实倒逼官方慎说　“腐败只是个别”》一文，不仅选题新鲜，而且立意深刻。评论者从一句套话“腐败只是个别”越来越少见的变化中，敏锐地挖掘出了一个新颖的论题。作者在第一段中写道：

在最近这场从严治官的反腐风暴中，“腐败只是个别”之类的政治修辞越来越少见了，“发现一起查处一起”“反腐没有特区”“反腐败斗争形势严峻”“政治生态存在不少问题”“有腐必反有贪必肃”之类严厉的表述越来越多。山西省委的党报《山西日报》甚至在近日的社论中称山西“短期内出现系统性、塌方式腐败问题”。[①]

应该说，发现这个现象，既需要发现力，又需要判断力。但这还只是评论的第一步。那么，这个新现象究竟说明什么问题？只有回答了这个问题，才能从根本上解决评论的立意问题。作者将这一发现与更多的现实相勾连，提出了一个更为大胆的论点：“慎说和少说‘腐败只是个别’，是一种被现实倒逼出来的理性和清醒。”这一观点敏感而具有新意，它的提出使论题更加清晰。作者在后文的阐释也务实而有深意：

不说“腐败只是个别”，并不意味着认同多数领导干部腐败，更不意味着腐败已成主流现象，而是传递这样一种清醒的认知：腐败到底是不是个别，多数领导干部是不是清廉，谁说都没用，要以事实为依据。领导干部是不是清廉，官员有没有腐败，要经得起群众的监督，经得起纪委的调查，经得起时间的检验。权力只有被关进笼子才会被驯服，空有道德上的自信是苍白无力也缺乏说服力的。

不难看出，评论选题与立意往往难以截然分清先后次序，很多时候，发现与挖掘论题的过程就是建构立意的过程。

（三）谋篇布局是手段

完成选题、立意关键性的两步之后，就进入了评论写作的谋篇布局阶段，它包括论证方式和方法的选择、评论标题的拟制以及评论结构的确立，这是一个动态的逻辑推演过程，是把选题和立意用一系列的论据进行逻辑论证的过程，是评论写作的重要组成部分。

新闻评论的论证方式主要包括立论和驳论两类。所谓立论，就是从正面直接提出并论证观点。所谓驳论，就是以批驳错误观点为主的论证方式，一般只需要驳倒对方的论点、论据、论证三者中的任何一个即可。

论证的常用方法有例证法、引证法、喻证法、比较法、归谬法、反证法等。其中，例证法是运用事实性论据证明论点的方法。引证法是运用理论性论据证明论点的方法。喻证法是运用比喻来论证观点的方法。比较法包括“类比”和“对比”两种方式。“类比”就是将不同时空的一类事物的某些相同方面进行比较。“对比”有“纵比”和“横比”之分，前者是将同一事物在不同时空内的情况进行比较，后者是将同一时空内的不同事物进行比较。归谬法多用于驳论文中，一般先假定对方论点成立，再以此为前提，推导出一个显然荒谬的结论，从而证明对

① 曹林：《现实倒逼官方慎说　“腐败只是个别”》，载《中国青年报》，2014-09-16。

方的论点是错误的。反证法是从反面间接论证观点的方法。通常证明正确观点时，先论证与之相矛盾的观点是错误的；反驳错误观点时，则先证明与之相对立的观点是正确的，从而间接论证论点。

“题好一半文”，标题是评论的“眼睛”，好的标题往往是引人入胜的“点睛”之笔。评论的标题既可以标明论题的对象和范围，也可以直接提出评论的论点和主旨。评论拟题的要求包括题文相符、生动上口、简明扼要等。

评论写作要求“言之有序”，这涉及的就是结构问题，新闻评论的结构一般包括引论、本论和结论三部分。在一篇出色的新闻评论中，这三部分常常分别被冠以“凤头”、“猪肚”、“豹尾”来形容，这也是评论写作应该追求的境界。

引论是评论的开头部分，它既是文章的“门面”，又引领下文。引论写法多样，最为常用的有：开门见山，提出论题；开宗明义，直接表明论点；以新闻事件为由头，简要叙述该事件的经过或特点，引出下文；交代背景，说明写作的动因；树起“靶子”，摆出驳论的对象，为本论中的系统论证做准备；通过引经据典、解说故事等方式，营造一个生动活泼的开头。

本论，又叫正论、正文，是评论的主体，担负着承上启下、组织论据证明论点的任务。本论写作要求结构严谨、层次分明、衔接自然、行文顺畅、段落之间的逻辑关系一目了然等。作为评论的中间部分，本论与引论、结论组合的结构方式主要有以下四种。

演绎式论证结构。这是一种最为基本的论证结构。一般先提出论点，再运用论据证明论点。

归纳式论证结构。这是一种由个别到一般、由具体到概括、先分论后结论的结构方式，即围绕论题，在逐步论证分论点的基础上，归纳出总论点。

并列式论证结构。即先提出总论点，再从不同方面论证总论点的结构方式，本论中由不同分论点统率的各个部分相互之间处于并列关系。

递进式论证结构。这是一种由表及里、由浅入深的结构方式，它要求对论题逐层剖析，层层说理，每一层分析都是在前一层分析的基础上所进行的补充、深化，最终达到说理的透彻与深刻。

结论，即评论的结尾部分，是对全文的自然收束，要求简明精辟、自然流畅。评论写作既不能虎头蛇尾，也不能画蛇添足，选择什么样的结尾方式，必须根据评论内容和说理的需要。结论的写法多种多样，通常包括总结全文、照应开头、深化论点、提出倡言等。

需要强调的是，文无定法，贵乎自然。一篇评论，采用什么样的说理方式和论证方法，选择怎样的布局结构，都要因文而异，切不可生搬硬套，流于僵化。

请看下面这篇评论：

“让人说话”方能告别“无知之幕”

童大焕

《中国青年报》昨日刊登公安部新闻发言人武和平专访，称“执政为民的政府不怕让人说话”，“媒体的报道要采取善意的批评、理性的建议，而非愤世嫉俗的丑化与损害，从而与政府共同营造利于政府行政、利于释缓社会情绪的同向效应。另外，政府要坦诚面对媒体，主动接受监督。一个执政为民的政府，没有不可为人言者。让人说话，让媒体说话，天不会塌下来”。

很多时候，在别人思维止步的地方往前多想一点，或者说在别人的肩膀上再往远处看一点，往往会有许多意想不到的发现。比如洛克说“权力不能私有，财产不能公有”，再往深一点点，从实际经验就可以发现“财产公有，则权力必定私有”。眼前这句“让人说话，让媒体说话，天不会塌下来”，再往前进一点点，就是“不让人说话，不让媒体说话，天就一定会塌下来。”

任何人、任何机构都无时无刻不处在一个又一个的“无知之幕”中。这种无知有时是因为只看到自己的利益，但更多时候则是因为你处在无时不在的信息不对称中，看不到事件的全貌，导致每个身处其境的人都“不识庐山真面目，只缘身在此山中”。

信息不对称是一种广泛而客观的存在，错误的信息使人看不清自己的利益所在。就像一座山，不看清楚山的全貌，往往不知道自己的位置所在，很难看清楚自己的方向，采取的行动、方法往往南辕北辙。

信息不对称理论认为，在市场经济活动中，各类人员对有关信息的了解是有差异的。掌握信息比较充分的人员往往处于比较有利的地位，而信息贫乏的人员则处于比较不利的地位。现实生活中，掌握更多信息的一方可以通过向信息贫乏的一方传递虚假信息的方式，在市场中获益，但是他们同样需要通过在与多方博弈的过程中掌握的正确信息来做出正确判断。因此，信息的欺骗和多次加工再传递，会导致信息的重重失真，从而对所有人造成不利。

如果说一座“信息之山”上，不同的位置代表着不同的信息，那么，每个人、每个机构都有可能只是处在不同位置上的一个个点。这些“点”由于时间、精力等各方面的限制，不可能都“设身处地”地到别人的位置上全部体验一番，从而获得整座“信息之山”的全面信息，因此，获取完整信息的最好甚至唯一办法，就是让各种信息源都能够发出声音。如果别人都不能自由发声，只有自己才能自由发声，那么他所要面对的，将永远不是光明，而是永远的一片黑暗——永远的“无知之幕”。在这样一种“无知的黑暗的深谷里”，任何人都不可能因无知而过着“幸福的生活”，相反，他随时有可能因自己无知中的决策而把自己和他人都拖入深渊。

如果说信息是判断力之源，那么，让人说话则是幸福的先声。

（《晶报》2012年4月16日）

这是一篇结构清晰的新闻评论，而支撑这种结构的则是严密的逻辑。标题即是全文的论点，引论部分借助“新闻由头”引出论题，本论部分运用递进式论证结构，逐层深入地论证论点。第二段首先用类比的方式推导出“不让人说话，不让媒体说话，天就一定会塌下来”的观点，第三段引入“无知之幕”来展开“让人说话”的意义。之后层层递进，说明人人都难逃客观存在的“无知之幕”，人人都处在“信息不对称”之中，进而论证“让人说话”对所有人都有益处。结论部分以“让人说话则是幸福的先声”收束全文，进一步深化了论点。

三、评论写作对于普通公民的能力要求

虽然今天的新闻评论越来越呈现出“公民写作”的特质，但是并不是说人人都可以不加训练就能够进行评论写作。在现实生活中，我们也经常会发现：有些人对社会问题有自己的想法，却苦于无法精准地表达出来；有些人则习惯于人云亦云，缺乏主见；还有些人不仅能够“想人所未想”，还能“言人所未言”。除了个人的天赋以外，主要还是后天有意识的训练和培养。因此，我们认为，普通公民除了需要掌握新闻评论写作的基本技巧，还必须着力培养四个方面的能力。

（一）理性思考的能力

一事当前，能够冷静面对、理性思考，是一种能力，也是一种修养。因此，在新闻评论的写作中，最难的就是保持理性。唯有理性，才能让我们对世界的分析不武断，对事物的评价不偏激，对他人的观点不盲从；唯有理性，才能让我们在众声喧哗之中，始终保持一份清醒与独立；唯有理性，才能让我们具备对于新闻事件的洞察力与解释力；唯有理性，才能让我们的评论写作更具建设性与开放性。

那么，何为理性？姜义华先生在《理性缺位的启蒙》中对理性的特质做了如下精准的阐释：

其一，反省的批判的精神。就是不迷信任何外在的权威、现成的经典、流行的偏见，坚持通过反省与批判，对于现存的宗教、自然观、社会、国家制度以及先前毫未质疑的种种观念信仰，一一重新加以审视、检查、诘难、辩驳、求证，以确定所有这些对象历史存在的合法性基础，它们的真理性、有效性以及发展变化的可能性。

其二，通过理智，锲而不舍地追求事实与发现真理的意志。理性，不是一种容器，仅仅为人们提供一定数量的具体知识、原理或真理，它其实更是一种能力，一种力量，它的使命就是引导人们去努力追求真实，顽强地冲破一切障碍去发现真理。这种认识能力、认识力量，更敢于承认自己所发现的原理与真理，只是对真实的事实的有限的了解，认识的真理性、有效性同样是相对的，理性的不断前进完全可以在往后摈弃它或更替它。正因为理性是这样一种能力、一种力量，它就不为一些伟大的启蒙思想家所垄断专擅，而应当为人们所共同拥有，问题就在于激活它、开发它，使它从不自觉状态进到自觉状态，从局部性思维活动扩展为普遍性公共思维活动。

其三，确立并严格依循一以贯之的分析、分解和结合、构建的认知方法。理性将自己的认知建筑在分析一切事物的现象、表征的基础上。它努力分解人们根据经典、启示、传统、习惯和权威、信仰所获得的一切原理、规则、观念、秩序，对它们进行解剖以及几乎无穷无尽的反复诘难、辩驳、验证、纠错，尽一切可能排除感情、欲望对于理智本身的牵制，以了解事实的真相，然后，再把所获得的事实经过比较、汇总、综合与重新构建，形成对于外部世界全新的认识，用于指导自己的行动。它反对一切以情代理，以主观意志代

替客观分析，在大前提未验证、未获得确认下的演绎与推理，以及由此获得的连锁结论。①

新闻评论的写作，其实就是一个说理的过程。这其中，不仅需要运用理性进行判断、分析与推理，还需要逐渐将理性“内化”为一种思维习惯。对此，马少华教授的观点就颇具启发性：“理性不是‘空的’。理性并不只是一种抽象的推理的‘形式’与推理的能力，它也包含‘内容’，即我们对于面对的事物更多、更深、更细的了解。更重要的是，通过对具体事物更深、更细的了解，我们会积淀下来一种思维的习惯：假定并接受事物存在更多、更深、更细的方面，并以此作为我们判断事物的根据。这就接近一种理性的态度了。”②

那么，如何培养我们的理性？我们认为，一个重要途径就是阅读、分析、解读和撰写新闻评论。所谓“从游泳中学会游泳”。当然，还需要具备逻辑思维的能力。

（二）问题意识

新闻评论的写作者无论是分析社会现象，还是评价社会问题，都必须牢牢立足当下，直面时代的“问题单”。所谓问题意识，就是指评论者必须对所处时代、社会环境以及存在的问题与发展状况形成一个清晰的认知。只有具备问题意识，才能使自己的评论言之有物，论证言之有据。那么，如何形成自己的问题意识呢？

美国社会学者米尔斯（Charles Wright Mills）曾经提出的“环境中的个人困惑”与“社会结构中的公众论题”这样一对关系命题，可以帮助我们建构这种问题意识。在他看来，“环境中的个人困惑”是桩“私人事务”，即指“个人经历和在一定程度上意志活动所直接接触的社会环境困扰”；而“社会结构中的公众论题”则是桩“公共事务”，它超越了个人的局部环境和内心世界，“一个论题往往包括了制度安排中的某个危机，或是马克思主义者所说的‘矛盾’或‘对立’”。因此，“我们在各种特定环境中所经历的事情往往是由结构性的变化引起的。所以，要理解许多个人环境的变化，我们需要超越这些变化来看待它们”③。

对于评论者而言，一方面要保持对于新闻的持续关注度，并依此来了解时事，把握社会的脉搏；另一方面，还要勤于思考，经常有意识地将“个人困惑”与“公众论题”相勾连，把家事、国事、天下事结合起来考察，就能逐渐建构自己的问题意识。

（三）学习能力

就像新闻报道一样，新闻评论的对象也是常变常新的。也许你今天评论的是关于一场足球比赛的新闻，可能明天就要评论物价上涨现象。因此，评论者首先要有一定的知识储备。譬如，知名媒体人胡舒立女士就认为评论写作者必须具备多学科知识：

> 写好评论还是要具备更深厚的理论功底，而且是经济学、政治学、法学、哲学、管理学、社会学、历史学，甚至人类学等尽可能全面的理论功底，尽管“术业有专攻”，但单

---

① 姜义华：《理性缺位的启蒙》，4～5页，上海，上海三联书店，2000。

② 马少华：《理性，至少是知道得更多更细》，载《新闻与写作》，2013（11）。

③ ［美］C·赖特·米尔斯，陈强、张永强译：《社会学的想像力》，7～9页，北京，三联书店，2005。

打一肯定不行，靠聪明劲和玩文字技巧更不行。①

除此以外，我们在第二章中曾提出大学生必须培养自己的“学习能力”，这一点对于评论者而言也特别重要。因为在知识经济时代，“知识”是最容易老化的，因此需要不断更新，而在任何“知识”的储备和更新背后都有一个“学习”的环节。换言之，当评论者有了一定的知识储备之后，关键不在于一次性能储备多少知识，而在于如何能在有限的时间、空间内，最快地进入一个新的领域，学习并掌握新知识。这即是一种学习能力。今天互联网上强大的搜索引擎、呈几何数量级增长的数据库为我们学习能力的培养提供了一个便捷的途径。

（四）表达能力

现实中，有人是有想法却说不出来，有人是有想法却说得不如别人好。这就涉及表达能力的问题。新闻评论强调的表达能力主要包含两方面意涵。

其一是准确阐释个人观点，所谓“一语中的”。任何写作，准确都是前提。对此，涂光晋教授就指出：“在这个众声喧哗的时代，浅层次的情感宣泄是远远不够的，因为这是任何网民都可以做到的。新闻评论的学生不仅要学会兼听则明，吸纳及批判性地选择和接受不同观点，又要能够将个人观点准确、理性地表达出来。”②

其二是具有传播效率的表达，所谓“言简意赅”。新闻评论是一种强调传播载体的文体，也是一种强调效率的文体。评论一般篇幅短小，长则千字，短则数百字。因此，如何在有限的篇幅内，摆事实却不显拖沓，讲道理而不流于空泛？这就涉及专业表达的问题。对此，马少华提出的“表达的专业性”就较为详尽地论述了这个问题：

> “表达的专业性”是指评论在追求传播效果方面的专业性，表现了评论作者和编辑对大众传播及接受规律的把握，以及在此基础上的语言使用能力。这里的“专业”，指的恰恰不是经济、法律、金融等各个不同的专业知识领域，而指的是“传播”的“专业”，尽管在当代，互联网自媒体的发展，传播行为已经普遍化，很难被看作是媒体从业人员所独占的“专业”了。说“传播”具有“专业性”，无非是指，这里面有一些特定规律需要把握。③

因此，我们强调的表达能力，并不仅仅是一种写作能力，更是一种具有传播效率的表达。比如，快速切入主题，文字表述上辞简意丰等等。

【本章小结】

作为现代传媒的一个重要内容，新闻评论为社会成员提供了一个表达自我和参与社会公共事务的有效途径。它具有新闻性、思想性、公众性三大特点，包括社论、评论员文章、短评、

---

① 胡舒立：《舒立观察：中国十年之真问题》，8页，广州，中山大学出版社，2010。

② 转引自吴佳珅：《教师更应重视学生素质和能力的培养——高校名师谈新闻评论教学变革》，载《科技日报》，2014-12-25。

③ 马少华：《当代中国新闻评论的“专业性”》，载《新闻与写作》，2013（10）。

编者按、专栏评论、述评等多种形式。新闻评论之于现代公民的意义在于：它不仅是实现公民言论自由的基本手段，也是促进公民理解所处时代、参与社会公共生活的有效途径，还是培育理性公民的重要方式。因此，对于普通公民而言，既能够相对专业地识别一篇新闻评论的好坏优劣，也能够有效而准确地表达观点、撰写评论。“新意”是我们评析一篇新闻评论的重要标准。对于现代公民而言，只有具备理性思考的能力、问题意识、学习能力与表达能力，才能成功地撰写新闻评论。

【思考与训练】

1. 什么是新闻评论？其本质特征有哪些？
2. 新闻评论的新意包括哪些内容？
3. 新闻评论对于新闻传媒有哪些意义？
4. 新闻评论对于公民有哪些意义？
5. 对于现代公民而言，撰写新闻评论需要具备哪些方面的能力？
6. 为什么说调查研究是新闻评论写作的基础？
7. 依据新闻评论写作原理，评析一篇你所喜爱的评论作品。
8. 对学校近期发生的某一事件，采写一篇报道，并分别配发短评和编者按。
9. 选择近期发生的某一新闻事件，尝试寻找两个不同角度撰写新闻评论。

【延伸阅读】

1. [美] 康拉德·芬克，柳珊、顾振凯、郝瑞译：《冲击力：新闻评论写作教程》，北京：新华出版社，2002。
2. [英] 密尔顿，吴之椿译：《论出版自由》，北京：商务印书馆，1958。
3. 马少华：《什么影响着新闻评论——观点表达和说服方法的案例分析》，北京：人民日报出版社，2013。
4. 曹林：《时评写作十讲》，上海：复旦大学出版社，2011。
5. 姜义华：《理性缺位的启蒙》，上海：上海三联书店，2000。

第五章
娱　　乐

【学习要点】

能够从媒介素养的维度去认识娱乐的本真、特点、功能与基本类型，深刻理解娱乐的意识形态属性，学会从专业角度反思娱乐，能够辨析“娱乐低俗化”的问题，厘清“新闻娱乐化”现象的成因、特质与影响。

第一节　认识娱乐

为什么要关注娱乐？它与媒介素养有关系吗？这些也许是你看到本章标题后迅速萌生的疑问。对此，我们可以从两个层面来回答。

其一，从娱乐与人的关系考察。

伴随着社会的进步、技术的发展以及文化的变迁，娱乐正逐渐成为现代社会不可或缺的组成部分，很多时候甚至占据了人们日常生活的中心地带。从音乐、动漫、各类影视剧到时尚杂志、武侠小说、言情小说等，从“娱乐脱口秀”到“娱乐真人秀”等各种娱乐节目，通过为社会大众制造快乐，娱乐不仅调剂了人们的日常生活，提高了人们的生活质量，而且，还建构了社会的通俗文化。换言之，人人都无法脱离娱乐，因为娱乐勾连了我们的日常生活。诚如艺术理论家阿诺德·豪泽尔在《艺术社会论》中指出的那样：“娱乐、放松、无目的的玩耍是生活不可缺少的部分，从心理学、生理学来说，是保持旺盛精力、刺激和加强活动能力所必需的。”①

娱乐的表象看似简单，但其内在的意识形态特性却不应被忽略。对此，约翰·费斯克(John Fiske)在《关键概念——传播与文化研究辞典》中对“娱乐”做了如下阐释：

> 娱乐(entertainment)属于20世纪比较成功的修辞化策略之一。它似乎将普遍接受的、源于印刷报刊与生动的电子媒介，包括视觉—听觉、叙事与表演等类型的主流产品轻而易举地归结为一种饮食起居制度(regime)。然而，它不过是个人满足、文本形态与工

① 转引自杨雨丹：《审视媒体娱乐的多维视角》，载《西南民族大学学报（人文社会科学版）》，2005（5）。

业组织的一种复杂的聚合过程。①

这即是说，我们平日里不假思索的“娱乐”背后其实暗藏着意识形态的逻辑。普通公众虽然不可能像专家学者那样条理分明地呈现娱乐的深层次脉络，但我们需要关注娱乐对我们的影响，需要反身打量娱乐如何从“主流产品”被转化为一种“饮食起居制度”的过程，因为这些关系到我们能否成为一个清醒的娱乐消费者，不至于因为娱乐而失去本性、迷失本心、丧失批判力与思考力。诚如赫胥黎在《美丽新世界》中预言的那样：“如果一个民族分心于繁杂琐事，如果文化生活被重新定义为娱乐的周而复始，如果严肃的公众对话变成了幼稚的婴儿语言，总而言之，如果人民蜕化为被动的受众，而一切公共事务形同杂耍，那么这个民族就会发现自己危在旦夕，文化灭亡的命运就在劫难逃。”②

其二，从娱乐与大众传媒的关系考察。

娱乐与媒介关联密切。除了新闻、评论、广告之外，娱乐也是大众传媒的主要内容。例如，从报纸的娱乐版到广播的娱乐节目，从早期的肥皂剧到今天的情景喜剧、连续剧，从综艺晚会到真人秀节目，娱乐在大众传媒中占有越来越大的比例。此外，娱乐的传播与推广越来越难以摆脱大众媒介，有学者将二者的嫁接称为“大众媒介娱乐”。对此，美国学者西蒙·弗里斯在《娱乐》一文中细致阐释了当下“大众媒介娱乐”的两个特点。

(1) 我们可以称其为特殊事件的惯常化（routinization)。如果说娱乐曾经标志着一种特殊的时刻——一个节日或仪式，一个婚礼或生日，这种特殊性现在已经成为日常的一部分了——晚间、周末、间隙休息；所有的休息时间现在都是一种娱乐的机会，无论是大清早浏览一下报纸或看一眼电视，还是上班路上听听 Walkman 或车载收音机，或者在午餐时间读一本杂志或一本平装书。过去，娱乐是某种社会情境的产物，现在则由娱乐界定某种经验的品质、某种愉悦或放松的种类，这些经验在任何时间任何地方都是可得的。

(2) 如今的公共娱乐与家庭娱乐之间、个人仪式和社会仪式之间已经没有清晰的界限了。对大多数人来讲，公共娱乐事实上大部分是在家中被经验的（当我们听收音机或 CD 播放机的时候，当我们看电视读报纸的时候，当发生在世界各地的剧场、运动场或音乐厅中的事情日夜在我们起居室某个角落里转播的时候）。……这里所发生的是一种娱乐意韵的变化：从描述某种特定的社会经验，到表达某种个体的市场选择。③

这表明，媒介促成了娱乐的扩散，娱乐形式的变化也越来越依赖于媒介的形态。基于此，经由媒介，娱乐更便捷地进入普通人的日常生活，从而打破了传统娱乐对于节日或仪式的依赖，成为普通人日常生活的一部分。与此同时，也因为媒介的介入，传统偏于社会经验的娱乐更多地转变为一种公民个人化的体验。事实上，早期媒介素养教育的初衷就是为了帮助青少年抵御由媒介带来的大众文化的侵袭。基于此，能对娱乐鉴赏与辨析也就成了现代公民媒介素养的一部分。

---

① ［美］约翰·费斯克，李彬译注：《关键概念——传播与文化研究辞典》，96 页，北京，新华出版社，2004。

② ［美］尼尔·波兹曼，章艳译：《娱乐至死》，202 页，桂林，广西师范大学出版社，2004。

③ ［美］西蒙·弗里斯：《娱乐》，见［英］詹姆斯·库兰、［美］米切尔·古尔维奇，杨击译：《大众媒介与社会》，197～198 页，北京，华夏出版社，2006。

那么，究竟什么是娱乐？娱乐又能为我们带来哪些方面的体验？让我们先从辨析娱乐的定义开始吧。

一、娱乐的定义

关于“娱乐”，《辞海》提供了“娱怀取乐”和“欢乐”两个解释，并且引用了两个实例来说明古人将“娱乐”视为欢乐有趣的活动。其一出自司马迁的《史记·廉颇蔺相如列传》——“请奏盆缻秦王，以相娱乐”；其二出自阮籍的《咏怀》——“娱乐未终极，白日忽蹉跎”[①]。

《现代汉语词典》中，娱乐也包含两层含义，一层含义是指使人快乐、消遣，另一层含义则是指进行快乐有趣的活动。[②]

《韦氏词典》中，entertain 的第三个词义为“amuse，divert”[③]，意思为“使娱乐”、“使愉悦”。

《钱伯斯词典》中，娱乐指的是那些能够使人对其“惬意地保持注意力”的东西。[④]

传播学者布莱恩特（Bryant）和迈伦（Miron）认为：“娱乐可被看作是一种通过表现喜怒哀乐，或自己和他人的技巧而予受者喜悦，并带有一定启发性的活动。”[⑤]

理查·戴尔在《娱乐与乌托邦》一文中就指出：“对于娱乐的两种想当然的描述是‘逃避’和‘如愿以偿’，它们指向娱乐的核心要旨，即乌托邦主义。娱乐提供的形象是可以逃避进去的‘更好之物’或者我们深切希望而日常生活无法提供之物。选择的余地、希冀、愿望——这全是乌托邦的材料，带来的感觉是世界会更好，不同于那些可被想象亦可被实现的事物。”[⑥]

由此可见，娱乐的内容总是与“欢乐”密不可分的。从现代美学角度看，娱乐就是获得一种心灵上的愉悦和思想上的快感，也就是一种美的观点和美的感受得到满足的快感。娱乐能丰富人们的生活，消除疲劳，有益于身心健康，还可以提升社会公众的审美能力和艺术修养。从这个意义上说，我们认为，所谓娱乐就是能使人欢乐的活动或行为。

二、娱乐的特点

一直以来，尽管娱乐在人们的生活中所占比重越来越大，但其“口碑”却并不佳。“‘娱乐’在媒体语境中通常带有些受人鄙视的感觉，这种鄙视当中隐含着两种对比：其一关乎美学判断，娱乐（逗趣的、即时的、琐碎的）是与艺术（严肃的、超越的、深刻的）相对的；其二

---

① 《辞海》，2074 页，上海，上海辞书出版社，1999。

② 参见《现代汉语词典》（第 6 版），1587 页，北京，商务印书馆，2012。

③ 《韦氏词典》，254 页，北京，世界图书出版社，1996。

④ 参见［美］西蒙·弗里斯：《娱乐》，见［英］詹姆斯·库兰、［美］米切尔·古尔维奇，杨击译：《大众媒介与社会》，190 页，北京，华夏出版社，2006。

⑤ 转引自周树华、叶银娇、徐洁：《论娱乐的社会和心理功能》，载《现代广告》，2005（10）。

⑥ 理查·戴尔，宋伟杰译：《娱乐与乌托邦》，载《当代电影》，1998（1）。

涉及政治判断，娱乐（无关宏旨的、逃避主义的）是与新闻、与现实、与真理相对的。”[①] 事实上，受人鄙视和批判的可能并不是娱乐本身，而恰恰是被大众传媒、现代技术、现代组织、市场经济等裹挟而失却本真的“娱乐”。这样，一个新的问题又随之伴生：“娱乐的本真是什么?”这涉及的就是娱乐的基本特点。以下我们将从三个层面来加以分析。

（一）游戏——娱乐的本质

娱乐契合了人类的游戏本性。德国哲学家席勒曾经鲜明地指出游戏对于人的意义：“只有当人在充分意义上是人的时候，他才游戏；只有当人游戏时，他才是真正意义上的人。”因为，“在人的各种状态下，正是游戏，只有游戏，才能使人达到完美并同时发展人的双重天性”。基于此，“人应该同美在一起只是游戏，人应该只同美一起游戏”[②]。

加拿大著名的传播学者麦克卢汉也赋予了游戏极高的地位：

> 游戏是大众艺术，是集体和社会对任何一种文化的主要趋势和运转机制做出的反应。和制度一样，游戏是社会人和政体的延伸，正如技术是动物有机体的延伸一样。……游戏是对日常压力的大众反应的延伸，因而成为一种文化准确可靠的模式。它们把整个人口的行动和反应熔为一炉，使之成为一个动态的形象。……游戏是我们心灵生活的戏剧模式，给各种具体的紧张情绪提供发泄的机会。……一个人或一个社会如果没有游戏，就等于堕入到了无意识的、行尸走肉般的昏迷状态。艺术和游戏使我们与常规惯例中的物质压力拉开距离，使我们去做这样的观察和询问。[③]

这表明，游戏是基于人类本性出发的一种活动，它给人类带来的是一种心灵的释放和天性的复归。诚如荷兰学者约翰·赫伊津哈所言：“我们总结游戏的形式特点，称之为一种自由活动；作为‘不严肃的东西’有意识地独立于‘平常生活’，但同时又热烈彻底地吸引着游戏者。它是一种与物质利益无关的活动，靠它不能获得利润；按照固定的规则和有秩序的方式，它有自身特定的时空界限。它推动社会团体的形成，这些团体倾向以秘密的色彩笼罩自身，并通过化装或其他手段与普通世界相区别。”[④] 简言之，“游戏其实就是一种生命存在的活的当下参与，一种物我两忘的自由状态”[⑤]。从这个意义上说，游戏是娱乐的本质，因为它从根本上契合了人类追求快乐、追寻自由的天性。

（二）“互动”——娱乐的形式

既然我们承认娱乐的本质是游戏，而游戏一定是一种多方参与的活动。“作为游戏都包含着相互作用的意义。必须要有来有往，或者叫对话，正如两个以上的人之间和群体之间的关系

---

① ［美］西蒙·弗里斯：《娱乐》，见［英］詹姆斯·库兰、［美］米切尔·古尔维奇，杨击译：《大众媒介与社会》，188页，北京，华夏出版社，2006。

② ［德］席勒，徐恒醇译：《美育书简》，89～90页，北京，中国文联出版社，1984。

③ ［加］马歇尔·麦克卢汉，何道宽译：《理解媒介——论人的延伸》，291～295页，北京，商务印书馆，2000。

④⑤ 转引自叶秀端、刘兆君：《从松弛走向迷醉——试析技术演进中的电视娱乐节目游戏本性》，载《当代电影》，2006（1）。

一样。”① 从这个意义上说，“互动”是娱乐的基本形式。譬如，当观看影视剧时，我们首先得抛却所处的现实环境，而“进入”到影视剧建构的特定情境之中，这是一种互动；伴随剧情的推进，我们的情绪会随着情节的跌宕起伏而不断变化，我们的反馈和演员的演绎之间又构成了另一种互动。再如，在电视娱乐节目中，无论是直接参与比如《中国好声音》的选手与评委，还是场内、场外观众的投票与跟唱，都是一种互动。离开互动，娱乐不仅是残缺的，也是难以达到效果的。

事实上，“互动”是随着现代电子计算机科技的发展而形成的。从抽象层面上讲，“互动”就是发生在两者之间的行为或行为的可能。具体地说，“互动”已经由一种计算机程序语言发展成为电视娱乐的一种形式，它最大的特点就是能够影响电视屏幕上发生的事件。② 基于此，现代媒体与受众之间必须通过“互动”才能达到娱乐的目的，但这种“互动”应该是良性、积极和向上的，这也是“互动”内涵的应有之义。

一方面，如前所述，娱乐是使人欢乐的活动或行为。因此，作为观念的“互动”，在提供给受众一种主动选择的愉悦感和个性得以张扬的满足感的同时，实质体现了媒体对受众主体性的尊重。现代传媒与社会大众之间原本就应该是一种平等的关系，我们难以想象，在今天这样一个自媒体时代，大众传媒可以通过高高在上、耳提面命式的单向度的传播就能赢得受众的尊重与关注。尤其在提供娱乐方面，如果传媒不切实考虑受众的基本需求，不尊重受众的主体性和能动性，不把制造娱乐视为一个积极的“互动”过程，则这种娱乐形式是难以征服大众的，这一点已为很多媒体实例所证明。无论是当年的《幸运52》、《开心辞典》、《快乐大本营》、《欢乐总动员》，还是今天的《中国好声音》、《中国好歌曲》、《我是歌手》、《爸爸去哪儿》、《奔跑吧，兄弟》等节目，之所以能够获得高收视率和关注度，其中一个根本原因就是洋溢在节目中浓厚的“互动”观念。

另一方面，作为技巧的“互动”，提供给受众的是直观的各类反馈方式。换言之，娱乐产品的制作过程越来越离不开受众的积极参与，这同时也是娱乐大众性得以体现的重要手段。目前，在传媒娱乐产品的生产中，其与受众的“互动”方式主要包括：邀请公众在节目中担任嘉宾或评委，或亲自上场参加游戏或充当演播室现场观众，热线电话参与，短信参与、电子邮件参与，向社会征集节目的线索，请受众给传媒的娱乐产品提出意见和建议等等。一些娱乐节目一般会预先播出下期节目的预告，同时还会在网站上提前公布筹划中的节目主题，符合节目要求的受众就可报名参与。

如今，科技的日新月异使得越来越多的普通人得以加入娱乐产品的制作队伍。一些滑稽短剧类的娱乐节目或采用公众拍摄的滑稽短片，或直接招聘群众演员，让其表演自己生活中遇到的故事。这就意味着大众传媒真正以一种大众的生活方式走进了人们的日常生活，人们也带着自身无穷无尽的创造力走进了大众传媒，“自娱自乐”与“全民同乐”融为一体。这些“互动”形式不仅符合现代受众的接受心理，而且能够迅速抓住其兴趣点，同时也通过巧妙地设置娱乐产品制作过程中的“亮点”，开拓了娱乐的空间，拓展了娱乐的广度和厚度。

---

① ［加］马歇尔·麦克卢汉，何道宽译：《理解媒介——论人的延伸》，298页，北京，商务印书馆，2000。

② 参见廖亮：《电视“互动”观念初探》，载《现代传播》，2002（6）。

（三）快乐——娱乐的指归

社会学研究表明，娱乐和生存性劳动呈反比关系，即一个社会的工作条件越优越，报酬越高，工作时间越短，娱乐的需求性就越高。[①] 换言之，娱乐是“幸福生活”的重要组成部分，而幸福生活的一个重要指标就是看人们是否快乐。所谓快乐，就是让人感到心情舒畅、愉悦。弗洛伊德指出：“正是快乐原则制定了生命目的的程序。这个原则从一开始就支配着心理结构的操作；关于它的功效是毫无疑问的，但是，它的程序和整个世界是矛盾的，既和宏观世界有矛盾，又和微观世界有矛盾。”从这个意义上说，“快乐原则促使我们朝向的这个目标——获得幸福的目标——是不可能达到的”，然而，“我们不可以，不，我们决不能放弃用某种方式更接近达到该目标的努力”[②]。显然，幸福是一个很难实现的目标，但是，人们依然要以快乐原则行事，一句话，娱乐的指向就是“生产快乐”。

综合考察娱乐产品的制造过程，我们不难发现，尽管分类各异的娱乐产品内容不尽相同，但其中总包含一些相似的“内核”——娱乐制造者们总是力图迎合人类的某种旨趣，给受众带来某种愉悦的感官享受和内心体验。在想象和虚构的场景中，人们往往能够体验到一种心理的舒畅和满足感，其工作、生活等方面的压力也会得到一定程度的疏通和缓解。譬如，大众传媒在生产娱乐产品时总是极力营造快乐气氛、满足受众的娱乐需要，报纸上幽默讽刺的漫画、令人捧腹的市井故事，广播里的情感经历，电视中的娱乐节目，网络上的 flash 动漫等，这些娱乐产品总是力图通过各种方式调动和激发受众的情感，给予其心理上的愉悦。

今天，越来越多的电视综艺娱乐节目为了凸显快乐而将幽默搞笑作为节目的风格定位。以湖南卫视的《快乐大本营》栏目为例，2006 年以后，该栏目突出“全民娱乐”的新概念，着力为普通观众或“草根”团体组合打造一个展现个性的“全民娱乐”平台和分享快乐的机会，同时也极力为观众推介时尚、新奇的文艺表演形式，传递“快乐至上”的娱乐精神，突出了以观众为主体的“娱乐天下”的节目宗旨。

与此同时，以网络媒介为代表的新媒体的高速发展，使之既成为公众娱乐的平台，亦为公众提供了大量丰富的娱乐内容。以《大鹏嘚吧嘚》为例，这档由搜狐视频自制的娱乐脱口秀节目，自 2007 年 1 月 12 日在搜狐娱乐播报上线以来，已播出 500 多期。2013 年，第六届《综艺》年度节目暨电视人评选首次增设年度网络自制节目奖项，《大鹏嘚吧嘚》即获此殊荣。那么，这档立足于互联网平台的娱乐类脱口秀节目成功的核心竞争力是什么？或许我们可以从该节目的目标定位中窥见一二：

> 一样的网络，不一样的大鹏；一样的事件，不一样的观点。《大鹏嘚吧嘚》，邀你“笑”看网络新生活，让你由外看内，解闷发泄。我们没有高昂的调子，也没有宏伟的目标，我们只要借用一小时间你的视觉和听觉，在这一小时间里让你暂时忘了地铁里拥挤的沙丁鱼忘了老板的谆谆教诲忘了生活的压力和紧张，原因很简单，我们带给你笑声。[③]

---

① 参见周树华、叶银娇、徐洁：《论娱乐的社会和心理功能》，载《现代广告》，2005（10）。

② ［奥］西格蒙特·弗洛依德，杨韶钢译：《一个幻觉的未来》，12～19 页，北京，华夏出版社，1999。

③ http：//tv. sohu. com/，2012-02-28。

必须指出，快乐不仅仅是场面的热闹或简单地惹人发笑，快乐更多的是内心的一种真实体验，是心灵的共鸣。因此，如果片面地理解快乐，往往会造成娱乐节目的低俗化倾向。比如，一些娱乐节目常常刻意制造"笑料"，或让主持人与嘉宾之间互开低级的玩笑，甚至相互贬损，或故意设置一些让嘉宾出丑的游戏以博得观众一笑。这些已经成为当下娱乐产品制造过程中比较普遍的问题。我们认为，真正的快乐是让人"会心一笑"，而非"逗人一笑"抑或"刻意取笑"。

三、娱乐的功能

在一个文明而和谐的现代社会中，如果缺少必要的娱乐，那么，大到整个社会，小至每一个个体，也许都将无所适从。

（一）娱乐是人们追求"幸福生活"的重要途径

传统观念一般认为，娱乐只是人们消极遁世、逃避现实的一种有效手段。然而，事实上，如前所述，娱乐是幸福生活的重要指标。美国著名社会学家甘斯对于波士顿贫穷社区的研究表明，"大部分人都不认为利用大众娱乐的目的是为逃避，而是对他们向往人生的一种追求"。社会学家凡勃伦提出的模仿理论（emulation）也指出："经济贫匮阶层的目标往往不止于物质富裕，他们都仰望有闲阶层的休闲生活，以他们多姿多彩的生活作为模仿对象，大众媒介则将以前只属于皇家贵族的娱乐搬上了大众舞台，娱乐从此被移植到社会的范畴。人们不再为掏不出歌剧票的费用而烦恼，电视将体育比赛、歌舞戏剧悉数展现，现代科技使不同经济阶层的人们享受同等的娱乐。"① 这即是说，不论人们的经济状况、物质生活如何，都需要娱乐。作为人类精神生活的一部分，娱乐可以帮助人们找到生活的乐趣，丰富其精神世界，从而建构起每个人的"幸福生活"。很多时候，一个懂得享受娱乐的人，首先也是一个具有生活追求的人。

（二）娱乐可以帮助人们释放压力，暂时摆脱现实的烦恼

现代社会的生活节奏越来越快，繁忙的工作、繁重的学业、烦琐的生活常常令现实中的人们倍感压力。人的天性（追求快乐，规避痛苦）决定了人们总是要不断寻找某些方式去消解他们所面对的各种压力。于是，娱乐的快乐本质使其成为人们释放压力、宣泄情感的一个最佳途径。对此，以下三位学者的观点可以为我们提供佐证。

20世纪60年代，加拿大传播学者麦克卢汉就曾经说过："在欢乐嬉戏中我们又恢复了整体人的天性，而在工作和专业生活中，我们却只能用上整体人的一小部分天性。"②

美国学者尼尔·加布勒在《娱乐共和国：娱乐如何征服现实》中也指出："娱乐——电影、摇滚乐、低俗小说、搞笑读物、电视、电脑游戏——向我们纷纷伸出爪子，拉拢我们，俘虏我

---

① 周树华、叶银娇、徐洁：《论娱乐的社会和心理功能》，载《现代广告》，2005（10）。

② ［加］马歇尔·麦克卢汉，何道宽译：《理解媒介——论人的延伸》，291页，北京，商务印书馆，2000。

们，使得我们既深入事物又深入我们自身，或者至少进入到我们各自的情绪和感觉中去，这才让我们放松下来。”①

1966年，美国学者哈罗德·门德尔松（Harold Mendelsohn）在其出版的《大众娱乐》一书中提出了“大众娱乐理论”。他认为，“电视娱乐没有破坏和降低高度文明，它只是给普通人提供另一个更有吸引力的欣赏歌剧和交响乐音乐会的途径。它没有使人们从重要活动如宗教信仰、政治或家庭生活中分心；相反，它帮助人们放松，使人们事后以全新的兴趣和活力投入到这些活动中去”②。

基于此，本真的娱乐可以帮助人们从现实的压力中暂时解脱出来，等到身心得到一定程度的放松与调适之后，再回到现实中去解决问题，继续与各种压力“缠斗”。譬如，每一次关键性考试结束后，我们都会通过各种娱乐方式来放松自我。如果回忆一下你在高考结束后的那个暑假，你也许会深以为然。

（三）娱乐具有一定的心理调节作用

对于个体公民而言，娱乐常常还具有心理调节作用。这主要包括三个方面。

其一，实现心理抚慰

人的一生常常遭遇各种各样的挫折、失败、打击与彷徨，而每每出现这些问题时，人们总是需要某种心理慰藉的。很多时候，娱乐就充当了这样的角色。诚如英国人类学家布罗尼斯拉夫·马林诺夫斯基（Bronislaw Malinowski）所讲：“游戏、游艺、运动和艺术的消遣，把人从常规中解放出来，消除了文化的紧张与拘束。”③ 换言之，娱乐能够对人进行心理抚慰，将人从一个低落的状态中解脱出来。譬如，很多人在心情不好时，总是希望打场篮球、踢场足球或者看场电影，来让自己暂时从心理低谷中走出来。

其二，建构心理平衡

如前所述，不论富人还是穷人，都需要娱乐，很多时候还共享着相同的娱乐产品。虽然这并不能缩小贫富之间的现实差距，但是却可以带来娱乐参与者的心理平衡。例如，为什么我们很多人都特别关心明星的“八卦新闻”？因为“在公众想要的东西当中，只有明星是看得见、摸得着的”④。

那么，公众想要的东西是什么？其实就是一种心理平衡。明星在影视剧中饰演的角色能够激发公众的某种想象，比如将自己的现实状态与剧中人物的虚拟状态相勾连，产生“于我心有戚戚焉”的感受。按照麦克卢汉的说法，这是“一种人为的天堂，或者是一种乌托邦式的幻景”，“我们借助这种幻景去阐释和补足日常生活的意义。我们在游戏中涉及非专门化的手段，去参与当代广阔的戏剧生活”⑤。

---

① 包亚明：《后大都市与文化研究》，340页，上海，上海教育出版社，2005。

② ［美］斯坦利·巴兰、丹尼斯·戴维斯，曹书乐译：《大众传播理论：基础、争鸣与未来》（第二版），172页，北京，清华大学出版社，2004。

③ 转引自李良荣、张春华：《诊断中国传媒娱乐化》，载《新闻界》，2007（6）。

④ ［美］西蒙·弗里斯：《娱乐》，见［英］詹姆斯·库兰、［美］米切尔·古尔维奇，杨击译：《大众媒介与社会》，193页，北京，华夏出版社，2006。

⑤ ［加］马歇尔·麦克卢汉，何道宽译：《理解媒介——论人的延伸》，295页，北京，商务印书馆，2000。

此外，明星在娱乐新闻、娱乐节目中所透露出的点滴信息，比如日常的服饰品牌、个人的情感经历等等，尽管并不一定就完全真实，但公众却认为借此可以缩小自己与明星之间的差距，从而谋求一种心理上的平衡。例如，娱乐节目《爸爸去哪儿》之所以能够热播，一个重要原因是，该节目让很多男性观众在产生共鸣的同时，更衍生出一种心理上的平衡：原来明星爸爸在与孩子相处的过程中，也会遇到那么多和普通爸爸一样的尴尬与无奈。

其三，营造心理认同

娱乐还可以为受众营造某种心理上的认同感。“认同感这一概念提供了理解观众如何对虚构故事投入的钥匙：对角色的认同为观众提供了领略节目中故事的观点和角度，左右着观众对角色的理解，并有利于培养观众与角色之间的亲密感。”① 譬如，在观看电视剧时，尽管观众明明知道剧情是虚构的，但依然会随着故事情节的跌宕起伏而心潮澎湃。而一旦形成某种认同后，继而会影响其对于现实生活的判断。20 世纪 80 年代，曾经红遍中国的电视剧《渴望》就塑造了一个传统中国的优秀女性形象——刘慧芳，她无私善良、宽以待人、勤俭持家、相夫教子、孝敬老人，甚至以德报怨。观众在为剧中人跌宕的命运而扼腕流泪的同时，更对中国女性的这一典型形象产生了心理认同，一时间，“刘慧芳式的好媳妇”频频见诸媒体。2015 年，热播电视剧《何以笙箫默》则塑造了一个执着于等待的“不愿将就”的男人形象。男主角何以琛在剧中的多段台词被奉为“何以体”，影响甚广。其中，一句最为经典的台词——“如果世界上曾经有那个人出现过，其他人都会变成将就，而我不愿意将就”——让年轻人对男主角执着、坚持的个性产生了心理认同，一时间“不将就”遂成为流行热词。

四、娱乐的基本类型

关于娱乐的类型，标准不同，分类各异。从孩提时代的游戏丢手绢、跳房子到卡拉 OK、真人秀，从电影、电视剧到唱歌、跳舞、相声、小品等各种曲艺形式，几乎无所不包。如果用文化的标准进行分析，不同娱乐类型又分属不同的文化类型。

1974 年，美国社会学者甘斯指出，现代社会以不同种类的亚群体或“趣味公众”为特征，它们都有自己的一套文化偏好或者“趣味文化”。文化并不是强加给趣味公众的，公众根据自己的价值观念和受教育的程度在一系列可能性之中进行选择。按照甘斯的看法，趣味公众之间的主要差异是社会阶级。因为每一项文化内容都具有内在的教育要求，教育预示了文化偏好。甘斯描述了五种趣味文化及其公众：高雅文化、中上等文化、中低等文化、低俗文化和准民间文化。每一种趣味文化包括：（1）有关文化形式可取性的价值；（2）文化形式本身（例如音乐、美术、文学、电影等）；（3）表现这些文化形式的媒体（例如图书、报纸、唱片和电影等）；（4）不同文化偏好的政治价值或政策含义。在社会各阶层内部，存在以族群、宗教、地域和年龄差异为基础的亚群体，这些差异也是造成各种文化偏好的原因。②

① 周树华、叶银娇、徐洁：《论娱乐的社会和心理功能》，载《现代广告》，2005（10）。

② 参见［美］戴安娜·克兰，赵国新译：《文化生产：媒体与都市艺术》，35～36 页，南京，译林出版社，2001。

事实上，西方的文化人类学家、社会学家和批评家倾向于将文化产品分成以下三类：

“高修养文化”（highbrow culture），即由只有有教养和有知识的人才能欣赏的文化产品组成。

“中修养文化”（middlebrow culture），也要求精致和富有理性，但它吸引着范围更加广泛的人。

“低修养文化”（lowbrow culture），指对最大数量的可能阅听人具有巨大吸引力的产品，但这种吸引力通常是本能方面的，而不是理智方面的；是情感上的，而不是理性上的；是粗糙的，而不是审美的。肥皂剧、电视上的情景喜剧、报纸上的通俗专栏、色情加暴力的电影以及通俗小说等都属于这类文化。①

我们知道，电视最初诞生的根本目的就是为人们提供娱乐，加之电视的普及率远高于报纸、广播和网络，这些都决定了电视业已成为当代最佳的娱乐承载媒体。对此，美国媒介环境学派代表人物尼尔·波兹曼在其名著《娱乐至死》中曾经做过这样精辟的阐释：“电视只有一种不变的声音——娱乐的声音……电视正把我们的文化转变成娱乐业的广阔舞台。……电视把娱乐本身变成了表现一切经历的形式。我们的电视使我们和这个世界保持着交流，但在这个过程中，电视一直保持着一成不变的笑脸。”② 因此，本部分我们将集中介绍电视娱乐节目的基本类型。

（一）综艺类节目

综艺类节目是指由电视台邀请不同艺术领域的专业人员按一定顺序表演节目，并由主持人在各个节目之间进行串联、协调，节目时长一般都在 60 分钟以上，国内电视台多安排在周末晚间黄金时段播出，其实质是文艺形式的大综合。

1983 年，中央电视台举办了首届春节联欢晚会，从此开启了综艺晚会类节目的时代，也建构了中国人过年的“新民俗”。

1990 年，《综艺大观》和《正大综艺》的先后开播才正式揭开了中国电视综艺类节目的大幕。此类节目的基本模式是：“主持人＋明星＋演出”，即以主持人为中心、以明星的才艺表演作为节目的“看点”。

1997 年，湖南电视台开播《快乐大本营》。1999 年，北京有线电视台推出《欢乐总动员》、安徽电视台打造《超级大赢家》。三档节目被形容为“娱乐黑马”，迅速以高收视率和高人气而拓展了综艺类节目的新途径。很快，各大电视台竞相模仿，引发了国内电视界开办此类节目的热潮。这类节目的基本模式可以概括为：“主持人＋明星＋演出＋游戏”。作为一种全新的节目样式，相比此前的《综艺大观》、《正大综艺》等综艺晚会类节目，此类节目添加了“现场游戏”和“观众互动”两个重要环节，表明娱乐节目开始还原娱乐的本真，重视观众互动与反馈，着力彰显节目的平民化色彩。

---

① ［美］Ray Eldon Hiebert 等，潘邦顺译：《大众传播媒介》，765 页，台北，风云论坛出版社，1996。

② ［美］尼尔·波兹曼，章艳译：《娱乐至死》，114 页，桂林，广西师范大学出版社，2004。

资料来源：http://www.hunantv.com/。

（二）娱乐资讯/谈话类节目

娱乐资讯节目即通常意义上的娱乐新闻节目，运用轻松、活泼、快捷的方式播报影视、音乐、舞蹈、曲艺等诸多娱乐领域内的明星动态、新片（影视剧）新歌发布、影视作品摄制的台前幕后等信息，满足观众对娱乐信息的需求。1999 年 7 月开播的《中国娱乐报道》秉持“一样的娱乐圈，不一样的角度和观点”的报道理念，首开国内新娱乐资讯类节目的先河。目前，国内比较知名的娱乐资讯类节目还有北京电视台文艺频道的《每日文娱播报》、东方电视台娱乐频道的《新娱乐在线》、浙江卫视的《娱乐梦工厂》等。

娱乐谈话类节目在西方被称为娱乐脱口秀（talk show），主要指针对某一娱乐话题展开的一种即兴谈话节目，其形式多样：可以是主持人单独进行的表演式演说，也可以是主持人对嘉宾进行的专访；可以有嘉宾，也可以没有嘉宾；现场观众可以参与讨论，也可以不参与讨论。一般而言，西方娱乐脱口秀节目的典型模式为：“单口小段＋明星专访＋才艺表演”。我国的娱乐脱口秀节目则大多对其进行了些许改造，目前比较常见的有以下三类。

1. 单人娱乐脱口秀

这类节目类似于国内的单口相声，主要靠表演者一个人“说段子”来娱乐大众，如刘仪伟的《东方夜谭》（已停播）、周立波的《壹周·立波秀》、王自健的《今晚 80 后脱口秀》等节目。当然，也有人提出这并非西方真正意义上的脱口秀，而类似于西方的“单口喜剧”（stand-up comedy）。

2. 娱乐访谈类节目

这类节目的访谈对象多为娱乐明星，话题轻松，涉及明星的成长经历、其参演影视剧的幕后故事、歌曲的创作经历等诸多方面。很多时候，明星为了争取曝光率，或者为了配合其新近作品的宣传，一般都会接受娱乐访谈节目的专访。国内较有知名度的娱乐访谈节目如李静、戴军主持的《超级访问》、田歌主持的《光荣绽放》、朱军主持的《艺术人生》等都是基于这样的定位。此外，《杨澜访谈录》、《非常静距离》、《鲁豫有约》等节目也经常能见到明星的身影。

3. 综合类娱乐脱口秀

这类脱口秀节目对西方的模式进行了部分调整，比如有的删去了单口小段，有的加入了情景表演，有的将主持人变为"主持群"，我们姑且称之为综合类的娱乐脱口秀。譬如，汪涵、马克等主持的《越策越开心》节目就融合了桥段剪辑、方言笑话、短剧、访谈、音乐演绎等多种形式。湖南卫视的《天天向上》就将"主持群"、"脱口秀"和"栏目剧"等形式结合起来，由汪涵等人组成的"天天兄弟"组合联合主持。

资料来源：http://www.imgo.tv/。

（三）游戏类节目

游戏类娱乐节目种类繁多且各具特色。按照节目形态，游戏类节目大体可以划分为以下两种。

1. 益智类游戏节目

从20世纪90年代中后期开始，依靠明星带领观众做游戏的娱乐模式开始逐渐式微，以《幸运52》、《开心辞典》为代表的、强调内容与互动的益智类游戏节目开始火爆荧屏。

1998年11月，中央电视台《幸运52》栏目开播。该节目原版是英国电视一台创办的一档每期奖金高达两万英镑的益智博彩类节目 *Gobingo*，中央电视台购得版权后对其进行了符合我国国情的改造，设计了一档融汇知识性、趣味性以及互动性搭配丰厚奖品的益智类娱乐节目。

资料来源：http://tvguide.cctv.com/。

2000年7月，中央电视台推出《开心辞典》。该节目以"家庭梦想"作为其主题概念，每一个"家庭梦想"都由价值不菲的奖品组成，通过答题闯关的形式，选手每答对一定数量的题目后就可以获得“家庭梦想”中一个相对应的奖品。

益智类游戏节目的基本模式是：“观众＋游戏＋巨奖”。其基本特点包括三个方面：首先，以知识问答作为节目的基本形式，更强调互动性、观赏性、娱乐性和现场感；其次，数目可观的奖金与丰厚实用的奖品构成此类节目的亮点；最后，真正实现了以普通公众为主角的娱乐形态，符合娱乐的本质属性。这类节目成功与否的关键在于：主持人能否掌控节奏，及时调度现场；问答环节、赛制规则设计得是否合理；奖品有无诱惑力等等。

2. 竞技类游戏节目

此类节目的主旨并非是通过游戏决出胜负输赢，而意在凸显参与者拼搏、进取的精神以及观众参与节目的热情，重在展现游戏的过程。游戏参与者可以是明星，但多以普通受众为主。

例如，中央电视台的《城市之间》（已停播）就是一档以普通人为基础、以体育为平台来宣传城市的巨型竞技类游戏节目。该节目通过设置各种有趣的游戏比赛项目，把娱乐蕴含于游戏竞技之中。这样，比赛的最终目的已不仅仅是获得胜利，最能激起观众兴趣的是赛场上跌宕起伏的场面、激烈诙谐的气氛、选手之间的团队意识和协作精神，由此也激发了观众巨大的参与热情并为其带来了非凡的欢乐体验。

《超市大赢家》（后改名为《快乐主妇》，现已停播）则将人们日常的消费体验演化成竞技的项目，抛却了特殊技能的比赛，反而增加了节目的亲和力。按照规则，主办方先将参赛者领入完全真实的购物超市之内，通过设置相关的寻找任务，要求参与者在设定的时间内从超市的货架上找到相应的商品。比赛不仅要求参与者具有眼疾手快的本领，更重要的是需要丰富的生活体验、良好的心理素质以及难得的运气等，这些都成为节目的亮点所在，而最终的万元大奖则增加了比赛的诱惑性和戏剧性。在多种因素的推动下，《超市大赢家》迅速成为一档在当时深受欢迎的竞技类游戏节目。

资料来源：http://www.cctv.com/。

2013年、2014年，中央电视台连续推出《中国汉字听写大会》、《中国成语大会》两档具有原创形态的竞技类游戏节目。其中,《中国汉字听写大会》就采用初赛、复赛和决赛三级赛制。邀请全国各地学生组队参加,将初赛获胜的160位选手组成32支代表队,再以每4个队为一组进行8场复赛。复赛产生8队40位选手进入半决赛。两场半决赛产生两队10位进入决赛的选手。所有未进入决赛的30支代表队中每队表现最佳的一名选手将进行一场附加赛,争夺最后5个进入决赛的名额。在15位选手的最终决赛中,胜出者即为本届听写大会的冠军。

当然,上述分类并不能完全归纳游戏类节目的所有形式,而且,这两种类型的分类也有交叉重合的部分。很多益智类游戏节目就是采用竞技类的方式,比如《幸运52》;有些竞技类游戏的主要内容又是益智类的,比如《中国汉字听写大会》。

(四)娱乐"真人秀"类节目

"真人秀"是一种新的节目类型,在国外被称为"游戏秀"、"真人秀"、"真实肥皂剧"、"创构式纪录片"、"真实电视(Reality TV)"等,在国内则被称为"真实秀"和"真人节目"。这类节目的创新之处即在于它建构了一种新的娱乐模式:"参与者+竞赛+隐私记录+巨奖"。① 即主办方要事先确立诸如奖金的设定、环境的选择、参赛者的选取和游戏规则的制定等基本规程,参赛者自愿参加并允许电视台全程拍摄比赛进程,广泛性的参与者、仿真的节目环境、戏剧性的节目环节、诱人的奖品构成了"真人秀"节目的亮点所在。

2000年始于荷兰,后被澳大利亚、德国、丹麦、美国等18个国家广泛移植的《老大哥》(*Big Brother*)节目被视为这类节目的"鼻祖"。此后,美国CBS的《生存者》(*Survivor*)、福克斯电视公司的《诱惑岛》(*Temptation Island*)、法国的《阁楼故事》(*Loft Story*)、德国的《硬汉》(*Tough Guy*)等节目的繁荣,逐渐引发世界范围内电视"真人秀"节目的大繁荣。

我国"真人秀"节目的起步并不晚,但真正繁荣始于2012年。

2000年,《生存者》在央视2套的《地球故事》中与国内观众见面。与此同时,中国本土的电视"真人秀"节目《走进香格里拉》也如火如荼地开播了。

2002年,湖南经视模仿法国室内真人秀《阁楼故事》推出的《完美假期》可谓一档真正意义上的"真人秀"节目。该栏目精心挑选12名男女选手,让他们在长沙市一幢三层别墅中共同生活70天,每周两次做实时记录播出,由内部淘汰和观众投票逐步产生最后的胜者,获胜者将获得价值50万元的房产。

2004年,湖南卫视以《美国偶像》为蓝本推出的一档具有独特品质、以音乐选秀为外壳的大众娱乐性节目《超级女声》吹响了娱乐平民化的号角。该节目连办三届(2004—2006年)。2007年,湖南卫视又举办了三届《快乐男声》(2007年、2010年、2013年)。2009年湖南卫视再度开播了两届《快乐女声》(2009年、2011年)。此后,歌舞类真人秀节目一度占据了国内电视荧屏的大半江山。中央电视台的《梦想中国》、《星光大道》,上海东方卫视的《舞林大会》、《中国达人秀》等节目是其中的代表。

---

① 参见尹鸿、冉儒学、陆虹:《娱乐旋风——认识电视真人秀》,17页,北京,中国广播电视出版社,2006。

目前，“真人秀”类节目主要可以分为歌舞选秀类、婚恋交友类、职场类、户外竞技类等多种形式。2012年的《中国好声音》、2013年的《爸爸去哪儿》与《我是歌手》、2014年的《最强大脑》等节目的“异军突起”标志着我国“真人秀”节目开始进入全面繁荣阶段。以下我们简单介绍目前收视率和口碑俱佳的娱乐“真人秀”类节目。

1.《非诚勿扰》

2010年1月15日，江苏卫视推出大型婚恋交友类真人秀节目《非诚勿扰》。该节目由江苏卫视知名主持人孟非担纲，社会心理学博士黄菡女士和“性格色彩学”创始人乐嘉担任点评老师（乐嘉退出后，又相继换了宁财神、佟大为、黄磊、刘烨等人）。每期节目共有24位单身女性，以亮灯和灭灯方式来决定报名男嘉宾的去留，经过“爱之初体验”、“爱之再判断”、“爱之终决选”、“男生权利”等规则来决定男女嘉宾能否速配成功。至今，该节目已播出六年时间，收视率始终处于同一播出时段的前列。

资料来源：http://fcwr.jstv.com/。

《非诚勿扰》能够成功的原因首先在于它从某种程度上捕捉到了“剩男剩女”的社会现象与社会问题；其次，节目定位迎合了年青一代彰显个性、释放自我的需要，节目并没有局限在“婚恋交友”范畴，而实际提供了一个展示自我的平台；最后，节目设置亮点纷呈，既有青春美好的容颜，也有不同嘉宾的情感故事，三位主持人的点评也妙趣横生，趣味、情节、互动、见识、阅历等构成了节目的“看点”。

《非诚勿扰》的成功也引发了此类节目的创办热潮，内地相继出现了10余档此类节目，例如湖南卫视的《我们约会吧》、安徽卫视的《缘来是你》、浙江卫视的《为爱向前冲》、东方卫视的《百里挑一》等。

2.《中国好声音》

2012年7月13日，浙江卫视播出音乐类真人秀《中国好声音》（*The Voice of China*）。该节目源自荷兰著名电视节目 *The Voice of Holland*，由浙江卫视与星空传媒旗下灿星制作公司联合出品，是中国电视史上一次真正意义上的制播分离（节目制作与节目播出分开）。该节目至今已播出三季，2015年2月开始拍摄第四季宣传片。每季由四位知名音乐人担任导师，负责点评、组队、指导选手。

该节目形式令人耳目一新。初赛时，导师背朝舞台，看不见选手面貌，只能凭声音、音色、唱功等纯粹因素来判断。一旦心仪某位选手，即可按动扶手上的按钮，椅子自动转向，面对选手。如果多位导师“转身”，就由选手来选择导师。这样的比赛规则确保了公平，也真正还原了歌唱比赛的本质，所谓“真声音、真音乐”。每位选手在歌唱结束后，又会通过“自我介绍”环节来讲述个人的经历与故事，常常能引起导师、观众的情感共鸣。此外，四位导师的专业点评、争抢优秀学员时的趣味互动，也为节目增色不少。

资料来源：http://haoshengyin.cztv.com/。

3.《爸爸去哪儿》

2013年10月11日，湖南卫视购买韩国MBC电视台的《爸爸！我们去哪儿?》节目版权，推出了亲子户外真人秀节目《爸爸去哪儿》。该节目第一季邀请的嘉宾是林志颖父子、王岳伦父女、田亮父女、郭涛父子、张亮父子。五位爸爸或是演员，或是导演，或是模特，或是运动员，都属于娱乐圈的明星。按照节目设计，他们要在72小时的户外体验中，单独照顾子女的饮食起居，并共同完成节目组设置的各种诸如寻找食材、爬山、捕鱼等任务。2014年6月20日，《爸爸去哪儿》推出了第二季，并在原来12集的基础上增加至16集。

《爸爸去哪儿》的第一、第二季之所以都取得了不俗的收视成绩，除了高水准的制作与剪辑外，主要还包括三个原因：其一是明星爸爸带孩子的模式，首先满足了观众的好奇心。其二是节目中处处流淌着浓郁的父爱亲情。在明星爸爸们手忙脚乱地应付生活琐事、处理孩子们各种问题、与孩子们的沟通中，原本粗犷的父爱又彰显出细腻的特质。其三是节目中处处洋溢着童言无忌、童趣无限的氛围。五个天真可爱、个性迥异的孩子是整个节目的最大亮点。节目组有意选择4～6岁的孩子，是因为这个年龄段的孩子既不失童趣，也有一定的可控性。

资料来源：http://www.hunantv.com/。

4.《最强大脑》

2014年1月3日，江苏卫视推出国内首档大型科学类真人秀电视节目《最强大脑》。该节目源自德国节目 *Super Brain*，以“让智慧飞扬起来，让科学流行起来”为口号，集结了国内最优秀的脑力高手，并以科学方式分析选手能力，还有脑神经专家等提供专业指导。第一季创下2.74%的高收视率和10.42%的高收视份额，成为2014年度综艺节目收视冠军。

《最强大脑》的看点在于：一批在脑力方面超出正常水平的“脑力达人”，首先就构成了节目的核心竞争力，因为人们总是对超乎寻常的人和事保持好奇心和关注度。该节目中的选手所展现的技能常常令人叹为观止，例如人脸识别能力、听觉分析能力、辨识力、空间记忆力等等。其次，该节目中脑神经专家的专业指导与科学分析增加了节目的知识性和趣味性，同样能够引起观众的注意。最后，节目设计的道具、环节等也具有强大的视觉冲击力，譬如，第一季中的魔方墙、斑点狗、巨型攀岩墙等，第二季中由127个蜂巢组成的蜂巢迷宫、真人扮演的铜人茶馆、规模庞大的赛车场等。

资料来源：http://zqdn.jstv.com/。

5.《12 道锋味》

2014 年 7 月 12 日，浙江卫视推出美食户外真人秀节目《12 道锋味》。该节目由香港娱乐明星谢霆锋担任“主厨”，历时 3 个月，拍摄了 12 集。节目中，谢霆锋带着他的明星朋友开启环球美食之旅，并不断穿插美食背后的故事。

总体来说，《12 道锋味》的成功因素可以用三个关键词来概括。

第一，独特。无论是节目的形式与内容还是制作过程、细节，处处彰显独特性。虽然美食在娱乐节目中比较常见，但是本节目采用真人秀形式，实质是真人秀、广告片、微电影的结合体。同时，将拍摄地移至国外，也是一个独特的选择。此外，谢霆锋独特的个人风格与美食节目的专业性之间具有较大反差，从而引发观众的观赏兴趣。

第二，明星。主持人谢霆锋是知名的电影演员和歌手，他还专门演唱了该节目的主题曲；而且，节目每集都会至少邀请一位明星参与，12 集一共邀请到了赵薇、陈奕迅、张家辉、范冰冰、桂纶镁等 17 位当红明星，是高收视率的基本保障。

第三，奢华。精致的美食、考究的餐具、唯美的画面，都显示出该节目奢华的制作特质。据介绍，节目组专门聘请了高水准制作团队，完全按照电影标准制作，远赴法国、澳大利亚、意大利等地拍摄，每集制作费高达 300 万元人民币。

资料来源：http://fengwei.zjstv.com/。

6.《奔跑吧，兄弟》

2014 年 10 月 10 日，浙江卫视开播大型户外竞技真人秀节目《奔跑吧，兄弟》，该节目引进自韩国真人秀节目 *Running Man*，每期由七位明星常驻选手参与游戏闯关，第一集的收视率就跻身全国前三。

应该说《奔跑吧，兄弟》的成功首先是因为其整体定位超越了目前近乎泛滥的歌舞类、才艺表演类的真人秀节目。在这档节目中，明星并不是依靠其在本专业内的优势，而是将其还原为普通的游戏参与者，他们要像普通人一样，全力以赴投入游戏，才可能不被淘汰。游戏过程中，他们也会有情绪，也会使用计谋，普通人的特点一览无余。此外，通过运动比拼，明星选手身上的朝气被呈现出来，团队精神也常常令观众感动。当然还有各位明星在游戏中的种种“出丑”，比如，跑过指压板时的各种窘态、反复落水时的狼狈不堪、撕名牌环节时的不顾形象，在让人忍俊不禁的同时，也让我们看到明星作为普通人的一面，反而感到更加亲切。

资料来源：http://runningman.cztv.com/。

今天，“真人秀”已经成为中国电视娱乐节目的“中流砥柱”，形式越来越多，内容越来越丰富。作为普通公众，在欣赏此类节目的同时，我们更应该看到其繁荣背后的文化逻辑。对此，下面这段专业的阐释值得我们思考：

“真人秀”节目在一定程度上缓解了中国人在社会转型期的普遍焦虑。无论是零门槛的选秀类节目，还是专业色彩较强的表演类节目，尽管有着形态与旨趣的差异，却殊途同归地遵循着一套共同的文化逻辑：个体在社会分层中实现自下而上的流动是可以实现的（借助才艺表演实现梦想），人与人之间由于身份地位的不同而产生的交流樊篱是可以被打破的（选手与导师、观察员等角色之间的互动模式），以及勤勉的生活态度与崇高的道德品行会最终带来命运的馈赠（大多数选手的“经历”）。对于处在社会转型期中，因环境污染、物价高企和社会不公等现象而处于普遍焦虑状态的中国人而言，“真人秀”节目为这些现实的问题提供了一种文本层面的、想象式的解决。在这个意义上，真人秀扮演了“乌托邦”的角色，它坚持不懈地在普通人所能感知到的生活情境中，源源不断地生产“正能量”。①

第二节　反思娱乐

对于现代公民而言，我们在享受娱乐带来的快乐的同时，更应该学会反思娱乐，辨析娱乐的问题，规避娱乐的负面影响，做一个理智、清醒的娱乐产品的消费者。

一、娱乐是具有意识形态性质的商品

作为现代生活不可或缺的组成部分，娱乐不仅能够帮助人们摆脱劳累、放松消遣，而且通过与现代传媒的结合，建构了社会通俗文化（popular culture）。从根本上说，娱乐是一种具有意识形态性质的商品。

（一）娱乐首先是一种商品

现代社会，人们大量的娱乐方式是经由媒介来实现的。譬如影视剧、娱乐节目、网络游戏等基本都是基于不同媒介平台进行生产与推出的。以影视剧的生产为例，官方的统计数据显示，2013 年，我国广播电视总收入为 3 734.88 亿元，电视剧投资额为 103.73 亿元，电视剧销售额为 100.09 亿元，国内电影票房收入 217.69 亿元。② 2014 年，我国共生产故事影片 618 部，同比减少 20 部；全国电影总票房 296.39 亿元，同比增长 36.15%。其中国产片票房 161.55 亿元，占总票房的 54.51%；全年票房过亿影片共计 66 部，其中国产影片 36 部；国产影片海外

---

① 常江：《“真人秀”缓解国人的普遍焦虑》，载《北京青年报》，2014-01-17。

② 参见《2013 年全国广播影视经济指标》，见 http://gdtj.chinasarft.gov.cn/。

销售收入 18.7 亿元，同比增长 32.25%；全年城市影院观众达到 8.3 亿人次，同比增长 34.52%；全年新增影院 1 015 家，新增银幕 5 397 块，日均增长 15 块银幕，目前全国银幕总数已达 2.36 万块。[①] 这些数据背后浮现出的是一条巨大的影视剧产业链。西方甚至直接称之为电影工业、电视工业。循着这个理路，娱乐即是一种特殊的商品，娱乐业就是一种产业。因此，现代公民消费的娱乐产品大多是由娱乐公司制作的。

对于娱乐公司来说，为了赚取更多的利润，就必然生产“适销对路”的娱乐产品。“如果从产业的观点出发，人们怎样看待休闲物品并不重要，重要的是人们是否消费这些物品——所以，娱乐公司乐于削减黑帮片、功夫片、喜剧狂热和迷幻药刺激下的舞曲唱片的份额。”[②] 换言之，我们今天所接触的很多娱乐产品是被娱乐公司市场化选择的结果，有的可能并不是我们所需要的，有的是违背娱乐本真的，有的甚至是媚俗的、迎合某种低级趣味的。于是，娱乐市场出现下面的状况，也就不足为奇了。

> 名著被阉割，历史被戏说，经典被肢解，人们崇拜了几百年上千年的偶像在笑声中坍塌……几千年的文明与现代文化的精髓，一登上媒体，就都成了“娱乐”的脚本与商业利益的道具。[③]

你也许会认为，这只是娱乐公司、大众传媒的问题，与我们普通公众有什么关系？要知道，作为社会的一分子，谁也无法脱离整体的文化环境而独善其身。媒介提供的娱乐产品的质量既丈量着社会成员的文化欣赏水平，也在不断改变着人们文化消费的习惯与水准。如果娱乐公司、大众传媒“一切向钱看”，其生产的娱乐产品必然品位低下，进而也会降低社会大众的文化品位，并对其娱乐消费习惯施加一种不良的心理暗示。长此以往，势必会导致整个社会文化环境的恶化以及文化品位的降低。如果你同意上述阐释，那么我们引用下面这段话也就不会显得突兀了：

> 媚俗的市场化价值取向会廉价占用人们的自由空间，降低大众的品位和修养。大众文化设限了人的文化享受，使人们在大众文化的消费中耗尽了空闲时间，失去了接触高级文化的机会。媒介在给予人们充分选择的幌子下，制约了人们接触其他文化媒介的可能性，使我们的文化环境逐渐失去了自主和多样性，尤其是当大众传媒在经济利益的驱动下，过分显示出享乐倾向和游戏特征时。享乐主义者将一切快乐还原为感官快乐，认为人生的要旨在于吃好、穿好、玩好，获利是人生的终极目标。他们的吃，意不在于营养卫生，而在口味，甚至意在通过排场来显示其高贵的身份；穿衣不在保暖护体，而在通过名牌来炫耀自己的富有；对性爱的追求意不在情感的纯真和对被爱者的关心，而在于以五花八门的方式获取感官的满足和感官刺激。这些欲望刺激产生的文化垃圾无助于人们的精神境界的提高和心灵世界的升华，造就文化消费的媚俗低级倾向，严重地败坏了大众的品位和文化

---

① 参见《2014 年中国电影票房收入增长显著》，见 http：//www.sarft.gov.cn/，2015-01-05。

② ［美］西蒙·弗里斯：《娱乐》，见［英］詹姆斯·库兰、［美］米切尔·古尔维奇，杨击译：《大众媒介与社会》，200 页，北京，华夏出版社，2006。

③ 李良荣、张春华：《诊断中国传媒娱乐化》，载《新闻界》，2007（6）。

修养。[①]

（二）娱乐是一种具有意识形态性质的商品

“我们平日里不假思索的娱乐背后其实暗藏着意识形态的逻辑。”这是我们在本章开篇就曾提出的观点。对此，费斯克在《关键概念——传播与文化研究辞典》中的解析颇有深度，他指出：

> 作为一个概念，娱乐是意识形态化的，因为，它被用来证明这样一种话语实践的合法性和正当性，这种话语实践在追求观众数量的最大化与降低单位成本的同时，把自己作为中性的或非政治的、貌似合理（合法）的东西予以呈现，其间不提娱乐行业的商业规则，而只提虚构的受众或公众的假定需求。娱乐的观念被炫耀地拿来证明若据其他理由则会因种族主义、性别主义、都市主义以及其他主义而受到批判的表述是正当的。简言之，勿被诸如某些讨厌的东西“不过是娱乐而已”的说法所蒙骗。[②]

的确，娱乐以追求本真快乐、偏向感官享受、拒绝深度思维为基本特质，实质隐匿了其背后的商业逻辑。娱乐最大的益处就在于能够让我们身心愉悦，暂时摆脱现实的烦恼。但是，它的杀伤力也正源于此。因为娱乐是我们每个人的内在需求，所以尽管从来没有任何外在力量强制我们参与娱乐，但是我们却依然乐此不疲，而且常常会在不知不觉中沉迷其中，将娱乐中的规则、秩序幻化为对现实的想象，进而被麻痹了“神经”、丧失了自我却不自知。

有鉴于此，马尔库塞（Herbert Marcuse）悲观地指出，处于文化工业中的我们已经蜕化为一群丧失了否定、批判和超越能力的“单向度的人”，“如果大众传播媒介能把艺术、政治、宗教、哲学同商业和谐地、天衣无缝地混合在一起的话，它们就将使这些文化领域具备一个共同特征——商品形式。发自心灵的音乐可以是推销术的音乐。所以，重要的是交换价值，而不是真实的价值。从根源上看，现状的合理性和一切异己的合理性都服从于此”[③]。也正是基于这样的考量，赫胥黎在《美丽新世界》中的预言才显得那样掷地有声：“人们感到痛苦的不是他们用笑声代替了思考，而是他们不知道自己为什么笑以及为什么不再思考。”[④]

二、娱乐低俗化

今天，娱乐消费日益成为人们日常生活的兴趣中心。因此，娱乐产品的品质也就越发显得重要起来。新时期以来，我国传媒开始步入产业化道路。不可否认，媒介行为的市场化从根本上解放了传媒的生产力，并为媒体竞争注入了新的活力和动力。与此同时，越来越多的媒体在市场化的浪潮中逐渐迷失本性，为了获得最大的经济利润而抛却媒体应有的职业理念和应尽的

---

① 梅琼林：《谈大众传媒的娱乐化现象》，载《新东方》，2005（4）。

② ［美］约翰·费斯克，李彬译注：《关键概念——传播与文化研究辞典》，96页，北京，新华出版社，2004。

③ ［美］赫伯特·马尔库塞，刘继译：《单向度的人——发达工业社会意识形态研究》，53页，上海，上海译文出版社，1989。

④ 转引自［美］尼尔·波兹曼，章艳译：《娱乐至死》，211页，桂林，广西师范大学出版社，2004。

社会责任，发行量、收视（听）率、点击率的高低成为衡量传媒成功与否的唯一标准。这种对于市场化、产业化的庸俗理解，势必会带来娱乐产品的低俗化。所谓娱乐低俗化，是指娱乐产品的内容低级、格调低下、取向媚俗、导向庸俗，突破了社会公众的心理承受底线，挑战了社会公共道德和价值体系。

（一）内容低级，格调低下

内容吸引人是娱乐节目制胜的关键。现实中，娱乐生产者往往在内容的选择和控制方面绞尽脑汁。于是满足受众需求蜕变成了无底线的取悦与迎合。娱乐低俗化的一个首要表征就是娱乐产品的内容低级、格调低下。

2003年，湖南电视台娱乐频道推出一档全新的气象预报节目《星气象》。该节目的片头是主持人“星姐”着装暴露地躺在沙发上，并“秀”出搭在沙发靠背上的双腿。节目甫一播出，迅速引起舆论热议，有学者指出这是一种涉嫌色情的天气播报方式。在巨大的舆论压力下，这档节目被“因故停播”。

2012年11月24日，江苏教育电视台综艺节目《棒棒棒》邀请了此前因言论出位、着装裸露而“出名”的女艺人干露露和她的母亲及妹妹。节目录制现场，在互动问答环节，干露露三人与观众产生分歧，随即用污秽、肮脏的语言对观众及随后采访的媒体进行谩骂。“撒泼录像”被网友上传至视频网站后，引起社会各界的关注。干露露三人做派之嚣张、逻辑之荒谬、影响之恶劣引发众怒。多家媒体就此事刊发了评论，予以严厉谴责。

应该说，电视节目录制过程中出现诸如嘉宾情绪失控等意外，原本可以谅解，因为这属于节目制作中的不可控因素。但是，如果媒体事先已经预料到甚至期盼这样的结果，那就另当别论了。事实上，此前干露露母女大肆进行色情炒作等行为早已“家喻户晓”，《棒棒棒》栏目组不可能不知道她们的这些“劣迹”。之所以仍坚持安排她们上节目，原因只有一个，无非就是为了吸引观众的眼球，进而博收视率，但是，这种“司马昭之心”所带来的后果却极为恶劣。

节目播出四天后，当时的国家广电总局发出公告：“江苏教育电视台《棒棒棒》节目无视相关规定，对录制现场的恶言丑行不加制约，任其放肆，致使粗俗视频网上流传，放大了丑恶现象，违背了媒体职业道德，败坏了媒体形象。”因此，责令该节目立即停播，并要求“各级各类广播电视媒体，以及包括网络、移动终端在内的各类视听新媒体，应从这一事件中吸取教训，严禁丑闻劣迹者在视听节目中发声出镜”①。

（二）取向媚俗

为了最大限度地赢得受众，进而获得广告商的青睐，不少娱乐产品的制造者们唯利是图，取向媚俗，一味迎合市场的某些低级趣味和接受需求，丧失了起码的文化意味和媒体尊严。譬如，在选秀节目中，不少制作方片面地理解观众的收视兴趣，为了增加节目的看点，刻意营造冲突，制造话题。于是，我们经常可以看到评委在对选手点评时不乏嘲笑、贬损甚至人身攻击，有些评委之间也不时互掐、互骂，甚而大打出手。

---

① 许青红：《广电总局责令停播〈棒棒棒〉》，载《京华时报》，2012-11-29。

再如，近年来，国内出现的大量“抗日神剧”也体现了这种媚俗化的取向。这些影视作品不仅戏说历史，甚至篡改历史，“‘抗日’逐渐简化为一种故事背景，其内核被悄悄替换成武侠剧、偶像剧，即使主线仍是‘抗日’，武打、枪战、爱情、时尚、性感等类型元素也统统裹挟进来”。于是，“抗日神剧”的出现也就不足为怪了。

> “八路军战士”像撕鱿鱼片一样徒手将敌人撕成了两半，“鬼子”血肉横飞，英雄凛然一笑。“八路军女战士”被一群日军侮辱后，腾空跃起，数箭连发，几十名“鬼子兵”接连毙命。绣花针、铁砂掌、鹰爪功、化骨绵掌、太极神功轮番出现，取敌人首级如探囊取物。①

当然，这背后还有着巨大的经济利益在驱使。在很多制作方看来，拍摄这种经过娱乐包装后的“抗日神剧”，既能够帮助民众“解恨”，也能够保证较高的收视率。以“手撕鬼子”情节引发争议的《抗日奇侠》却在多地成为收视冠军，第二轮播出，每集费用达到200万，利润翻倍；设计一枚手榴弹炸毁日军一架飞机情节的《永不磨灭的番号》的利润则达到300%。在巨大利润的驱使下，影视剧的制作方必然要迎合市场和某种社会情绪。2012年9月，中日“钓鱼岛事件”升级，电视剧《箭在弦上》出品方根据该剧画面，连夜制作了一段视频宣传“保钓”，名为《美女射鬼子！射，射，射!》。视频中女主人公手持弓箭，在1分27秒内射杀了34个持枪鬼子。②

应该看到，抗日战争是全体中国人民无法抹去的民族灾难与民族记忆。电视剧虽然是娱乐产品，但是也必须尊重历史，尊重民族情感。不负责任的迎合甚至误导，不仅是对历史的嘲弄与不敬，更会对民族精神产生极其不良的影响。诚如军旅作家王树增先生指出的那样，“手撕鬼子”等恶搞军史、戏说历史、歪曲史实的现象“属于社会的精神缺口”，其实就是在“毁坏我们民族的精神图谱”，因为“要搞垮一个民族，最便捷的方法是在精神上釜底抽薪”③。与此同时，时下也存在一种为娱乐制作者们辩护的观点，该观点以“满足公众的兴趣”为借口，表示“是社会和民众的需要才催生了这些有问题的娱乐产品，因此，不能把责任完全归咎于娱乐制造者”。这种观点看似有一定道理，实则是一种狡辩。在我们看来，新闻学者李良荣教授的剖析就是对这种观点最有力的反驳：

> 这些年来，从虚假新闻到煽情新闻，从粗制滥造的警匪纪实片到全国上演的真人秀，从无厘头的猜奖游戏到打情骂俏的综艺节目，都为提高收视率不择手段，不计后果，不顾脸面。前一阵子，各地喧嚣一时的相亲节目里，那些“傍富女”、“炫富男”受到电视台的热捧，这样的红男绿女在世界任何国家都会被公众所不屑，我国的有些传媒却把他们当作宝，难道他们真的无知？非也，那真叫利令智昏，我们的传媒在揭露和曝光那些向江河湖海排放污水的企业时，声色俱厉甚至声泪俱下。但一些媒体本身却在向社会排放精神上的

---

① 董阳：《“抗日神剧”罔顾公共理性》，载《人民日报》，2013-03-29。

② 参见黄一磬、张雪彦：《〈抗日奇侠〉“撕鬼子”收视飘红　一集卖200万》，见http：//www.nfmedia.com/，2013-03-07。

③ 张婷霆、张翼飞：《每个人都应“养护”互联网的浩然之气——专访著名军旅作家王树增》，载《解放军报》，2014-12-05。

污泥浊水，毒化我们的精神空间，这一切后果由社会承担，媒体却收获真金白银，它们同样是社会公害。[①]

所谓媚俗其实就是一种无底线的迎合，迎合的恰恰是与社会公共道德、主流文化相悖的某种低级趣味甚至极端化价值观。无须赘言，媒体当然要满足社会大众的文化需求。但是，人的需要是分等级的，作为文化产品的输出者，大众传媒有责任也有义务引导社会大众的娱乐取向，须知通俗并不等于媚俗。

（三）导向庸俗

所谓导向庸俗，主要是指渗透在娱乐产品中的是一种平庸、鄙陋的价值观念。本真的娱乐应该是用简单的方式让人获取快乐，其中不应夹杂太多不属于娱乐范畴，却又对娱乐方向产生误导的东西。然而，在现实中，我们很容易就能发现，大众传媒上出现的娱乐产品多半没有那么单纯，隐藏在其背后的是多方利益的博弈。

一方面，各种影视、歌舞、体育明星等被大众传媒追捧为“文化英雄”。尤其从2004年《超级女声》火爆荧屏之后，选秀节目开始在我国大行其道。媒体连篇累牍的报道与“放大”使聚光灯下一届一届胜出的“超女”、“快男”、“中国达人”、“中国好男儿”、“中国好声音”等，逐渐被打造成“全民偶像”。媒体上充斥着他们成名之后被无限放大的出场费、身价、广告代言费等等，仿佛在向公众施加强烈的心理暗示，参加选秀可以“一秀成名”、“一秀暴富”，从而可以规避辛苦的付出，大大缩短个人奋斗的历程。而在现实生活中，人们也津津乐道于这些全民偶像的服饰、语言，甚至他们的一颦一笑也都成了年青一代模仿的对象。为了能够像“超女”、“快男”、“好声音”那样“一唱成名”，许多青少年甚至不惜放弃学业而奔波于各类“选秀”活动的现场。

另一方面，很多娱乐节目的选手、嘉宾为了成名不择手段，常常通过出格的语言、夸张的动作来“博出位”。譬如，《非诚勿扰》有一期节目中一位女生就明确说出“宁可坐在宝马里哭，也不愿坐在自行车后面笑”。还有一位刚满20岁的女生上婚恋节目的原因居然是要找一个富有的男友来“包装”自己进入演艺圈。你可以骂她们庸俗拜金、浅薄无知，但是，不可否认的是，经由大众传媒的扩散，她们已经被公众所关注，尤其是对青少年的影响业已形成。有评论指出，“诸如此类赤裸裸、散发‘人性恶臭’的所谓‘爱情表白’，挑战了社会的公序良俗和道德文明底线，不仅污染了荧屏，也污染了人们的心灵，尤其对青少年造成了极其错误的‘价值引导’”[②]。

再如，近年来出现的一批所谓的“网络红人”也常常会采用这种出位的方式。“木子美”靠在网络上晒自己的性爱日记成名，“芙蓉姐姐”靠在水木清华BBS发布自己的生活照而出名，“竹影青瞳”靠实时更新自己的裸照走红，“凤姐”靠发布一系列“雷人”言论而成为“网络红人”。反思这些“网络红人”的成名过程，我们经常会看到大众传媒的身影。比如，“芙蓉姐姐”走红之后，多档娱乐节目邀请其参与。在一档娱乐节目中，三位主持人轮番捉弄她，一

---

① 李良荣、童希：《互联网时代新闻报道新思维》，载《现代传播》，2010（10）。

② 孙维国：《担忧社会风气更要批判过度娱乐化和低俗》，见 http：//www.gmw.cn，2011-10-27。

会儿问“芙蓉姐夫”去哪儿了，一会儿又要求“芙蓉姐姐”在寒冷的冬天赤足跳舞……“凤姐”成名后，也获得多档娱乐脱口秀节目的邀约，更有主持人不断诱导其说出“雷人”言论，以博得更高的收视率。

至此，大众传媒有意无意成为“网络红人”的“推手”。我们要追问的是，明明知道这些“网络红人”就是以这种方式来获得点击率的，媒体为什么还要煞有介事地给他们大放厥词的机会？在这个过程中，呈现庸俗的媒体自身也就不可避免地成为庸俗的“代言”。

（四）丧失底线

娱乐低俗化的最极端形式就是丧失底线，即为了追求高关注度背后的巨额利润，娱乐制作者们无所不用其极，甚至丧失了人的底线。

譬如，在娱乐新闻的采制中，一些媒体注重挖掘的不是明星在“公共领域”的新闻，而纷纷将触角伸向他们的“私人领域”，特别是有关他们的家庭、私生活等方面的内容。一些娱乐记者为了挖掘明星、名人的隐私，不惜触犯法律，潜入别人家中、卧室这些纯粹私人空间进行偷拍偷录。

2007年，一位狂迷香港明星刘德华13年之久的兰州女孩杨丽娟通过媒体的报道进入大众的视野。杨在13岁那年因为梦见刘德华，遂开始疯狂的追星之路。而更令人意外的是，为了支持女儿追星，杨父不仅卖了唯一的房子，更准备卖肾。当要求见刘德华的要求没有得到满足后，杨父最终在香港跳海自尽，此事后来被称为“杨丽娟事件”。

2014年，淡出公众视线七年之后，杨丽娟再次接受媒体采访，指出当年的她是被某些媒体误导了。事实上，的确有不少媒体在“杨丽娟事件”中扮演了不光彩的角色。据报道，北京一家电视台娱乐记者找到杨家，承诺能够帮助杨丽娟见到刘德华，并在节目中以跟拍的形式播放了杨家的追星生活。此后，又有多家媒体提出资助杨家赴港，帮杨丽娟圆梦。当杨父自尽后，从香港到广州、从广州到兰州，各大媒体展开了更为激烈的竞争：不仅派出强大的报道队伍一路追踪，有的还试图“买断”独家新闻。一家网站甚至派出记者以全程安排杨丽娟母女的路费及食宿来垄断新闻源。某报记者还专门策划了一网络歌手对杨丽娟母女的资助活动，并在北京举行了盛大的捐赠仪式。不难看出，这起悲剧性事件是由诸多原因造成的，而不少媒体丧失底线地“炒”新闻、“策划”新闻则是一个重要的外推力。对此，香港《文汇报》的“社评”就曾一针见血地指出：

> 内地部分媒体早就介入杨丽娟追星事件的全过程，推波助澜之下，令事件愈演愈烈。在助长杨家追星疯狂行为乃至酿成杨父蹈海身亡方面，部分传媒难辞其咎。杨父身亡后，部分媒体又出钱把杨家母女接到深圳，从深圳接到兰州，再从兰州接到北京接受歌手捐赠。在所谓新闻策划下，一幕悲剧被传媒利用为炒作和扩大销路的对象，这亦显示内地部分传媒质素下滑。内地传媒应吸取教训，承担起提升读者质素的社会责任。①

---

① 转引自《谁在导演刘德华粉丝门悲剧》，载《新快报》，2007-04-10。

低俗化是当下娱乐生产中一个必须重视的问题，如果这个问题得不到有效的解决，那么，长此以往，我们必将陷入这样一种危险境地——“人们在汪洋如海的信息中日益变得被动和自私；真理被淹没在无聊烦琐的世事中；我们的文化成为充满感官刺激、欲望和无规则游戏的庸俗文化；人们由于享乐而失去了自由。一句话，我们将毁于我们热爱的东西。”①

三、新闻娱乐化

新闻娱乐化，西方用 infotainment（information 和 entertainment 的合成词，由媒介分析家本·巴路迪肯提出）表示，中国内地和港澳台地区以及新加坡等国家则使用“新闻娱乐化”来描述新闻传播中存在的新闻与娱乐合流、彼此界限日益模糊的现象。据此，媒介环境学派“主将”尼尔·波兹曼也不得不发出如此感慨：“我的问题不在于电视为我们展示具有娱乐性的内容，而在于所有的内容都以娱乐的形式展现出来。”②

下面我们将从三个层面来阐释这一现象。

（一）成因

新闻和娱乐的本质完全不同，新闻的价值在于传播公众生存与发展所必需的信息，娱乐的作用则主要是帮助人们释放压力、寻找快乐。二者原本应该泾渭分明，那么，为什么会产生新闻娱乐化现象？

其一，这是传媒产业属性的一个重要体现。

传媒业首先是一种文化产业，新闻和娱乐都是传媒业的重要内容与产品。从这个意义上说，传媒报道新闻也好，制造娱乐也罢，最终目的必然都落脚到获取经济效益上。加之日趋激烈的市场竞争，无法吸引受众的传媒产品自然会被市场所淘汰。这样，新闻娱乐化成为传媒业赢取竞争的一条捷径。还是麦克卢汉说得在理：“想使媒介成为普遍为人接受的商业公司，必然千篇一律地满足于追求‘娱乐性’，以此作为一种中性的策略。再也找不出比这种策略更像是鸵鸟政策的了，因为这一策略能保证任何媒介的最大渗透力。”③

对于传媒而言，很多时候，报道新闻是有风险的，因为要涉及政治、经济、文化等各种因素，有时即使报道出来，也不一定能够引发公众的兴趣。相比之下，娱乐却是既安全又省心的内容，因为几乎没有人不喜欢娱乐。于是，用娱乐来包装新闻，就成为一种重要的传媒策略。

其二，这是由人们的接受心理和特点决定的。

从某种意义上说，人们接收新闻大多是一种被动的行为，因为很多时候新闻影响了我们的生存，所以我们不得不关注新闻。而娱乐却多半出于人的主动心理，因为追求快乐、逃避痛苦是人的天性。因此，相对于接受纯粹有时甚至有些枯燥的新闻，人们更易于接受含有娱乐的内

---

① ［美］尼尔·波兹曼，章艳译：《娱乐至死》，1 页，桂林，广西师范大学出版社，2004。

② 同上书，114 页。

③ ［加］马歇尔·麦克卢汉，何道宽译：《理解媒介——论人的延伸》，376 页，北京，商务印书馆，2000。

容以及活泼的形式。由此，“娱乐性的信息和娱乐化的新闻因为能满足人们的一时快感而流行于世，也就自在情理之中了”①。

事实上，追求新闻的“可读性”，历来就是新闻界追求新闻传播效果的一种重要的手段。对此，1993年出版的《新闻学大辞典》对“可读性”解释得非常全面：

> （1）新闻内容与新闻形式完美结合的尺度，新闻提供的事实同受众利害相关，有新闻价值，是可读性的支柱，表现这些事实的形式——编排、文体、写作、文采、风格优美，是可读性的阶梯。深入了解受众广泛的需求，才能有针对性地提供他们迫切关注的新闻；加强基本功训练，才能掌握受众喜闻乐见的文体写作和编排技巧。增强可读性是对新闻工作的总体要求。增强可读性是为了更好地指导受众和为受众服务，是新闻工作者的不可推卸的责任。
>
> （2）新闻学名词，由西方新闻学首先提出，指新闻便于阅读、吸引读者的特性。可读性的内容有：简洁明了，开门见山，形象具体，生动活泼，通俗易懂，亲切感人，遣词造句大众化等。②

一句话，再重要的新闻内容也存在着“怎么说”的问题。如果一则题材重大的新闻，其表现形式生动活泼，通俗易懂，则其一定具有良好的传播效果。从这个意义上说，新闻娱乐化也具有一定的积极意义，它起码意味着传媒真正开始尊重受众的需要，重视传播的效果。

（二）特质

“新闻娱乐化”现象不仅存在面广（报纸、广播、电视、杂志、网络新闻中都有不同程度的体现），而且呈现形式多种多样：在内容上，减少了严肃新闻的比例并且偏重于软新闻，将名人趣事，日常事件，以及带煽情性、刺激性的犯罪新闻、暴力事件，灾害事件，体育新闻，花边新闻等软性内容作为新闻报道的重点；在表现形式上，强调故事性、情节性，适度加入人情味因素，增强贴近性，甚至一味追求趣味性和吸引力，为了强化事件的戏剧悬念或煽情、刺激的方面而选择新闻的故事化、文学化道路。③

1993年，美国著名电视制作人丹·拉瑟惊呼：“我们已经变成了好莱坞，我们已经屈从于新闻的好莱坞化了——因为我们担心不是这样。我们化重要为琐碎……而仅仅为了掩饰我们的愚行，我们将最好的时段给了闲言碎语和奇闻。”④

我国的新闻娱乐化现象大约始于20世纪中后期，伴随晚报、都市报的崛起而兴起。知名主持人白岩松曾在“中国电视节目主持人25年论坛”上指出：“现在的娱乐正在突破道德的底线，所有的节目都在娱乐，连新闻都要娱乐，我们已经疯了。”⑤

---

① 吴飞、沈荟：《现代传媒、后现代生活与新闻娱乐化》，载《浙江大学学报》，2002（5）。

② 甘惜分：《新闻学大辞典》，16页，郑州，河南人民出版社，1993。

③ 参见吴飞、沈荟：《现代传媒、后现代生活与新闻娱乐化》，载《浙江大学学报》，2002（5）。

④ 转引自［美］迈克尔·埃默里、埃德温·埃默里，展江、殷文主译：《美国新闻史：大众传播媒介解释史》（第八版），568页，北京，新华出版社，2001。

⑤ 转引自欧阳宏生、闫伟：《快乐有度　过犹不及——对当前“电视娱乐化”问题的再思考》，载《当代电视》，2010（2）。

目前，新闻娱乐化主要表现在两个方面。

1. 软新闻增多，严肃新闻减少

20 世纪 90 年代中后期以来，西方新闻界开始出现新闻娱乐化的潮流，辛普森杀妻案、戴安娜王妃之死和克林顿绯闻案的报道成为西方新闻娱乐化的三大标志性事件——媒体对辛普森案报道的关注点不在于反思美国的种族和司法问题，而是要炒作名人凶杀案；关注戴安娜不是宣传她对公益事业的贡献而是发掘她的私生活；关注克林顿绯闻案和独立检察官斯塔尔的报告，不是要反思美国总统的品行和美国的司法制度，而是要炒作总统的风流韵事。许多研究表明，媒体中严肃新闻的比例逐年减少，与之相对应的是，名人趣事，日常事件及带煽情性、刺激性的犯罪新闻、暴力事件，灾害事件，体育新闻，花边新闻等软新闻的比例却呈上升趋势。1998 年底，美国新闻工作者协会和梅迪尔（Medill）新闻服务局合作进行了一项调查研究，该研究主要考察《纽约时报》、《华盛顿邮报》、《今日美国》、《洛杉矶时报》美国四大报 1977—1997 年这 20 年间新闻报道的状况，结果发现头版内容构成发生重大变化：硬新闻从 1977 年的 60%下降为 1997 年的 30%，以丑闻为重点的新闻从 4%上升到 12.5%，有关生活质量的报道从 4%上升到 8.3%，对稀奇古怪事物的报道从 0.5%上升到 4%，还有其他趣味类报道从 2%上升到 5%，也就是说，软新闻从过去的 8%上升到 25%。①

2. 新闻播报手法的娱乐化

尼尔·波兹曼曾生动地描述了新闻节目重视娱乐化形式的表现：

> 即使是报道悲剧和残暴行径的新闻节目，在节目结束之前，播音员也会对观众说："明天同一时间再见。"为什么要再见？照理说，几分钟的屠杀和灾难应该会让我们整整一个月难以入眠，但现在我们却接受了播音员的邀请，因为我们知道"新闻"是不必当真的，是说着玩的。新闻节目的所有一切都向我们证明了这一点——播音员的姣好容貌和亲切态度，他们令人愉快的玩笑，节目开始和结束时播放的美妙音乐，生动活泼的镜头和绚丽夺目的各类广告——这一切都告诉我们，没有理由为电视上的内容哭泣。简单地说，新闻节目是一种娱乐形式，而不是为了教育、反思或净化灵魂，而且我们不能过于指责把新闻做如此定位的人。他们播报的新闻不是为了让人读，也不是为了让人听，他们的新闻是让人看的，这是电视自身所指引的方向，他们必须遵循。这里没有阴谋，没有智力欠缺，只有坦白的观点："好电视"同用于陈述的语言或其他口头交流形式无关，重要的是图像要吸引人。②

21 世纪初，"用娱乐的方式报道新闻"成为我国许多新闻媒体倡导的口号，媒体不仅不遗余力地寻找并不断放大普通新闻甚至严肃新闻中的娱乐元素，而且对新闻报道的语言、编排方式、节目包装等方面都进行了娱乐化的改造。这是因为"媒体多了，新闻少了，独家新闻的形态发生了变化。于是，制造形式，尤其是'有意味'的形式就成为各家媒体吸引读者的新招数"③。譬如，以方言播报新闻的地方电视新闻栏目就是其中的一个典型。在这类节目中，主

---

① 参见李良荣等：《当代西方新闻媒体》，35 页，上海，复旦大学出版社，2003。

② ［美］尼尔·波兹曼，章艳译：《娱乐至死》，114～115 页，桂林，广西师范大学出版社，2004。

③ 金涛：《政治新闻的泛娱乐化现象析》，载《新闻记者》，2004（4）。

持人一改以往严肃的面孔，开始以调侃的语调、幽默的语言把日常生活中的新闻“说”给大家听，娱乐化、本土化、口语化的新闻播报方式迅速得到观众的认同，各地方电视台纷纷创办同类节目，杭州电视台西湖明珠频道的《阿六头说新闻》、山东齐鲁电视台的《拉呱》、嘉兴文化影视频道的《今朝多看点》都是其中的代表性节目。

（三）影响

新闻娱乐化会给传媒、社会以及公民带来哪些层面的影响？这是我们普通公民应该了解及至理解的重要问题，因为它关涉我们媒介素养的提升。

我们认为，娱乐是公民生活、社会文化所不可或缺的组成部分，新闻报道可以引入娱乐性元素，以增强报道的可读性与通俗性。但是，“娱乐化”只是一种手段，提供新闻才是目的。“以通俗的表达方式来确保信息传播的效果本来没有错，但是当本末倒置，当通俗与娱乐成为目的，而新闻与信息成为娱乐的载体与素材时，新闻就被娱乐化了，失去了其本身的社会价值。”① 更何况并非所有的新闻都可以进行娱乐化处理，有的关乎人类生存发展的新闻，一旦被娱乐化了，反而会降低人们对于新闻中真正重要内容的关注度。

对此，美国两位新闻学者比尔·科瓦齐和汤姆·罗森斯蒂尔在《新闻的十大基本原则》一书中专门论及了“新闻娱乐化”现象的问题，简约而充满洞见，不妨作为本章的结束语：

> 历史的经验表明：倾向于信息一级的组织最终将超过趋向于娱乐一级的组织。从长远看，仅仅依靠娱乐并不能吸引受众，这是失败的新闻商业策略。其原因简单而且有说服力，一共有三条。首先，如果仅仅提供琐事和娱乐，会败坏一些人对所有信息的胃口和期待。娱信战略带来的第二个长期问题是，它损害了新闻机构传播严肃新闻的权威性，赶走了那些想要看严肃新闻的观众。最后，娱信战略作为一个商业计划存在缺陷，因为作为新闻媒体，当你将新闻变成娱乐之时，就是在以己之短攻其他媒体之长。新闻机构如何能够在娱乐上和娱乐机构相抗衡？为什么它要这么做？新闻的价值和魅力就在于其与众不同。新闻的基础是与公众密切相关的。②

【本章小结】

作为现代生活不可或缺的组成部分，娱乐是人们追求“幸福生活”的重要途径，可以帮助人们释放压力，暂时摆脱现实的烦恼，同时，它还具有实现心理抚慰、建构心理平衡和营造心理认同等心理调节的作用。“游戏”是娱乐的本质，“互动”是娱乐的形式，“快乐”是娱乐的指归。从根本上说，娱乐是具有意识形态性质的商品。因此，对于现代公民而言，我们在享受娱乐带来的快乐的同时，更应该学会反思娱乐，辨析娱乐的问题，规避娱乐的负面影响，做一个理智、清醒的娱乐产品的消费者。“娱乐低俗化”和“新闻娱乐化”是我们应该警惕的现象。

---

① 李良荣、张春华：《诊断中国传媒娱乐化》，载《新闻界》，2007（6）。

② ［美］比尔·科瓦齐、汤姆·罗森斯蒂尔，刘海龙、连晓东译：《新闻的十大基本原则：新闻从业者须知和公众的期待》，173～175页，北京，北京大学出版社，2011。

“娱乐低俗化”是指娱乐产品的内容低级、格调低下、取向媚俗、导向庸俗，突破了社会公众的心理承受底线，挑战了社会公共道德和价值体系。“新闻娱乐化”描述了新闻传播中存在的新闻与娱乐合流、彼此界限日益模糊的现象。

【思考与训练】

1. 为什么说对于娱乐的鉴赏与辨析是现代公民媒介素养的一部分？
2. 娱乐有哪些基本特点？
3. 娱乐有什么功能？
4. 什么是娱乐低俗化？它有哪些基本表现？
5. 什么是新闻娱乐化？请结合当下的媒体实践，阐释新闻娱乐化的主要表现。
6. 选择一档娱乐节目，尝试分析其基本特点以及可能存在的问题。

【延伸阅读】

1. ［美］赫伯特·马尔库塞，刘继译：《单向度的人——发达工业社会意识形态研究》，上海：上海译文出版社，1989。
2. ［美］戴安娜·克兰，赵国新译：《文化生产：媒体与都市艺术》，南京：译林出版社，2001。
3. ［美］尼尔·波兹曼，吴燕莛译：《童年的消逝》，桂林：广西师范大学出版社，2004。
4. ［美］西蒙·弗里斯：《娱乐》，见［英］詹姆斯·库兰、［美］米切尔·古尔维奇，杨击译：《大众媒介与社会》，北京：华夏出版社，2006。
5. 李良荣等：《当代西方新闻媒体》，上海：复旦大学出版社，2003。
6. 李良荣、张春华：《诊断中国传媒娱乐化》，载《新闻界》，2007（6）。
7. 吴飞、沈荟：《现代传媒、后现代生活与新闻娱乐化》，载《浙江大学学报》，2002（5）。
8. 周树华、叶银娇、徐洁：《论娱乐的社会和心理功能》，载《现代广告》，2005（10）。
9. 叶秀端、刘兆君：《从松弛走向迷醉——试析技术演进中的电视娱乐节目游戏本性》，载《当代电影》，2006（1）。

第六章

广　　告

【学习要点】

认识广告的定义与特性，了解广告对于社会、消费者、企业与传媒的作用，能够识别不同类型的广告。能够深刻理解说服是广告的本质，能够有效区分广告的两种诉求方式，掌握理性诉求和感性诉求各自不同的内涵与要求，熟悉广告说服消费者的五大策略，即诉诸“独特”、诉诸幽默、诉诸性感、名人代言和重复，明白我们究竟是如何被广告打动的。在此基础上，学会运用批判的眼光来反思广告的问题以及不良广告的负面影响。

第一节　广告：社会经济的“晴雨表”

今天，广告已经渗透到我们社会生活的方方面面，甚至可以毫不夸张地说，作为现代公民，我们无时无刻不处在各种广告的包围之中。这至少表明了两个问题：

第一，广告业已成为现代社会不可或缺的组成部分，其影响力正日益凸显；

第二，伴随广告制作的日趋专业化，对于普通消费者而言，如何迅速甄别各类广告的好坏优劣，培养并不断提高自身的广告素养，理性地对待广告进而合理地消费、和谐地生活，都成为现代公民必须着力解决的议题。

一、广告的定义

有些时候，越是我们熟悉的事物，越难给出一个相对明确的定义。广告就是这样。作为消费者，尽管我们每天都会面对成千上万条广告信息，却未必能够精准地说出广告的内涵。事实上，广告的概念也是伴随历史的发展而不断演进的，不同历史时期、不同国家对广告的理解都会有一定的差异。

“广告”一词来源于拉丁语“adverture”，有“吸引人心、注意或诱导”的意思。大约在1300—1475年才演变为中古英语的“advertise”一词，其含义是“一个人注意到某种事情”，后来又演变为“引起别人注意，通知某件事”。直到17世纪末18世纪初，英国开始展开大规模商业活动时，“广告”一词才逐渐流行起来。日本首次将“advertising”译为广告，约在明治五年（1872年）。[①]

民国初年，我国开始启用“广告”一词。[②]

1890年以前，西方社会对广告较为普遍认同的一种定义是：“广告是有关商品或服务的新闻。”[③]

20世纪初，被誉为“现代广告之父”的艾伯特·拉斯克（Albert Lasker）将广告定义为“由因果关系驱使的以印刷为形式的推销术”[④]。

1948年，美国营销协会定义委员会（the Committee on Definition of American Marketing Association）将广告界定为：“广告是由可确认的广告主，对其观念、商品和服务所做之任何方式付款的非人员性的陈述与推广。”[⑤]

美国广告主协会则将广告定义为：“广告是付费的大众传播，其最终目的是为传递情报，改变人们对广告商品之态度，诱发其行动而使广告主得到利益。”[⑥]

美国广告学权威威廉·阿伦斯（William F. Arens）在其名著《当代广告学》中采用的定义是：“广告（advertising）是由已确定的出资人通过各种媒介进行的有关产品（商品、服务和观点）的，通常是有偿的、有组织的、综合的、劝服性的非人员的信息传播活动。”[⑦]

1997年，我国出版的《广告词典》将广告界定为：“广告主付费，借助一定广告媒体向公众传递商品或劳务信息的经济宣传手段。”[⑧]

2008年出版的普通高等教育“十一五”国家级规划教材《广告学原理》则将现代广告定义为：“一种由广告主、个人或组织机构将经过编码的特定信息以适当的符号形式，通过一定的传播媒介反复传达给目标受众，以达到影响或改变目标受众的观念或行为的、公开的、非面对面的、有偿的信息传播活动。”[⑨]

虽然这些定义的表述各有侧重，但是却为我们认知广告的特性提供了不同的路径。综合起来，广告具有如下特性。

（一）广告首先是一种信息传播活动

从本质上说，广告首先是一种公开的、大众化的信息传播。这表明，广告传播的实质就是信息从广告制作者的“编码”到目标受众的“解码”的全过程。因此，构成广告的信息文本往往要求很高，既要明确、通俗易懂，又要具备一定的欣赏性。基于此，广告业常常被称为“创意产业”。

---

① 参见陈培爱：《广告学概论》，4～5页，北京，高等教育出版社，2004。
② 参见孙亮、翟年祥：《广告词典》，1页，成都，四川人民出版社，1997。
③ 陈培爱：《广告学概论》，5页，北京，高等教育出版社，2004。
④ ［美］威廉·阿伦斯，丁俊杰、程坪等译：《当代广告学》（第八版），8页，北京，人民邮电出版社，2006。
⑤ 陈培爱：《广告学原理》，2页，上海，复旦大学出版社，2008。
⑥ 陈培爱：《广告学概论》，5页，北京，高等教育出版社，2004。
⑦ ［美］威廉·阿伦斯，丁俊杰、程坪等译：《当代广告学》（第八版），8页，北京，人民邮电出版社，2006。
⑧ 孙亮、翟年祥：《广告词典》，1页，成都，四川人民出版社，1997。
⑨ 陈培爱：《广告学原理》，2页，上海，复旦大学出版社，2008。

（二）广告具有明确的传播主体和目标受众

广告主或广告客户是广告传播的行为主体。广告主往往基于特殊的需要而出资委托专业广告代理公司制作、发布广告。因此，广告主既要为广告出资，也要承担广告主要的法律责任。

作为一种信息传播，广告的归宿就是目标受众，即广告希望影响的人群。广告的目标受众不是某一个人，而是某一群人。因此，无论是西方的政治竞选广告，还是企业形象广告，还有各式各样的产品广告，都具有明确的目标受众。

（三）广告具有鲜明的传播目的

广告主之所以要发布广告，总是基于某一特定的需求，并希望借此达到一个特定的目标，这即是广告的目的。总体来说，任何广告都具有鲜明的传播目的。譬如，新产品上市都要向社会发布广告，其目的就是通过告知、推介来刺激目标消费者的购买行为。当美国四年一度的总统竞选开始时，不同党派的候选人都要花巨资制作、发布竞选广告，其目的非常明晰，就是“投我一票”。

（四）广告需要经由一定的传播渠道

作为一种信息传播活动，广告需要借助传播媒介才能实现信息的有效传播。尤其在媒介化社会中，广告对于各类媒介的依赖程度更加明显，从传统的报纸、广播、电视、网络，到手机、新型的社交型媒介微博微信等，加之户外的楼宇电视、互动电视等，几乎无所不包。

事实上，广告有广义和狭义之分。广义的广告泛指经济类广告和非经济类广告。经济类广告指有关商品销售或企业形象类的广告。非经济类广告主要指除经济类广告之外的所有广告类型，包括政府部门或其他社会团体、机构的公告、启事、声明等，以及个人的征婚启事、失物招领等。狭义的广告特指经济类广告。

二、广告的作用

广告有什么用？这是我们认知广告的一个实用性问题。当然，此处的广告主要指的是经济类广告。

（一）广告是经济发展的“晴雨表”

广告业的繁荣程度能够或直接或间接地反映一个社会经济发展的状况。一般而言，当一个社会经济快速发展时，广告业势必繁荣；而广告业不景气，则表明社会经济发展出现了某些问题。从这个意义上说，广告是社会经济的“晴雨表”。

作为一种信息传播形式，广告广泛地渗透在经济活动之中，有效勾连了生产、销售、消费等经济活动的各个环节，客观上促进了国民经济的健康发展。诚如美国广告学大师阿伦斯指出的那样：“对整体经济来说，丰富原则最能体现广告的重要性。”也就是说，在一个供大于求的经济状态中，广告有两大主要目的：“（1）不断告诉消费者他们有多重选择（完全信息）；

(2) 为企业更有效地争取消费者的金钱创造机会（自身利益）。”①

由此观之，广告实质就是连接生产与消费之间的桥梁，“广告为自由经济社会提供了丰富的物质机会、社会机会和文化机会，从而使劳资双方的生产力都得到了提高”②。

一方面，广告刺激了全社会的消费需求，反过来会影响生产环节，促使生产企业发掘出更大的市场，创造更多的就业机会，从而为社会积累更多的财富。同时，企业研发的新产品也为社会增添了新知识与新信息，从而带来了全社会文明水平的普遍提高。美国前总统富兰克林·罗斯福就曾说过：“若不是由广告来传播高水平的知识，过去半个世纪各阶层人民现代文明水平的普遍提高是不可能的。”③

另一方面，广告促进了新产品的开发与规模化生产，降低了商品的价格，从而建构了一个健康有序的市场环境。“广告是批量流通体系的一个元素，而批量流通体系又支持着许多生产厂家参与生产，进而才可能降低产品的单位成本，而这部分余额则可以以低价的形式转让给消费者，广告正是利用这种间接方式降低产品的价格。”④

（二）广告是消费者的“购物指南”

表面看来，广告似乎只是有利于付费的广告主。事实上，广告对于消费者的意义亦不可小觑。

1. 广告为人们的日常消费提供了诸多便利

广告帮助人们规整了市场上的产品信息，包括不同商品的性能、价格、产地、品牌、售后服务等决定消费者购买行为的重要因素。从某种意义上说，广告在提供“购物指南”的同时，也影响着人们消费习惯的形成。“广告成功的标志是产品有人买，为了做到这一点，广告必须使顾客达到四个层次的理解：(1) 了解某种商品的商标或公司；(2) 全面了解产品，知道产品的用途；(3) 确信他们应当购买这一产品；(4) 行动——购买那种产品。”⑤ 当一则广告清晰地为消费者提供了上述四个层面的理解时，也就意味着广告实现了其最本质的目的。

2. 广告刺激了人们的消费欲望

广告常常会通过对商品质量的夸赞、品牌识别度的推广等方式，刺激人们的消费欲望，进而促进人们的购买行为。“广告使人们把产品和自己所希望的形象挂钩，给他们提供了满足这些心理需求与达到这些愿望的机会。”⑥

3. 广告建构了人们的消费观念，激发了人们对于美好生活的向往与追求

广告在为人们提供多样化消费选择的同时，也培育了人们的消费观念。在广告的影响下，人们了解了品牌背后所彰显的生活方式与生活理念，由此也大大激发了人们对于美好生活的追求。英国前首相温斯顿·丘吉尔爵士就曾经谈到过广告的这种作用：“广告培育了人的消费力。

---

① ［美］威廉·阿伦斯，丁俊杰、程坪等译：《当代广告学》（第八版），60页，北京，人民邮电出版社，2006。

② 同上书，43页。

③ 转引自［美］大卫·奥格威，林桦译：《一个广告人的自白》，177页，北京，中国物价出版社，2003。

④⑥ ［美］威廉·阿伦斯，丁俊杰、程坪等译：《当代广告学》（第八版），57页，北京，人民邮电出版社，2006。

⑤ ［美］梅尔文·L·德弗勒、埃弗雷特·E·丹尼斯，颜建军、王怡红等译：《大众传播通论》，485页，北京，华夏出版社，1989。

它为人争取有一个美满的家庭，为自己和为全家争取有一个更好的衣着、更好一点的饮食立下了目标，它激发了个人的努力，也刺激了生产。”①

(三) 广告是企业参与市场竞争的“推进器”

广告促进了企业的市场竞争，其原因有以下几点。

1. 广告节约了企业的成本

从表面看，广告要花去一定的费用，有时数额还很庞大。但是，总体来看，与企业生产的成本相比，广告费用所占比例并不高。而且，广告的出现，原本就是用来代替企业销售人员面对面的推销。换言之，广告节省了企业销售方面的人力成本。试想，没有广告，企业要将自己的产品行销各地，就必须派出大量的销售人员挨家挨户去推销。如此一来，企业的成本势必大大提高。

2. 广告可以帮助企业通过推介产品来促进销售

这是广告对于企业最为直接的作用。美国广告人斯坦厄普·希尔顿（Stanhope Shelton）说：“一则几秒的电视广告可以装在一个直径两英寸半的药盒里。这个小药片盒是30个人几星期聚精会神劳动的成果。它是可以决定盈亏的。”②因此，一则成功的广告常常可以迅速建立品牌的知名度和辨识度，从而促进产品的销售。一项研究表明，在经济不景气时继续做广告或增加广告的企业，平均在2～3年后，增加了82%的销售量，而删减广告的企业平均只增加了45%的销售量。③

3. 广告有助于企业建立良好的公众形象

“形象”是企业生存的“软实力”，广告则可以帮助企业建构这种“软实力”。现实中，人们总是基于这样一个朴素的认知来揣度一个企业的实力，即能够花钱做广告的企业，总是具备一定实力的；能够在知名媒体上花重金做广告的企业，则一定实力不凡。譬如，每年都有很多企业参与中央电视台的广告招标，之所以要争当“广告标王”，大多都出于这样的认知。

除了展现实力以外，广告还可以帮助企业建立具有社会责任感、有爱心等正面的企业形象。例如，近年来，方正集团调整其品牌传播策略，其投资的IT系列形象广告和公益广告，以温情的表现手法，并融入活力、时尚等元素，成功塑造了方正集团“有责任感”、“有进取心”的品牌形象。其中，方正集团与中国国际广播电台轻松调频合作的“方正文化艺术基金”等项目不仅成功介绍了集团的多元业务，亦成为方正集团极具辩识度和传播效力的广告宣传。

(四) 广告是大众传媒的“生命之源”

现代媒体基本的盈利模式是：媒体首先通过其生产的新闻、娱乐等产品吸引一定的受众；再将受众的注意力资源卖给广告商。据统计，美国每年的广告费用总额中有60%以上用于支

---

① 转引自［美］大卫·奥格威，林桦译：《一个广告人的自白》，177～178页，北京，中国物价出版社，2003。

② 转引自上书，151页。

③ 陈培爱：《广告学概论》，63页，北京，高等教育出版社，2004。

付各种媒体；广告提供了60％左右的杂志成本经费、大约76％的报纸成本、几乎100％的广播和电视经费。① 因此，我们可以毫不夸张地说，广告是大众传媒的“生命之源”。

基于此，大众传媒总是千方百计地争取广告，来维持其运营，获取利润。麦克卢汉就曾精辟地指出，“分类广告栏（和股票行情）是报纸的根基”。据此，他进一步提出了“好消息”与“坏消息”之说。他认为，广告也是新闻，但广告的错处在于它们总是报告“好消息”；而报纸为了确保其热度和读者的参与，就必须登载诸如丑闻、灾害等“坏消息”。可以说，报纸就是利用“坏消息”来吸引读者看广告的。②

而对于广告商而言，势必要选择那些覆盖范围广、影响力大的媒体来投放广告。正如李普曼所言：“一份报纸要是得罪了那些本可以给它带来广告收益的人，它在广告商看来就不是一个好媒介。由于无人会宣称广告是一个慈善事业，所以广告商就要购买那些极有把握到达未来顾客手中的报刊版面。”③

三、广告的类型

依据不同的标准，广告可以分成很多类型。

例如：按照广告的覆盖区域，可以分为国际性广告、全国性广告和地方性广告；按照广告的目的，可以分为产品广告、企业广告、观念广告等；按照登载广告的媒介，可以分为纸媒广告、广播广告、电视广告、网络广告、户外广告等。

因为我们日常接触最多的就是不同媒介的广告，加之本书主要探讨媒介素养，所以，本部分我们将着重谈谈不同媒介的广告类型。

作为广告信息的承载者，广告媒体又称广告媒介、广告工具，是指用以刊登、播发广告，将信息输送给广大受众，在广告主与广告对象之间起桥梁作用的一切物质手段。④ 广告媒体的种类繁多，任何一种传播信息的物质工具都可用来发布广告。一般而言，广告媒介的分类方法主要有两种：一种是按其表现形式分类，可以分为印刷媒介、电子媒介等；另一种是按其功能分类，可分为视觉媒介、听觉媒介和视听兼备的媒介。不同媒介的广告范围、广告作用和广告效果各不相同。因此，在发布广告之前，广告主必须首先了解各类广告媒介的基本特点、优势与劣势，进而根据其产品的性质、针对的消费群体、销售范围和广告预算等因素来决定选择什么样的广告媒介。

不同媒体往往发挥着不同的作用和效果，其广告亦具有不同的特性。以下我们来介绍几种最为常见的媒体广告形式。⑤

---

① 参见端木义万：《美国传媒文化》，210页，北京，北京大学出版社，2001。

② 参见［加］马歇尔·麦克卢汉，何道宽译：《理解媒介——论人的延伸》，262～263页，北京，商务印书馆，2000。

③ ［美］沃尔特·李普曼，阎克文、江红译：《公众舆论》，258页，上海，上海人民出版社，2002。

④ 参见孙亮、翟年祥：《广告词典》，123页，成都，四川人民出版社，1997。

⑤ 本部分综合参见：孙亮、翟年祥：《广告词典》，成都，四川人民出版社，1997；李宝元：《广告学教程》，北京，人民邮电出版社，2002；江帆：《广告媒体策略》，杭州，浙江大学出版社，2004；陈培爱：《广告媒体教程》，北京，北京大学出版社，2005；丁淦林：《中国新闻事业史》，北京，高等教育出版社，2007。

（一）报纸广告

作为一种最早的新闻媒介，报纸与广告互动的历史可谓源远流长。1445 年，德国人古登堡发明了金属活字印刷术，加速了近代报纸的出现。17 世纪初，世界上第一张近代报纸《报道式新闻》（*STRASSBVRY*）在德国诞生。此后，新闻纸在欧洲大量出现，广告主们也由此看到了新的商机，开始在报纸上大量投放广告。1625 年，《英国信使报》刊出的一则图书出版广告，被视为世界上最早的报纸广告。1704 年 4 月 24 日，《波士顿新闻通讯》的创刊号上由于刊登了一则向广告商推荐报纸的广告，成为美国第一份刊登广告的报纸。1729 年，被誉为美国广告之父的本杰明·富兰克林，在其创办的《宾夕法尼亚报》（周刊）创刊号的第一版上，用艺术手法刊登了一则推销肥皂的广告。他以巨大的广告标题取代了新闻的重要版面，开创了报纸广告应用艺术手法的先河。①

中国报纸广告媒体的历史最早可以追溯到 1855 年。其时，由外国传教士于 1853 年创办的香港第一家中文报纸《遐迩贯珍》开始增出附刊《布告篇》，用以刊登各类广告。该报明确规定："凡印此招贴者，初次每五十字要银半元，再印者则半初价。若五十字以上，每字加一先令。"② 这是我国中文报刊史上首次出现的收费广告。

报纸广告大致可分为如下类型。

1. 常规报纸广告

常规报纸广告是最常见的报纸广告形式，它根据报纸广告所占的位置和版面大小，分为报眼、跨栏、通栏、双通栏、中缝、整版、小全版、半版等不同尺寸形式。③ 从形式上看，常规报纸广告可以是单独的文字广告或图片广告，也可以采用图片加文字解说的广告形式。在常规报纸广告中，还有一种广告，叫分类广告，它一般位于独立的广告版或者是报纸中缝。作为中小企业或个人偏好选择的一种广告类型，分类广告不仅成本低廉，而且能有效传递信息，但由于报社很难对数量巨大的分类广告一一核查，其真实性往往难以得到保证。

2. 特约栏目

特约栏目是报纸的某一栏目以企业冠名、特约刊登、征文或与报社联办协办的形式出现的一种广告类型。如"××企业中超排行榜"、"××企业杯母亲节征文大赛"，都属于这一广告形式。

3. 报纸夹页广告

夹页广告即是在报纸中夹带的单独的产品宣传广告，随着报纸发到订户手中。这类广告往往版面比较大，色彩一般比较鲜艳，有较强的视觉冲击力。④

4. 软性广告

软性广告在广告业内又被称为"软文"，它经常以新闻报道的形式出现，形似报纸正文，内容实为广告信息，属"绵里藏针"。由于广告制作者故意模糊了新闻与广告的界限，普通读

---

① 参见陈培爱：《广告媒体教程》，51 页，北京，北京大学出版社，2005。

② 丁淦林：《中国新闻事业史》，45 页，北京，高等教育出版社，2007。

③④ 参见江帆：《广告媒体策略》，15 页，杭州，浙江大学出版社，2004。

者往往难以甄别而信以为真，因而这类广告具有很强的隐蔽性和欺骗性。

(二) 杂志广告

杂志（magazine）一开始被译为中文的时候叫“统记传”，意思是无所不记。1904年商务印书馆在出版《东方杂志》时，第一次使用“杂志”一词指代这种定期出版物。1830年创刊的大众化杂志《便式画刊》和1841年诞生的《伦敦漫画新闻》是较早的廉价杂志。因为受到政府控制，杂志业的发展相对缓慢。以美国为例，19世纪30年代美国就出现了廉价报纸，但直到19世纪90年代才出现廉价杂志。1889年，穆塞创办了《穆塞杂志》，他开创了20世纪杂志业的基本盈利模式，即用廉价而大量发行的杂志来吸引广告商，从广告中获得利润。①

除了常规广告外，杂志尤其注重使用更具创意的广告形式，既让读者喜闻乐见，又能达到良好的说服效果。创意杂志广告主要有以下几种形式。

1. 折页广告

折页广告一般折叠后夹在杂志内，打开后比杂志本身大，其比例是杂志大小的1～4倍。这类广告的视觉冲击力很强，经常会选用名车或明星的精美图片，便于消费者收藏。

2. 联券广告

在杂志的广告版面上附有可以撕下的礼品券、优惠券、入场券等，这即是联券广告。它一般位于广告页的下端和右端，读者可以凭券领取实物或享受消费优惠。

3. 效果广告

效果广告是指通过将实物夹在杂志中来展示产品的效果。譬如，为了推销高档真皮制品，一些厂家会在杂志中夹上一页真皮，文字就印在真皮上，让读者真正体会什么叫“货真价实”。一家生产婴儿纸尿裤的厂商，甚至把尿布裁剪成了杂志大小，使其成为杂志中的一页，鼓励读者亲自测试该产品的吸水性。在现实生活中，这类效果广告颇受好评，不仅增加了杂志的附加值，有时甚至成为吸引读者购买杂志的主要因素。

4. 其他类型

此外，杂志还有一些运用别致手法呈现的广告类型。例如，将超薄的集成电路块夹到广告页中就成了有声广告，印有化妆品广告的页面会散发出化妆品的香味，经过剪割处理的页面打开后会产生立体感效果等。这些都能增强读者的注意力和提高广告的趣味性，让读者乐于接受而不产生逆反心理。②

(三) 广播广告

在电视尚未兴起之前，广播可谓是“风光无限”。20世纪80年代初，我国民众获取新闻的主要途径依次是：广播、报纸、电视。到了90年代后，随着电视的普及，广播受到前所未有的挑战，人们获取信息的主要途径开始改为：电视、报纸、广播。与之前的辉煌相比，广播开始步入“夕阳产业”之列。进入21世纪以来，伴随我国经济的高速发展，个人汽车拥有量的

---

① 参见陈培爱：《广告媒体教程》，72页，北京，北京大学出版社，2005。

② 参见李宝元：《广告学教程》，121页，北京，人民邮电出版社，2002。

日益增多带来了交通电台、音乐电台等一批广播电台的兴旺，广播媒体也由此重新焕发出勃勃生机。

从广告主的角度看，广播广告可以分为联播、点播和地方电台广播三类。

1. 联播

联播是广告主定购某一全国性广播网联播电台的时间，同时向全国市场传播自己信息的广告形式。但是，广播网只能为全国性广告主提供简单的管理，电台的纯成本效益较低。对于广告主而言，广播网的缺点包括：无法灵活选择联播电台、广播网名单上的电台数量有限以及定购广告时间所需的预备期较长。

2. 点播

点播广播在市场选择、电台选择、播出时段选择、文案选择上为全国性广告主提供了更大的灵活性，点播可以迅速播出广告——有些电台的预备周期可以短至20分钟，并且广告主可以借助电台的地方特色快速赢取当地听众的认可。

3. 地方电台广播

地方电台广播的购买程序和购买全国性点播时间一样，只是其针对区域和听众更加集中、有限。

(四) 电视广告

电视诞生于20世纪40年代。因为技术条件的限制，当时的电视节目和电视广告制作都很粗糙，电视广告通常以“现场广告”的形式——一位拿着稿子的播音员，在电视镜头前朗读广告词，间或配上一段音乐伴奏——出现。直到1952年，这种现场广告才被广告影片所取代，现代电视广告也由此诞生。我国内地第一个电视广告媒体片的播出时间是1979年1月28日17点05分。其时，上海电视台屏幕上打出了“上海电视台即日起受理广告业务”的字样，随即播出了中国电视史上第一个广告——《参桂补酒》。这个广告片长约1分35秒，由三五个插片画面组成，没有使用任何运动镜头，很像电视新闻片。①

电视广告大致可以分为以下六种类型。

1. 电视广告片

电视广告片的时长有限，时间较长的一般有30秒或一分钟，短的有15秒或7.5秒。目前常见的广告片时长为15秒。但是，15秒广告的价格也相对较高。

2. 标版

标版广告的时间较短，一般为5秒甚至更短，通常只有一两个体现企业形象的画面和一句广告语。标版广告可以用来突出产品和企业的形象，多在黄金时间播放。如中央电视台《新闻联播》之后《天气预报》之前播放的广告就属于电视黄金时段的标版广告，尽管其价格不菲，但依然吸引了全国的各大商家云集央视，争相投标。

3. 赞助形式

以赞助形式出现的广告是一种相当常见的电视广告。企业一般会通过赞助电视晚会、体育

---

① 参见陈培爱：《广告媒体教程》，115页，北京，北京大学出版社，2005。

比赛直播、卫星实况转播某些大事件、有奖智力竞赛、各类选秀节目、电视片和电视剧的拍摄、进口大片的放映等来宣传品牌和自身形象。其标识通常是在片头或片尾直接注明“×××企业赞助”的字样，一些电视剧片尾则会打出“鸣谢×××企业”或“×××单位协助拍摄”等字样。还有在一些电视益智类节目或选秀节目的录制过程中，主持人会不断重复：“本环节奖品由×××企业提供。”更有甚者，赞助形式广告还会渗透到影视剧的剧情中，演员们使用的道具，比如衣服、汽车、手机等并不是随意挑选的，而是其赞助商的产品，这即是“植入式广告”。譬如，英国的经典谍战片“007”系列电影就通过为007制造的装备来展示广告商的品牌。每一部中，武器专家都会为男主角詹姆斯·邦德提供一款设计出众的汽车，而车身总是鲜明地注上了“BMW”（宝马）的标志。

4. 栏目冠名

栏目冠名就是将电视台的某些热门栏目以企业的名称或产品品牌命名，其实质仍然是一种企业赞助形式。但从提高企业知名度和影响力两方面来看，栏目冠名更具效力。例如，2005年唱响中国的《超级女声》选秀比赛就是由“蒙牛”冠名播出的，该节目全名为《蒙牛酸酸乳超级女声》。据媒体报道，在《超级女声》比赛之后，蒙牛集团生产的酸酸乳一时脱销，蒙牛乳业当年的净利润也比上一年增长43%。在《超级女声》和蒙牛集团的成功合作之后，一批选秀节目和真人秀节目开始与赞助商结成“同盟”，并形成一条成功的营销链。比如，《中国好声音》与加多宝凉茶、《我是歌手》与立白洗衣液、《爸爸去哪儿》与999感冒灵和伊利QQ星……同时，必须指出的是，栏目冠名并不完全适用于新闻类栏目。国家广播电影电视总局在2011年就曾明确规定，“时政新闻类节目不得以企业或者产品名称等冠名”。

5. 电视直销广告片

电视直销广告片往往是由商品厂家或代理商来操作的，电视仅仅是其宣传内容呈现的平台。其目的不仅仅是对产品的“广而告知”，更会通过精心策划、饱含信息量的产品宣传，同时反复公布免费订购电话号码，劝服观众诉诸行动进行订购，并最终完成产品的实际销售。目前，针对一些直销广告存在的虚假、夸大宣传及不当暴利，国家广播电影电视总局、国家工商行政管理总局已经开始加大了对这类广告的管理力度。因此，传统的电视直销广告片正在逐渐向专业的购物频道转型。

6. 电视贴片广告

电视贴片广告即跟片广告、随片广告，常常是指随着公开播映的电视剧、电视节目插播的一个专门制作的广告，位置包括片头、片中和片尾。它和电影贴片广告、网络视频贴片广告等都属于“硬广告”类型，具有“强指向性、强到达性、强印象性”的特点。目前，针对电视贴片广告中超时、量多等违规问题，国家广播电影电视总局已经出台了若干管理规定。比如，2011年10月11日，广电总局发出的《关于进一步加强广播电视广告播出管理的通知》中，就明确指出“广播电视播出机构、转播台（站）、发射台（站）和有线电视网络机构，在转播传送节目时，必须保证被转播节目的完整性，不得以游动字幕、叠加字幕、挂角广告、贴片广告等任何形式插播广告”。此外，“在电视剧片头之后和片尾之前插播广告”和“贴片广告覆盖演职人员表”等行为也受到严格的限制。

（五）网络广告

广告从诞生之日起，因其非常强调传播效果的特点，就注定其始终要与新技术结合在一起。网络技术以其海量的知识与技术内涵、广泛的传播范围和雄厚的传播实力，成为20世纪人类发明的最具价值的传播媒体之一。互联网在美国问世不久就引起了广告人的注意。1994年10月14日，美国著名的《连线》（*Wired*）杂志推出了网络版 *Hotwired*（www.hotwired.com），其主页上设置了14个客户的横幅广告，这即是网络广告的发端。在中国，IT界也很早就意识到了网络广告的前景。1995年4月，马云创办的“中国黄页”率先在我国内地推广网络广告理念。1997年3月，我国首个商业性的网络广告出现在Chinabyte的网站上。

网络广告的形态多种多样，在此，我们主要介绍其中四种基本类型。

1. 网幅（banner）广告

网幅广告由于其多处于网页的首要位置，所以又叫“页眉广告”；因其大小都是尺寸为460×80像素的长条形状，故又称“旗帜广告”。它是网页上最早也是最常见的广告形式。在设计上，网幅广告往往只是提示性的，它可能就是一个起向导作用的标题或招牌，浏览者有兴趣只需点击它，就能进一步看到更详尽的信息。在网络广告发展的初期，网幅广告比较简单，一般是一个公司的标志，再加上“点击”的字样。随着网络广告的不断发展，如今的网幅广告已经开始讲求创意，力图通过别具一格的设计来增加广告的点击率。

2. 图标（button）广告

图标广告在技术属性、制作方法和付费方式等方面，都与网幅广告没有本质的区别，只是它的尺寸更小一些，大小像个纽扣，一般为80×30像素。图标广告是纯提示性的，因此，它在维护和巩固既有产品的品牌形象方面，效果相对较好。而在推广新产品、树立新品牌时，图标广告的宣传效果则弱于内容更为丰富的网幅广告、视频广告等形式。

还有一种浮动图标广告，浏览者打开一个网页以后，界面上立刻会跳出1～2个类似于按钮广告的图标，这种图标就像飘浮在网页上一样，并随着页面及鼠标的滚动而移动。由于带有很大的强迫性，并且常常会影响人们正常的浏览，因此，浮动图标广告往往容易引起网民的反感。

3. 赞助（sponsorship）广告

网站寻找一些企业做赞助商，由它们出资赞助一个与其业务相关的页面或栏目，这就是所谓的赞助广告。赞助广告比网幅广告放置的时间更长，影响力也相对更大，因此它对于想长期推广品牌的广告客户而言更具吸引力。

4. 在线分类广告（classified advertising）

与报纸的分类广告一样，在线分类广告也是广告的集散地，只不过这些广告大量集中在一个网页或网站上。在线分类广告具有容量超大、搜索性强、更新快以及表现形式多样等特点，因此它更容易成为中小广告主的宠儿。

除了上面介绍的四种网络广告类型，比较常见的还有链接广告、电子邮件广告和视频广告（尤其是受关注较多的网络视频贴片广告）等。当然，伴随网络媒体的日益壮大，网络广告的形式也日益多元化。

（六）其他形式的广告

除了报纸、杂志、广播、电视四大传统媒体和网络媒体的广告外，还有许多其他形式的广告，例如，户外广告、POP广告、DM广告、命名权广告、展销会广告、标志物及散发品广告、活人媒体广告等，可谓五花八门，不胜枚举。以下我们简要介绍之。

1. 户外广告

户外广告泛指设置在室外的各种形式的广告。比较常见的是户外媒体广告，主要是指以路牌、电子显示牌和交通车辆等为载体的广告。这类广告一般具有地域性和社区化的特点，常被置于繁华街区、交通要道、公共汽车线路等区域；而且此类广告的视觉冲击力很强，受众已经自然而然地把这些广告当成路上的景观，一般不会对其产生反感，更使此类广告在潜移默化之中就完成了对受众的说服。但由于户外广告缺乏互动性，广告商为了吸引受众的注意力，常常对户外广告进行创新，比如烟幕广告（用飞机喷雾技术所制作的一种广告，技术含量很高）、热气球广告、空中飞翔物广告等形式。相比传统的户外广告而言，此类广告很好地利用了受众的好奇心理，能够迅速引起人们的关注，传播范围更广。但是，由于此类创新型的户外广告价格相对较高，且广告效果更难测定，因此仍然不能成为主流。

2. POP广告

POP广告即是销售点广告（point of purchase advertising），泛指利用销售场所的内部和外部设施为媒介的各类广告。在今天这样一个商品化社会中，这类广告几乎随处可见，譬如在各大超市、商场门口就经常能够寻找到它的踪迹。POP广告的类型比较广泛，主要包括四类：以海报、招贴等为主的平面广告；以商品样品、实物为主的立体广告；以广播、电视录像为主的视听广告；以现场示范为主的示范广告。

3. DM广告

DM是英文“direct mail”的缩写，即直接邮递广告，指通过邮政系统将广告直接寄送给受众的广告形式，包括信函、产品说明书、商品目录、宣传册、明信片、企业刊物等。这种广告形式不仅免去了广告的中间环节，节省了相关费用，而且由于不受时间和篇幅的限制，寄出的资料可以尽可能地详细，因而具有较强的说服力。

4. 命名权广告

最常见的是各种文娱、体育比赛的命名权广告，例如，×××杯篮球赛、×××杯大学生足球联赛等。另外，还有城市道路、广场、桥梁、建筑物、交通设施、旅客汽车、客轮的命名权广告等。

5. 展销会广告

展销会广告是近年来新兴的一种广告形式，它通过提供场地、招引商客展示和销售商品以及其他贸易活动进行广告宣传，一些地方甚至将“会展业”作为一种新的经济发展模式加以推广。

6. 标志物及散发品广告

标志物及散发品广告是利用购物袋、宣传画册、包装盒、小赠品等进行宣传的一种广告形式，它影响面广且具有较为持久的广告积累效应，是大众传媒广告的有效辅助和补充。

7. 活人媒体广告[①]

活人媒体广告，又称人身广告、人体广告，即广告主雇用活人充当广告媒体，让受雇者穿戴含有广告内容的衣帽，身上悬挂（或拿着）广告牌、广告绶带，在街头表演或高声喊出广告上的内容。

第二节　广告：艰难的说服

作为一种信息传播形式，广告的最终目的是使目标消费者接受广告发出的信息，进而影响其购买行为，促进销售。因此，现代公民要想培养并提高自身的广告素养，从而理性消费，一个关键步骤就是必须明白“我们究竟是如何被广告打动的”、“广告是如何运作并发生作用的”等等诸如此类的问题。

一、广告的本质是一种说服

传播学集大成者施拉姆教授曾对广告有过一段精辟的阐释：

> 广告商不会仅仅满足于观众记得一个名字、一件事或一种口味，他们要敦促观众买自己的产品。一切广告的目的都是刺激购买。然而，广告商又能做什么呢？时间只有数秒钟，观众和听众可能会心不在焉，任何广告都处在其他广告的包围之中，观众可能因为看娱乐节目受到影响而延误广告——在重重困难面前，广告商能做什么呢？只不过能促使观众在购买方向上迈出第一步。假如广告能让观众记住，天热时（或者冷天在炉火前等）冰镇啤酒的味道不错，那么他们想喝啤酒时就有可能去买这个牌子。再进一步，假如广告能让观众记得××牌啤酒，他们买××牌的可能性就大一些，不太熟悉的牌子的机会就减少了。倘若广告能激起观众对一辆汽车、一台电脑、一件家具或一双跑鞋的兴趣，这个念头就有可能在观众脑子里盘桓，他考虑购物的想法达到一定程度并步入一家商店时，这个牌子就有相当大的机会成为他猎取的目标。[②]

这段话起码传递了两个信息：

(1) 消费者选择什么品牌的商品，本身就是一件充满了偶然性的事情。有时，甚至是极其微小的一个因素，也会影响消费者的最终选择。极言之，人们的消费本身就是非理性、无来由的。尤其在今天这样一个媒介化社会里，这段话的意蕴也许能够更加淋漓尽致地表达出来。置身于形形色色的媒介广告中，人们的注意力资源却变得越来越稀缺，能在某个广告上多停留几秒，可能也就意味着选择这个产品的概率会大大提升。

---

① 参见孙亮、翟年祥：《广告词典》，109页，成都，四川人民出版社，1997。

② ［美］威尔伯·施拉姆、威廉·波特，何道宽译：《传播学概论》，265页，北京，中国人民大学出版社，2010。

（2）广告的根本目的是促进消费者的购买行为，但并非所有广告都能够取得既定的效果。因此，广告制作者需要运用各种手段来说服消费者。“广告最终还是关于说服的工作。创意总监、文案撰写人、艺术总监和美工进行各自的工作和团队的工作，最终形成创意以推动那些经过选择的受众尝试某种产品或者服务。”① 然而，说服却是一件相当困难的事情，困难到能够让消费者记住品牌的名称，或者唤起其对某一品牌的印象，抑或激发其对某一产品的兴趣，都已经是很不容易的事。

那么，什么是说服？基于心理学维度考察，说服就是“改变或强化态度、信念或行为的过程”②。从本质上说，广告就是一种说服。它要让消费者在众多同类产品之中最终选择广告中的产品，还要让消费者心悦诚服地接受，并发自内心地相信这个选择是其不受外力影响而独立做出的判断。基于此，美国著名广告大师大卫·奥格威（David Ogilvy）就曾指出：“广告佳作是不引起公众注意它自己就把产品推销掉的作品。它应该把广告诉求对象的注意力引向产品。好广告要诉求对象说的不是‘多妙的广告啊！’，而是‘我从来没有听说过这种产品，我一定要买它来试试’。”③ 这表明，好的广告实质就是让人在无意识状态下接受产品的宣传，进而做出购买行为。对于广告的这种效果，麦克卢汉的评价更为极端：

> 广告把借助鼓噪确立自身形象的原理推向极端，使之提升到有说服力的高度。广告的作用与洗脑程序完全一致。洗脑这种猛攻无意识的深刻原理，大概就是广告能起作用的原因。……广告不是供人们有意识消费的。它们是作为无意识的药丸设计的，目的是造成催眠术的魔力。④

作为一种说服方式，广告综合运用各种符号化手段，力图在调动消费者感官的同时，影响其观念，促发其购买行为。因此，作为消费者，我们只有认清广告的各种说服策略，才能从容面对广告，运用广告为我们的理性消费服务，而不至于在广告强大的说服力面前乖乖就范。

二、广告的两种诉求方式

所谓广告诉求，即是指针对消费者的需求，用语言、形象等传递商品和劳务信息，引起消费者注意，继而挑起他们的兴趣，强化他们的欲望，最后促使他们采取行动，从而使消费者获得他们所期望的满足。⑤ 广告诉求有长短快慢、直接间接、积极消极、明说暗示等不同方式。事实上，消费者接触广告后总要经历一个特定的心理过程。1898 年，美国人路易斯提出了这一过程的具体轨迹：“广告刺激→诉诸感觉→引起注意→激发兴趣→留下印象→加深记忆→诱发欲望→确定需要→驱发动机→导致行为。”⑥ 循着受众的心理变化轨迹，广告商一般会采取两种诉求方式来吸引消费者的注意：理性诉求与感性诉求。其中，理性诉求（rational appeal），

---

① ［美］约瑟夫·塔洛，洪兵译：《分割美国：广告与新媒介世界》，13 页，北京，华夏出版社，2003。
② ［美］哈利·米尔斯，黄志强译：《说服的艺术》，4 页，上海，上海人民出版社，2003。
③ ［美］大卫·奥格威，林桦译：《一个广告人的自白》，104 页，北京，中国物价出版社，2003。
④ ［加］马歇尔·麦克卢汉，何道宽译：《理解媒介——论人的延伸》，282～283 页，北京，商务印书馆，2000。
⑤ 参见孙亮、翟年祥：《广告词典》，265 页，成都，四川人民出版社，1997。
⑥ 同上书，264 页。

针对消费者对产品和服务的实用性和功能性需求；感性诉求（emotional appeal），针对消费者的心理、社会或象征性需求。①

（一）理性诉求

理性诉求多运用于家用电器、房地产等广告。“通常采用摆事实、讲道理的方式，通过向广告受众提供信息，展示或介绍有关的广告物，有理有据地进行论证接受该广告信息能带给他们的好处，使受众理性思考、权衡利弊后能被说服而最终采取行动。”②

人们购物的一个重要诉求就是价格实惠，经久耐用。因此，理性诉求的广告一般会详尽地阐明产品的某项突出功能，进而或明示或暗示消费者，购买该商品就可以为个人生活带来诸多便利。例如，某洗衣粉品牌的广告语是“加量不加价”，而且，产品外观上还专门在醒目位置显示“多出了15%”的字样。再如，新飞冰箱的广告语“新飞广告做得好，不如新飞冰箱好”，这其实是在明确告知消费者新飞冰箱虽然重视广告，但更重视产品质量；同时，也在暗示消费者新飞冰箱比那些在广告上有大投入的品牌更值得信赖。

理性诉求的广告一般会通过直接陈述、引用数据、使用图表、运用比较等形式来凸显产品的特性、功效等优势。这样做能够非常直观地展示产品，给那些习惯“货比三家”的消费者一个明确的消费提示。例如，美国著名广告大师大卫·奥格威为劳斯莱斯汽车所做的经典广告（见图 6—1）就采用了理性诉求方式，下面是这则广告的文案。

“这辆新款劳斯莱斯时速达到60英里时，最大的噪音来自电子钟”③

是什么使劳斯莱斯成为世界上最好的汽车？

“其实没有什么奥妙，无非是对细节的一丝不苟。”劳斯莱斯公司一位著名的工程师这么说。

(1)《汽车》杂志的技术主编报告：“在时速60英里时，最大的噪音来自车内的电子钟。三个消音装置消除了声音频率——从声学上说。”

(2) 每个劳斯莱斯的引擎在安装时都开足马力运转了7个小时，每辆汽车都在不同的路面上试行了数百公里。

(3) 劳斯莱斯是为那些自己开车的车主设计的，比国内生产的最大型车短了0.45米。

(4) 本车配有机动方向盘、机动刹车和自动排挡，驾驶和泊车都易如反掌，无须司机在旁。

(5) 汽车安装完毕后要在实验室里经过一周的精密调试，分别经受98种严格考核。例如，工程师用听诊器听转轴发出的声音。

(6) 劳斯莱斯保修3年，从东海岸到西海岸已经建立起新的经销网和零件供应站，服务不成问题。

---

① 参见［美］威廉·阿伦斯，丁俊杰、程坪等译：《当代广告学》（第八版），491页，北京，人民邮电出版社，2006。

② 陈培爱：《广告学概论》，8页，北京，高等教育出版社，2004。

③ ［美］大卫·奥格威，曾晶译：《奥格威谈广告》，218页，北京，机械工业出版社，2003。

(7) 劳斯莱斯的引擎冷却器从未更改，除了1933年（亨利莱斯去世时）把红色的字母RR改成了黑色。

(8) 制造车身前先上5层底漆，每次都用手工磨光，之后又上了9层漆。

(9) 移动方向盘柱上的开关可以调整减震器以适应路况。

(10) 仪器板下可以拉出镶贴了胡桃木的餐桌，另外两个可以从前座旋出来。

(11) 还可以选择其他配件，如咖啡器、电话自动记录器、床、盥洗用冷热水、电动刮胡刀和电话。

(12) 有三种不同的制动系统，两种水利制动器，一种机械制动器。劳斯莱斯汽车非常安全而且十分灵活，可以以128公里的时速安静地行驶，最高时速超过160公里。

(13) “本特利”汽车由劳斯莱斯公司生产。除了引擎冷却器之外，两车完全一样，由同一家工厂的同一批工程师精心打造。对驾驶劳斯莱斯不感兴趣的人不妨买一辆“本特利”。

价格：广告图片中的劳斯莱斯售价——主要港口的交货价格——13 995美元。

如果希望感受驾驶劳斯莱斯或本特利的超凡体验，请与对页列出的经销商接洽。

纽约洛克菲勒广场十号劳斯莱斯公司

图6—1　劳斯莱斯汽车广告

资料来源：http://www.douban.com/。

这是一则典型的理性诉求的广告。全文只有670字（英文），却大获成功。让我们具体分析之。

这则广告没有使用特别的技巧，通篇只是在陈述事实，而且综合运用了多种呈现方式。首先，广告分 13 条直接陈述了劳斯莱斯汽车的独特性能与优良品质，这些恰恰是人们购车时最想了解的信息。其次，全文一共有 18 处引用了各种数据，既展示了劳斯莱斯汽车具有特色的细节，也表现了劳斯莱斯汽车做工考究、始终如一的优良品质。再次，广告还使用了两处直接引语，通过《汽车》杂志技术主编之口，凸显了劳斯莱斯汽车超强的静音效果。而引用劳斯莱斯著名工程师的话，虽有自夸之嫌，但也能体现劳斯莱斯精益求精的企业精神。最后，第三条运用比较的方法，体现劳斯莱斯汽车设计上优于同类车型的地方。

根据大卫·奥格威的回忆，这则广告只花费了 25 000 美元，但随后一年，“福特推出数百万的广告活动，声称他们生产的车比劳斯莱斯更安静”①。这表明，奥格威为劳斯莱斯汽车所设计的广告实际建构了汽车行业的一个新的广告标准。

（二）感性诉求

感性诉求多运用于日常用品广告、饮料食品广告以及公益广告等。“以人们的喜怒哀乐等情绪，亲情、友情、爱情以及道德感、群体感等情感为基础，对受众诉之以情、动之以情，激发人们对真善美的向往并使之移情于广告物，从而使广告物在受众的心智中占有一席之地，使受众对广告物产生好感，最终发生相应的行为变化。”②

感性诉求的广告，其主要目的是让消费者的注意力避开产品本身，往往要借助于各种象征符号来勾连人的各种情感，在引起消费者情感共鸣的基础上，进而通过联想把这种刺激和共鸣“移情”到产品中去。诚如有研究者所阐释的那样：“媒体文化的逻辑是隐喻的逻辑，是联想的逻辑。这不仅是指在同一符号体系之中，它还体现在其他方面。因为媒体文化的符号系统是混成的，语言符号、视觉符号、听觉符号之间，不同的语言符号或不同的视觉符号或听觉符号之间的关系会相互转喻或切换，这种转喻和切换也是以联想或隐喻为基础的。”基于此，广告就负载了这种联想的逻辑：

> 人们从飞驰的豪华轿车联想到飞黄腾达的人生；由香醇浓郁的美酒暗喻甜蜜的爱情；由手机和大海联系到亲情；由领带联系到风度；或者倒过来由家乡的消息连接到母爱，再到洗衣机；由球王贝利的一脚好球踢到厨房或厕所里的“冠军瓷砖”；由孩子和后妈的关系缓和转跨到“雕牌牙膏”……③

感性诉求的广告强调以情动人，一般不直接表现产品，往往会选择一个小故事来唤起人们情感上的某种共鸣，进而凸显产品和企业的人情味。例如，2010 年，腾讯推出的 12 周年系列广告《弹指间　心无间》（母亲篇）就具有这样的特质（见 6—2）。

《弹指间　心无间》（母亲篇）是一则两分钟的广告片，在《但愿人长久》的背景音乐中，通过一个儿子的回忆来讲述他和母亲的故事。

以下是我们根据广告片整理出的主要内容。

---

① ［美］大卫·奥格威，曾晶译：《奥格威谈广告》，11 页，北京，机械工业出版社，2003。

② 陈培爱：《广告学概论》，8～9 页，北京，高等教育出版社，2004。

③ 蒋原伦：《媒介文化与消费时代》，84～85 页，北京，中央编译出版社，2004。

画面 1：

夜晚，母亲在昏暗的灯下用缝纫机缝补衣服。

画外音 1：

她是我最亲近的人

画面 2：

当母亲兴冲冲地拿着衣服去敲儿子的房门时，儿子却一脸不高兴地摔门而去，留下怅然若失的母亲。

画外音 2：

但也许正因为相距太近，反而有了距离

画面 3：

母亲拿着电视遥控器敲儿子房门，儿子不耐烦地帮母亲调好电视后迅速离开；母亲再次拿着遥控器敲儿子的房门，儿子烦躁地走出房间从母亲手中接过遥控器……机场，一帮人送别儿子，爸爸拍了拍儿子的肩膀，母亲想抚摸儿子的面颊，却被儿子不情愿地用手挡开，母亲伤感地看着儿子离开。

画外音 3：

那个时候，我好想逃开。我终于实现了这个愿望

画面 4：

儿子在国外大学图书馆看书，母亲在国内的家中刚买了台电脑，工作人员教她使用电脑时说："你输入你儿子的账号。"输入成功后，母亲高兴地双手紧握。此时，儿子的电脑中出现 QQ 好友登录的声音，紧接着，"我的好友"中出现了"妈妈"，儿子的脸上露出了惊喜的表情。

画外音 4：

有一天，她竟然在 QQ 上出现了

画面 5：

儿子急匆匆地从快餐店跑出来，骑车去送外卖……儿子坐在无人的地铁中睡着了。此时，母亲正戴着老花镜，翻着英文字典，一边念着字母，一边用单指敲打着电脑键盘。当完成一次输入后，母亲长吁一口气，用手捶打着自己的肩膀，但当她看到贴在电脑上写有"儿子 QQ 号 26736152"的小纸条时，又欣慰地笑了，继续查着字典。此时儿子开始回忆自己离开机场时，母亲捂嘴流泪的样子……

画外音 5：

当与她相隔在地球两端，我才逐渐读懂生活，读懂她

对她的思念，因为距离而不断放大

对她的偏见，因为距离而消失不见

画面 6：

儿子骑车送外卖被撞倒，食物散落一地。过年了，母亲与儿子视频，父亲端着煮好的饺子

给儿子看，母亲说："明年一定得回来！"儿子的眼睛湿润了，悄悄地将缠着绷带的手藏到了桌底，说："知道！"

画外音 6：
距离远了，心却近了
爱突然变得清晰，唠叨变得动听

画面 7：

儿子西装革履地坐在办公室，母亲和儿子正在 QQ 聊天，电脑上突然出现："儿子，生日快乐！"母亲和儿子都开心地笑了。

画外音 7：
无论母亲离我多远
弹指间，我觉得她就在身边
12 年相伴　腾讯

图 6—2　《弹指间　心无间》（母亲篇）广告片截图

资料来源：www.admangochina.com。

这则广告故事极其简单甚至平常，几乎不断重复出现在每一个人的现实生活之中。比如，我们在青春期时常常叛逆到无视父母的亲情，及至我们长大后，离家上大学或者工作，离开父母越远，就越牵挂自己的父母。这则广告从寻常百姓家的朴素故事出发，温情的画面、温馨的话语，浸润其中的是那种浓郁的母子亲情，足以打动观者内心最柔软的部分，引发受众的情感共鸣。所谓共鸣，"是指回响、回荡或振动，也指回音、呼应或和谐"。能够让受众产生共鸣，就是杰出广告与受众之间的"关系写照"——"广告拨动他们的心弦，在他们的耳中回响，在他们脑海里回荡，引起他们的共鸣。"①

除了亲情之外，友情也常常是感性诉求广告的"诉求点"。例如，在衡水老白干的广告中，

① ［美］威廉·阿伦斯，丁俊杰、程坪等译：《当代广告学》（第八版），488 页，北京，人民邮电出版社，2006。

演员胡军与一帮男性友人豪饮，画外音是“衡水老白干，喝出男人味”，体现的正是男人之间粗犷豪迈的友情。

爱情是人类永恒的主题，利用这个主题的广告创意也非常容易打动消费者。益达口香糖“酸甜苦辣”系列Ⅰ、Ⅱ两部广告（见图 6—3）诉诸的就是爱情这个主题。该广告由当红影星彭于晏和桂纶镁主演，第Ⅰ部讲述了一对情侣从相识、相爱到分手的爱情故事，其推介词为：“从沙漠到大海，三千六百公里的爱情故事，数不尽的酸甜苦辣，还好，有你。”第Ⅱ部延续第Ⅰ部的内容，讲述了两位主人公意外相逢、最终复合的故事。每部广告的末尾都会凸显“益达，关爱牙齿，更关心你”的品牌广告语。

图 6—3 益达口香糖广告片截图

资料来源：http://image.baidu.com/。

理性诉求与感性诉求各具特色（见表 6—1），广告制作者究竟采取何种诉求方式不仅与受众的接受心理密切相关，而且要与广告主的战略相关联。“杰出广告必然要完成某个战略任务。事实上，战略是产生杰出创意作品的关键。”①

表 6—1 理性诉求与感性诉求的区别

需要＼手法	精选的广告诉求		
	理性	感性	
自我实现	更多的休闲机会 经营或使用中的成效	雄心壮志 免除体力劳动 好奇	反应的快乐 简洁 体育/游戏/体力

① ［美］威廉·阿伦斯，丁俊杰、程坪等译：《当代广告学》（第八版），490 页，北京，人民邮电出版社，2006。

续前表

手法 需要	精选的广告诉求		
	理性	感性	
		愉悦	活动
尊 重	品质可靠 性能可靠 提高收入 选择余地	个人外貌的骄傲 拥有某件物品的骄傲	款式/漂亮/品位
社 会	清洁卫生 购买时的实惠	合作 对他人的忠诚 内疚 幽默 家庭舒适	浪漫 性吸引 社会成就 社会认可 对他人的同情
安全	耐久 对他人的保护 安全	恐惧 健康	保障
生理	休息或睡眠	胃口	个人舒适

资料来源：[美] 威廉·阿伦斯，丁俊杰、程坪等译：《当代广告学》（第八版），492 页，北京，人民邮电出版社，2006。

三、广告的说服策略

作为一种说服形式，广告要使人信服、取得既定的效果，就必须讲究方式方法和传播技巧。“信息诉求背后的创意以及实现创意的技巧具有首要的重要性，即使是媒体购买所表现出的精明也无法模糊这种重要性。”① 事实上，传播学者们早已总结出说服的四大技巧，即“采用图像，诉诸幽默，诉诸性感和重复”②。本部分，我们结合广告说服的基本特点，将广告的说服策略细分为：诉诸“独特”、诉诸幽默、诉诸性感、明星代言和重复五种。

(一) 诉诸“独特”

20 世纪 50 年代初，美国广告专家罗素·瑞夫斯（Rosser Reeves）曾提出过广告的“独特销售主张”，简称 USP（unique selling proposition）理论。该理论认为，“只有当广告能够指出产品的独特之处时，才能行之有效”。具体来说，该理论主要包括三个内容：

(1) 必须包含特定的商品效用，即每一个广告都要对消费者提出一个说辞，给予消费者一个明确的利益承诺。

(2) 必须是独特的、唯一的，是其他同类竞争产品不具有或没有宣传过的说辞。

(3) 必须有利于促进销售，即这一说辞一定要强有力，能招来数以百万计的大众。③

---

① [美] 约瑟夫·塔洛，洪兵译：《分割美国：广告与新媒介世界》，13 页，北京，华夏出版社，2003。

② [美] 沃纳·塞佛林、小詹姆斯·坦卡德，郭镇之等译：《传播理论：起源、方法与应用》，197 页，北京，华夏出版社，2000。

③ 陈培爱：《广告学概论》，89 页，北京，高等教育出版社，2004。

诉诸“独特”的广告实质强调的是“卖点”，明确告诉消费者买下这个产品所能得到的独特好处。1954 年，瑞夫斯为 M&M 糖果公司生产的一种巧克力豆所做的经典广告，采用的就是这种策略。其时，经过研究，瑞夫斯发现 M&M 糖果公司生产的这种巧克力豆是全美唯一一家包裹糖衣的巧克力豆，据此他创作了这样一部电视广告片（见图 6—4）：

电视画面上有两只手，一只脏手，一只洁净手。

画外音：

> 哪只手里面有 M&M 巧克力豆？
>
> 不是这只手，而是这只手。
>
> 因为 M&M 巧克力只溶在口，不溶在手（M&Ms melt in your mouth, not in your hand）。①

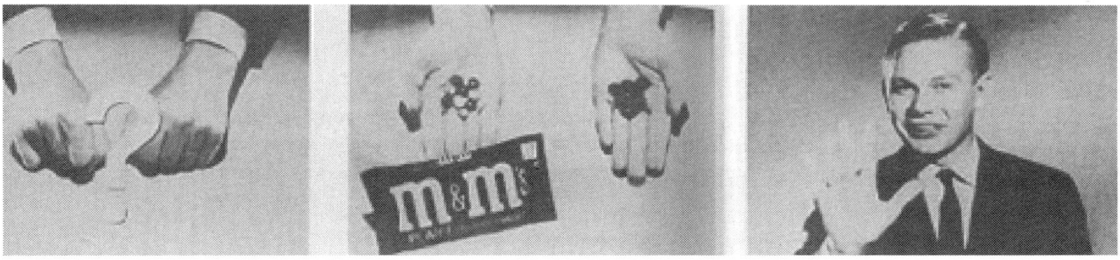

图 6—4　M&M 巧克力豆广告片截图

资料来源：http://www.cnad.com/。

这则广告最成功的地方就是强化了 M&M 巧克力豆的“独特”之处，所谓“万绿丛中一点红”。这样，当人们面对眼花缭乱的巧克力广告时，“只溶在口，不溶在手”能够迅速帮助人们记住品牌，从而奠定了成功销售的第一步。

（二）诉诸幽默

广告实质是为了促进销售而存在的一种说服手段，具有强烈的目的性和说服性特质。因此，广告更多地表现为一种强制性信息，是以人们接受情绪的对立面而出现在我们日常生活之中的。例如，我们在看电视剧时，常常会遭遇这样的情景：正当你凝神静气地投入惊心动魄的剧情时，突然插播的一条或数条广告往往让你的所有感觉戛然而止。因此，在通常情况下，人们对广告更倾向于回避而不是主动选择。就连美国著名广告人大卫·奥格威也曾表达过这样的无奈：“作为一个从业人员，我知道电视是人类发明的最有力的广告媒体，我主要也是靠它来挣钱谋生的。但是，作为普通老百姓，我乐于出钱享受欣赏无广告干扰的电视节目的特权。”② 对此，美国博恩巴克广告公司的一位撰稿人罗伯特·怀恩则从广告与受众互惠的角度阐释了幽默之于广告的重要意义：“我们知道广告等于一种侵扰，读者不一定喜欢广告，并且可能尽量避开广告，因此做好广告便是广告人的责任……为了补偿你在他买的杂志上耗去他的时间去阅

① 林升梁：《罗素·瑞夫斯：科学派的忠诚卫士》，见 http://www.cnad.com/adexpress/200602/014.htm。

② ［美］大卫·奥格威，林桦译：《一个广告人的自白》，190 页，北京，中国物价出版社，2003。

读，因此广告人必须带给消费者乐趣，才是对他们的一种回报。”① 为了舒缓受众对广告的抗拒心理，诉诸幽默（appeals to humor）往往成为一种相对有效的说服策略。研究显示，15%～20%的发达国家电视广告包含某些幽默（humor）因素。②

诉诸幽默的广告触动的正是人类的本能，常常在令人“会心一笑”的同时，更能激发受众对于产品的好感，从而增加人们关注产品的概率。譬如“德莎”胶带的这则广告（见图6—5）：

> 广告词：世界需要这样的胶带。
>
> 布什在记者招待会上回答一位盲人记者：“你是准备戴着墨镜提问吗？对读者而言，这暗无天日。”

美国前总统小布什在公共场合讲错话是一件经常性的事情。该广告恰恰抓住了这个契机，试图用胶带封住总统的嘴，用一种幽默的方式回击了总统自以为是的“幽默”。

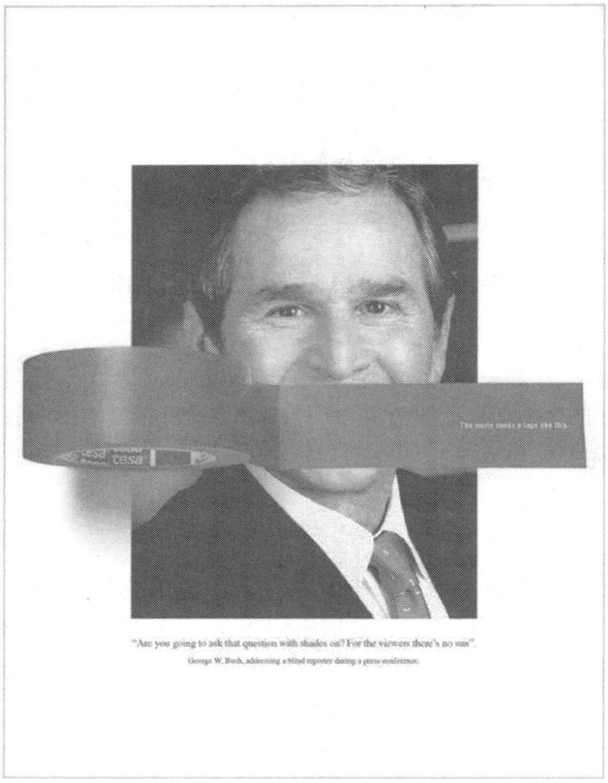

图6—5 “德莎”胶带广告

资料来源：http://gb.cri.cn。

当然，并非所有的广告都适合使用幽默的策略。著名广告人丹尼尔就为幽默广告创作提出了四条原则：

---

① 转引自黄合水：《广告心理学》，158页，北京，高等教育出版社，2005。

② 参见［美］沃纳·塞佛林、小詹姆斯·坦卡德，郭镇之等译：《传播理论：起源、方法与应用》，198页，北京，华夏出版社，2000。

第一，在大多数情况下，幽默性广告只适用于推销低档商品，不适用于推销高档商品；

第二，幽默写法应能使老生常谈的话题获得新生，以加强读者的记忆力；

第三，利用幽默的笔法应能有效地把一个简单的内容讲得生动，便于记忆；

第四，幽默创作应能突出强调一个过时做法的愚昧可笑，从而为新产品或新方法扫清思想障碍。[①]

总而言之，今天，日趋激烈的竞争氛围导致了现代人工作、生活的压力越来越大，人们在快节奏的社会生活中需要用某种方式来调节其紧张的心理、释放其疲倦的心灵，诉诸幽默的广告战略只要能够运用得当，就能获得事半功倍的效果，让受众在开怀一笑的同时记住了欢笑的提供者——某企业或某产品。而且，对于幽默的广告，受众一般乐意反复欣赏，这样，广告的效果就得以不断强化，广告商在大众的笑声中也赚足了利润。

（三）诉诸性感

使用性感模特或其他诉诸性感（appeals to sex）的手段是现代广告最为常见的技巧。一项调查指出，超过四分之一的杂志广告含有“明显诱人的”女模特。不仅如此，这类广告的数目还在不断增加之中。这个调查还显示，以“明显诱人的”模特为号召的广告从1951年的10%增加到1971年的27%。[②] 事实上，无论是广告创意的“三大支柱”——恐惧、幽默、性感，还是广告表现的“3B”原则——baby、beast、beauty，性感都是其中不可或缺的重要元素。

从理论上说，使用性感武器进行说服至少会产生三个方面的冲击力：

（1）性感材料可以增加对消息[③]的注意，而注意是态度改变的必要条件。

（2）性感材料可以引起冲动，而在冲动条件下产生的愉悦感觉可转移到消息所推荐的产品中去，导致态度改变。

（3）通过消息中的产品、机构或所推荐的方法和性感刺激的联系，它们可以变得性感化，或带有性感因素。这种性感因素便可使产品、机构和方法更易于为人所接受。[④]

有鉴于此，性感广告往往更容易从纷繁复杂的广告信息之中脱颖而出，获得较高的关注度。

另外，性感广告中气质不凡的美女对塑造卓尔不群的品牌形象常常也能够起到很好的效果。女性的洗发水、化妆品、香水、手袋、服饰等商品，往往都会选择美女代言，这是因为受众在大脑中很容易将“美女”的形象与“美”的品牌画上等号，将对人的欣赏与青睐移情到品牌上，使品牌得以迅速深入人心。例如，原本名不见经传的“加尔文”牛仔裤，借助世界著名影星波姬·小丝的大胆演绎，迅速成为时髦与浪漫的代名词而风靡全球。又如，美国露华浓化

---

① 黄合水：《广告心理学》，159页，北京，高等教育出版社，2005。

② 参见［美］沃纳·塞佛林、小詹姆斯·坦卡德，郭镇之等译：《传播理论：起源、方法与应用》，200页，北京，华夏出版社，2000。

③ 此处消息即信息。

④ 参见［美］沃纳·塞佛林、小詹姆斯·坦卡德，郭镇之等译：《传播理论：起源、方法与应用》，200页，北京，华夏出版社，2000。

妆品公司，在聘用模特捷利霍尔之后，营业利润从 1985 年到 1988 年增长了近三倍。[①] 再请看下面这则广告（见图 6—6）：

美国著名影星奥黛丽·赫本一生之中曾为很多国际品牌代言，这主要是因为她温婉、高贵的气质深受消费者的喜爱。

图 6—6　奥黛丽·赫本的纪梵希广告

资料来源：http://www.yoka.com。

(四) 名人代言

让我们先做一个测试：打开电视，随机选择连续播出的 10 个广告，请统计一下其中名人代言的广告有几个。你可能会非常惊讶地发现，名人广告如此之多，几乎到了一种泛滥的境地。接踵而来的问题是："为什么广告中会出现如此多的名人？广告商为什么愿意花费巨资聘请这些名人代言？"这是因为：第一，名人是具有社会意义的熟人，虽然他并不认识我们，但我们却通过各种途径早已认识了他。按一般常理，当一个熟人或我们喜爱的人向我们推荐一种东西时，我们接受的可能性往往就大大增加。第二，名人从某种意义上讲是一种权威，而权威常常能从心理上影响一个人的态度和行为。[②] 换言之，名人广告背后的逻辑正是名人所具备的特殊影响力和号召力。

一方面，名人能引起一种"晕轮效应"（halo effect）。所谓"晕轮效应"，指的是人们在认识方面存在的一种偏差现象，即当人们对某事物或某人形成良好的印象之后，便认为其一切都好，而对

---

① 参见段燚：《性感广告的魔力》，见 http://www.emkt.com.cn/，2003-05-06。

② 参见王健：《广告创意教程》，300 页，北京，北京大学出版社，2004。

其缺点往往视而不见；反之亦然。[①]“爱屋及乌”就是“晕轮效应”的一种体现。广告商聘请名人代言的真正目的就在于希望消费者能够将对名人的喜爱转移到由其代言的商品上。通俗点讲，广告商就是希望凭借名人光环来提高其品牌的辨识度，从而吸引消费者的关注与喜爱。

另一方面，名人可以引领一种潮流。榜样的力量是无穷的。社会名流、娱乐明星等知名人士的举手投足、兴趣爱好往往能够引起人们的效仿。因此，美国著名传播学者施拉姆教授就曾直言：“倘若广告商能让观众记住代言人的品德、性格和才智等良好的形象，那是值得付30秒钟的广告费去推销的。”[②] 20世纪70年代，美国男式西服业长期不景气，里根任总统后，美国时装同业工会每隔一段时间就颁发“全美最佳服装奖”给里根，声称他在任何场合都衣着讲究、整洁、美观、色彩协调，显得潇洒庄重、风度不凡。结果，美国和世界各地一些男士都纷纷改穿西服，使美国男式西服业“咸鱼翻身”。[③]

国际著名奢侈品牌路易威登（LV）深谙“名人代言”之道，数十位享誉国际的影视明星、体坛明星、知名模特等都曾为LV广告效力。例如，图6—7是美国影星安吉丽娜·朱莉、图6—8是曾经扮演007的老牌影星肖恩·康纳利分别为LV拍摄的广告大片。

图6—7 安吉丽娜·朱莉的LV广告片截图

资料来源：http://www.chinese-luxury.com/。

（五）重复

广告传播需要重复。这是因为：其一，从接触时间和频率上看，并不是所有的受众都会在

① 参见孙亮、翟年祥：《广告词典》，276页，成都，四川人民出版社，1997。

② ［美］威尔伯·施拉姆、威廉·波特，何道宽译：《传播学概论》，265页，北京，中国人民大学出版社，2010。

③ 参见王健：《广告创意教程》，296页，北京，北京大学出版社，2004。

图 6—8 肖恩·康纳利的 LV 广告片截图

资料来源：http://www.chinese-luxury.com/。

同一时间或按同一频率来接触广告。比如阅读报纸，如果某一广告只刊登一期或几期，就无法保证该报的所有读者都能阅读到该广告。因此，广告主只有在报纸上不断重复地登载广告，才能最大限度地保证广告的到达率。其二，现代认知心理学关于记忆系统的研究表明，外界信息要进入人的长时间记忆系统之中，最重要的条件就是重复。所以，要提高人们对广告信息的记忆效果，最重要的手段就是将广告信息不断加以重复。例如，脑白金的广告就是通过不断重复来强化其传播效果的（见图 6—9）。

广告需要重复，但并不是重复的次数越多，广告效果就越显著。对此，大卫·奥格威认为："大部分电视广告的目的是宣传你的销售承诺，使观众在下次采购时能想起来。因此，我建议在每一则广告中至少要把这种销售承诺重复两遍，用图表表达或者把它作为字母打在荧幕上。"[①] 克鲁格曼（Krugman）也曾经提出过一个重要的观点："要达到预期的效果，电视广告只需接收 3 次即可。"但是，要想这个观点成立，他还附加了很重要的必备条件，即广告可能要出现 23 次，才能被接收 3 次，并产生所需要的特定反应。克鲁格曼认为，第一次接收广告时，起主导作用的可能是认知的反应："这是什么？"第二次接收，起主导作用的是评价的反应："它说的是什么？"而第三次接收是提醒的反应，同时也是不予关心的开始。然而，克鲁格曼又指出，基本的困难在于，人们会停留在"这是什么"的阶段，而没有更进一步投入的反应，便将电视广告赶出了脑子。于是，也许是在第 23 次接收时，甚至在这以后，他们可能才进入下一个反应："它说的是什么？"由此看来，克鲁格曼的分析说明的是，在理想的条件下，

① ［美］大卫·奥格威，林桦译：《一个广告人的自白》，152 页，北京，中国物价出版社，2003。

图 6—9　脑白金广告片截图

资料来源：http://www.nipic.com/。

接收 3 次广告就足够了；但是，可能需要重复多次，才能达到 3 次接收所能达到的反应。[①] 因此，为了达到预期的传播效果，广告商自然要锲而不舍地重复其广告。但是，需要注意的是，重复必须有一个限度，过于密集的广告攻势，会引发消费者反感甚至厌恶的心理，所谓适得其反、过犹不及就是这个道理。

除了以上五种主要说服手段以外，广告主还会采用其他手法吸引受众。譬如，针对消费者的同情心理或者逆反心理采用“双面论证”的手法，主动暴露产品的缺陷，给消费者一种开诚布公、诚实可信的感觉。这方面的实例比比皆是。例如，日本美津浓运动器具公司，在其出售的每一件运动衫中都会附上一张说明书，上面写着：“这种运动衫使用的是本国最好的染料，染色技术更是本国最优秀的。不过遗憾的是，酱紫色之类的颜色至今仍然没法做到永不褪色。”[②] 这则广告表面上是承认自己产品技术尚不到位，但从另外一个角度看，观众往往容易得出“此品牌的其他颜色的衣服都能做到永不褪色”，或者“此公司能够自揭其短，因而坦诚可信”的结论。这样，消费者反而会对其产品产生好感。

第三节　广告批判

如前所述，广告对于人们日常生活的作用和影响越来越大。诚如美国经济史学家 D. M. 波

① 参见［美］沃纳·塞佛林、小詹姆斯·坦卡德，郭镇之等译：《传播理论：起源、方法与应用》，202 页，北京，华夏出版社，2000。

② 黄合水：《广告心理学》，156 页，北京，高等教育出版社，2005。

特所说："论社会影响，广告可以同由来已久的机构（如学校、教堂）相比。它统治了媒介，对大众标准的形成有巨大影响，它是很有限的几个起社会控制作用的机构中货真价实的一个。"[①] 但是，另一方面，广告的制作水准却良莠不齐，而且，大量粗制滥造、虚假违法、格调低下的广告也充斥在不同的媒介上。因此，普通公众必须能够在有效区分广告优劣的基础上，对广告进行相对深入的思考与批判。这也是现代公民媒介素养的重要体现。

一、广告刺激并制造了人的虚假需求

广告在激发人们消费欲望的同时，也刺激并制造了人的虚假需求。这是广告最受诟病的地方。马尔库塞就曾明确指出："现行的大多数需要，诸如休息、娱乐、按广告宣传来处世和消费、爱和恨别人之所爱和所恨，都属于虚假的需要这一范畴之列。"[②] 事实上，在日常接触广告的过程中，我们常常也会有这样一种真实的体验——很多广告都在试图唤起某些我们自身并没有意识到的需要。

一方面，广告通过运用各种手段，旨在向消费者展示一个物质的世界，一个能够满足人的一切感官享受的物质世界。按照让·波德里亚（Jean Baudrillard）的说法，我们都处在一个"消费社会"，广告在其中发挥了巨大作用。"广告被完全献给了这种功能：消费者在那里……每时每刻都可以读到自己是什么想要什么——并同时实现它。再也没有距离和本体论的分裂。缝合是即时的。"[③] 这即是说，广告给予人们的是对自身需求的无限放大和消费欲望的无限挖掘，同时，广告还或暗示或明示，这些需要是人们真实而迫切的，而实现这些需要的途径就是消费。换言之，只要购买广告中的产品就能帮助人们实现个人愿望。

另一方面，广告还潜移默化地影响着社会大众的消费观，它巧妙地赋予各种商品以不同的"符号意义"，将之与人们的身份、地位、名望、尊严、荣誉进行有机勾连，从而诱导、激发、引领大众的消费欲望和行为，同时也助长着一种消费至上的社会潮流。波德里亚则明白无误地指出，这些符号意义使消费者与物的关系出现了变化："他不会再从特别用途上去看这个物，而是从它的全部意义上去看全套的物。"因此，"洗衣机、电冰箱、洗碗机等，除了各自作为器具之外，都含有另外一层意义。橱窗、广告、生产的商号和商标在这里起着主要作用，并强加着一种一致的集体观念，好似一条链子、一个几乎无法分离的整体，它们不再是一串简单的商品，而是一串意义，因为它们相互暗示着更复杂的高档商品，并使消费者产生一系列更为复杂的动机"[④]。于是，广告常常会暗示受众，穿着世界著名设计师设计的晚礼服，一定要搭配奢侈品牌的手袋、高档化妆品以及名牌高跟鞋。单个商品背后暗含的却是一个完整的意义链条。

事实上，早在1899年，美国著名经济学家托斯丹·邦德·凡勃伦（Thorstein B. Veblen）在《有闲阶级论》一书中就提出了一个至今仍被人们广为接受的观点："影响消费者选择的因

---

① 转引自吕尚彬：《广告传播的消极功能》，载《兰州大学学报》，2001（5）。

② ［美］赫伯特·马尔库塞，刘继译：《单向度的人——发达工业社会意识形态研究》，6页，上海，上海译文出版社，1989。

③ ［法］让·波德里亚，刘成富、全志刚译：《消费社会》，229页，南京，南京大学出版社，2000。

④ 同上书，3页。

素既不是理性，也不是常识，而是意识深处的非理性因素。”据此，加拿大传播政治经济学派著名学者文森特·莫斯可（Vincent Mosco）提出了“炫耀性消费”的概念，即“消费成了地位的象征，人们以此来互相攀比”①。基于此，在广告的世界里，使用高端品牌的人即意味着人生的成功、生活的幸福。譬如，奢侈品几乎都与大牌明星的名字紧密相连，美国影星安吉丽娜·朱莉自从代言 LV 之后，总会提着不同款式的 LV 手袋出现在任何公共场合，对于社会公众尤其是她的影迷而言，这即是一种明确的消费导引。

必须承认，广告以其多样化的表征方式为我们展示了一个多姿多彩的物质世界，从而丰富了我们的精神生活。与此同时，我们更应该警惕广告所催生出的那种虚幻的欲望。对此，我们应该记住美国媒介素养专家詹姆斯·波特的建议：“我们要能明白自己真正需要的是什么，而不是受广告影响而形成虚假的需求。我们不要购买自己并不需要的东西，这是一种资源的浪费。”②

二、虚假广告

作为一种说服性活动，广告“从它诞生那天起，这个行业便一直在诚实和道德问题上进行斗争”③。譬如，早在 1758 年，美国人塞缪尔·约翰逊博士就曾在《闲人》（*Idler*）上撰文批评当时的广告：“日前，广告已经多得不容细读，因而必须用冠冕堂皇的诺言，用有时令人神魂颠倒，有时听起来哀婉动人的口才方能引人注目。许愿——许大愿——是广告的灵魂……广告行业现已发展到尽善尽美的地步，要提任何改进都不是容易的。”④

现实中，为了提升广告的说服效果，广告制作者们常常会夸大甚至虚构产品的功效，这即是虚假广告。2015 年 9 月 1 日起正式实施的《中华人民共和国广告法》第二十八条就明确规定：“广告以虚假或者引人误解的内容欺骗、误导消费者的，构成虚假广告。”基于此，该条款还界定了虚假广告的五种情形：

（一）商品或者服务不存在的；

（二）商品的性能、功能、产地、用途、质量、规格、成分、价格、生产者、有效期限、销售状况、曾获荣誉等信息，或者服务的内容、提供者、形式、质量、价格、销售状况、曾获荣誉等信息，以及与商品或者服务有关的允诺等信息与实际情况不符，对购买行为有实质性影响的；

（三）使用虚构、伪造或者无法验证的科研成果、统计资料、调查结果、文摘、引用语等信息作证明材料的；

（四）虚构使用商品或者接受服务的效果的。

（五）以虚假或者引人误解的内容欺骗、误导消费者的其他情形。

---

① ［加］文森特·莫斯可，胡正荣等译：《传播政治经济学》，54 页，北京，华夏出版社，2000。

② W. James Potter, *Media Literacy*, Sage Publications, Thousand Oaks, 2001, p. 148.

③ ［美］阿伦斯，丁俊杰、程坪等译：《当代广告学》（第八版），43 页，北京，人民邮电出版社，2006。

④ ［美］迈克尔·埃默里、埃德温·埃默里，展江、殷文主译：《美国新闻史：大众传播媒介解释史》（第八版），41 页，北京，新华出版社，2001。

由此可见，虚假广告实质是一种欺骗性违法行为。例如，时下违法违规的药品、保健品、医疗器械等广告几乎到了泛滥的地步。国家食品药品监督管理总局的统计数据显示，2014 年 10 月 29 日—2015 年 1 月 5 日，各省（区、市）食品药品监督管理部门以发布《违法广告公告》的方式，通报并移送同级工商行政管理部门查处的药品违法广告共 75 666 条次，医疗器械违法广告共 3 709 条次，保健食品违法广告共 22 776 条次。3 个药品、5 个医疗器械和 11 个保健食品广告因严重篡改审批内容进行违法宣传被撤销或收回广告批准文号。对违法广告涉及的产品采取了 147 次暂停销售、限期整改措施。①

如果我们再进一步分析该通报所涉及的 10 个严重违法广告内容，就会发现这些广告基本都是利用人们治病心切的心理，无限夸大产品疗效，极言其利，既违背了起码的事实，也违背了基本的常识。例如，一家医药企业的广告宣称："服用 3 天颈椎就不疼了；3 周后 10 年的老风湿完全好了；服药 90 天变硬变形的关节恢复正常，骨病康复行动自如。"另一家企业的广告更"绝"："喝乐邦龟蛇酒胜过开刀吃药；清肾毒通肾脉，服用当天尿急尿频症状改善；服用七天脑血栓、中风偏瘫在搀扶下能行走；服用 2～3 个疗程彻底消除心脑猝死隐患。"② 凡此种种的广告不仅损害了消费者的合法权益，也会对消费者造成误导，甚至因此致使消费者病情延误，乃至丧命也极有可能。

有鉴于此，2014 年 12 月 22 日，第十二届全国人大常委会第十二次会议再次审议了《中华人民共和国广告法（修订草案）》。会议指出，"虚假广告欺骗、误导消费者，影响广告业健康发展，损害社会经济秩序，建议进一步明确责任主体、加大惩罚力度"。为此，全国人大法律委员会经研究，明确了三方面的规定：

一是规定广告主对广告内容的真实性负责，发布虚假广告的，应当承担相应的法律责任；二是规定对明知或者应知广告虚假仍予设计、制作、发布的广告经营者、发布者、代言人，依法给予行政处罚；三是规定关系消费者生命健康的商品或服务的虚假广告，广告经营者、发布者和代言人应当依法承担连带责任。

最终，2015 年 4 月 24 日，由第十二届人大常务委员会第十四次会议修订通过的《中华人民共和国广告法》则在第十六条、第十七条、第十八条、第十九条、第二十条对医疗、药品、医疗器械、保健食品等广告做了更为严格的规定：

> 第十六条　医疗、药品、医疗器械广告不得含有下列内容：
>
> （一）表示功效、安全性的断言或者保证；
>
> （二）说明治愈率或者有效率；
>
> （三）与其他药品、医疗器械的功效和安全性或者其他医疗机构比较；
>
> （四）利用广告代言人作推荐、证明；
>
> （五）法律、行政法规规定禁止的其他内容。

---

① 参见食品药品监督管理总局：《关于 2014 年第 4 期违法药品医疗器械保健食品广告汇总情况的通报》，见 http：//app1. sfda. gov. cn/，2015-01-05。

② 转引自食品药品监督管理总局：《关于 2014 年第 4 期违法药品医疗器械保健食品广告汇总情况的通报》，见 http：//app1. sfda. gov. cn/，2015-01-05。

药品广告的内容不得与国务院药品监督管理部门批准的说明书不一致，并应当显著标明禁忌、不良反应。处方药广告应当显著标明“本广告仅供医学药学专业人士阅读”，非处方药广告应当显著标明“请按药品说明书或者在药师指导下购买和使用”。

推荐给个人自用的医疗器械的广告，应当显著标明“请仔细阅读产品说明书或者在医务人员的指导下购买和使用”。医疗器械产品注册证明文件中有禁忌内容、注意事项的，广告中应当显著标明“禁忌内容或者注意事项详见说明书”。

第十七条　除医疗、药品、医疗器械广告外，禁止其他任何广告涉及疾病治疗功能，并不得使用医疗用语或者易使推销的商品与药品、医疗器械相混淆的用语。

第十八条　保健食品广告不得含有下列内容：

（一）表示功效、安全性的断言或者保证；

（二）涉及疾病预防、治疗功能；

（三）声称或者暗示广告商品为保障健康所必需；

（四）与药品、其他保健食品进行比较；

（五）利用广告代言人作推荐、证明；

（六）法律、行政法规规定禁止的其他内容。

保健食品广告应当显著标明“本品不能代替药物”。

第十九条　广播电台、电视台、报刊音像出版单位、互联网信息服务提供者不得以介绍健康、养生知识等形式变相发布医疗、药品、医疗器械、保健食品广告。

第二十条　禁止在大众传播媒介或者公共场所发布声称全部或者部分替代母乳的婴儿乳制品、饮料和其他食品广告。

尽管是一种商业性宣传方式，但广告依然必须以事实为依据，既要讲究技巧，更要言之有据。真实性是广告的基本原则，因为广告最基本的作用就是传播经济信息、建构商业桥梁、加速商品流通，最终成为人们投资理财、买卖购物的决策依据。广告存在的合理性即在于它的真实性。对此，大卫·奥格威就曾提醒他的同行：“好的产品可以因诚实的广告而畅销。如果你认为产品并不好，那你就别费心为它做广告。如果你说了谎话，或者你要滑头，那你就帮了客户的倒忙，你背上的犯罪感的包袱就会越来越重，而且你会煽起公众对整个广告业的不满。”[①]失实虚夸的广告，虽然有的能一时蒙蔽消费者，但从长远看，这种广告一旦被揭露，其后果显而易见：不仅会引起消费者的反感和指责，也会损害企业和商家的信誉，严重的甚至还会触犯法律，导致企业堕入绝境。诚如美国广告学权威阿伦斯所言：

广告要想有效，就必须让消费者对广告产生信心。因此，任何形式的欺骗不仅会削弱自由市场的完全信息原则，还有可能使广告主自取灭亡。甚至连无意义（但合法）的夸张也有可能引起严重的后果，被认定具有欺骗成分。夸大（puffery）是一种夸张的、主观的声明，很难证明其真伪，比方“最好的”、“最高级的”或“唯一飞行方法”等。[②]

---

① ［美］大卫·奥格威，林桦译：《一个广告人的自白》，114页，北京，中国物价出版社，2003。

② ［美］阿伦斯，丁俊杰、程坪等译：《当代广告学》（第八版），61页，北京，人民邮电出版社，2006。

三、广告伦理

作为一种信息传播方式，广告和新闻、娱乐一样，也要讲求伦理。伦理关乎一定社会的道德准则与行为规范。因此，广告一旦违背了社会伦理，常常会对社会环境带来不良的影响。根据广告法的相关规定，违背伦理的广告主要表现在三个方面。

（一）低俗广告

低俗广告是指涉及色情、暴力等不健康内容的广告。2013 年 8 月 20 日，《南方都市报》GA16 版刊登了一则整版广告，内容只有几行字：“前任张太：你放手吧！输赢已定。好男人，只属于懂得搞好自己的女人！祝你早日醒悟。搞好自己，愿，天下无三！张太。”（见图 6—10）这则被称为“疑似小三发广告告诫前任”的广告一经推出，旋即引发社会舆论的普遍关注。当天晚上，广东省工商局公布查处意见，指出该广告实为某产品的商业炒作，涉嫌违反广告法关于广告不得含有“违背社会良好风尚”的规定，当即叫停，并启动立案程序。

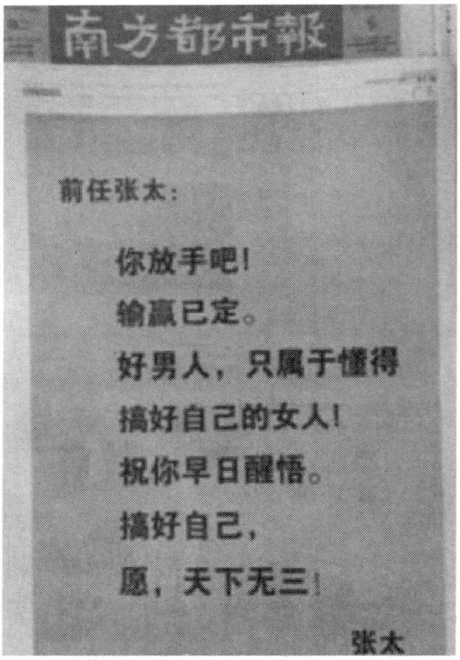

图 6—10　张太广告

资料来源：http://image.baidu.com/。

事后证实，这则广告实际是知名护肤品牌“韩后”的悬念创意广告。8 月 22 日，“韩后”再次在《南方都市报》发布了四个整版的“张太广告”续集，原来，“前任张太”与“现任张太”其实是同一个人，不过是“今日之我”告别“昨日之我”。该广告虽然充满“悬念”，但是却拨动了大众敏感的神经，触及了社会的伦理底线。有媒体评价该广告是：“‘小三宣言’广告赢得眼球，碎了节操。”①

此外，还有些低俗广告明显含有淫秽、色情内容，有些广告则大打情色擦边球。如前所述，诉诸性感是广告的一大策略，但是，现实中，这一策略常常被推向极致。于是，妙龄女郎、暴露的衣着、挑逗的言语、明显的性暗示等等，毫无节制地出现在这类广告之中。

（二）歧视残疾人的广告

一个健全的社会一定是给予残疾人全面关心与呵护的社会，这也是整个社会需要坚守的伦理底线。然而，现实中，一些广告的设计却明显缺乏这样的关怀，有的甚至违背了基本的伦

---

① 《“小三宣言”广告赢得眼球　碎了节操　“张太体”遭恶搞》，见 http://news.xinhuanet.com/，2013-08-21。

理。2013年，必胜客的一则网络广告引发了人们的强烈质疑。该广告视频以两个动漫人物的对话开始："你知道球为什么到处乱滚吗？因为它是虾（瞎）球！"（见图6—11）广告播出后，引起了视障人士的不满。6月5日，郑州数名视障人士在闹市举牌抗议必胜客虾球广告歧视残疾人，要求其停止侵权、公开道歉，并消除广告在社会上造成的不良影响。

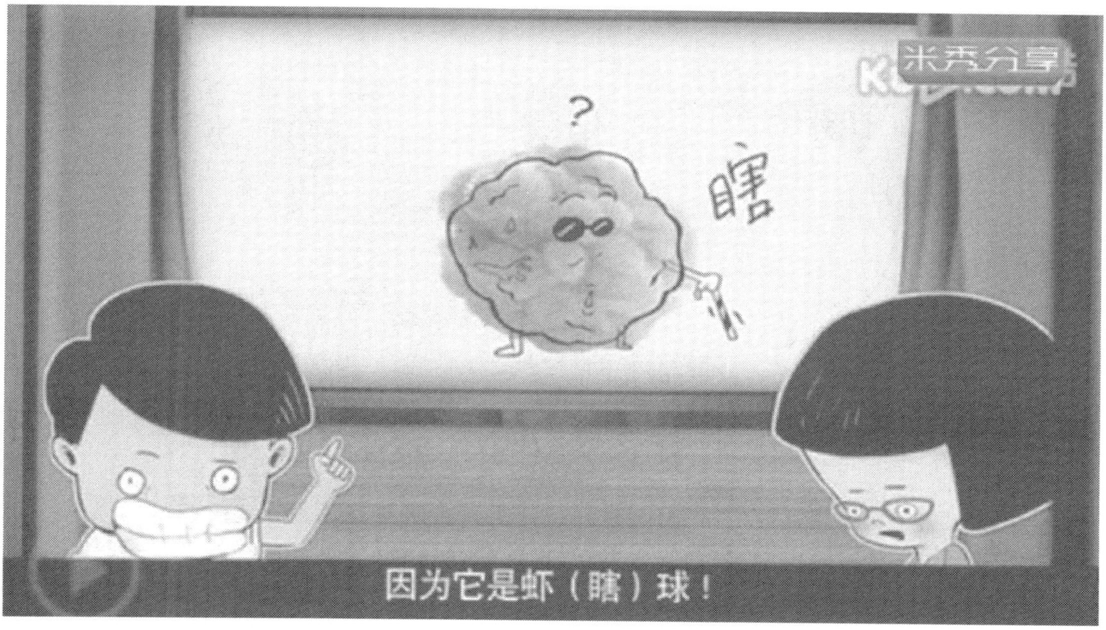

图6—11 必胜客广告片截图

资料来源：http://www.cztv.com/。

很快，必胜客官网上就发布了致歉声明："必胜客就虾球网络广告事件深表歉意。我们的确在创意上考虑不周，已全部撤除投放的广告。必胜客再次郑重道歉，恳请大家原谅。"

（三）广告对儿童的负面影响

广告是现代社会不可或缺的组成部分，作为社会成员的儿童同样不可避免地要接触广告。对此，北京师范大学儿童心理研究所陈会昌教授对北京市200多名4～5岁儿童进行的调查显示，90%以上的孩子最喜欢看的电视节目，第一就是电视广告，第二是动画片，第三是少儿节目。[①] 广告在儿童生活中占有如此之大的比重，其影响力由此可见一斑。但是，由于儿童的心智发展水平尚未成熟，广告素养尚未形成，很容易被广告所左右。更为重要的是，遍及儿童周遭的各类广告制作水准良莠不齐，大量不适宜儿童接触甚至不健康的广告比比皆是，对儿童造成了很多负面影响。

首先，低俗广告损害了儿童的身心健康。

低俗广告除了会对社会风气造成不良影响，对儿童的影响更不可小觑。2010年，广受小朋

① 参见王月、青荷：《儿童广告的危险诱惑》，载《生命时报》，2012-06-12。

友欢迎的《喜羊羊与灰太狼》中的卡通人物居然被多家医院用作宣传堕胎广告（见图 6—12），更为可怕的是，这些广告在公共空间大肆传播，任何孩子都有可能随时接触到。有媒体据此评论："医院要做广告这本无可厚非，可也不能没有底线，不把公众的感受放到眼里。把成人的广告放到动画片里，把好好的一个儿童角色弄出了成人版，一旦被孩子们看到，会产生什么样的不良影响，想想就让人担心。"①

图 6—12　被用作堕胎宣传的《喜羊羊与灰太狼》中的卡通人物

资料来源：http://www.chinanews.com/。

其次，不良广告助长了儿童消费攀比的心理。

广告中的孩子往往都会炫耀因为拥有某种商品而感到开心、自豪，有的广告甚至让孩子直接喊出"每个小孩都要有一个"、"我有，你有吗"、"妈妈，我要××"等等，这样无形中会让接收广告的孩子产生攀比心理。与此同时，这些广告刻意将拥有某商品与获得优越感直接地联系起来，通过儿童变相给家长施加购买压力，就很容易造成家长与孩子之间在消费问题上的紧张关系。

最后，不良广告直接或间接向儿童传递了不健康甚至错误的价值观。

如果说，明显低俗的广告，消费者尚能防范，那么，当一些不良广告在不经意间向儿童传输不健康甚至错误的价值观时，往往就令人防不胜防。2005 年，儿童食品"旺旺"的广告片就以"过年了不吃旺旺，新的一年不会旺哦"而影响了很多孩子。《中国青年报》的报道指出："学生家长举报说，新年期间遇到了一件头疼事，孩子天天闹着要吃'旺旺'大礼包，说是不吃'旺旺'就会学习落后，百事不顺，连老师都是这样要求的。"②

再比如，2007 年，"白大夫"化妆品的一则广告引发了社会的广泛关注。该广告中，一个满脸是斑的女人正坐在镜子前唉声叹气，其背后是一个男人离去的身影。此时，女儿开始唱"世上只有妈妈好，长斑的妈妈难看了"，并自言自语"妈妈不漂亮了，爸爸就不回来了"。接

① 《"喜羊羊"成人流广告　网民批缺德　媒体吁严惩医院》，见 http://www.chinanews.com/，2010-10-14。
② 薛培：《"旺旺"广告涉嫌迷信　工商部门紧急"叫停"》，载《中国青年报》，2005-02-22。

着，女儿砸碎一个储钱罐，为妈妈买来了“白大夫”祛斑霜。很快，妈妈就容光焕发，爸爸也回家了。其结尾是一家三口相拥在一起的温馨画面，女儿再次唱道：“世上只有妈妈好，没斑的妈妈漂亮了。”

这则广告在宣扬“以貌取人”的同时，也颠覆了“儿不嫌母丑”的传统道德。它事实上向孩子暗示了“女性只有容貌漂亮才能维系家庭”、“爱是由美丑来决定的”等错误观念。

那么，如何才能正确地处理广告与儿童的关系呢？

美国专门成立了儿童广告审查处（Children Advertising Review Unit，CARU），负责审查儿童广告。CARU针对12岁以下儿童广告制作的《儿童广告自律指南》（Self-Regulatory Guidelines for Children's Advertising）主要包括六条：

（1）广告主应该始终将自己的广告讯息所针对的受众的知识水平、成熟程度以及成熟状况纳入考虑之中。小孩子对自己所接收的信息的可信程度辨别能力有限，也可能缺乏理解这些信息的能力。因此，广告主在防止儿童凭自我感受行事方面负有特别的责任。

（2）认识到儿童具有丰富的想象力，而假戏真做的游戏又构成了他们成长过程的重要一环，广告就应该小心，不能不公平地利用孩子的想象力。广告不得直接或间接激发孩子们对产品质量或产品用途产生无根据的过高期望。

（3）认识到广告可能在儿童教育过程中发挥重要作用，广告就应该以真实准确的方式，而且是为儿童所能理解的方式传达信息。时刻牢记儿童会从广告中学到影响他健康和生活的许多行为。

（4）应该鼓励广告主尽可能制作那种传达正面社会行为的广告作品，诸如友谊、友善、诚实、公正、慷慨和尊重他人等，借此发挥广告影响人行为的潜在作用。

（5）广告在任何时候都应该尽可能考虑到少数民族或其他群体的存在，力图在广告中传递积极的、符合社会准则的角色范本，尽量避免使广告中的社会规范和诉求带有偏见。

（6）尽管有很多因素会影响孩子的个性和成长，父母对孩子的指导依然负有最主要的责任。广告主应该对促进良好的父子（女）关系、母子（女）关系做出建设性的贡献。①

我国《国家工商行政管理局广告审查标准》也专门设置了“第五章儿童广告”部分，该章规定了儿童广告的基本要求：

第三十七条　儿童广告，是指儿童使用的产品或有儿童参加演示内容的广告。

第三十八条　儿童广告必须有益于儿童的生理和心理健康，有利于培养儿童优秀的思想品质和高尚的情操。

第三十九条　不适于儿童使用的产品的广告，不得有儿童参加演示。

第四十条　针对儿童宣传的广告，应当进行浅显的、能够为儿童正确理解的描述。

第四十一条　广告中出现的儿童或家长，应当表现为具有良好行为或态度的典范。

第四十二条　不得发布下列儿童广告：

（一）有损儿童的身心健康或道德品质的；

---

① 转引自［美］阿伦斯，丁俊杰、程坪等译：《当代广告学》（第八版），84页，北京，人民邮电出版社，2006。

（二）利用儿童给家长施加购买压力的；

（三）影响儿童对长辈和他人尊重或友善的；

（四）影响父母、长辈对儿童的言行进行正确教育的；

（五）以是否拥有某种商品使儿童产生优越感或自卑感的；

（六）儿童模特对宣传的商品的演示超出一般儿童行为能力的；

（七）表现不应由儿童单独从事的某种活动的；

（八）可能引发儿童任何不良事故或行为的；

（九）利用超出儿童判断力的描述，使儿童误解，或者变相欺骗儿童的；

（十）使用教师或儿童教育家、儿童文艺作家、儿童表演艺术家等名义、身份或形象的。

除此之外，切实培养儿童的广告素养、教会孩子正确地认识广告、提高对不良广告的辨别能力也是一条根本性的路径。比如，美国、英国等发达国家就为儿童开设了有关广告与消费训练的课程。其基本原则是：训练儿童认识并坚持自己的独立性，学会利用广告而不被广告所利用。①

【本章小结】

作为一种经济传播活动，广告是社会经济的“晴雨表”，不仅为消费者提供“购物指南”，而且是企业参与市场竞争的“推进器”，与此同时，广告也构成了大众传媒的“生命之源”。广告的本质是一种说服，它一般采取理性与感性两种诉求方式，综合运用诉诸“独特”、诉诸幽默、诉诸性感、明星代言和重复等多种方法，充分调动各种符号化手段，力图在刺激消费者感官的同时，影响其观念，促发其购买行为。广告可能产生的问题在于其刺激并制造了人的虚假需求，同时社会中还存在大量虚假广告与低俗广告。因此，对于普通公众而言，既要能够理解广告的功能、特点与运作机制，也要能够发现、批判广告的问题，尤其要抵制不良广告对于儿童的负面影响。

【思考与训练】

1. 什么是广告？它有哪些特性？
2. 为什么说广告是社会经济的“晴雨表”？
3. 广告对消费者有哪些作用？
4. 广告对企业有哪些作用？
5. 为什么说广告是大众传媒的“生命之源”？
6. 为什么说广告本质上是一种说服？
7. 广告的理性诉求与感性诉求各自有哪些特点？

---

① 参见卜卫：《媒介与儿童教育》，129页，北京，新世界出版社，2002。

8. 不良广告对儿童有哪些负面影响？

9. 结合具体广告案例，分析其中所运用的说服策略。

10. 尝试寻找身边的虚假广告、低俗广告、歧视性广告，并指出它们的问题所在。

【延伸阅读】

1. ［美］阿伦斯，丁俊杰、程坪等译：《当代广告学》（第八版），北京：人民邮电出版社，2006。

2. ［法］让·波德里亚，刘成富、全志刚译：《消费社会》，南京：南京大学出版社，2000。

3. ［美］大卫·奥格威，曾晶译：《奥格威谈广告》，北京：机械工业出版社，2003。

4. ［美］大卫·奥格威，林桦译：《一个广告人的自白》，北京：中国物价出版社，2003。

5. ［美］迈克尔·舒德森，陈安全译：《广告：艰难的说服》，北京：华夏出版社，2003。

6. ［美］约瑟夫·塔洛，洪兵译：《分割美国：广告与新媒介世界》，北京：华夏出版社，2003。

7. 蒋原伦：《媒介文化与消费时代》，北京：中央编译出版社，2004。

8. 黄合水：《广告心理学》，北京：高等教育出版社，2005。

9. 陈培爱：《广告学原理》，上海：复旦大学出版社，2008。

第三部分

人与媒介

第七章
记　　者

【学习要点】

全面认识记者在社会中的职业角色与职业要求，并能够深刻理解记者的职业困惑。在此基础上，进一步认知记者的职业权利与职业边界，能够尊重记者及其职业，并能够初步评估记者行为的专业化程度，掌握与记者互动的基本技巧。

第一节　记者何为？

1948 年，传播学先驱拉斯韦尔在一篇论文的开头提出了一个也许是传播研究中最著名的命题："描述传播行为的一个方便的方法，是回答下列五个问题：谁？说了什么？通过什么渠道？对谁？取得了什么效果？"① 这五个问题后来被称为"拉斯韦尔公式"、"5W 模式"，影响了整个传播研究尤其是大众传播研究的走向。新闻传播属于大众传播范畴，"谁"和"对谁"实质上分别指向的就是新闻传播中信息的"传播者"与"接收者"，此二者正好构成了新闻传播的起点与归宿。"新闻传播者"泛指生产、传播新闻信息的人。由于新闻传播的组织化特点，因此在新闻生产中，新闻传播者实际上是"组织化的人"，包括记者、编辑、编辑部主任、制片人、总编辑等。这里我们着重探讨"记者"，这是因为"记者"不仅是"新闻传播者"的典型代表，而且与公众的关联也最直接、最密切。很多时候，对于社会公众而言，记者就是新闻机构的"代言人"。

一、记者的职业角色

记者诞生于何时？按照舒德森的考证，报道作为一种专业的新闻活动直到 19 世纪 30 年代才出现，因此，"记者和报道是 19 世纪中产阶级公众及其社会机构的发明"。那么，记者是谁？

---

① ［英］丹尼斯·麦奎尔、［瑞典］斯文·温德尔，祝建华、武伟译：《大众传播模式论》，16 页，上海，上海译文出版社，1987。

西方新闻界一般认为，记者是“无冕之王”。舒德森进一步指出：“一名记者是一个忠实于消息来源的人，一个同惯常的智慧相符合的人，一个服从新闻机构政治文化的人，以及一个效忠于小范围的公众与文学表达的人。”① 我国著名记者、新华社原社长郭超人先生也曾经说过：“记者笔下有财产万千，笔下有毁誉忠奸，笔下有是非曲直，笔下有人命关天。”② 这些虽然不是严格意义上的定义，却关涉到了记者工作的特质与范畴、功能与意义。

（一）记者是社会环境的“守望者”

记者对于社会的意义何在？西方新闻界习惯将记者比喻成“看门狗”（watch-dog）。例如，美国资深报人约瑟夫·普利策就曾经说过：“倘若一个国家是一艘航行在大海上的船，新闻记者就是船头的守望者。他要在一望无际的海面上审视一切，观察海上的不测风云和浅滩暗礁，及时发出警告。”

我国新闻界则习惯将新闻记者喻为社会的“耳目”。1923 年，我国著名报人邵飘萍也曾在其名著《实际应用新闻学》中指出：“外交记者（访员）所处之地位为社会、国家、世界之耳目。人类各种新事实之表现，皆难逃耳目之鉴察，其取作材料，载诸报纸，发为批评，则犹之耳目以所闻见者转达于脑府。无耳目，则脑府顿失其功用。于此可以知外交记者所负之任务及其地位为何如矣。”③

这两段话非常恰切地概括了记者的社会角色与功能，即记者是社会环境的“守望者”。这一角色定位要求记者必须从公共利益出发，能够敏锐地发现社会发展进程中存在的各种问题，并及时发出预警；在日常报道中能够帮助受众筛选、甄别出关乎他们生存、发展的问题，并将与这些问题相关联的事件及时地记录下来，供人们决策与判断。

必须强调的是，新闻记者对于社会的“守望”并不是被动的“旁观”，而是以参与者的姿态，积极能动地以专业手段守护着人类的精神与社会的价值，从另一个向度维护着整个社会的良性运转。19 世纪末，美国新闻界掀起了历史上著名的“揭丑运动”，以林肯·斯蒂芬斯（Lincoln Steffens）为代表的一批新闻记者成为该运动的先锋。记者们运用专业手法发表的 2 000 多篇新闻报道，揭露了美国在转型期政界、商界、警界等各个领域内的腐败与丑闻，有力地促进了美国社会的进步。

2003 年，首届“中国记者风云榜”表彰的八位记者都是因为他们的报道观照到了被社会遗忘的某个角落、被人们忽略的某项权益，从而推动了整个社会的进步。以“夫妻家中看黄碟事件”为例，2002 年，陕西省延安市四名警察进入一市民家中查获淫秽录像。当时的《华商报》法制版记者江雪敏锐地发现，这起看似普通的治安案件背后却隐藏着公民权利与国家公权之间的边界问题。为此，她展开调查，发表了系列稿件，最终引发了全社会对于公民隐私权、警察执法权、国家公权力边界的广泛关注。对此，“中国记者风云榜”对江雪的推介词是：

以第一手资料率先报道“夫妻家中看黄碟事件”，引发全国各类媒体对公民隐私权与

---

① ［美］迈克尔·舒德森，刘艺娉译：《新闻的力量》，97 页，北京，华夏出版社，2011。

② 转引自郑鸣：《关于记者：郭超人新闻思考》，87 页，北京，新华出版社，2010。

③ 邵飘萍：《实际应用新闻学》，5 页，上海，上海书店出版社，1989。

国家公权边界问题的探讨，增进了民众捍卫公民权利的意识。

“夫妻家中看黄碟事件”的报道，意义不仅限于对当事人权利的保障，更重要的是，记者江雪对此事件长达半年的持续报道和追踪评论，显示了这位记者对于转型期最具社会意义的事件的敏感。①

（二）记者是新闻生产流程中最前端的“把关人”

我们在第三章中曾经述及，新闻报道是选择的产物，选择即意味着“把关”，新闻生产过程中存在着各级各类的“把关人”。美国社会学者赫伯特·甘斯就认为，新闻机构内部实际上存在两种取向的新闻选择：“一边是从消息来源的视角来判断新闻故事取舍的新闻工作者（主要是记者），另一边的高级制片人、编辑等人则从受众的视角来审视之。”从这个意义上说，“新闻故事的选择开始于跟信源有着千丝万缕联系的新闻从业者，并终止于那些负责为受众创造出新闻节目或杂志的新闻工作者”②。换言之，新闻生产实际是一个系统化的“把关”过程，而记者则是其中最前端的“把关人”。

记者报道新闻的一般流程大致包括：记者获取新闻线索之后，随即开始判断新闻线索的意义、评估新闻价值的大小，进而查阅资料、寻找合适的信源、联系采访对象、进行新闻采访，之后取舍采访的内容，选择合适的报道方式和符号形式，将新闻事实呈现出来。这一过程中的每一个环节都渗透了记者的“把关”。比如，记者对消息来源的判断与使用往往要做多重的“把关”，选择什么样的消息来源、如何判断与取舍消息来源提供的信息，都属于需要记者“把关”的范畴。“消息来源提供的信息都要经过新闻记者的观察和采访问题的筛选。”③

对此，美国著名“揭丑”记者林肯·斯蒂芬斯的例子则更为生动地诠释了记者的“把关”行为。他当年就曾在报道中“扣留过有关华尔街犯罪活动的信息”，因为在长期的新闻工作中，他已经被华尔街精神深深感染……不知不觉，但是确确实实地，他自己也成了一个华尔街的人。于是，在斯蒂芬斯看来，华尔街的犯罪信息是那种“我不会，也不能接受的信息”。记者的这种对信息有意识的取舍，实质就是一种典型的“把关”行为。社会学者舒德森据此做了一个形象的比喻：“信息不会落在一块白板上。没有一个记者是一块白板，他们更像是一片崎岖地带。在这片地带中，有些信息找到了合适的位置，而有些信息却根本不被其吸收。”④

（三）记者是新闻报道最直接的“建构者”

新闻报道是记者运用各种符号表征新闻事实的结果。“新闻记者所写的字词，是作为故事出现在报纸上或荧屏上的。既不是政府官员或者文化团体本身也不是‘现实’自身魔术般地变成了字母符号，而是有血有肉的新闻记者逐字逐句地组织成我们称之为新闻的故事。是新闻记

---

① 中央电视台《讲述》栏目：《讲述：2003首届中国记者风云榜》，40页，北京，中国大百科全书出版社，2004。
② ［美］赫伯特·甘斯，石琳、李红涛译：《什么在决定新闻》，109页，北京，北京大学出版社，2009。
③ 同上书，145页。
④ ［美］迈克尔·舒德森，刘艺娉译：《新闻的力量》，96页，北京，华夏出版社，2011。

者制造了新闻。”[①] 美国社会学者盖伊·塔奇曼就曾说过：“新闻是专业主义的产品，其天职就是向公民包括其他从业者解释日常发生的事情。”[②] 那么，记者如何解释？依据什么样的标准进行解释？这背后浸润了记者对于新闻事实的判断、理解与分析，而这些活动都要受到记者认知“框架”（frame）的影响。

所谓“框架”是指“对社会知识与经验所进行的建构”[③]。按照戈夫曼的解释，为了“超越、控制、理解并选择恰当的认识和行为”，我们建构了现实。吉特林则在此基础上进一步拓展，他认为令超越直接经验之上的世界看起来更为自然一些的是“媒介框架”。所谓“媒介框架”就是选择（selection）、强调（emphasis）和表达（presentation）的原则，由很多对存在、发生和发展的事物加以解释的细微理论构成。换言之，“媒介框架是认知、解释和表达的连贯模式，是筛选、强调和排除新闻报道的过程”，虽然“媒介框架在很大程度上是不可言说和超越认知的”，但其对新闻生产的意义却不可小觑，“媒介框架保证记者们能快速、常规地处理大量的信息：对信息进行识别，纳入认知类别，然后进行包装，更有效地呈现给大众”。因此，单从组织的角度考虑，“媒介框架是无法避免的，它能使新闻业有组织地管理它们的生产”[④]。一句话，新闻报道是人为建构的产物，记者则是新闻报道最直接的建构者。

那么，记者如何建构新闻报道？有学者指出，记者主要通过“选择框架”与“重组框架”两种机制来完成对新闻报道的建构。一方面，“经由选择事件基模中的不同形式要件与内容，新闻报道出现了对同一事件的不同‘版本’”；另一方面，“同样的内容经过不同的排列顺序与时空变换，就产生了不同的意义”[⑤]。这即是说，记者通过“选择框架”筛选新闻事实，运用“重组框架”叙述新闻事实。

当然，在具体的报道中，记者所采取的框架策略也会有所不同。按照潘忠党教授的划分，新闻话语或文本中的框架策略可以分为四类：句法结构、脚本结构、主题结构和修辞结构。其中，句法结构主要指“描述整个话语形式特征的宏观句法”。脚本结构是指“一个事件中的活动和组成部分被建立的稳固顺序，并因此被内化为这一事件的结构化思维呈现”。主题结构是指“新闻报道中的假设—验证特色，即报道有一个基本主题假设，各种事件、出处及建议主张都为了说明支持这一假设”。修辞结构是“记者对描述风格的选择”[⑥]。

作为新闻报道的建构者，记者在报道中通过取舍与重组、凸显与遮蔽等方式，不仅形塑着新闻事实，也赋予了新闻事件不同的意义。因此，对于记者来说，“只有全面理解了新闻工作的‘建构性’与‘创造性’，才能在结构新闻、叙述新闻时，保持一份冷静与节制；只有充分意识到自身认知的局限性和事物的复杂性，才能在判断新闻的意义与建构关联时，保持一份理性

---

① ［美］迈克尔·舒德森：《新闻生产的社会学》，见［英］詹姆斯·库兰、［美］米切尔·古尔维奇，杨击译：《大众媒介与社会》，165页，北京，华夏出版社，2006。

② ［美］盖伊·塔奇曼，麻争旗、刘笑盈、徐扬译：《做新闻》，32页，北京，华夏出版社，2008。

③ ［美］约翰·费斯克，李彬译注：《关键概念——传播与文化研究辞典》，211页，北京，新华出版社，2004。

④ ［美］托德·吉特林，胡正荣、张锐译：《新左派运动的媒介镜像》，14页，北京，华夏出版社，2007。

⑤ 臧国仁：《新闻媒体与消息来源——媒介框架与真实建构之论述》，46～49页，台北，三民书局，1999。

⑥ 黄旦：《传者图像：新闻专业主义的建构与消解》，243～244页，上海，复旦大学出版社，2005。

与专业”①。

二、记者的职业要求

角色定位决定了社会对记者的职业要求，不同国家、不同的新闻体制也会对记者的职业要求产生影响。

我国社会主义新闻事业对记者提出了六大基本要求：

（1）热爱党和人民，热爱党和人民的新闻事业，有在新闻岗位上为宣传真理、捍卫真理，为维护党和人民的利益忘我奋斗的献身精神。

（2）有一定的马克思主义理论水平，十分熟悉党的方针、政策。

（3）乐于深入实际，善于和群众打成一片。

（4）有比较宽广的知识面和一定的专业知识。

（5）有高尚的职业道德。

（6）有熟练的新闻业务才能。②

美国大部分记者都认同的职业要求包括：

（1）告知公众社会和政府中发生的事件，取得的进步和未来的趋势。新闻工作者有义务尽力收集信息，一旦获悉真相便公之于众。他们必须勇敢地追寻真相，不受利益冲突的左右。

（2）对待公众（包括受众和制造新闻的人），要公正、尊重甚至寄予同情。对于新闻工作者来说，如果很多公众都由于不信任或不尊敬新闻媒体而不相信新闻报道，追逐真相就没有什么意义了。

（3）培养民主秩序。自主的人民必须获知政府的行为和问题。而新闻媒介是这类信息的主要提供者。③

基于这样的认知，美国的两位学者提出了新闻工作的“十大基本原则”：

（1）新闻工作首先要对真实负责。

（2）新闻工作首先要忠于公民。

（3）新闻工作的实质是用核实进行约束。

（4）新闻工作者必须独立于报道对象。

（5）新闻工作者必须成为独立的权力监督者。

（6）新闻媒体必须成为公众评论和妥协的论坛和广场。

（7）新闻工作者必须让重大事件变得有趣并且与受众息息相关。

---

① 刘勇：《“身份的焦虑”与“标签化”的隐忧——以“女干部骂保安”的报道为例》，载《新闻记者》，2015（1）。

② 李良荣：《新闻学概论》，273～283页，上海，复旦大学出版社，2001。

③ ［美］罗恩·史密斯，李青藜译：《新闻道德评价》，9页，北京，新华出版社，2001。

(8) 新闻工作者应该使新闻全面均衡。

(9) 新闻工作者有责任按良心行事。

(10) 公民对新闻也享有权利和承担义务。①

由此可见，对于记者的职业要求，尽管中西方的表述有所差异，但是也有不少相似之处，这些其实就是具有普适意义的对记者的职业要求。其具体包括以下三点。

(一) 记者首先要以守护公共利益为根本立足点

“守望者”的角色其实就暗含了记者工作的一个根本出发点：对于公共利益的守护。所谓公共利益，是指社会大多数人的利益。记者判断新闻价值、选择报道内容、选取报道角度等都与此密切相关。通常情况下，那些关涉人们生存发展的事件往往就是记者的报道重点。

被称为“中国的林肯·斯蒂芬斯”的著名“揭黑记者”王克勤就“始终是在揭露跟老百姓息息相关的黑幕，同时为国家挽回了大笔损失”②。2001年以来，他先后发表了一系列颇具影响力的调查性报道。例如，《兰州证券黑市狂洗“股民”》（2001年）、《北京出租车业垄断黑幕》（2002年）、《河北“定州村民被袭事件”调查》（2005年）、《河北邢台艾滋病真相调查》（2005年）、《大庆市永泉村土地流失真相调查》（2006年）、《山西煤窑真相调查》（2007年）、《四川大竹县城拆迁风波》（2008年）、《灾区平民生存真相系列》（2009年）、《山西疫苗乱象调查》（2010年）、《河北大学校园“飙车案”调查》（2010年）等。这些报道无一不是从公共利益出发，而且，由于报道触及了某些既得利益者，王克勤经常会遭遇谩骂、驱赶、跟踪甚至死亡威胁，曾有黑社会扬言“要出500万买他的人头”，王克勤由此也被同行戏称为中国“身价”最高的记者，四名警察曾经保护他长达半年时间。由于对公共利益的捍卫与坚守，王克勤曾获得2003年度“中国记者风云人物”、2003年度《南风窗》“为了公共利益”年度人物、2004年中国“十佳曝光勇士”等殊荣。

(二) 记者必须为公众提供专业的新闻报道

新闻事业因为社会公众的信息需求而诞生，因此记者必须为公众提供专业的新闻报道。那么，专业的新闻报道应该具备哪些品质？《南方周末》原高级记者李海鹏认为，专业的报道应该是一种“优质新闻”，其标准有六条：

(1) 题材重要，揭示时代的本质；(2) 不断指向事件背后的终极推动力；(3) 关怀公共利益；(4) 信息的收集、择取和推演过程与事实本身相符；(5) 具备吸引眼球的亮度；(6) 具备艺术的真与美。③

以上六条简单地说就是真实、客观、全面、公正。

---

① ［美］比尔·科瓦齐、汤姆·罗森斯蒂尔，刘海龙、连晓东译：《新闻的十大基本原则：新闻从业者须知和公众的期待》，4～5页，北京，北京大学出版社，2011。

② 张若渔：《王克勤：总有一种力量让我们泪流满面》，载《中国青年报》，2004-11-16。

③ 李海鹏：《我写作是为了光阴流逝使我心安》，见邓科：《南方周末：后台》（第一辑），179页，广州，南方日报出版社，2006。

真实，要求记者尊重事实，在报道中有一说一，不夸大也不缩小。这是因为真实是新闻报道的生命。没有真实，新闻就失却了存在的意义，记者乃至整个新闻事业的合法性也就无从谈起。

客观，要求记者在报道中最大限度地限制自身的主观倾向，只陈述事实，不提供观点，不偏不倚，立场中立。唯其如此，新闻报道才有可能帮助公众更好地了解事件、理解世界。

全面，要求记者在报道中尽可能呈现事实的全貌，努力提供新闻事件的背景以及关联信息。这是因为只有全面的信息才不至于对公众造成误导，人们也才有可能据此做出更为准确的判断。

公正，要求记者在报道中必须追求公平与正义，摒弃个人偏见，对人对事不戴"有色眼镜"，一视同仁，平等地对待每一个报道对象。唯有公正，记者和公众才有可能超越自身的"刻板成见"，新闻的世界中才不至于出现被一种或几种话语垄断的局面。

（三）记者要恪守基本的职业道德

新闻职业道德是新闻工作者自立的行为准则，它借助舆论力量促使新闻工作者自觉遵守。它包括职业理念、职业态度、职业纪律和职业责任四个方面。① 通观世界各国、各地区的新闻职业道德要求，尽管表述方式多种多样，且各有侧重，但总体上包括以下八条原则性内容：

> （1）维护新闻自由，具有独立精神（这是新闻传播行业首先要考虑的问题。如果没有独立精神，报道就很难做到客观公正）。
>
> （2）献身正义、人道，为公众利益服务。
>
> （3）恪守新闻报道的真实、客观、公正、平衡等工作标准。
>
> （4）为新闻来源保密（这一点，有的国家归入新闻法，有的国家只在职业道德层面有规定）。
>
> （5）不诽谤、侮辱他人。
>
> （6）不侵犯普通公民的隐私（因为公务人员的隐私权相对要少）。
>
> （7）拒绝收取馈赠和贿赂，以及其他各种影响客观报道的酬谢。
>
> （8）不参与商业和广告活动。②

新闻职业道德是记者对其职业行为进行自我约束和自我管理的重要指针。从另一个层面说，新闻职业道德也为社会公众审视记者乃至传媒的行为提供了专业标准。换言之，只有在职业道德层面严于律己的记者，才有可能成为真正意义上的专业记者。

三、记者的职业困境

记者的职业角色与职业要求既有成文的规范，也有不成文的行业惯例，这些看似简约的内容，实践起来却远没有那么简单。很多时候，记者在报道中常常会陷入职业困境之中。让我们

---

① 参见李良荣：《新闻学概论》，284～285页，上海，复旦大学出版社，2001。

② 陈力丹：《新闻理论十讲》，238页，上海，复旦大学出版社，2008。

先从《一名新记者的困惑》谈起。

一名新记者的困惑[①]

李宁源

从济南回沪，与同事们一照面都说我瘦了不少，照照镜子也突然有些不认识自己。或许是因为在诸城久久不能释怀的那一瞬间，一位老人那阵阵令人揪心的哭泣，以及道道无情的摄影摄像的闪光，一直在我心头不能拂去。

从接到采访在阿富汗的中国工地遇袭中死难者家属的任务那一刻起，我就感到了一丝兴奋，这绝对是个好素材，哭泣、泪水、控诉，字字可以入笔，样样可以抒情。在济南，我从中铁14局的档案库搞到了山东死难者的具体联系方式。

出租车司机对我的采访目标很感兴趣。他告诉我，被害者家住在山东最穷的地方，那里一年下不了几次雨，庄稼长不高，村里人只能到外地打工贴补家用，“死了一个男人，家里可就更困难了！”

路很远，350公里的高速路，到了县城还要再拐上70公里的弯路，路上铺着金黄色的麦子，司机告诉我，村里人没钱使用打谷机，只能把麦子放到公路上，让过路汽车碾压，白天铺上，晚上收起来还要照看着，家里人就干脆睡在路边，等到麦子碾压好了就直接收回家里去。司机很同情他们，把车开成S形，争取尽可能多地碾压路边的稻谷。

近4个小时以后，我们到了死难者之一的郑明文家。与想象中呼天抢地的情景不同，郑明文家大门紧闭，门口围了一群邻居。我推门进去，院子里面冲出个小伙子，看上去有点愤怒：“你干吗?”

我当时的感觉真的有点惊讶：你们家里发生了这么大的事，身为记者我来采访，并可以向上反映些你们的困难，还对我怒目而视?“我们什么都不知道，也什么都不想说，家里有88岁的老人，身体特别不好，我们根本就不敢让她知道，你们记者进来就知道采访照相，老人能受得了吗?”

我当然知道亲人永远离别后的痛苦，这想法我能理解。于是我便退了出来。毕竟，人在最痛苦时最需要的是安静，干吗非要把人家的伤疤揭开来看看，然后再把他们痛苦状照下来给别人看呢？在他家门外，我一直在思索着这个问题。他们家里三个硬朗的男人用自己仅有的一点强壮把痛苦掩藏起来，维护着自己仅剩的一点“自留地”。他们对记者实际上很客气，没有动粗，只是很礼貌地把记者挡在门外。

正在门口踌躇、考虑怎么再采访时，外面忽然热闹了起来，当地的村主任陪着当地领导赶到了，满载着来自各媒体的记者连同近十几台摄影摄像机的车队，浩浩荡荡地开进了小村子，径直停在了这家门口。坐在最前面一辆车上的村主任一下子跳了下来，几个箭步就冲到了那个紧闭的家门口，紧接着就是震耳欲聋的砸门声。

只有在电影上才能看到的一幕终于出现了，那三个男人仅仅是把门开了个缝隙，想探出头来看看，结果这个小院子马上就像洪水溃堤一样地被冲开了。村主任带着市领导，记

① 李宁源：《一名新记者的困惑》，载《新闻记者》，2004（11）。

者们带着相机，甚至原先在门外看热闹的邻居也都冲了进来。小院子顿时沸腾了。

院子里的三个男人显然被这阵势给吓傻了，呆呆地看着这一切，愣愣地不知该怎么办。面对这阵势，他们简直似螳臂当车。加上村主任在一旁用力地使眼色、瞪眼睛，他们是再也不敢做什么抵抗了。终于，这最后一个保留隐私和尊严的堡垒被击溃了，他们只能眼睁睁地看着小院被无数陌生的脚践踏。

外部防线被攻破了，屋里的媳妇们就不得不担当起护卫第二道防线的任务。她们把窗帘死死地扣住，门也从里面插上，任凭外面熙熙攘攘、拍门如雷也不愿退让。外面的男人们怯懦地告诉大家，屋里有个88岁的老太太，千万不要让老人知道，她肯定受不了失去儿子的打击。不料闻听此言，记者们的眼睛都发亮了："88岁的老人？好素材！她的大哭可就有震撼力了！"记者们议论纷纷，村主任也来劲了，摆出非要把这门敲开不可的架势。而那些上级领导们站在院子里，各自找着好角度，拉住一个村民就"嘘寒问暖"，任由摄影摄像机拍摄。"窗帘开了个角！"不知道哪位记者叫了起来。只见本来捂得严严实实的窗帘被拉开了一角，记者们像发现了新大陆一般，把照相机从缝隙伸进屋里，也不管角度还是光线就一阵狂揿快门，阴暗的小屋马上就被闪光灯射出的刺眼光线照亮。

但记者们还是觉得不过瘾，干脆围在村主任跟前："叫他们把门打开！要不然我们拍不到！"村主任像是领受了一个炸碉堡的任务，"没问题！"他雄赳赳地冲向屋门，决心用自己的威风把门彻底轰开。不少记者还在围着房子找来找去，希望能有个后门或者墙缝来把自己塞进去照几张相。还有两个在讨论房顶上有没有什么通道能进去。整个院子闹哄哄的，只有那三个男人在一边怯懦地重复："屋里有老人，她知道会受不了啊！"但无人理睬。

这样的混乱局面持续着。几分钟后，记者们最希望的事情发生了，村主任终于把那最后一道门敲开了。

很快地，那位88岁的老人明白了一切，也很"配合"地释放了失去爱子的悲痛。

很快地，所有记者冲了进去，抓拍那张老泪纵横的脸，包括我在内。

很快地，屋子里成了"农贸市场"，人声鼎沸。

很快地，闪光灯闪动之下，记者们清楚地看到了屋里那一双双含着热泪愤怒地看着这一切的眼睛。

很快地，所有的记者得到了自己满意的照片或录像，离开了。

很快地，领导们在呼天抢地的哭声中完成了自己的"亲切慰问"。

很快地，小院子空了，只剩下满地被踏得横七竖八的小麦。

院子里，男人们蹲在地上；房间里，女人们围在老人身边。他们个个泪流满面。

我记得，曾经有一位美国记者拍到一张难得的照片：在一位瘦弱得奄奄一息的小孩旁边是一只秃鹫，死神在时刻威胁着这个孩子。这张照片获了奖，而他后来则深深地自咎，难以抚平心中的创伤，最终自杀了。

一位资深摄影记者告诉我，在面对这种选择时，他心中在流泪，手指在按着快门。

职业与道德面前，我们记者应当如何选择？我不知道。

谁来回答我这个入门不久的新记者的疑问呢？

这是2004年《新闻记者》杂志刊登的一篇文章，文中揭示了一名新记者在道德与职业要求之间的纠结与挣扎。事实上，李宁源的困惑并非单纯属于新记者，它其实是所有记者都可能遭遇的职业困境。美国的新闻伦理学者罗恩・史密斯就曾指出："报纸杂志和电视台的新闻摄影师经常陷入道德困境，因为他们必须对悲剧事件做出迅速反应，有时还会先于政府人员赶到现场。在报道突发事件时，他们可能只有一次机会拍照。……报纸杂志和电视台的新闻摄影师都面临着同样的两难困境：他们有时得在新闻职责和自己的同情心之间做出选择。"[①] 记者是谁？记者何为？记者的职业定位为何？这些问题背后牵涉的不仅仅是职业道德层面的问题，更涉及记者的职业角色、职业功能等更为根本的问题。此外，《一名新记者的困惑》中提到的那张"难得的照片"即是由南非自由记者凯文・卡特（Kevin Carter）拍摄的《饥饿的小女孩》（见图7—1）。

图7—1 饥饿的小女孩

这幅新闻图片最初刊登在1993年3月26日的《纽约时报》上，很快即被全世界各大媒体转载，1994年获得美国"普利策特写摄影奖"。然而，几乎是在传媒刊发这张照片的同时，各种争议与质疑也纷至沓来。人们不断追问那个小女孩的下落，也不断谴责记者在一个弱小的生命面前，何以能够如此无动于衷？难道报道新闻真的比拯救一个鲜活的生命更重要吗？7月27日，33岁的卡特留下7岁的女儿自杀了。人们一度认为卡特是因为内疚和压力而自杀，但也有观点认为，卡特之死与他长期报道战争所受到的心灵创伤、现实中生活的不顺所引起的抑郁症有关。但即便如此，这张照片所引发的争议、质疑以及由此带给卡特的负罪感，也是促发其轻生的一个重要原因。

根据卡特在此前的陈述，他在拍摄这张照片的过程中，内心无时无刻不处在巨大的矛盾与

① ［美］罗恩・史密斯，李青藜译：《新闻道德评价》，336页，北京，新华出版社，2001。

痛苦之中。完成拍摄之后，他把秃鹰轰走。过了一段时间，他看到那个小女孩用尽所有力气爬起来，重新艰难地向救济中心挪动……望着小女孩的身影，凯文·卡特内心充满了愧疚与自责。他在一棵树旁坐了下来，一边抽着烟，一边泪流满面。他曾对人说："当我把镜头对准这一切时，我心里在说：'上帝啊！'可我必须先工作。如果我不能照常工作的话，我就不该来这里。"①

李宁源与凯文·卡特的困惑实质上关涉到了记者的一个道德困境，即在"职业人"与"社会人"之间、在职业责任与道德律令之间，记者究竟应该如何取舍？我们认为，当面对道德律令与职业责任的两难境地时，记者应首先选择道德律令，因为记者首先是"社会人"，其次才是"职业人"。美国新闻摄影师协会前任会长威廉·桑德斯曾经说过，在这种情况下，自己"会放弃拍照的机会，而去帮助身陷困境的人"，因为"你首先是人类的一分子，其次才是新闻工作者"②。然而，记者所面对的现实常常要复杂得多。知名新闻学者展江先生就曾撰文指出过记者的这种"两难困境"："如果新闻记者以报道为优先而不去救人，公众便往往不能接受这种角色。而如果新闻记者去救人，相当一批公众就可能会认为他们不应该去播报他们自己的努力，因为那会显得是在'作秀'。这样，新闻记者往往左右为难，他们做出的任何选择都几乎不可能左右逢源。"那么，记者该怎么办呢？展江说道：

> 看来有太多的因素决定了记者和作品是否引起争议，其中突出的一点是，如果公众和同行认为，根据照片的时空定位，记者有能力对困境和危难中的人施以援手而不作为，通常争议和批评就接踵而来。在如此多样的案例中，很不容易拿出一个普遍适用的法则。实际上，亚里士多德的中庸之道常常有助于我们面对险情做出判断和抉择。因此，在特殊灾难的特殊时刻，如果没有他人而只有记者在新闻现场，直接救人或吁请救援应该压倒记者的采访本职。③

第二节 如何与记者互动？

以上，我们从三个层面认识了记者的职业角色、职业要求与职业困境。这是公众媒介素养中认知媒介的重要组成部分，也是公众接触与使用媒介的基础。现实社会中，你可能是新闻事件的当事人、目击者或者"爆料者"，也可能是单位的新闻发言人，还可能需要求助新闻媒体。因此，人们接触媒体的概率也就越来越大。与此同时，记者又是新闻传媒中采访、报道新闻的"前哨"，这样，如何与记者进行相对专业、有效的沟通，就显得特别重要。

---

① 《凯文·卡特之死震撼人类心灵》，见 http：//cul. sina. com. cn/s/2003-04-10/32024. html。

② ［美］罗恩·史密斯，李青藜译：《新闻道德评价》，340 页，北京，新华出版社，2001。

③ 展江：《再谈凯文·卡特与秃鹰觊觎的女童》，载《南方传媒研究》，2013（45）。

一、尊重记者及其职业

尊重别人是个体修养的重要体现。人们成功交往的前提是彼此尊重。从人际传播的角度看，记者与公众之间存在一种互动的关系。因此，传播过程的顺利与通畅首先基于记者与公众的相互尊重。

通常情况下，"尊重报道对象"是记者必须遵循的一条工作惯例，很多关于新闻采访、写作的教材也常常会明确提及这一规则。之所以如此强调记者对报道对象的尊重，是因为没有人愿意在不被尊重的情况下接受记者的访问，即使勉强接受，也只是消极应对而已。如此一来，记者就难以获得报道所需要的有用信息，其报道效果也会大打折扣。

公众同样需要尊重记者及其工作。记者是社会的守望者、公共利益的守护者，担负着为公众传播信息的重任，这份职业理应受到全社会的尊重。同时，记者也是一个个有血有肉的、具体的人，如果得不到起码的尊重与认同，其工作态度、工作效率都会受到影响，长此以往，其职业热情也必然消磨殆尽，最终受损的将是公共利益。因此，即使你不愿意接受记者的采访，抑或你不喜欢采访你的记者，也需要尊重记者本人，尊重记者的工作。

2010年7月，北京电视台《每日文娱播报》记者上门采访知名相声演员郭德纲别墅圈占绿地一事，遭到其徒弟殴打。当晚，郭德纲随即在其相声中力挺徒弟，并戏言记者"连妓女都不如"。8月4日，央视《新闻直播间》栏目发表评论，不点名批评郭德纲"这位公众人物如此庸俗、低俗、媚俗的表现是多么丑陋"。随后，新华网、《人民日报》也相继发表评论予以抨击。中国记协亦发表声明，支持记者维护正当的新闻报道权。

二、理解记者的职业特性

公众要与记者进行良性的互动，还要充分理解记者的职业特性，这是互动的基础。

（一）记者采访权与报道权的本质

采访、报道新闻是记者的工作方式，也是记者的天职。有人据此认为采访报道权是记者的特权。事实上，记者的采访权与报道权不是权力，而是一种公民权利。《中华人民共和国宪法》（2004年修订版）第三十五条明确规定："中华人民共和国公民有言论、出版、集会、结社、游行、示威的自由。"这即是说，记者的采访权与报道权是公民言论与出版自由权利的延伸。因为"新闻工作者也是公民，他们当然享有宪法规定的一切权利。新闻工作者与普通人不同之处就是他把寻求、获取、传播信息作为自己的职业，这种职业可以使广大公民更好地实现自己的言论出版新闻自由等权利"①。

厘清了记者权利的本质，对于我们认知记者的工作、维护自身的合法权益都具有重要意义。以此为起点，我们还需要进一步明确如下原则。

---

① 魏永征：《论采访权》，载《新闻传播论坛》（南京），2002（7）。

1. 记者的采访报道是为了满足社会公众的知情权

社会公众有权了解涉及自身利益、公共利益以及国家事务的信息，这即是知情权。从本质上说，记者工作的出发点是公共利益，归宿点即是为了满足社会公众的知情权。“采访权在法律上没有明文规定，它源于公民的言论自由权利，是公众知情权的一种表达方式。新闻采访权的行使，直接影响公众对社会知情权的需求。”① 因此，“记者知道，是为了让公众知道，所以记者有权知道的，也就是公众应当知道的，公众不应当知道的，记者也无权知道，记者不应当有比公众更多的特权”②。基于此，公众、政府机构和社会团体等应该尽可能配合记者正当的采访与报道工作。

2. 记者的采访报道必须合乎法律规定

记者的采访权与报道权是受法律保护的职业权利，与此同时，记者的采访与报道活动也必须严格限定在法律的框架内。对此，我国新闻法研究专家魏永征教授提出的三条原则就非常具有针对性与操作性：

> 一是区分对群体还是对特定人。当一个人只是作为某个群体的一员而呈现的时候，他就淡化了作为个体的存在。当把摄影或录像镜头对准成批人群时，或者当被录入的声音并不是体现特定人的意见时，就无须一一征求被摄录个人的意愿。
>
> 二是对特定人要区分是公开活动还是私人活动。对公开活动的人物，如公众集会上的演讲者、运动场上的运动员、正在表演的演员等，直至在公开发生事件中发表意见的普通人，他们面向公众的公开行为和表现，应当视为默示同意通过媒介向更广泛的范围公开（但在发表时还要注意保护当事人的表演者权、肖像权等）。而对特定人的私人活动，如在餐厅家人宴饮、在公园情侣约会、在公用电话亭打电话、在银行柜台存取钱款等等，都属于隐私权保护的范围，不应当成为擅自拍摄、录音的对象。
>
> 三是区分是否出于维护公共利益的需要。对一些不良行为，如违反交通规则、损害公共卫生等行为，以及种种涉嫌违法犯罪的行为，为了宣传教育的需要，可以当场拍摄。当事人由于实施了非道德和非法的行为，他的一部分人身自主权利相应退缩，无权阻拦新闻媒介的正当披露。但披露时应当注意不要明显表现他的面容，以免造成过度伤害。③

需要特别指出的是，对于公民而言，可以接受记者的采访与报道，也可以拒绝记者的采访与报道，这是公民的自由。对于政府部门来说，如果记者采访的内容涉及公共利益且符合相关法律规定，那么这些部门的相关工作人员就有义务接受记者的采访，为社会提供信息。譬如，2007 年 1 月 17 日颁布、2008 年 5 月 1 日开始实施的《中华人民共和国政府信息公开条例》第九条就明确规定，行政机关对符合下列基本要求之一的政府信息应当主动公开：

> （一）涉及公民、法人或者其他组织切身利益的；
>
> （二）需要社会公众广泛知晓或者参与的；
>
> （三）反映本行政机关机构设置、职能、办事程序等情况的；

---

① 戴丽：《新闻采访权性质刍议》，载《新闻记者》，2003（11）。

②③ 魏永征：《论采访权》，载《新闻传播论坛》（南京），2002（7）。

（四）其他依照法律、法规和国家有关规定应当主动公开的。

3. 记者的采访报道通常是一种公开的活动

新闻机构不是司法机关、行政部门，因此，记者不具备司法取证、秘密侦查等特权。一般来说，记者采集、报道新闻的活动应该是一种公开的活动。2009 年 11 月 9 日修订的《中国新闻工作者职业道德准则》第三条第一款就明确规定，“要通过合法途径和方式获取新闻素材”。

当然，也有例外的情况。当报道内容涉及公共利益、通过正常渠道无法获得报道所必需的信息时，记者往往就会使用隐性采访的手段。隐性采访，又叫暗访、隐蔽式采访，是指记者在采访中不公开身份或不申明采访目的。这种采访手段多用于负面报道中。

必须强调的是，对于记者而言，通过公开、正当、合法的途径进行采访是其工作的常态，隐性采访只是其不得已而为之且必须谨慎使用的一种采访手段。这不仅是因为隐性采访手段不太符合伦理要求，也因为这种手段缺乏法律依据。例如，作为隐性采访的主要手段，偷拍、偷录行为在世界许多国家的法律中都没有得到认可。《中华人民共和国国家安全法》就设有专门条款。其第十条规定：“国家安全机关因侦察危害国家安全行为的需要，根据国家有关规定，经过严格的批准手续，可以采取技术侦察措施。”第二十一条也规定：“任何个人和组织都不得非法持有、使用窃听、窃照等专用间谍器材。”

（二）记者的职业边界

如前所述，记者是社会环境的守望者，传播信息、监督舆论是其守望社会的主要方式。换言之，记者主要通过报道新闻、监督与批评权力机构及其工作人员、公众人物等方式来实现这个职业对于社会公共利益的观照。

现实中，由于揭露了社会丑恶现象、曝光了官员的丑闻、维护了公共利益，人们对于记者乃至传媒的认知也出现了两个极端：广大民众视其为“青天”，被曝光对象则视其为“洪水猛兽”，于是“防火防盗防记者”的论调一时甚嚣尘上。

例如，20 世纪 90 年代的《焦点访谈》栏目就曾一度被老百姓称为“焦青天”。于是，中央电视台门前经常排着两支长队：“一支是来自全国各地的群众，向《焦点访谈》节目反映情况的；另一支是住在北京各宾馆里的来自全国各地的干部，向《焦点访谈》节目公关，不要播批评他们的片子的。”① 这种现象一方面表明了记者与媒体在社会转型期的巨大影响力；另一方面也说明了人们对于记者和媒体角色的认知出现了偏差，给予了其所无法承载的期望。其实，真正能够解决问题的既不是记者，也不是传媒，新闻报道最大的作用在于将社会问题呈现出来，引起公众和有关部门的关注，记者只是勾连公众、组织与社会的桥梁。

事实上，记者监督社会、批评官员不是其特权，也不具备类似司法、行政权力的那种“强制性”，而是一种权利，其法律依据除了《中华人民共和国宪法》（2004 年修订版）第三十五条外，还有第四十一条，该条规定：“中华人民共和国公民对于任何国家机关和国家工作人员，有提出批评和建议的权利；对于任何国家机关和国家工作人员的违法失职行为，有向有关国家机关提出申诉、控告或者检举的权利，但是不得捏造或者歪曲事实进行诬告陷害。”这即是说，

① 《两支队伍包围“焦点访谈”》，载《中国青年报》，1998-11-05。

监督、批评权本质上是记者行使的一项基本的公民权利。因此，对于社会公众而言，记者是其利益的守护者，是其需求的传达者。对于政府部门而言，“记者不是部下，不是学生，不是敌人，甚至也不是朋友，而是挑战者”。因此，“政府和记者之间是接力的关系，政府提供新闻源，记者通过稿件向社会发布新闻，受众了解新闻后形成舆论”①。

通俗地说，记者的职业边界就是为社会公众“打探”消息，敏锐发现并及时揭露社会问题，以引起相关部门的关注，促进问题的解决。但是，媒体毕竟不是政府机构，记者也不是公务人员，因此，解决问题不是也不应该是记者乃至媒体的责任。“新闻工作者享有的不是权力而是权利，不是司法、行政权力而是政治权利、民主权利。当然作为受到法律保护的权利，它也是受到国家强制力保障的，但是这种强制力并不表现为权利人可以向承担义务的方面下指令，而是以法律规定承担义务方负有特定责任的方式来保障的。”② 对一个社会而言，记者被视为“青天”、媒体监督超越其他监督机制并不是一件值得高兴的事情，起码表明某些社会机制出现了问题。

（三）记者的专业化

一个记者的专业化程度不仅直接影响其新闻报道的水准，而且也影响着公众对于新闻事件的判断。甄别记者专业化程度主要可以从两个维度展开，其一是新闻报道作品，其二是记者在与公众接触中的行为与表现。对于前者，我们已经在第三章进行了较为详细的阐释，本部分主要谈谈后者。事实上，社会公众由于缺乏新闻专业知识，常常很难从新闻报道作品中来判别记者的专业性，但是，通过耳闻目睹记者的言行、亲身与记者接触，往往就能感受到记者的专业化程度。

那么，记者在日常工作实践中，哪些行为是专业化的表现，哪些又不是呢？按照社会对记者职业的基本要求，专业的记者总是在新闻采制过程中，始终从公共利益出发，不做有违新闻职业道德与法律法规的事情；能够认清自身的认知局限，超越个人的偏见，努力探查新闻的真相，不断核实新闻的细节。在与采访对象的互动中，专业的记者始终尊重并一视同仁地对待每一位采访对象，合理质疑采访对象提供的信息；不因采访对象身份、地位的差异而区别对待，不因个人喜好而偏听偏信。诚如我国著名新闻学者喻国明教授所言：“记者最重要的是要有一种俯仰天地的境界、一种悲天悯人的情怀、一种大彻大悟的智慧。”③

当然，任何一个职业都存在不合格的从业者，记者的专业水准同样良莠不齐。例如，目前我国新闻界出现的“新四害”就是记者不专业的典型表现。所谓“新四害”，一是指“暴力新闻”，即报道事实可能不一定虚假，也有根据，但是渲染过度，立场错误；二是指“剽窃新闻”，即不通过自己采访，网上摘抄，不经核实就发稿；三是指“侵权新闻”，即未经对方同意的情况下任意采访，擅自拍照、录像，未经同意采写新闻稿；四是指“恶化新闻”，即以讹传

① 韩红新：《赵启正畅谈政府如何与公众沟通：应乐于同媒体打交道》，见 http：//www. gs. xinhuanet. com/，2010-11-10。

② 魏永征：《论采访权》，载《新闻传播论坛》（南京），2002（7）。

③ 石劲松、张怡婷：《记者的使命》，见 http：//www. people. com. cn/，2004-11-04。

讹，报网串通，散布流言蜚语，恶化舆论环境。①

除此以外，还有一种更为严重的现象就是“新闻寻租”。所谓“新闻寻租”，是指利用新闻牟取不正当利益，其主体通常是记者、编辑，但他们所在的新闻媒体往往也难辞其咎，有的甚至就是某家新闻媒体的集体行为。知名媒体人胡舒立女士分析此类现象时指出：“和转型期的其他行业一样，中国的新闻寻租并不是个人操守有亏的偶然发作，而是存在于相当一部分新闻机构和媒体人中的顽疾。媒体本为社会公器，新闻界不是‘升官发财’的通道。但由于体制机制原因，多数媒体又有官方背景和政府隐性支持。因此，倘缺乏自律与他律，媒体很可能在市场与权力之间‘套利’。”② 结合我国新闻界的现状，这种“新闻寻租”主要体现为四个方面。

1.“有偿新闻”

所谓“有偿新闻”，是指新闻报道者因为收受了报道对象的贿赂，而采制、刊发带有广告宣传性质的“新闻”。“有偿新闻”现象由来已久，其实质是报道对象“花钱买宣传”、新闻报道者“以发稿权谋私利”，譬如，毫无新闻价值的企业开张、剪彩等带有广告性质的“红包新闻”等。依据“有偿”的形态，它通常被分为以下五类：

（1）接受劳务费等红包、有价证券、礼品，获取各类消费、好处，如餐饮、旅游、入学、住房和为亲友解决工作问题等，这是最为典型的有偿新闻行为，虽然兑现“有偿”，可能会采取延时拖后或提前进行感情投资等变异方式。

（2）以新闻为诱饵换取经营利益（如广告、发行）或赞助。

（3）媒体给采编人员下达创收指标，从而使有偿新闻堂而皇之地成为经营创收手段，如有偿组版、联办节目。

（4）不同媒体、新闻单位（包括记者、编辑）之间以获取不正当利益为背景而互相交换新闻。

（5）某些中介、公关公司以盈利为目的，非法运作（实为经营）新闻。③

2.“有偿不闻”

所谓“有偿不闻”，是指新闻报道者因为收受贿赂（即通常所说的“封口费”），而对涉及报道对象的负面新闻隐匿不报。例如，2002 年 6 月 22 日，山西省繁峙县金矿爆炸。为了隐瞒矿难真相，当地有关负责人及非法矿主向采访此次事故的新华社山西分社、《山西经济日报》、《山西法制报》和《山西生活晨报》等的 11 名记者行贿。最终，涉事记者均受到了相应查处，“有偿不闻”的危害也由此凸显出来。有研究者指出，“有偿不闻”与“有偿新闻”一样“不道德”，但前者“更为恶劣”，这是因为“有偿新闻相对来说容易暴露，因为这种带有很明显的广告色彩的稿件，白纸黑字印出来，调查起来证据确凿。而有偿不闻则过后没有任何后遗症”。而且，更为严重的是，“道德上的麻木与迟钝，使得一部分人能够接受贿赂公行的现实，认为

① 参见上海市新闻道德委员会“媒体及从业人员新闻道德状况调研”课题组：《上海新闻工作者的新闻道德认知与实践——2013 年上海新闻道德状况调查报告》，载《新闻记者》，2014（3）。

② 胡舒立：《新闻寻租不可恕》，载《新世纪周刊》，2013（42）。

③ 王泊：《有偿新闻的本质及其法律责任》，载《新闻记者》，2001（8）。

法不责众，因为很少有新闻同行真心认识到这种事情不道德”①。

3.“新闻打手”

所谓“新闻打手”，是指新闻报道者因为收受第三方贿赂，被指使利用新闻报道攻击、构陷报道对象。这里，新闻报道者已由公共利益的守望者蜕变为受雇用的“新闻打手”。例如，2013年轰动全国的“陈永洲案”即是这方面的典型。

2013年10月19日，广东《新快报》记者陈永洲以涉嫌损害企业商誉的罪名被长沙市公安局跨省拘留。此事件由于涉及记者的采访权，一时激起舆论的强烈关注。

10月23日，《新快报》在头版刊登评论员文章《请放人》，第二天该报又在头版刊出标题《再请放人》，声援陈永洲。

10月26日，陈永洲接受央视记者采访，承认受人指使收人钱财、发表失实报道。

10月27日，《新快报》在头版位置就记者陈永洲收钱发表失实报道问题致歉。

10月30日，长沙市岳麓区人民检察院对陈永洲以涉嫌损害商业信誉罪批准逮捕。

10月31日，广东省新闻出版广电局做出查处决定，给予陈永洲吊销新闻记者证的行政处罚。查处决定指出，“经初步查明，羊城晚报报业集团主管主办的《新快报》在2012年9月至2013年8月期间，刊发了多篇涉及上市公司中联重科的失实报道”。

2014年10月17日，长沙市岳麓区人民法院以损害商业信誉罪、非国家工作人员受贿罪，一审判决陈永洲有期徒刑1年10个月。

在此事件中，陈永洲实际是利用其手中的新闻采访权、报道权与监督权进行“权钱交易”，沦为“新闻打手”，不仅毁了自身，也伤害了新闻记者、新闻媒体的公信力。“无论愿与不愿，应当承认这是丑闻，其实不啻新闻界一次令亲者痛仇者快的自我戕害，受伤最深的是矢志公义、推动社会转型进步的新闻事业。新闻界同仁只有自律自省、直道而行，才有可能挽回这一信誉损失。”②

4.“新闻敲诈”

所谓“新闻敲诈”，是指“真记者、假记者以媒体曝光威胁、要挟当事人，从而非法获取公私财物的行为”③。其一般步骤大致是：“先挑选目标企业进行调查写出批评报道，再将稿件以‘核稿函’等形式发给企业，称如无异议将发表或直接与企业领导联系口头告知，最终或因从企业获利而不发稿件，或因谈判不成而将稿件发表，并称将继续跟踪报道继续威胁。”④

国家新闻出版广电总局2014年3月公布的数据显示，自2013年以来，全国共受理新闻报刊领域举报案件400余件，共查处违规报刊216家，停办76种，4家违规报刊被吊销出版许可证，6家违规报刊被停刊整顿，193个记者站被缓验、49个记者站被注销，14 455个新闻记者证被注销。⑤ 这组数据在显示了官方打击力度的同时，也从另一个侧面反映出“新闻敲诈”现象的泛滥与严重程度。

---

① 曹鹏：《新闻职业道德与政策法律意识亟需升级》，载《新闻记者》，2006（6）。

② 胡舒立：《新闻寻租不可恕》，载《新世纪周刊》，2013（42）。

③ 陈建云：《新闻敲诈，该当何罪?》，载《新闻记者》，2014（7）。

④ 张志安、陆晔：《记者“权力寻租”中的社会资本转换及其伦理边界》，载《国际新闻界》，2008（10）。

⑤ 参见晋雅芬：《清除新闻“蛀虫”大快人心》，载《中国新闻出版报》，2014-04-29。

今天，“新闻敲诈”已不仅仅是个别记者的个人行为，很多时候，已演变为某一家媒体的“集体行为”。2014年11月，知名媒体人沈灏及其领导的21世纪传媒股份有限公司的领导层多人被检察机关批捕，从而揭开了一个集团化“新闻敲诈”的内幕。警方调查发现，21世纪传媒旗下的三家财经类媒体（《21世纪经济报道》、21世纪网、《理财周报》），利用其在财经界的广泛影响力，与上海润言、深圳鑫麒麟等公关公司相勾结，指使其记者通过各种途径主动挖掘、采编上市公司、IPO公司的负面信息，并利用上市公司、IPO公司对股价下跌、上市受阻以及相关产业公司商誉受损的恐惧心理，以发布负面报道为要挟，迫使近100家公司直接或通过公关公司，与上述三家媒体的八家运营公司签订广告合作协议，涉嫌勒索资金共计2亿余元人民币。①

应该看到，21世纪传媒的“新闻敲诈”事件背后不仅仅是新闻操守的缺失、法律意识的淡漠，更凸显了新闻人在媒体转型时代的迷失与堕落。

“新闻寻租”是一种既有违新闻职业道德，也触犯了相关法律法规的“新闻腐败”，无论是对于记者本人、新闻业还是整个社会来说，其危害都是巨大的。诚如胡舒立在《新闻寻租不可恕》一文中所指出的那样：“如果放任这种寻租行为蔓延发展，则无法期待中国新闻业的健康成长，还会给整个中国社会特别是市场体制建设和商业文化培育，带来极大破坏。”② 以上，我们简要分析了“新闻寻租”的四种类型，“立此存照”是为了帮助社会公众识别不良记者与不良传媒，从而维护自身的合法权益。

三、公众与记者互动的基本技巧

首先需要强调的是，与记者“互动”，不是“应付记者”，更不是“对付记者”，而是与记者沟通与交流，以使新闻传播活动更加和谐与顺畅。

（一）不卑不亢，平视记者

记者是采制、传播信息的人，其所在的新闻单位也并不具备类似党政机关的行政权力，从本质上说，记者和媒体都应该是“去行政化”的。但是，现实中，由于我国很多新闻媒体大都直接或间接隶属于一定的党政机关，于是就存在中央级媒体、省市级媒体、市场类媒体的划分。

事实上，人们对“高级别媒体”的记者往往也会“高看一眼”，这些记者也常常更容易获得采访与报道的机会。一些记者据此错误地将其所属媒体的级别等同于自身的级别，更有甚者，有的记者将手中的采访、报道与监督权利视为某种特权，对待基层采访对象不仅缺乏尊重，有的甚至“颐指气使”，把“提问”变成“审问”。我们在质疑这些记者专业性的同时，更应该强调的是，虽然媒体所属的党政机关的级别在现实中影响了记者的社会地位与待遇，但媒体毕竟不是党政机关，记者的职业行为不应该也不可能具有行政权力。

---

① 参见《掌舵人缘何“迷航”？——原21世纪传媒总裁沈颢等人被依法批捕的背后》，见http：//news.xinhuanet.com/，2014-11-12。

② 胡舒立：《新闻寻租不可恕》，载《新世纪周刊》，2013（42）。

因此，社会公众在与记者打交道时，必须明确的原则是媒体有级别，记者无大小。换言之，媒体可能会有一定的级别的差异，但记者并不存在“大记者”、“小记者”之别，有的只能是专业化程度高低的差异。对于社会公众而言，不管面对什么级别媒体的记者，我们既不需要“仰视”，更不应该“俯视”，而是要“平视”。只有秉持不卑不亢的态度，才能在新闻传播活动中获得独立、平等的地位。

（二）真诚面对记者

真诚是一种态度，它建立在公众对于记者职业的了解与理解的基础上。如前所述，作为一种职业，新闻事业源自社会的信息诉求，记者的工作则是为公众传播信息，守望社会环境，守护公共利益。因此，对于社会公众而言，真诚面对记者是其尊重记者及其工作的具体表现。它要求公众以一种“知之为知之，不知为不知”的态度接受记者的采访，即使不愿意接受记者的采访，也不要粗暴地对待记者，甚至谩骂、殴打记者。

当然，真诚最重要的表现是不对记者撒谎，不向记者提供虚假信息。记者报道新闻事件需要真实有用的信息。如果采访对象提供了虚假信息，不仅可能误导记者，并由此误导公众，而且还会增加记者核实信息的难度和时间，从而影响记者的工作效率。例如，2014 年 3 月 8 日，马航 MH370 客机失联，短短几天内，网络上各种假消息满天飞，有的是无意的，但也有人是出于各种目的而恶意制造虚假信息，对新闻记者、社会公众都造成了不同程度的误导，对乘客家属则是另一层面的伤害。

（三）明确记者的采访目的

所谓采访目的，就是采访所要达到的目标。对于职业记者而言，其任何一次采访都是基于某种明确而特定的目的。既然采访是一种互动，采访对象自然应该了解乃至理解记者的采访目的。简单地说，就是知道“记者为什么要采访你”以及“记者采访你想获得什么”。这一点特别重要。因为只有明确了记者的采访目的，采访对象才能够在接受或拒绝记者采访之间做出决定，也才有可能有的放矢地回答记者的提问，从而与记者进行和谐的互动。所以，一般来说，职业记者在预约采访时，都要明确告知采访对象自己的采访目的。当然，也有很多时候，基于多方面的原因（比如话题敏感、记者访前准备不充分等），记者没有明确告知采访对象自己的采访目的。这样，采访对象就需要直接询问，一方面可以提高采访的效率、节约双方的时间，另一方面也可以保证相对安全的采访距离，维护采访对象自身的权益。

（四）如何回答记者的提问

提问是记者在采访中获取信息的最主要途径，从某种意义上说，记者是以提问为业的人。因此，公众与记者的互动很大程度上就体现在“记者的提问”与“采访对象的回答”这两个环节。

1. 理解记者问的是什么

对于采访对象而言，有针对性的回答总是建立在其充分理解记者提问的基础上。因此，采访对象首先必须弄清楚记者提问的重点以及每一个问题字里行间的内涵。例如，意大利著名记者法拉奇在采访邓小平时，几乎每一个问题背后都蕴含了深刻的“潜台词”。比如，她问的第一个问题是：“天安门上的毛主席像，是否要永远保留下去?”这个问题其实是在问中国共产党对于毛泽东的历史功过的评价。邓小平显然领会了记者的用意，他的回答也非常明确：“永远要保留下去。过去毛主席像挂得太多，到处都挂，并不是一件严肃的事情，也并不能表明对毛主席的尊重。尽管毛主席过去有段时间也犯了错误，但他终究是中国共产党、中华人民共和国的主要缔造者。拿他的功和过来说，错误毕竟是第二位的。他为中国人民做的事情是不能抹杀的。从我们中国人民的感情来说，我们永远把他作为我们党和国家的缔造者来纪念。”①

2. 重点突出，详略得当

采访对象在回答记者提问时，不能拖沓冗长，要务求重点突出、详略得当。所谓“重点突出”是指不仅能够言简意赅地提炼出核心观点，而且能够运用各种方式予以强调，从而使记者能够迅速抓住回答的重点内容。所谓“详略得当”是指回答不能面面俱到，“眉毛胡子一把抓”，而要根据实际情况，有所取舍，有所增删，从而将回答的重点自然地凸显出来。

3. 要有意识地提供能被记者使用的“直接引语”

所谓“直接引语”就是采访对象的“原话”。很多时候，记者采访的一个重要目的就是获得既具有采访对象鲜明特征又能很好地解释事件的“直接引语”。因此，在接受记者采访时，公众要有意识地为记者提供其报道可能采用的“直接引语”，这不仅可以表明自身的观点与立场，而且也是一种为记者设置议程的有效方式。

【本章小结】

记者是社会环境的“守望者”，是新闻生产流程中最前端的“把关人”，是新闻报道最直接的“建构者”。这样的职业角色定位决定了记者首先要以守护公共利益为根本立足点，必须为公众提供专业的新闻报道，必须恪守基本的职业道德。与此同时，记者的采访权、报道权、监督权来源于宪法所规定的公民权，因此不是权力，而是权利。对于公民而言，记者是其接触媒介的“前哨”，因此，公民与记者互动需要掌握一定的技巧。

【思考与训练】

1. 如何理解记者是社会环境的“守望者”?
2. 如何理解记者是新闻生产流程中最前端的“把关人”?
3. 如何理解记者是新闻报道最直接的“建构者”?
4. 记者的职业要求主要包括哪些内容?
5. 记者的采访权与报道权是权力，还是权利？为什么?
6. 为什么说隐性采访是一种必须谨慎使用的采访方式?
7. 什么是“新闻寻租”？它有哪些具体内容?

---

① 《邓小平文选》，2版，第2卷，344页，北京，人民出版社，1994。

8. “有偿新闻”与“有偿不闻”有哪些异同点？

9. 公众与记者如何互动？其基本技巧有哪些？

10. 结合具体案例，分析记者的职业困境。

【延伸阅读】

1. ［英］丹尼斯·麦奎尔、［瑞典］斯文·温德尔，祝建华、武伟译：《大众传播模式论》，上海：上海译文出版社，1987。

2. ［美］罗恩·史密斯，李青藜译：《新闻道德评价》，北京：新华出版社，2001。

3. 黄旦：《传者图像：新闻专业主义的建构与消解》，上海：复旦大学出版社，2005。

4. 魏永征：《论采访权》，载《新闻传播论坛》（南京），2002（7）。

5. 张志安、陆晔：《记者“权力寻租”中的社会资本转换及其伦理边界》，载《国际新闻界》，2008（10）。

6. 胡舒立：《新闻寻租不可恕》，载《新世纪周刊》，2013（42）。

7. 展江：《再谈凯文·卡特与秃鹰觊觎的女童》，载《南方传媒研究》，2013（45）。

8. 陈建云：《新闻敲诈，该当何罪?》，载《新闻记者》，2014（7）。

第八章

受　众

【学习要点】

了解受众的基本内涵，理解受众在新闻传播活动中的地位与意义，掌握受众的基本特点，明晰受众作为公民的四种基本权利知情权、表达权、隐私权与监督权，切实把握这些权利的内涵与特质。

第一节　受众是谁？

任何形式的传播总是要面对一定的对象，这即是受众（audience）。在大众传播领域，受众指的是大众传播媒介信息的接受者，又称受传者、阅听人，习惯上泛指报纸的读者、电视的观众、广播的听众、互联网的网民。

古希腊先哲曾提醒我们"认识你自己"是世上最难的事情。在媒介化社会中，面对海量信息，我们首先是作为受众而存在的。因此，认识我们自己，进而建构自身的媒介素养，使我们成为具有主体性、独立性与专业性的"行动者"，这是时代赋予我们的基本要求。"媒介素养并非仅仅教导公众理解媒介信息如何生产，它与现实有何不同，更强调如何使受众成为具有行动能力的现代社会的'积极贡献者'。"①

一、受众在新闻传播活动中的地位与意义

"不存在没有受众的大众传播。"② 作为大众传播媒介信息的接收者，受众既是新闻传播活动的出发点，也是归宿点。

---

① 陆晔、郭中实：《媒介素养的"赋权"作用：从人际沟通到媒介参与意向》，载《新闻学研究》（台北），2007(92)。

② ［美］梅尔文·L·德弗勒、埃弗雷特·E·丹尼斯，颜建军、王怡红等译：《大众传播通论》，118页，北京，华夏出版社，1989。

（一）受众是新闻信息的受传者，又是反馈信息的发布者

大众传播媒介的发展历史表明，“受众既是社会发展的产物，也是媒介及其内容的产物。人们的需求刺激出更适合他们的内容供给，或者说大众媒介有选择地提供那些能够吸引人们的内容”①。前文曾提及的拉斯韦尔的“5W”模式，其实质是将复杂的传播过程化约为一种线性模式，却为我们理解传播提供了一种简便的途径。基于这个模式，受众就是新闻传播活动的对象，是新闻信息的受传者。传播者基于对公众需求的判断，对社会领域内的信息进行筛选，进而采制新闻报道，为受众提供他们欲知而未知的信息。那么，传播者如何知道公众的需求？从表面看，这有赖于传播者的专业判断，但从根本上说，还是取决于受众的反馈。“受众对媒介运作的参与，并不是也不可能通过进入媒介内部去当记者编辑来实现，而是通过各种形式的反馈向媒体的记者编辑发送‘指令’来实现。如受众在媒介所做的调查中表达态度，受众在有关座谈会上公开表达意见，受众给媒体来信来电等。”② 此时，受众又成为反馈信息的发布者。网络时代，受众的这种反馈则更加迅捷、直接。人们可以迅速发布个人对于传媒的报道、从业者的行为的态度与看法，而更为重要的是，这些反馈信息不再仅仅只有传媒知道，其他社会公众也能同步获得，并进一步发表观点与评论。

（二）受众是大众传媒的消费者

基于经济学维度考察，大众传媒是一种文化产业，追求经济利益是其根本目标。与之相对应，受众就是其消费者。于是，“受众即市场”、“受众即上帝”遂成为大众传媒祭出的响亮口号。“报纸可以藐视一个广告商，可以攻击一家大银行或者公交业，但是如果疏远了购物大众，它就会丧失生存所必需的财产。”③

应该看到，“受众既是一种特定社会情境的产物（造成共同的文化兴趣、理解和资讯需求），又是对于特定形式媒介供应物的一种回应，这两个方面同时存在。当一个媒介着手对某一社会范畴的成员或者某特定地区的居民进行诉求时，受众便存在了。媒介的使用也同时反映出更广泛的‘时间、可得性、生活方式与日常事务等模式’”④。

一方面，大众传媒将受众视为消费者，是建立在三个基础之上的：

（1）大众传媒是一种经营组织，必须把自己的信息产品或服务以商品交换的形式在市场上销售出去；

（2）要做到这一点，必须使自己的产品或服务具备一定的使用价值或交换价值，换句话说，即能够满足消费者的各种需求；

（3）传媒活动既然是市场活动，那么各传媒机构之间必然存在着激烈的竞争关系，而

---

① ［英］丹尼斯·麦奎尔，刘燕南译：《受众分析》，25页，北京，中国人民大学出版社，2004。

② 李良荣：《新闻学概论》，186页，上海，复旦大学出版社，2001。

③ ［美］沃尔特·李普曼，阎克文、江红译：《公众舆论》，258页，上海，上海人民出版社，2002。

④ ［英］丹尼斯·麦奎尔，崔保国、李琨译：《麦奎尔大众传播理论》（第五版），324页，北京，清华大学出版社，2010。

竞争对象自然是作为消费者的受众。①

另一方面，对于受众而言，其接触传媒的目的则是满足自身的某些需要，这些需要大致可以分为以下五种：

(1) 获取所期望信息的需要（例如，何处有适意的商品出售?）。

(2) 迎合一种已经养成的接触媒介的习惯（每晚收看新闻节目）。

(3) 为了休息或寻求刺激而使用某种媒介（观看特别喜欢的球队与对手的比赛）。

(4) 逃避烦闷和无聊（去看电影，以避免在家里度过一个枯燥乏味的晚上）。

(5) 陪伴（独处时打开收音机或电视机），避免寂寞。②

受众是消费者，决定了传媒必须提供消费者满意的信息产品与服务。基于此，“受众需要”成为一只“无形的手”，影响着传媒的内容取舍、编辑方针、风格定位、运营模式等方方面面。例如，美国传播学者施拉姆认为，决定读者选择新闻的因素大体有三大类：“第一个是新闻与读者有多近。这里所谓的近，未必是物理时空上的接近，而是多大程度上可能会影响读者或其邻居。第二个决定因素是新闻在读者心目中的分量：是否激动人心，意义是否重大。第三个决定因素是新闻的严肃性或趣味性如何。”③ 不难发现，这三大类因素其实也即是大众传媒新闻选择的基本标准。

“受众是消费者”的观念推动了传媒对于受众兴趣与需求的重视。从这个意义上说，其具有一定的进步意义。但从传播学角度看，这一观点又不够完善。英国传播学者麦奎尔指出：“这种观点容易把‘商品销售量’——收视率或发行量作为判断传媒成功与否的唯一标准，而把公益性和社会效益放在次要的位置上。”④ 事实上，现实中，为了获得最大的经济利益，很多传媒的确在千方百计地讨好受众，有的甚至一味迎合某些受众的低级趣味，造成了新闻低俗化的问题。对此，传播政治经济学派的观点一语中的：“受众是大众媒介的主要产品。”

> 大众媒介的构成过程，就是媒介公司生产受众，然后将他们移交给广告商的过程。媒介的节目编排是用来吸引受众的；这与以前的小酒店为了吸引顾客饮酒而提供的“免费午餐”没有太大的区别。根据这个观点，受众劳动或受众的劳动力是大众媒介的主要产品。⑤

（三）受众是新闻传播活动中积极能动的行为主体

从字面看，“受众”是一个具有被动性质的表达。在传播研究中，早期的效果理论曾提出的“魔弹论”就是将受众看成缺乏主见的被动接受者。但在，后来的研究和实践都证明，受众

① 郭庆光：《传播学教程》（第二版），158页，北京，中国人民大学出版社，2011。

② ［美］梅尔文·L·德弗勒、埃弗雷特·E·丹尼斯、颜建军、王怡红等译：《大众传播通论》，425页，北京，华夏出版社，1989。

③ ［美］威尔伯·施拉姆、威廉·波特，何道宽译：《传播学概论》（第二版），110页，北京，中国人民大学出版社，2010。

④ 郭庆光：《传播学教程》（第二版），158页，北京，中国人民大学出版社，2011。

⑤ ［加］文森特·莫斯可，胡正荣等译：《传播政治经济学》，144页，北京，华夏出版社，2000。

在新闻传播活动中实质是具有积极性与能动性的行为主体。英国社会学者约翰·B·汤普森就曾指出大众传播中的“大众”一词的误导性在于“它意指受众像是一堆不活跃的、无区别的人群”，而事实上，“传媒产业传输的信息是由特定社会—历史背景下的具体人们所接收的。这些人以不同程度集中关注传媒信息，积极解释和弄懂这些信息，把它们联系到他们生活的其他方面。我们不是把这些人看成一批不活跃的、无区别的人群的一部分，而应该敞开这样的可能性：接收传媒信息是一个活跃的、具有批判性的和社会上有区分的过程”①。受众在新闻传播活动中的这种主动性主要体现在选择性心理与行为上。

受众在接收传媒信息时，并不是不加甄别、不加判断地照单全收。“面对一个重要事件或变化，人们越来越趋向于通过对各个方面、各种渠道获得的信息进行分析后，自己做出判断，而不是简单地接受传媒提供的结论。”② 换言之，这是一个选择的过程，主要包括“选择性注意”、“选择性理解”和“选择性记忆”三个层面。所谓“选择性注意”是指“受众习惯接受与他的现有观点、兴趣、态度相一致的大众传播内容，并有意无意地避免接触与其观点相左的信息”。所谓“选择性理解”是指“受众总是依据自己的价值观念及思维方式对所接触的信息做出独特的个人了解，使其与原有的认知相互协调而不是相互冲突”。所谓“选择性记忆”是指“受众在接触和理解信息的两个过程完成后，往往只是记住自己所赞同的内容，而忘却不赞同的内容”③。

“选择性注意”受两种因素影响。其一是“结构性因素”，“主要涉及信息的形式，包括信息刺激的强度、对比度、重复度和新鲜度”。其二是“功能性因素”，包括“延缓性因素”和“即时性因素”。前者指“人们在文化、社会因素长期作用下形成的比较稳定的个人特征，如个人信念、理想、价值观、伦理观和个人性格等”；后者指“受众在接触信息时的心理状态，如情绪、精神面貌、具体需求等”④。

信息传播活动实质上是一个“编码”和“解码”的过程。传媒从业者先运用各种符号对采集的信息进行“编码”，再传播给受众；而受众接收到这些信息后，再运用个人化的方式对传媒信息进行“解码”，这即是“选择性理解”。对于传媒信息的“选择性理解”，其背后浸润了受众的主体性。譬如，荷兰学者梵·迪克就指出，受众对传媒的报道有一个复杂的心理认知过程，这即是新闻理解，它包括六个重要步骤：

(1) 感知和注意；

(2) 阅读；

(3) 解码和理解；

(4) 事件记忆中再现；

(5) 形成、使用和更新情景认知模式；

(6) 使用和改变一般性、社会知识和信念（框架、草案、态度和意识形态）。⑤

---

① [英] 约翰·B·汤普森，高铦译：《意识形态与现代文化》，239页，南京，译林出版社，2005。

② 陆小华：《激活传媒》，23页，北京，中信出版社，2004。

③ 李良荣：《新闻学概论》，122页，上海，复旦大学出版社，2001。

④ 张国良：《传播学原理》（第二版），208页，上海，复旦大学出版社，2009。

⑤ [荷] 托伊恩·A·梵·迪克，曾庆香译：《作为话语的新闻》，144页，北京，华夏出版社，2004。

2001年，传播学者詹森则在比较不同国家新闻接收的基础上，区分出受众理解新闻的四个方面：

（1）空间：受众决定远方的事件是否以及怎样影响到自己。

（2）权力：受众更愿意看到关于自己的新闻，而且想要变得更有影响力。

（3）时间：受众根据自己过去和未来的经历来理解事件。

（4）认同：受众将自己与新闻中的事件、地方、人联系或区别开来。①

“选择性记忆”表明，人们倾向于选择记住那些与自身价值观、情感、经验、需求、个性等相一致的信息。美国学者曾通过一项实验为“选择性记忆”提供了科学的证明。他们找了两组大学生，一组对苏联持肯定态度，另一组持否定态度。研究人员先请他们阅读一份全面介绍苏联情况的材料，里面的事实有好有坏，过后让他们根据记忆复述材料的内容。其结果是，敌视苏联的那一组学生记住的大多为材料中所反映的坏的一面，而赞赏苏联的那一组学生记住的大多是好的一面。②

上述三种选择，实质构成了环绕受众的三个“防卫圈”。“选择性注意”是最外一圈，“选择性理解”是中间一圈，“选择性记忆”是最内一圈。“不合己意的信息往往在最外圈就被‘挡驾’。如果无从回避，在接触这些信息时，可实行的选择性理解，挡住一部分意义，或歪曲一部分意义。如果还是不行，就采取选择性记忆，将那些进入最里圈的信息逐出圈外。”③ 此外，媒介化社会还赋予了受众一个更为重要的特质：“一个普通市民通过数字科技与全球知识体系相连，提供并分享他们的真实想法和自身新闻。”④ 这也从另一个向度证明了我们的观点：今天的受众是新闻传播活动中积极能动的行为主体。

二、受众的基本特点

受众起源于古希腊、古罗马。当时那些集聚在一起，现场观看表演或竞技的城邦观众，是受众的原始雏形。英国传播学者丹尼斯·麦奎尔曾经指出，古希腊、古罗马的受众与今天的受众有许多相似之处，其特征包括：

（1）与表演本身一样，观看和收听是有计划有组织（organization）的；

（2）事件具有“公共的”（public）和“大众的”（popular）特征；

（3）表演内容是世俗的（secular）而非宗教的，如娱乐、教育和替代性情感体验；

（4）对事物的选择和关注是志愿的（voluntary）个人行为；

（5）作者、表演者和观看者是专门化的（specialization）；

---

① ［英］丹尼斯·麦奎尔，崔保国、李琨译：《麦奎尔大众传播理论》（第五版），415页，北京，清华大学出版社，2010。

② 参见李彬：《传播学引论》（增补版），145页，北京，新华出版社，2003。

③ 张国良：《传播学原理》（第二版），209页，上海，复旦大学出版社，2009。

④ 童兵：《媒介化社会新闻传媒的使用与管理》，载《新闻爱好者》，2012（11）。

(6) 现场表演 (locatedness)，观看者亲临现场 (locatedness) 观看。[①]

比照以上特征，并结合当前的传播生态，我们认为今天的传媒受众具有如下基本特点。

(一) 人数众多，分布广泛

与其他媒介形态的受众相比，大众传媒受众的一个首要特征就是人数众多。按照美国学者的标准，"一种媒体使用的人数达到全国人口的20%以上，才能被称为大众传媒，美国达到这一标准的使用人口是5 000万人"[②]。2015年7月，中国互联网络信息中心发布的《第36次中国互联网络发展状况统计报告》显示：截至2015年6月，我国互联网普及率为48.8%，网民规模达6.68亿，手机网民5.94亿，即时通信网民规模6.06亿。[③]

现代传媒的受众不仅人数众多，而且其分布也不是局限在一城一地，而是遍及社会的各个角度。从广义上说，所有社会成员都是新闻传媒的现实或潜在的受众。今天，伴随卫星传输、网络传播等技术的普及，无论与新闻发生地有多远，受众都可以借此"天涯共此时"。

(二) 结构混杂，身份隐匿

受众其实是不同人群的集合，具有结构混杂的特点，这是由人的个性化与多样性决定的。同为一家传媒的受众，其身份与地位、兴趣与爱好、教育程度与价值观念等往往都会千差万别。尽管如此，这些不同个体依然拥有一个共同的名称——受众。

虽然我们每个人在社会中的身份都是明确的，但对于传媒而言，受众却只能是一种相对隐匿的存在。"对于多数大众传媒来说，除了零散、间接地接触受众外，受众通常都是看不见、摸不着的。"[④] 因此，现代传媒常常会通过专业的受众调查来获取受众的总体特征和信息需求。但是，尽管调查的方法越来越科学，步骤越来越精细，但是传媒依然不可能完全了解受众的个体特征和信息需求。

(三) 接受心理同中有异

我们在第三章中曾经论及"传受双方的共同兴趣是新闻价值的前提"。这也从一个侧面表明，作为一个异质性群体（即由不同成分组成的群体），受众存在某些相同或相似的接受心理。诚如法国学者勒庞所言："构成这个群体的个人不管是谁，他们的生活方式、职业、性格或智力不管相同还是不同，他们变成了一个群体这个事实，便使他们获得了一种集体心理，这使他们的感情、思想和行为变得与他们单独一人时的感情、思想和行为颇为不同。"[⑤] 受众大体具有如下四种相同的接受心理。

1. 求知心理

受众接触媒介的一个重要目的就是了解其未曾经验到的新知识与新信息。人类传播史也表

---

① [英] 丹尼斯·麦奎尔，刘燕南译：《受众分析》，3页，北京，中国人民大学出版社，2004。

② 转引自闵大洪：《从边缘媒体到主流媒体——中国网络媒体20年发展回顾》，载《新闻与写作》，2014 (3)。

③ 参见中国互联网络信息中心：《第36次中国互联网络发展状况统计报告》，见 http://www.cnnic.net.cn/。

④ [英] 丹尼斯·麦奎尔，刘燕南译：《受众分析》，2页，北京，中国人民大学出版社，2004。

⑤ [法] 古斯塔夫·勒庞，冯克利译：《乌合之众》，18页，北京，中央编译出版社，1999。

明，大量新知识就是通过大众传媒而得以扩散并推广的。

2. 好奇心理

受众总是乐于接受那些反常的、新奇的、有趣的信息。因此，新闻界曾经有两个著名的公式：新闻＝名人＋普通的事、新闻＝普通人＋不寻常的事。其暗合的就是受众的好奇心理。

3. 从众心理

个体的受众总是生活在一定的群体之中。为了获得心理上的安全感，个体总是希望自身的观点、行为得到群体的认同。因此，当个体与群体不一致时，个体往往会选择遵从群体中大多数人的意见。

4. 逆反心理

当媒介传播的信息、观点与受众既有的态度、信仰不一致甚至相冲突时，或者当媒介的传播方式令受众不舒服甚至反感时，受众往往会表现出抗拒、抵制的心理，直接的结果就是拒绝接受这家传媒及其传播的信息。

上述四种相同的接受心理是对受众“群像”特点的总结和概括，或者说，仅仅只能作为一种总体轮廓而存在。事实上，如果聚焦于作为个体的不同受众，我们便能发现，受众的接受心理是同中有异的。受众之间会因为个体差异而产生不同的接受心理，而不同的性别、年龄、职业、民族传统、教育程度、婚姻状况、生活经历和宗教信仰等，则是构成受众个体差异的重要因素。

三、受众的分类

在大众传播领域，受众是一个人数众多、分布广泛、构成庞杂的群体。根据不同的划分标准和方法，其类型也多种多样。

英国学者弗兰克（Frank）和格林伯格（Greenberg）研究发现，在电视受众内部存在 14 种独特兴趣的团体，大体可分为四类。

> （1）消费所有媒体的类型。由四种兴趣团体组成，其成员为年轻人，来自各个收入阶层，大量消费所有媒体。
>
> （2）消费边缘媒体的类型。由五个兴趣团体构成，成员主要来自高收入或中等收入阶层，其中既有年轻人又有中年人，他们消费边缘媒体①，但不消费电视。
>
> （3）电视迷。涉及两个比较老的工人阶级兴趣团体，他们只消费电视。
>
> （4）疏离媒体的类型。包括三个比较老的工人阶级兴趣团体，他们既不消费电视，也不消费其他媒体。②

英国传播学者麦奎尔则按照社会需求与媒介创造的需求，以及操作的不同层面，将受众分为四大类。

---

① 按照研究者的分类，广播、杂志属于边缘媒体。

② ［美］戴安娜·克兰，赵国新译：《文化生产：媒体与都市艺术》，44 页，南京，译林出版社，2001。

（1）作为社会群体或公众的受众。它是这样一个群体：在其被确定为受众之前，便已经独立存在了。如果受众们拥有共同的特点，相对同质化、有稳定的构成，那么这些都表明这些受众具有某种独立的、类似群体的特性。

（2）作为满足群组的受众。“满足群组”（gratification set）一词，用来指称基于与媒介相关的兴趣、需求与偏好等多种可能性而形成或重组的受众。使用“群组”（set）一词，意味着这样的受众是一种典型的由分散的、彼此不相干的个体组成的集合。作为“公众”（public）的受众对媒介的需求和兴趣往往十分广泛，并且从共同的社会特征中取得和谐和统一；而满足群组则由特定的需求或需求类别来判定，尽管这些需求可能仍然来自社会经验。一定程度上说，这样的受众已经逐渐取代了传统的公众型受众，这是由于媒介为满足特定消费者的需求而有针对性地制作和传播节目所造成的。

（3）媒介的受众。这是根据人们所选择的媒介类别来界定受众。尽管这种界定方式可能扩大了受众范围，受众群似乎粗略地包括所有接触过某一类媒介的人，但是这里所指的，一般是那些由其行为和自我意识可以判定是定期接触某一类媒介的人。

（4）特定媒介内容的受众。作为一切媒介商业活动的基础，人们总是优先选择将特定传播内容和传播渠道作为界定受众的依据，特别是在与媒介工业相关的研究中。因此，这个版本的受众概念与市场观念是一致的。按照市场思维，受众被视为特定媒介产品的消费者。受众既包括一系列付费的消费者，也包括被人以每一媒介产品为单位讨价还价，转售给广告商的人头数和钱数。这样的受众被称为“视听率”（ratings），一种对媒介商业来说至关重要的“数字”（numbers）。[①]

我国新闻学者李良荣教授则将受众细分为以下六类。

（1）按照接触的媒介类别，可简单划分为：报纸读者、广播听众、电视观众、互联网的网民等。

（2）按照人口统计学原理，受众群体内部可以按照性别、年龄、职业、地域、教育水平等再划分为不同的次属群体。不同次属群体有其相似特征，在受众总体的共同兴趣和共同信息需求之外，会形成特殊的兴趣和特殊信息需求。

（3）按照接触媒介的频率，可分为稳定受众和不稳定受众。凡是比较习惯地、固定地接触和使用一定媒介的受众，称为稳定受众；反之，没固定习惯，只偶尔接触媒介的称为不稳定受众。不断争取扩大稳定受众群是所有新闻媒介恒定不变的努力目标。

（4）按照受众不同信息需求，可分为一般受众和特殊受众。一般受众是指剔除年龄、性别、教育程度、职业、地域等方面的特性变异和相应兴趣区别，对于新闻媒介的各种传播内容抱有一致的共同需求。这些受众兴趣广泛，信息需求旺盛，但目的不十分明确，信息需求的指向性比较模糊。特殊受众与之相反，是基于年龄、性别、职业等方面的差异形成不同的兴趣，对某类和某几类信息产生兴趣和相应需求。这种受众兴趣比较专一，对媒介接触目的明确，信息需求指向鲜明。

---

① ［英］丹尼斯·麦奎尔，刘燕南译：《受众分析》，36～49页，北京，中国人民大学出版社，2004。

(5) 按照接触新闻媒介的确定性，可以分为现实受众和潜在受众。凡是已经确实接触、使用媒体的受众，称为现实受众；凡是具备正常的媒介接触能力，但还未接触、使用媒体的受众称为潜在受众，即其具备成为媒介受众的可能性。潜在受众的存在是媒介得以不断拓展受众面的基础。

(6) 按照新闻媒介明确的传播对象，可以分为核心受众和边缘受众。新闻媒介在总体上对全社会开放，全社会成员均可作为其争取的受众对象，但实际上，各个单独媒体和媒体上设置的各类栏目，都有着不同的传播内容和个性风格，这些内容和风格是针对并满足某些相对比较固定、明确的传播对象的，这部分受众就是媒体和媒体特定栏目的核心受众。在核心受众之外的称为边缘受众。核心受众是媒体需要稳定和竭力争取的最重要的对象，也是媒体的生命线。媒体内容选择、栏目设置、风格定位等，都较多地以核心受众需求为考虑的出发点，进行筹划、设计和编排。①

不可否认，上述分类存在交叉重合的地方，而且，从其他角度出发，受众还可以被分成很多类型。但无论如何变化，这些分类始终是基于受众与传媒的关系维度来展开的。因为“受众既是社会环境——这种社会环境导致相同的文化兴趣、理解力和信息需求——的产物，也是特定媒介供应模式的产物”②。基于此，对受众进行相对专业的细分，具有双重意义。

对于受众而言，明晰受众的分类方法和不同类型，不仅可以借此更好地了解自身的特点与需求，也能更深刻地理解受众与传媒的关联，进而有助于个体受众提升其媒介素养。

对于传媒来说，受众细分为传媒的“受众定位”提供了一个参照系。虽然从理论上讲，一家传媒的受众总是多多益善，但在实际操作中，任何一家传媒都不可能面向所有的受众，相反首先必须确定明确的传播对象，解决“向谁传播”的问题。这即是传媒的“受众定位”，它建立在对受众类型精准的把握之上。

第二节　受众的权利

明晰个人在传播领域中的权利是现代公民媒介素养的重要体现。对于传播者来说，只有充分尊重受众的基本权利，才能获得受众的尊重。早在1980年，联合国国际交流问题研究委员会在《多种声音　一个世界》一书中，就曾提醒社会公众：“交流一旦超出了个人之间的关系成为一种社会中有组织的过程，个人就有了双重作用：个人由于他自己的原因而进行交流，同时他又是交流的接受方。人们往往强调后者而忽视前者。更糟的是，人们往往不把个人作为他所需要的有关消息情报的接受方来看待，而仅仅作为产品的消费者对待，而产品的内容如何是不要消费者过问的。交流在最好的情况下是人人可能作出贡献的交换。”因此，“这个问题的根

① 李良荣：《新闻学概论》，191～193页，上海，复旦大学出版社，2001。

② ［英］丹尼斯·麦奎尔，刘燕南译：《受众分析》，2页，北京，中国人民大学出版社，2004。

本之点是个人在交流领域中的权利问题”①。目前在世界各国和地区，一般都通过法律法规或其他社会文化规范的形式，对受众权利加以肯定和保护。受众的权利主要有以下几种。

一、知情权

“公众知情权”的概念是由美国新闻编辑肯特·库珀于1945年首次明确提出的。知情权又称知晓权、了解权、获知权、知的权利等，具有广义和狭义之分。“从广义上说，指社会成员获知有关自身及自身所处社会环境的信息的权利。在这个意义上，知情权是人的生存权的内容之一。从狭义上说，指社会成员对国家公共权力机构及其工作人员的活动拥有的知的权利。这是公民的一项基本政治权利。”② 因此，国家有义务最大限度地确认和保障公民知悉、获取信息的权利，尤其是政务信息的权利。

一般来说，知情权主要包括以下三个方面的内容。

（一）政治知情权

所谓政治知情权，是指公民依法享有了解国家事务的权利，政府机关及其工作人员有依法向公民公开自身活动的义务。因此，只要不违反保密法的相关规定，不涉及国家机密的政策、法律、法规、政府及其工作人员的活动等，只要公民想了解的信息，政府都有义务提供。

（二）社会知情权

所谓社会知情权，是指公民有权知道社会公共生活中所发生的、涉及公共利益或其感兴趣的信息，依法享有了解社会发展和变化的权利。因此，关系社会安全的新闻、关系国计民生的商品价格与质量等信息、股市行情和汇率浮动等经济信息，公民都有权知悉。例如，2014年3月15日，正式施行的新版《中华人民共和国消费者权益保护法》第八条就明白无误地规定：“消费者享有知悉其购买、使用的商品或者接受的服务的真实情况的权利。消费者有权根据商品或者服务的不同情况，要求经营者提供商品的价格、产地、生产者、用途、性能、规格、等级、主要成分、生产日期、有效期限、检验合格证明、使用方法说明书、售后服务，或者服务的内容、规格、费用等有关情况。”

（三）个人信息知情权

所谓个人信息知情权，是指公民依法享有知道本人各方面信息的权利。例如，公民的出生时间、地点、亲生父母等信息，都属于个人信息知情权的范畴。

知情权起源于17、18世纪西方资产阶级革命时期的“天赋人权”、“主权在民”等古典自由主义理论。起初，人们将知情权仅仅理解为媒介的权利，因此，西方新闻界将知情权当作大

---

① ［爱尔兰］肖恩·麦克布莱德，中国对外翻译出版公司第二编译室译：《多种声音 一个世界》，154～155页，北京，中国对外翻译出版公司，1981。

② 郭庆光：《传播学教程》（第二版），159页，北京，中国人民大学出版社，2011。

众传播媒介新闻自由权利的重要组成部分。伴随人们认识的深入，知情权很快从媒介权利回归到一般公民普遍享有的社会权利。“知情权不是媒介特权，它是人民的权利，受众作为公民，理所当然享有知情权，特别是通过媒介了解公共信息的权利。当然，在这个过程中，新闻媒介作为职业化的专门从事社会信息的整合和传播的公共部门，其行使知情权的权利和义务得以更加明确和强化。”①

首先，知情权实质上是公民的一项基本人权。作为国家公民，“有权按照个人所能选择的方式，得到或探求个人由于自己的原因或作为社会的一个成员所希望获得的消息情报，特别是当消息情报影响到他的生活和工作并且影响到他也许不得不做出决定的时候。凡有意扣留消息情报，或传播假的歪曲失实的消息情报，就是侵犯了这项权利”②。

其次，知情权又是公民行使一切民主自由权利的基础，因为公民的选举权、参与权、表达权、监督权等都必须以知悉情况、了解信息为前提。一个连知情权都无法实现的社会，其公民是不可能享有真正的民主权利的。

最后，还应该看到，一方面，知情权是大众传媒合法性的根基，大众传媒采集新闻本质上是为了满足公民的知情权。另一方面，大众传媒也是实现公民知情权的重要载体。没有传媒的参与，公民的知情权就很难落到实处。

就传播层面而言，一般认为，最早在官方文件中表述知情权的是 1776 年瑞典《新闻法》中提出的“公开原则”（指政府文件应向人民公开）。1951 年，芬兰颁布《官方文件公布法》，其要点有三：“第一，公民有权获知一切公开的正式文件的内容；第二，在获知权得不到满足时，当事人可以通过法院或其他有关部门得到文件；第三，保密文件除外。”影响较大、内容较完备的是 1966 年美国制定的《信息自由法》（The Freedom of Information Act）。该法规定，如无特殊原因，政府部门的记录应向任何人公开；如有违反，当事人可向法院起诉。此外，《信息自由法》还列出了九类不得公开的资料（如情报机构的资料、秘密获得的商业情报、政府尚未做出决策的重大问题研究报告等）。在此基础上，1977 年美国又制定了《阳光法》，要求政府各部门公开一切属于讨论性质的会议内容（属保密范围的除外）。③

在中国，虽然宪法没有明确的知情权条文，但这一权利实际隐含在宪法的相关条款之中。例如，我国《宪法》第二条就规定：“中华人民共和国的一切权力属于人民。……人民依照法律规定，通过各种途径和形式，管理国家事务，管理经济和文化事业，管理社会事务。”不可否认，公民参政、议政、管理国家的前提是知悉政府行为和社会公共事务。因此，知情权是公民的一项基本权利。

近年来，政府信息公开的步伐逐渐加快，公民的知情权也获得了前所未有的关注。2007 年 1 月 17 日颁布、2008 年 5 月 1 日开始实施的《中华人民共和国政府信息公开条例》就为保护公民的知情权提供了新的法律保障。该条例总则第一条即表明了国家对于公民知情权的尊重与落实：“为了保障公民、法人和其他组织依法获取政府信息，提高政府工作的透明度，促进

---

① 李良荣：《新闻学概论》，200 页，上海，复旦大学出版社，2001。

② ［爱尔兰］肖恩·麦克布莱德，中国对外翻译出版公司第二编译室译：《多种声音　一个世界》，155 页，北京，中国对外翻译出版公司，1981。

③ 参见张国良：《现代大众传播学》，148～149 页，成都，四川人民出版社，1998。

依法行政，充分发挥政府信息对人民群众生产、生活和经济社会活动的服务作用，制定本条例。”

二、表达权

法国启蒙思想家伏尔泰曾经说过：“我不同意你的观点，但我誓死捍卫你说话的权利。”这涉及的就是“表达权”。所谓表达权，又叫言论自由权，是指“公民通过口头或书面以及特定行为表达自己意见的自由，包括言论自由、著作自由、新闻自由、集会自由、结社自由、游行示威自由等”①。对于公民而言，表达权不仅体现为自由地发表观点，也表现为自由地与他人交流、讨论。1980年，联合国国际交流问题研究委员会在《多种声音　一个世界》的报告中就将公民的表达权细分为这两个方面，其一是“告诉的权利”，即公民“有权把他所看到的关于个人生活条件、愿望、需求和痛苦的真实情况告诉别人。凡用恐吓或惩罚迫使他保持缄默，或剥夺他利用交流渠道的机会，就是侵犯了这项权利”。其二是“讨论的权利”，“交流应成为自由开放的答复，作出反应和进行争论的过程。这一权利可以保证集体行动的真正一致，并且使个人能影响权威人士作出的决定”②。

同知情权一样，表达权也是公民的一项基本权利，体现了民主政治的本质。对此，很多国家或地区都以法律的形式予以确认。例如：

1791年，美国颁布的《宪法第一修正案》(The First Amendment)规定：“国会不得制定法律……剥夺言论或新闻出版的自由……”(Congress shall make no law …abridging the freedom of speech, or of the press…)

1948年，联合国大会通过并颁布的《世界人权宣言》第十九条规定：“人人有权享有主张和发表意见的自由。此项权利包括持有主张而不受干涉的自由，通过任何媒介和不论国界寻求、接受和传递消息和思想的自由。”

1953年生效的《欧洲人权公约》第十条第一款规定：“人人享有表达自由的权利。此项权利应当包括持有主张的自由，以及在不受公共机构干预和不分国界的情况下，接受和传播信息和思想的自由。本条不得阻止各国对广播、电视、电影等企业规定许可证制度。”

1966年，联合国在《世界人权宣言》基础上通过的《公民权利和政治权利国际公约》第十九条规定：“一、人人有权持有主张，不受干涉。二、人人有自由发表意见的权利。此项权利包括寻求、接受和传递各种消息和思想的自由，而不论国界，也不论口头的、书写的、印刷的、采取艺术形式的或通过他所选择的任何其他媒介。”

我国《宪法》第三十五条规定：“中华人民共和国公民有言论、出版、结社、游行、示威的自由。”

上述法律规定至少体现了表达权两个层面的内涵：

---

① 谢鹏程：《公民的基本权利》，224页，北京，中国社会科学出版社，1999。

② ［爱尔兰］肖恩·麦克布莱德，中国对外翻译出版公司第二编译室译：《多种声音　一个世界》，155～156页，北京，中国对外翻译出版公司，1981。

第一，表达权在宪法上通常体现为言论自由和出版自由，在实践中则表现为公民可以公开陈述和表明自己对于社会公共事务的观点，无论这种观点是正面还是负面的。“自由构成了一个民主社会必不可少的基础……它不仅能适用于那些我们乐于接受或者不那么具有攻击性的‘信息’与‘理念’……也适用于令人不快、震惊甚至深受困扰的情形。这是多元主义、宽容精神与博大胸怀的必然要求。没有上述品性，就没有‘民主社会’。”①

第二，表达权的一个重要组成部分是公民接近媒介、通过媒介发表意见与观点的权利。这即是媒介接近权（the right of access to mass media）。1967 年，美国学者 J. A. 巴隆在《哈佛大学法学评论》上发表了《接近媒介——一项新的第一修正案权利》一文，首次提出了“媒介接近权”的概念。1973 年，他又出版了《为了谁的出版自由——论媒介接近权》一书，对这个权利概念进行了系统的论述。巴隆认为，美国《宪法第一修正案》规定的“出版自由”所保护的是作为一般社会成员的受众权利，而不是传媒企业的私有财产权；在传媒越来越集中于少数人手中，广大受众越来越被排斥在大众传媒之外的今天，已经到了“必须把第一修正案的权利归还给它的真正拥有者——读者、视听众”② 的时候了。

事实上，“接近媒介”也是媒介素养的一个重要组成部分。1992 年，美国阿斯彭媒介素养领袖会议就将媒介素养界定为“近用、分析、评判和创作各种媒介的能力”（Media literacy is the ability to access，analyze，evaluate and create media in a variety of forms）③。

媒介接近权的核心内容是要求传媒必须向受众开放。这个权利概念的提出已有 40 多年的历史，它虽然尚未形成法律上的明文规定，但至少在三个方面已经产生了普遍影响。第一个方面是“反论权”，即社会成员或群体在受到传媒攻击或歪曲性报道之际，有权要求传媒刊登或播出反驳声明，对此，美国联邦法院已有支持反论权的判例。第二个方面是“意见广告”。为了争取受众的好感和信任，目前很多印刷媒介已经能够在不同程度上接受读者要求刊登的意见广告。第三个方面体现在多频道有线电视领域，一些国家基于媒介接近权原理，在发放有线电视系统经营许可证之际，规定了必须开设允许受众自主参与的“开放频道”的附加条件。④

今天，我们正置身于一个媒介化社会之中，公民比以往任何一个时代都更容易接近大众传媒。更为重要的是，新媒介的代际更迭打破了国家、媒体组织对于传播渠道的垄断，作为个体的受众可以“零门槛”地拥有“自媒体”，继而进行自我赋权，“人人都有麦克风”的传播格局业已形成，公民的表达权也获得了前所未有的落实与强化。与此同时，意见的自由市场中充斥着越来越多真假难辨、良莠不齐的观点，尤其是很多不负责任的谣言已经真真切切地影响到人们的现实生活。于是，一个新的问题又产生了：人们如何正确行使自己的表达权而不至于滥用、误用这种权利？

我们认为，在一个民主的社会中，国家首先必须尊重并保障公民的表达权；同时，公民在行使表达权时，必须以不侵犯他人的合法权益为底线，即公民的表达权必须在法律的框架内行使。“言论的基本规则是言论自由。当然言论自由是有边界的，不是想说什么就说什么，要遵

---

① ［美］安东尼·刘易斯，徐爽译：《言论的边界》，5 页，北京，法律出版社，2010。

② 郭庆光：《传播学教程》（第二版），160 页，北京，中国人民大学出版社，2011。

③ 张艳秋：《理解媒介素养：起源、范式与路径》，81 页，北京，人民出版社，2012。

④ 参见郭庆光：《传播学教程》（第二版），160 页，北京，中国人民大学出版社，2011。

守一定的法律、道义的规范，所以自由总是以自律为前提。”① 例如，《欧洲人权公约》第十条第二款就规定：“行使上述各项自由②，因为负有义务和责任，必须接受法律所规定的和民主社会所必需的程式、条件、限制或者是惩罚的约束。这些约束是基于对国家安全、领土完整或者公共安全的利益，为了防止混乱或者犯罪，保护健康或者道德，为了保护他人的名誉或者权利，为了防止秘密收到的情报的泄漏，或者为了维护司法官员的权威与公正的因素的考虑。”我国《宪法》第五十一条也对表达权进行了法定限制：“中华人民共和国公民在行使自由和权利的时候，不得损害国家的、社会的、集体的利益和其他公民的合法的自由和权利。”

三、隐私权

隐私权，又称免知权，是指“公民享有的私生活安宁与私人信息依法受到保护，不被他人非法侵扰、知悉、搜集、利用和公开等的一种人格权”③。作为一种重要的基本人权，隐私权涵盖了个人的私生活整体，包括私人生活秘密、私生活空间以及私生活的安宁状态。④

隐私权的法律定义最早始于1890年。其时，美国的两位律师塞缪尔·沃伦（Samuel Warren）与路易斯·D·布兰代斯（Louis D. Brandeis）在《哈佛法学评论》（*Harvard Law Review*）上发表了论文《隐私权》（The Right to Privacy）一文。该文首次提出要将隐私权列入宪法。目前，美国的相关法律主要保护公民四个方面的隐私：

> （1）侵扰某人的索居或独处生活，或私人事务，例如为了获取新闻而侵犯某人的房屋或私人文件。
>
> （2）公开暴露令人尴尬的个人情况，例如揭露某人与现在地位无关的不光彩的过去。
>
> （3）把某人放在人造光之下，例如为了多卖几本书而夸大某个人物的经历。
>
> （4）为了个人利益而侵犯某人的姓名或肖像，例如未经许可使用迈克尔·杰克逊（Michael Jackon）的肖像销售百事可乐。⑤

此后，隐私权概念被世界各国广泛接受并迅速传播，并逐渐发展成为一种人格权利。1948年，联合国大会通过的《世界人权宣言》第十二条规定：“任何人的私生活、家庭、住宅和通信不得任意干涉，他的荣誉和名誉不得加以攻击。”1966年，联合国大会通过的《公民权利和政治权利国际公约》第十七条也规定：“刑事审判应该公开进行，但为了保护个人隐私，可以不公开审判。”

我国《宪法》关于隐私权的保护主要集中在以下三条规定：

> 第三十八条　中华人民共和国公民的人格尊严不受侵犯。禁止用任何方法对公民进行

① 魏永征：《不同传播范围言论的不同责任》，载《中国新闻出版报》，2015-04-21。

② 即表达自由的主要内容。

③ 张新宝：《隐私权的法律保护》，21页，北京，群众出版社，2004。

④ 参见王利明：《隐私权内容探讨》，载《浙江社会科学》，2007（3）。

⑤ ［美］菲利普·帕特森、李·威尔金斯，李青藜译：《媒介伦理学：问题与案例》，132页，北京，中国人民大学出版社，2006。

侮辱、诽谤和诬告陷害。

第三十九条　中华人民共和国公民的住宅不受侵犯。禁止非法搜查或者非法侵入公民的住宅。

第四十条　中华人民共和国公民的通信自由和通信秘密受法律的保护。除因国家安全或者追查刑事犯罪的需要，由公安机关或者检察机关依照法律规定的程序对通信进行检查外，任何组织或者个人不得以任何理由侵犯公民的通信自由和通信秘密。

1987 年，我国开始实行《中华人民共和国民法通则》，其中并没有直接保护隐私权的条款，但第一百零一条规定："公民、法人享有名誉权，公民的人格尊严受法律保护，禁止用侮辱、诽谤等方式损害公民、法人的名誉。"由于隐私权属于人格权范畴，故而这条规定实际为隐私权的保护提供了司法解释的空间。

1988 年，最高人民法院制定了《关于贯彻执行〈中华人民共和国民法通则〉若干意见（试行）》，其中第一百四十条明确规定："以书面、口头等形式宣扬他人的隐私，或者捏造事实公然丑化他人人格，以及用侮辱、诽谤等方式损害他人名誉，造成一定影响的，应当认定为侵害公民名誉行为。"

1993 年，最高人民法院发布《关于审理名誉案件若干问题的解答》，其中在回答"侵害名誉权责任应该如何认定"的问题时，最高人民法院给予了明确的解答："对未经他人同意，擅自公布他人的隐私材料或者以书面、口头形式宣扬他人隐私，致他人名誉受到损害的，按照侵害他人名誉权处理。"

2001 年出台的《最高人民法院关于确定民事侵权精神损害赔偿责任若干问题的解释》第一条就规定："自然人因下列人格权利遭受非法侵害，向人民法院起诉请求赔偿精神损害的，人民法院应当依法予以受理：（一）生命权、健康权、身体权；（二）姓名权、肖像权、名誉权、荣誉权；（三）人格尊严权、人身自由权。违反社会公共利益、社会公德侵害他人隐私或者其他人格利益，受害人以侵权为由向人民法院起诉请求赔偿精神损害的，人民法院应当依法予以受理。"

上述法律法规表明，我国司法体系中对隐私权缺乏明确的保护条款，涉及隐私权的条款又过于简约，"个人隐私如何免于动辄遭侵害的社会性忧虑，同我国法律对隐私保护条款的粗疏、简单界定及隐私权的非分立性导致的隐私法弱规制力形成巨大的落差"①。最重要的是，在司法实践中，隐私权仍被作为名誉权来保护。有学者据此指出："加强和完善公民隐私权法律保护最重要的是让隐私权独立于名誉权，将其作为一项单独的人格权在立法中予以体现。"②

我们之所以将隐私权视为受众的基本权利，不仅因为受众是公民，还由于在新闻传播实践中，媒体及新闻从业者的职业行为常常会侵犯公民的隐私权。

美国新闻界将"普通法上的侵犯隐私"细分为五种"侵权之讼"："不合理地披露令人难堪的私人信息、对个人空间的侵扰、带有错误印象的描绘、为商业目的而擅自使用他人的肖像

① 陈堂发：《新媒体涉私内容传播与隐私权理念审视》，载《学术月刊》，2014（12）。

② 展江、雷丽莉：《隐私权法的西风东渐与本土发展探析》，载《南京社会科学》，2013（6）。

等、侵犯公布权。”①

结合中国新闻传播的基本特点，我国学者多将新闻侵害公民隐私权的行为分为两个层面。

（一）新闻采访侵害隐私权行为

（1）未经许可进入被采访人的私人空间。即在没有经过被采访人同意的情况下，新闻记者擅自进入私人的活动空间（包括住宅，临时居住的酒店，私人办公场所，私人交通工具，私人游乐、饮宴、就医住院的场所等）进行采访活动。

（2）监听。即用窃听电话、偷录他人谈话的方式进行采访活动。

（3）监视。即以对被采访人的行踪或起居生活进行拍照或录像、跟踪的方式进行采访活动。

（4）私自调查。即以了解被采访人的信件、档案材料、财产状况等方式进行采访活动，常表现为私拆他人信件、调查他人银行存款、偷看他人档案、利用计算机非法取得他人个人资料等。

（二）新闻报道侵害隐私权行为

（1）报道与“性”有关的话题而对当事人不回避。

（2）未经当事人同意在新闻作品中公开他人的婚恋、家庭生活、生理缺陷、疾病史、财产状况等个人隐私信息。

（3）未经当事人同意在新闻作品中披露他人的违法、犯罪历史和其他不光彩的经历。②

作为公共利益的守望者，大众传媒理应要为社会大众提供其欲知而未知的信息，以满足公众的知情权。但是，并非所有的信息都适合公开报道，对于涉及公众隐私的信息，就要慎之又慎。因此，当知情权、表达权与隐私权相冲突的时候，首先需要考量的是对公民隐私权的尊重与保护。这是因为“人格权是绝对的权利，是任何人都不得侵犯的权利，任何人都绝对不得以牺牲他人的人格权来实现自己的自由”。因此，“法律天平上，并不是绝对平衡的，当新闻批评的自由与人格权的保护之间发生冲突的时候，法律向人格权的保护倾斜，着重保护人格权不受侵犯”③。

与此同时，“自媒体时代”频频发生的人肉搜索、网络侵权、网络暴力等现象也足以让我们认清这样一个事实：“我们已经被戏剧性地联系在了一起。我们所显露出来的关于自身的信息，不论是通过照片、电子邮件还是 MySpace 页面，极大地增加了我们的社会能见度（social visibility），使我们更容易互相找到，但也更容易被公众审视。”④ 这同时意味着，人们的隐私也更容易暴露在大众的视野中。因此，作为公民的我们，在获得前所未有的传播权利的同时，更应该加强自律，切实尊重他人的隐私权，因为尊重他人就是尊重我们自身。

---

① ［美］唐纳德·M·吉尔摩、杰罗姆·A·巴龙、托德·F·西蒙，梁宁等译：《美国大众传播法：判例评析》（第六版），229 页，北京，清华大学出版社，2002。

② 参见林爱珺：《新闻传播中的隐私权保护问题》，载《新闻大学》，2005（1）。

③ 杨立新：《隐性采访和人格权保护》，载《河南省政法管理干部学院学报》，2001（5）。

④ ［美］克莱·舍基，胡泳、沈满琳译：《未来是湿的》，8 页，北京，中国人民大学出版社，2009。

四、监督权

所谓监督权，是指公民享有监督国家机关及其工作人员的公务活动的权利，它是公民参政权中的一项重要内容，在国家权力监督体系中最具活力。我国《宪法》第四十一条规定："中华人民共和国公民对于任何国家机关和国家工作人员，有提出批评和建议的权利；对于任何国家机关和国家工作人员的违法失职行为，有向有关国家机关提出申诉、控告或者检举的权利，但是不得捏造或者歪曲事实进行诬告陷害。"由此可以看出，公民的监督权主要包括三种权利：批评与建议权、控告与检举权、申诉权。

具体到新闻传播领域，受众拥有的监督权主要包括两个层面：

一方面，受众有权通过大众传媒，对国家、政党、社会团体、公职人员的公务行为以及社会上一切有悖于法律和道德的行为进行监督，其实质是受众借助大众传媒行使舆论监督权。

另一方面，受众也有权监督新闻机构及其从业人员的行为。这是因为，作为社会公共信息的采集者和公共利益的守望者，新闻传媒具有公共性，理应受到作为公民的受众的监督，这是受众的基本权利。当然，由于新闻传媒从业者的职业行为具有一定的专业性，受众需要一定的专业知识才能分辨其中的问题。因此，受众要对传媒及其从业者进行监督，就必须具备一定的媒介素养。

当然，受众的权利并不仅限于上述几个方面。但以上列举的知情权、表达权、隐私权与监督权，无疑是受众权利的核心。明确受众权利的内涵与界限，是媒介在传播活动中能够实现这些权利的必要条件，也是受众更好地与媒体互动、保障自身权益的必要条件。

【本章小结】

作为大众传播媒介信息的接收者，从整体上说，受众是新闻传播活动中积极能动的行为主体，它不仅是新闻信息的受传者、反馈信息的发布者，也是大众传媒的消费者。受众是一种客观的存在，具有"人数众多，分布广泛"、"结构混杂，身份隐匿"、"接受心理同中有异"三大显著特征。依据不同标准，受众可以分成多种类型。作为公民的受众依法享有知情权、表达权、隐私权和监督权等权利。

【思考与训练】

1. 如何理解受众既是新闻信息的受传者，又是反馈信息的发布者？
2. 如何理解受众是大众传媒的消费者？
3. 如何理解受众是新闻传播活动中积极能动的行为主体？
4. 受众具有哪些特点？
5. 什么叫知情权，它有哪些具体内容？
6. 谈谈你对知情权与大众传媒关系的理解。

7. 什么是表达权，它有哪些内容？

8. 什么是隐私权，它有哪些内容？

9. 什么是监督权，它有哪些内容？

10. 列举三种新闻传播中侵害公民隐私权的行为，并简要分析之。

11. 有观点认为，“受众定位”是决定媒介经营的首要支点，是值得推广的有效手段。但是，持反对观点的人却认为，在这种观念下，传播者与受众之间的关系被简化为一种“计算”关系，一种买卖关系，受众在实质上成为媒介资本和广告商（广告主）的“打工仔”，造成了媒介生态环境的恶化。联系实际，谈谈你的理解。

【延伸阅读】

1. ［英］丹尼斯·麦奎尔，刘燕南译：《受众分析》，北京：中国人民大学出版社，2004。

2. ［美］梅尔文·L·德弗勒、埃弗雷特·E·丹尼斯，颜建军、王怡红等译：《大众传播通论》，北京：华夏出版社，1989。

3. ［法］古斯塔夫·勒庞，冯克利译：《乌合之众》，北京：中央编译出版社，1999。

4. ［美］唐纳德·M·吉尔摩、杰罗姆·A·巴龙、托德·F·西蒙，梁宁等译：《美国大众传播法：判例评析》（第六版），北京：清华大学出版社，2002。

5. 张新宝：《隐私权的法律保护》，北京：群众出版社，2004。

6. 杨立新：《隐性采访和人格权保护》，载《河南省政法管理干部学院学报》，2001（5）。

7. 林爱珺：《新闻传播中的隐私权保护问题》，载《新闻大学》，2003（1）。

8. 王利明：《隐私权内容探讨》，载《浙江社会科学》，2007（3）。

9. 展江、雷丽莉：《隐私权法的西风东渐与本土发展探析》，载《南京社会科学》，2013（6）。

第九章

传播媒介

【学习要点】

掌握媒介、传播媒介及大众传播媒介的基本概念，了解媒介发展的历史，能够从内涵上厘清报纸、杂志、广播、电视、电影、互联网等不同媒介的特性，深刻理解传播媒介的功能、影响与品格，在此基础上，学会应用媒介的基本技巧。

第一节　认识媒介

作为“媒介化社会”的一个重要关键词，“媒介”不仅是我们理解传播、认知社会的重要渠道，也成为今天社会的基本特征。对于普通公民而言，认识媒介的定义、历史与种类，是我们理解媒介及使用媒介的基础。

一、关于媒介、传播媒介、大众传播媒介

在现实语境中，人们往往将“媒介”、“传播媒介”、“大众传播媒介”等概念混用，事实上，这些概念的意义与内涵是有差别的。

关于“媒介”，学术界并没有一个统一的定义，学者们从不同角度出发，赋予其的内涵与外延也不尽相同。

被称为传播学“集大成者”的威尔伯·施拉姆将“媒介”置于信息传播的过程中予以考察，他指出，“媒介是插入传播过程的中介，是用以扩大并延伸信息传送的工具”①。

英国文化研究领域著名学者约翰·费斯克则从“机构”与“技术”两个维度对“媒介”进行了阐释：“一般来说，媒介是一种能使传播活动得以发生的中介性公共机构（agency）。具体点说，媒介就是拓展传播渠道、扩大传播范围或提高传播速度的一项科技发展。广义上的讲

① ［美］威尔伯·施拉姆、威廉·波特，何道宽译：《传播学概论》（第二版），134～135页，北京，中国人民大学出版社，2010。

话、写作、姿势、表情、服饰、表演与舞蹈等，都可以被视为传播的媒介。每一种媒介都能通过一条信道或各种信道传送符码，这一术语的这种用法正在淡化，如今它越来越被定义为技术性媒介，特别是大众媒介。有时它用来指涉传播方式（比如是用‘印刷媒介还是广播媒介’），但更常用于指涉使这些方式成为现实的技术形式（比如收音机、电视机、报纸、书籍、照片、影片与唱片）。”①

1964年，媒介环境学派的代表人物马歇尔·麦克卢汉在其成名作《理解媒介——论人的延伸》中，提出了一个惊世骇俗的观点：媒介即万物，任何一种新的发明和技术都是媒介，都是人的延伸。如石斧是手的延伸，车轮是脚的延伸，书籍是眼的延伸，广播是耳的延伸，衣服是皮肤的延伸，电子媒介是人的中枢神经系统的延伸，其余一切媒介（尤其是机械媒介）是人体个别器官的延伸……②

不难看出，上述论述包含了媒介的多种含义。美国传播学者切特罗姆则在《传播媒介与美国人的思想》一书中从更深层次解释了“媒介”的这种多义现象：

> 媒介这个词所产生的多种含义，表现出一种潜藏在全部现代传播方式历史中的矛盾因素在语言学上的遗留物。因为每一种传播媒介都是制度发展、公众反应和文化内容的渊源，而制度发展、公众反应和文化内容应当被理解为辩证的张力的产物，即对立的力量和趋势在时间的进程中冲突和演化，它们不断地产生出自己的对立面。这些矛盾一方面是由新的传播技术提供的进步的或是乌托邦的可能性；另一方面是这些技术被用作统治和剥削手段的性质，广义地说，矛盾是由这两方面之间的张力表现出来的。③

媒介无时不有，无处不在。广义的“媒介”是指能使两个事物发生关系的物质。狭义层面的“媒介”主要是指传播媒介，又称“传媒”，即“承载传递信息的物理形式，它是传播赖以实现的中介，是传播活动中具有自身内在特性与规律的客观实在，对社会的发展起着直接而有力的影响”④。

作为传播媒介的重要类型，大众传播媒介包含两个层面的意涵。

其一是指用以向社会大众传递信息的工具和技术手段，它是使传播者与受众发生关联的中介和纽带。更为重要的是，“大众媒介所显示的并不是受众的规模，而是人人同时参与的事实”⑤。大众传播媒介一般包括报纸、杂志、书籍、广播、电视、电影、网络等媒介形态。

其二是指专门从事信息采集、制作与传播的社会组织，也称为“大众传媒机构”，例如，报社、出版社、电台、电视台、网站等。作为社会组织的大众传媒，具有特定的传播目标、受众定位与内部机构，担负着向社会大众传播信息的基本职能，同时，现代大众传媒机构也是一种经济实体，依靠向社会提供信息服务来获得经济利润。

---

① ［美］约翰·费斯克，李彬译注：《关键概念——传播与文化研究辞典》，161页，北京，新华出版社，2004。

② 参见［加］马歇尔·麦克卢汉，何道宽译：《理解媒介——论人的延伸》，北京，商务印书馆，2000。

③ ［美］丹尼尔·杰·切特罗姆，曹静生、黄艾禾译：《传播媒介与美国人的思想》，199页，北京，中国广播电视出版社，1991。

④ 甘惜分：《新闻学大辞典》，59～60页，郑州，河南人民出版社，1992。

⑤ ［加］马歇尔·麦克卢汉，何道宽译：《理解媒介——论人的延伸》，429页，北京，商务印书馆，2000。

二、传播媒介的历史变迁

传播离不开媒介。人类的传播历史表明，每一次媒介的演进都会引发人们传播观念与传播手段的变革，这种变革继而又会影响人们认知世界与理解世界的方式。关于媒介的发展史，美国传播学者施拉姆教授曾经做过一个生动的比喻，他将人类历史的100万年用一天24小时来换算，那么，1小时等于41 667年（以42 000年来计算），一分钟等于694年（以700年来计算），一秒钟则等于12年。于是，他发现，人类有正式语言（距今约10万年）相当于这一天的21点33分；文字则出现在23点52分06秒，古登堡发明印刷术的时间则是23点59分14秒，视听媒介出现在23点59分47秒，1946年发明的电脑对应的时间为23点59分57秒。①

美国媒介环境学派代表人物保罗·莱文森则从媒介演化的角度将人类历史上出现的各种媒介统一划分为旧媒介、新媒介和新新媒介三种形态。其中，互联网诞生之前的一切媒介都是旧媒介（old media），它们是“空间和时间不变的媒介，比如书籍、报刊、广播、电视、电话、电影等”。新媒介（new media）是指互联网上的第一代媒介，滥觞于20世纪90年代中期，其特征是“一旦上传到互联网上，人们就可以使用、欣赏，并从中获益，而且是按照使用者方便的时间去使用，而不是按照媒介确定的时间表去使用”。新新媒介（new new media）则是指互联网上的第二代媒介，滥觞于20世纪末，兴盛于21世纪，其特征是：“消费者即生产者；其生产者多半是非专业人士；个人能够选择适合自己才能和兴趣的新新媒介去表达和出版；新新媒介一般免费，付钱不是必需的；新新媒介之间的关系既互相竞争又相互促进；新新媒介的服务功能胜过搜索引擎和电子邮件；新新媒介没有自上而下的控制；新新媒介使人人成为出版人、制作人和促销人。”②

（一）语言媒介

语言诞生的确切时间已无从考证，但可以肯定的是，3万年前的原始人已经能做洞窟壁画，2.5万年前已经会说有音节的语言。③ 早期原始人的传播主要依靠表情、形体、动作、手势、简单符号等无声语言。“最原始的语言系统以触觉、视觉或有时以嗅觉来传递意义，绝少使用发声机制（vocal mechanism）。”④ 伴随漫长的历史演化，人们逐渐将声音同其所代表的物体分离出来，形成了语言。

关于语言诞生的原因，学术界也是众说纷纭，大体可以包括以下学说：其一是“汪汪”说（“bow-wow” theory），认为语词是在模拟自然声音的过程中形成的，比如模拟狗叫、雷鸣或波涛的声音。其二是“感叹”说（“poo-poo” theory），认为语言是在不由自主的情感表达中形成的，比如表达疼痛、高兴、害怕、满意的声音逐渐演化为语音。其三是“歌唱”说（“sing-song” theory），认为语词是在初民的吟唱中形成的，他们在吟唱中表达感情，庆贺重大的事

---

① 参见［美］威尔伯·施拉姆，游梓翔、吴韵仪译：《人类传播史》，44～50页，台北，远流出版公司，1994。

② ［美］保罗·莱文森，何道宽译：《新新媒介》，上海，复旦大学出版社，2012。

③ 参见张国良：《传播学原理》（第二版），69页，上海，复旦大学出版社，2009。

④ ［美］威尔伯·施拉姆，游梓翔、吴韵仪译：《人类传播史》，55页，台北，远流出版公司，1994。

情。其四是“嗨哟嗬”说（“yo-heave-ho” theory），认为语词是在劳动号子中形成的。其五是“呀呀”说（“yɪk-yuk” theory），认为在特别重要或令人激动的事件发生时，人发出了表示满意的声音，语词即由此演变而来。①

按照马克思主义观点，传播活动起源于早期人类为了生存发展而不得不进行合作的需要，语言则是人类在长期传播实践中逐渐形成的。从这个意义上说，语言学大师索绪尔的观点一语中的：“语言既是言语机能的社会产物，又是社会集团为了使个人有可能行使这机能所采用的一整套必不可少的规约。”因此，我们可以说：“人类的天赋不是口头的言语活动，而是构成语言——一套和不同的观念相当的不同的符号——的机能。”②

语言的诞生在人类传播史上具有划时代的意义。对此，麦克卢汉认为：“作为人各种感觉的延伸或吐露（即外化），语言一向被认为是人最丰富的人为技艺形式，这一技艺形式把人和动物界区分开来。”③ 波兹曼也指出：“语言无愧为一种原始而不可或缺的媒介，它使我们成为人，保持人的特点，事实上还定义了人的含义。”④ 因此，语言从根本上提升了人类传播的质量，增进了人与人之间的互动与合作，助益了人类复杂思维的形成。恰如施拉姆所评价的那样：

> 真正重要的是，在人类百万年来攀爬传播山头的过程中，语言是我们所跨出效果最深远的一步。语言给了我们更好的接收、处理、修正及传播资讯的方法：在百万年来人类与时空、自然力、飞禽走兽竞争的历程中，语言让我们能据以思考并占尽上风。人类发现资讯才是威力最大的武器。不论有意还是无意，我们选择了一条康庄大道，让资讯更为轻便、更为恒久，让我们能带着它行遍天下，能将之传诸后世。这条大道上的每一步都为人类的生活带来了重大的变迁。事实上，语言的历史就传播角度观之，在人类社会发展史上的意义远甚于其对于科技发展的意义。⑤

当然，语言传播的局限性也显而易见，比如传播范围小、容易失真、不易保存、转瞬即逝等。需要是发明之母。社会交往规模的日益扩大带来了人类新的需要，于是作为传播媒介的文字应运而生。

（二）文字媒介

语言的诞生大大提升了人类的思维能力和传播能力，与此同时，也催生了人类使用符号来表达和记录思维的深层次需要。距今5 000年左右，世界各地开始出现文字，例如古埃及的象形文字、中国的甲骨文、两河流域的楔形文字、古印度的印章文字等。至于文字是如何兴起的，我们依然知之甚少。施拉姆认为，我们有把握的主要有以下两点：其一，文字不止起源于一个地方。其二，文字是在使用若干视觉手段“尝试—错误”过程中兴起的，毫无疑问，文字

---

① 参见［美］威尔伯·施拉姆、威廉·波特，何道宽译：《传播学概论》（第二版），7页，北京，中国人民大学出版社，2010。

② ［瑞士］费尔迪南·德·索绪尔，高名凯译：《普通语言学教程》，31页，北京，商务印书馆，1999。

③ ［加］马歇尔·麦克卢汉，何道宽译：《理解媒介——论人的延伸》，116页，北京，商务印书馆，2000。

④ ［美］尼尔·波兹曼，章艳译：《娱乐至死》，11页，桂林，广西师范大学出版社，2004。

⑤ ［美］威尔伯·施拉姆，游梓翔、吴韵仪译：《人类传播史》，70～71页，台北，远流出版公司，1994。

是在以前的绘画经验中逐渐形成的。"语言是在将事件和经验抽象的过程中产生的，同理，文字是在将图像抽象的过程中产生的，目的是使稍纵即逝的语音符号传之久远。"①

麦克卢汉则进一步指出了拼音文字与象形文字等的区别："巴比伦文化、玛雅文化、中国文化中使用的象形文字和圣书文字代表视觉的一种延伸，它们用于贮存人的经验，便于提取人的经验。所有这些形态的文字，都给口语的意义赋予了图形的表现。由于这样的形态，它们接近于动画片，使用起来极为笨拙；因为它们需要很多符号才能表现数量无限的资料和社会行动的操作过程。拼音字母表则与之相对，它只需少数的字母，就足以包容一切语言。然而，这一成就又引起符号和声音从它们的语义和戏剧性意义中分离出来。其他任何书写系统都没有实现这一分离。"②

文字的出现标志着人类开始进入一个更高的文明阶段。一方面，文字是传承人类文明的重要载体。世界考古学界就将有无文字作为判断文明古国的一条重要标准。另一方面，文字克服了语言转瞬即逝的缺点，能够将信息较好地保存下来。同时，文字突破了人类传播的时空限制，不仅拓展了传播的距离和延长了留存的时间，也大大丰富了传播的内容。有鉴于此，英国历史学家巴勒克拉夫就曾在《泰晤士世界历史地图集》中对文字的发明给予了高度评价：

> 公元前 3 000 年左右的文字发明，是文明发展中的根本性的重要事件。它使人们能够把行政文献保存下来，把消息传递到遥远的地方，也就使中央政府能够把大量的人口组织起来；它还提供了记载知识并使之世代相传的手段。③

（三）印刷媒介

文字的出现带来了一个相对漫长的手抄传播阶段。公元前 59 年，古罗马出现《每日纪闻》（又称《罗马公报》），这种书写在石膏上的文字，开启了人类文字传播新闻的历史。公元 1566 年，出现在威尼斯的"手抄新闻"被认为可能是现代报纸的雏形。手抄传播拓展了口语传播的范围，提升了传播的质量。但是，其局限性也显而易见，比如，传播效率比较低，规模相对较小，成本却相对较高。施拉姆就曾在其名著《传播学概论》中援引过一个案例来说明手抄书的成本过高：在 13 世纪初，为一本薄薄的手抄书支付的工资就相当于现在的 3 000 美元，这是送给法国公主的生日礼物。④ 此外，高昂的成本也带来了权贵阶层对于传播和知识的垄断。印刷术的出现则从根本上改变了这种状况。"书籍和报纸与 18 世纪欧洲的启蒙运动携手并进。报纸和政治小册子介入了 17 世纪和 18 世纪所有的政治运动和人民革命。人民对知识的渴求与日俱增，与此同时，教科书使大规模的公共教育成为可能。人们对权势者的不满情绪传播开来，此

---

① ［美］威尔伯·施拉姆、威廉·波特，何道宽译：《传播学概论》（第二版），9～10 页，北京，中国人民大学出版社，2010。

② ［加］马歇尔·麦克卢汉，何道宽译：《理解媒介——论人的延伸》，125 页，北京，商务印书馆，2000。

③ 郭庆光：《传播学教程》（第二版），25 页，北京，中国人民大学出版社，2010。

④ 参见［美］威尔伯·施拉姆、威廉·波特，何道宽译：《传播学概论》（第二版），13 页，北京，中国人民大学出版社，2010。

间，相继出现的报刊和电子媒介使普通人了解并参与政治。”①

印刷术最早出现在中国。公元105年，东汉的蔡伦改进了前人的造纸技术，制造出了更为结实耐磨的植物纤维纸。这为印刷术的发明奠定了基础。隋唐年间（公元7世纪左右），我国开始出现雕版印刷。北宋仁宗庆历年间（公元1045年左右），毕昇发明了活字印刷术。此后，中国的活字印刷术逐渐由新疆经波斯、埃及传入欧洲。尽管中国是世界上最早发明印刷术的国家，而且对于印刷术的传播与扩散贡献巨大，但真正将印刷术大规模运用于信息传播领域的却是西方。正如德国哲学家马克斯·韦伯评价的那样：“中国很早便有了印刷术，但专为印刷而设计，并且只有通过印刷才可能制成的印刷品，特别是报纸和期刊，最早仅出现于西方。”②

公元1450年前后，德国工匠古登堡发明了金属活字印刷术，并将葡萄酒压榨机改造成印刷机。大约在公元1456年，古登堡印制的《圣经》问世，由此实现了对信息文字的机械化复制。“从技术上看，古登堡所做的，以及自他那个时代起一切大众媒介所做的，就是把一种机器放进传播进程，去复制信息，几乎无限地拓展人们共享信息的能力。传播过程几乎未变，但由于人们靠信息生存，共享信息的新能力就对人的生活产生了深刻的影响。”③ 而在伊丽莎白·爱森斯坦博士看来，这种影响几乎遍及社会的方方面面：

> 在15世纪末和16世纪，印刷术的扩散撕裂了西欧的社会生活结构，并用新的方式将它重新组合，从而形成了近现代模式的雏形。印刷材料的使用促成了社会、文化、家庭和工业的变化，从而推动了文艺复兴、宗教改革和科学革命。④

（四）电子媒介

电子媒介是指运用电子技术以及电子设备进行信息传播的媒介。电子媒介的诞生实现了人类信息的远距离快速传播。“由于代码的不同，电子媒介打破了印刷媒介所塑造出来的专门的、互不相通的信息系统，现在各不相同的人群共享着更多的信息。许多人通过电子媒介学习和体验到的东西，与他们的年龄、传统教育和社会地位相对无关。”⑤ 从19世纪中期开始，伴随电的发现和无线电技术的发明，电报、电话、广播、电视等电子媒介开始走上人类传播的舞台。

1837年，美国人塞缪尔·莫尔斯发明了第一台电报机。1843年，莫尔斯用美国国会赞助的3万美元建起了一条从华盛顿到巴尔的摩之间长达64公里的电报线路。1844年，莫尔斯从华盛顿发出了世界上的第一封电报，内容是《圣经》中的一句话：“上帝创造了何等奇迹(What hath God wrought)!”他的助手则在巴尔的摩准确地将电文译出。自此，莫尔斯电报开

---

① ［美］威尔伯·施拉姆、威廉·波特，何道宽译：《传播学概论》（第二版），16页，北京，中国人民大学出版社，2010。

② ［德］马克斯·韦伯，黄宪起、张晓琳译：《文明的历史脚步——韦伯文集》，4页，上海，上海三联书店，1988。

③ ［美］威尔伯·施拉姆、威廉·波特，何道宽译：《传播学概论》（第二版），14页，北京，中国人民大学出版社，2010。

④ ［美］迈克尔·埃默里、埃德温·埃默里，展江、殷文主译：《美国新闻史》（第八版），4页，北京，新华出版社，2001。

⑤ ［美］约书亚·梅罗维茨，肖志军译：《消失的地域：电子媒介对社会行为的影响》，73页，北京，清华大学出版社，2002。

始风靡世界。1858 年，横跨大西洋的海底电缆竣工。1896 年，意大利科学家 G. 马可尼获得了世界上第一个无线电报系统的专利。1899 年，他建立起了跨越英吉利海峡的法国和英国之间的无线电通信。1901 年，他发射的无线电信息又从英格兰传到加拿大的纽芬兰省，成功穿越了大西洋。电报真正打破了时空的限制，实现了远距离信息的实时传播。

伴随无线电通信技术的发展，广播应运而生。1906 年 12 月 25 日，加拿大物理学家费森登（Reginald Aubrey Fessenden）教授在美国马萨诸塞建立的实验电台完成了首次广播，播出的内容包括两段笑话、一首歌曲和一首小提琴独奏曲。这为广播的诞生奠定了技术基础。1920 年 8 月 31 日，美国底特律 8M 实验电台广播了密歇根州州长初步获胜的新闻。这被确认为世界上最早的广播新闻。同年 10 月 27 日，美国匹兹堡 KDKA 电台正式获得美国商务部颁发的营业执照，成为第一家具有合法经营权的广播电台，它的播音也标志着广播事业的正式诞生。此后，世界各国纷纷开办广播电台。1921 年，法国建立第一家广播电台。1922 年初，英国下议院批准成立英国广播公司（BBC）。1922 年 5 月，苏联莫斯科无线广播电台开始试播。1923 年 1 月 24 日，美国人 E. G. 奥斯邦创办了中国境内的第一座广播电台——中国无线电公司，呼号为 ECO。1924 年 3 月 25 日，日本东京广播电台开播。1925 年，日本放送协会（NHK）成立。1930 年以后，无线电广播几乎遍及全球。

作为 20 世纪最伟大的发明之一，电视的问世在人类传播史上具有革命性意义。1925 年 10 月 2 日，苏格兰人约翰·洛吉·贝尔德（John Logie Baird）在伦敦成功地完成了一次传送与接收图像的实验。这个实验被认为是电视诞生的标志，贝尔德因此被称为“电视之父”，他的这套系统也被英国广播公司所采用。1928 年，在柏林召开的第五届德国广播博览会上，电视第一次作为公开产品被展出。1936 年 11 月 2 日，英国广播公司在伦敦亚历山大宫建成了世界上第一座公共电视台，每天播出两小时节目。此后，许多国家开始研制电视机。1939 年，英国大约有两万个家庭拥有电视机。这一年，美国无线电公司的电视机也在纽约世博会上首次露面。但是，第二次世界大战的全面爆发阻断了新兴电视工业的发展。

二战结束后，电视工业得以重新恢复。1946 年，英国广播公司恢复播出固定电视节目，美国政府也解除了禁止制造新电视机的禁令，电视工业再次勃兴。从 20 世纪 50 年代开始，彩色电视机逐渐兴起。1940 年，美国首先试制成功了彩色电视机。1954 年，美国全国广播公司（NBC）率先播出彩色电视节目。到 1966 年，美国彩色电视机的数量已经超过了 1 000 万台。1960 年，日本开始播出彩色电视节目。1967 年，法国和德国开始播出彩色电视节目。在我国，1958 年 5 月 1 日成立的北京电视台（后更名为中央电视台）是新中国第一家电视台。1973 年，我国开办彩色电视节目。

电子媒介不仅开拓了人类的传播空间，而且大大提升了信息的传播速度。此外，从人类社会信息系统的发展的角度来看，它还在另外三个方面具有里程碑的意义：

（1）它形成了人类体外化的声音信息系统和体外化的影响信息系统。它使人类的知识经验的积累和文化传承的效率和质量产生了新的飞跃。

（2）电子技术的发展推动了计算机的诞生，电脑开始执行人脑的部分功能。

(3) 电子技术的发展，特别是数字技术的发展，开创了人类传播媒介大融合的时代。①

(五) 网络媒介

作为继报刊、广播、电视之后的"第四媒体"，互联网业已成为今天人们传播与接收信息的最为重要的媒介，它是"一个使用同一个通信协议（TCP/IP）的计算机网络，它能够使各种不同的计算机互相交换信息"②。

互联网（Internet）始于1969年由美国军方和一些大学联合开发的军用计算机网络阿帕网（ARPAnet）。20世纪80年代中期，为了便于科研人员和政府机构人员查阅资料，美国国家科学基金会（National Science Foundation，NSF）在全美建立了6个超级计算机中心。1986年7月，NSF又建立了一个可以直接连接这6个中心的主干网络NSFNET，这样相关人员就可以直接访问这个网络。由此，开启了互联网的民用化。1989年12月，英国计算机科学家蒂姆·伯纳斯-李（Tim Berners-Lee）发明了万维网（World Wide Web，WWW），这是一个由许多互相链接的超文本组成的系统，全球的用户都可以通过互联网访问，获得相关资源。1991年8月6日，蒂姆建立的世界上第一个网站http：//info. cern. ch/正式上线，这一天也标志着万维网服务正式"登陆"互联网。至此，互联网开始向社会大众普及。1993年，美国政府提出"信息高速公路"（information highway）计划，此举极大地推动了网络用户在互联网这个平台上以多媒体方式共享海量信息。

1995年10月，美国联邦委员会通过一项决议，对互联网作出了如下界定：互联网是全球性信息系统，一是在逻辑上由一个以国际互联协议（IP）及其延伸的协议为基础的全球唯一的地址空间连接起来；二是能够支持使用传输控制协议和网际互联协议（TCP/IP），或其他IP兼容协议的通信；三是公开或不公开地提供利用通信和相关基础设施的高层次服务。③

与西方发达国家相比，中国互联网的起步相对较晚，整体发展时间相对较短。21世纪之后，开始进入迅猛发展时期。1987年，北京大学钱天白教授向德国发出了第一封电子邮件。1994年，中国正式加入互联网。1995年，中国第一家互联网服务供应商——瀛海威创立，标志着中国普通民众开始进入互联网。2000年，新浪、网易、搜狐三大门户网站先后在美国纳斯达克挂牌上市。1997年以后，中国互联网开始进入高速发展阶段。截至2015年6月，我国互联网普及率为48.8%，网民规模达6.68亿，手机网民5.94亿，即时通信网民规模6.06亿，博客用户4.75亿，微博用户2.04亿，域名总数为2 231万个，网站总数为357万个。④ 这表明，互联网不仅成为人们传播和接收信息、发表意见与观点的重要渠道，而且业已成为人们工作、生活不可或缺的组成部分。

以上我们简要地回顾了传播媒介的历史变迁，从中我们大致可以得出三条结论：

第一，媒介的产生与发展是人类的传播需求、社会生态环境等因素综合作用的产物。"传

---

① 郭庆光：《传播学教程》（第二版），27～28页，北京，中国人民大学出版社，2010。

②③ 李良荣：《新闻学概论》，312页，上海，复旦大学出版社，2001。

④ 参见中国互联网络信息中心：《第36次中国互联网络发展状况统计报告》，见http：//www. cnnic. net. cn/。

播媒介的形态变化，通常是由于可感知的需要、竞争和政治压力，以及社会和技术革新的复杂相互作用引起的。”①

第二，技术是媒介变迁的“催化剂”。每一种媒介形态的出现和变化都与新技术的发明相伴生。技术的放大和转化作用对媒介形态产生着巨大影响。“某种新的技术主要起放大作用，它使人们能够做一些他们之前就能够做的事情，但是采用该新技术能够提高准确性和速度，而且可以降低成本。在另外一些情况下，新技术是真正有转化作用的，它使人们思考整个世界的方式、他们的社会角色及所处的社会体系、他们的工作方式以及所面临的政治经济挑战……发生着质变。有时我们首先看到的是某种新技术的这种放大作用，然而却从未意识到该新技术随后会显示出转化作用，或从未意识到起放大作用的技术只是更广泛的社会变化的一部分。”②

第三，媒介的演进不是新媒介取代旧媒介的简单线性过程。相反，新旧媒介之间会彼此叠加，融合发展，媒介形态的变化有其自身的逻辑，具体包含以下六个原则：

(1) 共同演进与共同生存：一切形式的传播媒介都在一个不断扩大的、复杂的自适应系统以内共同相处和共同演进。每当一种新形式出现和发展起来，它就会长年累月和程度不同地影响其他每一种现存形式的发展。

(2) 形态变化：新媒介绝不会自觉地和孤立地出现——它们都是从旧媒介的形态变化中逐渐脱胎出来的。当比较新的形式出现时，比较旧的形式就会去适应并且继续进化而不是死亡。

(3) 增殖：新出现的传播媒介形式会增加原先各种形式的主要特点。这些特点通过我们称之为语言的传播代码传承下去和普及开来。

(4) 生存：一切形式的传播媒介以及媒介企业，为了在不断改变的环境中生存，都被迫去适应和进化。它们仅有的另一个选择，就是死亡。

(5) 机遇和需要：新媒介并不是仅仅因为技术上的优势而被广泛地采用。开发新媒介技术，总是需要机会，还要有刺激社会的、政治的和/或经济上的理由。

(6) 延时使用：新媒介技术要想取得商业成功，总是要花比预期更长的时间。从概念的证明发展到普遍采用往往至少需要人类一代人（20～30 年）的时间。③

三、大众传媒的基本类型

与其他传播媒介相比，大众传媒的历史并不长，只有几百年的发展时间（见表 9—1）。“如果我们仅仅把传播媒介看作旨在加速并拓展信息交换的一种社会机构，那么，‘大众’传媒则是传播媒介里的后来者。”④ 然而，大众传媒却对人类社会产生了巨大而深远的影响。下面

---

① ［美］罗杰·菲德勒，明安香译：《媒介形态变化：认识新媒介》，19 页，北京，华夏出版社，2000。

② ［英］亚当·乔伊森，任衍具、魏玲译：《网络行为心理学：虚拟世界与真实生活》，20 页，北京，商务印书馆，2010。

③ ［美］罗杰·菲德勒，明安香译：《媒介形态变化：认识新媒介》，24～25 页，北京，华夏出版社，2000。

④ ［美］威尔伯·施拉姆、威廉·波特，何道宽译：《传播学概论》（第二版），135 页，北京，中国人民大学出版社，2010。

我们将简要介绍一些有代表性的大众传播媒介。

表 9—1

传媒发展大事记
1800s—1890s：报纸上第一次使用图片；专业报道第一次被广泛接受；火车开始每天递送报纸。
1900s：马可尼（Marconi）发射无线电信号横越大西洋；广播、电报和印刷领域取得了很大的技术进步。
1910s：活字排字机（type composing machine）的发明提高了报纸出版的速度；广播有了调音器（tuner）和扬声器（loudspeaker）。
1920s：无线电台第一次播出娱乐节目和新闻；新闻图片第一次经由电报和电话线传输；有声电影（talking motion picture）和新闻短片（newsreel）开始被引进；电传打字机（teletype）面世。
1930s：第一个常规的无线电网络进行新闻广播；早期的电视进行播出试验；录制了德国载客飞艇“兴登堡”号失事事件（Hindenburg crash）的广播节目，并实现了全国范围的重播。
1940s：第一个电视网络形成（包括电视新闻网络）；第一台电子计算机诞生；公共天线电视（community antenna television，即有线电视的前身）问世。
1950s：电视成为最受欢迎的媒体；最早的有线电视系统形成；第一台半导体收音机（transistor radio）出现；收音机在数量上超过了日报；首次使用录像带报道新闻；微型芯片（microchip）被研制出来。
1960s：人造卫星为人所知；首次实现每晚半小时的新闻广播；电视报道了肯尼迪（Kennedy）总统遇刺的消息，进而引发全国范围的关注；彩色新闻镜头（color news footage）首次应用；有线电视公司引入远距离信号；电视再次成为最受欢迎的新闻媒体；盒式录音带问世。
1970s：微处理器（microprocessor）问世；盒式磁带录像机（VCR）为人所知；有线电视被广为接受；地方和全国的新闻媒体开始频繁使用录像带和人造卫星；最早的家用电脑出现。
1980s：新闻有线电视频道出现；计算机技术有了很大提高；笔记本电脑被推广；可视图文业务（videotext service）诞生；新闻编辑部开始广泛使用计算机；家庭用的卫星天线首次进入市场。
1990s：美国有线电视新闻网（CNN）因为对海湾战争（Gulf War）的出色报道而名扬天下；互联网开始普及；商业新闻网站出现并繁荣发展；很多大学报纸有了网络版；著名网络记者马特·德拉吉（Matt Drudge）率先披露美国总统克林顿（Clinton）与莱温斯基（Lewinsky）的“拉链门”事件。
2000s：网络新闻报道第一次获得国际性大奖；2001 年的“9·11”恐怖袭击事件提高了公众借助各种媒体关注新闻和国际大事的兴趣；越来越多的人开始从互联网上获得新闻。

资料来源：The Media History Project（n. d.），Discovering the News，Voices of a Nation，http：// www. mediahistory. umn. edu/index2. html（accessed December 2002）。

（一）报纸

报纸是以刊载新闻为主、面向社会大众定期发行的印刷品。它一般以散页形式公开、连续发行。报纸以文字、版面等符号和手段来传播信息。各类稿件在报纸各版平面上的布局整体称为“版面”，内容一般包括新闻、评论、广告和副刊等。报纸第一版“报名”所在的位置称为“报头”。报纸最重要的版面是头版（亦即第一版），最重要的新闻是头版头条，指位于报纸一版版面上半部分的第一条新闻，一般横排报纸以左面第一条为头条，竖排报纸以右面第一条为头条。通常来说，定期出版的报纸，其刊期是固定的，每一期的编号也是固定的。如果在前一期已出版，而后一期尚未出版的时间间隔内发生重大或特殊的新闻事件，报社往往要临时刊印报纸。这类报纸因为不列入原有的报纸编号，所以叫“号外”。

作为最早的大众传播媒介，报纸具有独特的传播优势。

1. 赋予读者阅读的主动权

对于读者来说，不仅可以自主选择阅读报纸的时间和地点，也可以根据自己的阅读习惯和兴趣来选择自己阅读的版面和内容，不明白的地方还可以反复阅读。阅读什么、如何阅读，主动权掌握在读者手中。

2. 便于携带，保存性强

报纸相对比较轻便，适于随身携带。此外，报纸是“白纸黑字”的印刷品，价格相对低廉，适宜长久保存。报纸的这一特点使其具有极高的传阅率。同时，“新闻是历史的初稿”，报纸一旦保存下来，不仅可以建构人们的记忆，还可以作为人们回顾过去、研究历史的重要资料。

3. 有利于开展深度报道

报纸以传播文字符号为主。与转瞬即逝的声音和图像符号相比，文字符号本身所具有的抽象性能够激活阅者的思维。与此同时，与广播、电视、网络相比，报纸的出版周期相对较长，时效性较弱，这样反而可以通过强化对新闻事件的深入挖掘，呈现事件的来龙去脉，阐明背后的因果关联，预测事件的发展趋向，从而凸显出报道的深度。事实上，在网络媒介的冲击下，今天的报业已经开始出现世界性的衰退，而能否持续提供有影响力的深度报道，则是报纸在日趋激烈的竞争中谋求突围的重要筹码。

除了上述优势外，报纸也具有不足之处，比如时效性较弱。尽管有些报纸在重大事件发生时会发行“号外”，但依然要经历一个相对复杂的制作周期，其时效性依然无法与视听媒介和网络媒介相匹敌。

（二）杂志

杂志，又称期刊，是指“有固定刊名，以期、卷、号或年、月为序，定期或不定期连续出版的印刷出版读物。它根据一定的编辑方针，将众多作者的作品汇集成册出版”①。世界上第一本杂志是1665年由法国人萨罗创办的《学者杂志》。“杂志”一词在我国出现得很早，不过并不是今天意义上的“期刊”，而是指“杂记”、“笔记”。“magazine”最早被翻译成中文时不叫“杂志”，而是“统记传”，意思是无所不记，广为流传。我国第一份杂志是1815年由英国传教士威廉·米怜（William Milne）在马六甲创办的《察世俗每月统记传》。到1862年，上海出现了一种刊物叫《中外杂志》，这也许是中国人最早用“杂志”命名的刊物。②

从整体上说，杂志的基本特点包括以下三个方面。

1. 更具深度与专业性

按照出版周期，杂志可以分为周刊、半月刊、月刊、季刊、年刊等。作为时效性最差的大众传媒，杂志往往将注意力集中在深度化、专业性的选题上；同时，在操作方面，也强化专业性和深度化，力图从多个角度、多个侧面来呈现主题。例如，新闻类周刊通常会对报道选题进行专题化处理，即围绕同一事件，广泛收集资料，运用多篇深度报道组合的形式，确保读者能对事件的来龙去脉和前因后果有一个全面、深入的了解，以此凸显其与报纸、广播电视等媒体的区别，进而吸引目标受众相对持久的注意力。

2. 可读性更强

不同杂志总会“瞄准”特定的读者群，选择不同的风格。但从总体上说，为了吸引读者的

---

① 《中国大百科全书·新闻出版卷》，462页，北京，中国大百科全书出版社，1990。

② 参见李永健、展江：《新闻与大众传媒通论》，89页，北京，中国人民大学出版社，2003。

注意力资源，现代杂志往往比报纸更讲究可读性，不仅选用的纸张考究、印刷精美，采用的照片和色彩也都具有强烈的视觉冲击力，而且入选的文章也更强调章法和表达。

3. 阅读期限长，传阅率高

杂志的出版周期较长，内容含量丰富，文章篇幅也相对较长，这三个特点使其兼具了书籍的耐读性特点。通常情况下，读者要分几次才能看完一期杂志。与此同时，由于装订成册，更便于携带和收藏，所以杂志一般比报纸的传阅率更高。

（三）广播

广播是通过无线电波或导线传送声音的大众传播媒介。通过无线电波传送节目的叫“无线广播”，通过导线传送节目的叫“有线广播”。

声音是广播传播信息的唯一符号。语言、音响和音乐是广播的三要素。广播语言是广播运载信息最基本的符号系统，要求具体化、通俗化、口语化。音响指的是广播中除传播主体（如记者、主持人等）之外的其他一切声音。音响可以用来再现事实、刻画人物、渲染环境、交代背景等，具有写实、写意和表达情感的作用。作为一种抽象度很高的情感性符号，音乐不仅可以配合其他节目，渲染气氛，深化主题，也可以独立成为一种广播节目形式。

作为一种完全诉诸人的听觉的大众传媒，广播的优势有以下几点。

1. 即时传播，覆盖面广

广播不仅突破了时空的限制，也实现了即时传播。尤其是在报道突发事件中，广播记者只需依靠简单的设备就能完成现场直播。此外，由于广播的覆盖面广，接收广播的技术性要求相对较低，因此广播的听众遍布社会的各个角落。据统计，2013 年，我国广播综合人口覆盖率已经达到 97.79%。[①]

2. 操作简单，使用成本低廉

广播的一个显著的优势就是操作简单。使用者无须掌握复杂的技能，无须具备识字能力，即可收听节目，了解信息。同时，对于受众而言，使用广播的成本也远远低于其他大众传媒。报纸、杂志都需要购买，收看电视需要电视机，有些节目还需要付费，上网也需要电脑和支付上网费，收听广播则只需要一台价格并不高的收音机即可，收听节目则完全免费。因此，从受众的接收成本这个维度来说，广播是最经济的大众传媒。

3. 能够激发人的想象力

广播是仅仅依靠声音传播的媒介。听众只能凭声音来接收信息以及分析思考。基于此，德弗勒等传播学者就曾明确指出：“广播是一种离不开想象力的媒介。”[②] 在我们收听广播剧、评书甚至新闻节目时，通常都会在听的同时，渗入我们的想象力。例如，美国第 32 任总统富兰克林·罗斯福（Franklin D. Roosevelt）在其 12 年总统任期内，每当国家面临重大事件时，他都会坐在火炉边，通过广播与民众沟通，这就是著名的“炉边谈话”（the Fireside Chats）。可

---

① 参见《2013 年全国广播影视发展概况》，见 http：//gdtj. chinasarft. gov. cn/。

② ［美］梅尔文·L·德弗勒、埃弗雷特·E·丹尼斯，颜建军、王怡红等译：《大众传播通论》，188 页，北京，华夏出版社，1989。

以说，正是广播帮助罗斯福建构了良好的“媒介形象”，也激发了民众对于总统形象的想象。“罗斯福以其炉边谈话、充满个性的亲切口吻吸引并俘虏了大多数美国人的想象和忠诚。”①

广播的线性传播特点使得广播除了选择性差这一不足之外，其呈现的最大的劣势是传输信号转瞬即逝，传播内容不易保存和记忆。同时，由于广播仅凭声音传播，人又无法长时间保持注意力去“听”，所以听众在收听节目的过程中，其注意力就容易分散。

（四）电视

电视是运用电子技术手段传输图像和声音的大众传播媒介，被誉为“20世纪最伟大的发明之一”。电视是科技进步的产物，其发展经历了黑白电视阶段、彩色电视阶段、卫星电视阶段、有线电视阶段和数字电视阶段。

作为一种诉诸视觉和听觉的大众传媒，电视的优势显而易见。

1. 视听兼备，直观性强

电视传播的最大优势就是视听兼备，它综合调动人的视觉和听觉两大器官，为观众呈现一个具有真实感的世界。这种直观化的表达是其他传播媒介所无法比拟的。

2. 声画传播，通俗易懂

与印刷媒介要求具备一定识字能力和理解能力不同，电视凭借声音和画面进行传播，通俗易懂的表达使观者更易于接受传播的内容。

3. 形象生动，感染力强

电视能够极大地还原事件的现场和事物的形象，营造极强的现场感和真实感，进而产生潜移默化的传播效果。

关于电视的劣势，除了声像转瞬即逝、难以保存等物理层面的特征外，很多学者认为它的一大不足在于降低了人们的思考能力。美国学者尼尔·波兹曼甚至认为电视侵蚀了童年和成年的分界线。“这表现在三个方面，而它们都跟电视无法区分信息使用权密切相关：第一，因为理解电视的形式不需要任何训练；第二，因为不论对于头脑还是行为，电视都没有复杂的要求；第三，因为电视不能分离观众。”②

（五）电影

电影是“根据‘视觉暂留’原理，运用照相（以及录音）手段把外界事物的影像（以及声音）摄录在胶片上，通过放映（以及还音），在银幕上造成活动影像（以及声音），以表现一定内容的技术”③。

作为一种科技新事物，电影出现在19世纪末。1895年12月28日，法国卢米埃尔兄弟开始在巴黎的一家咖啡馆放映他们拍摄的电影并引起轰动。这一天遂被人们确定为电影正式诞生的日子，卢米埃尔兄弟也因此被誉为“电影之父”。此后，电影经历了无声、黑白到有声、彩

---

① 转引自［美］梅尔文·L·德弗勒、埃弗雷特·E·丹尼斯，颜建军、王怡红等译：《大众传播通论》，184页，北京，华夏出版社，1989。

② ［美］尼尔·波兹曼，吴燕莛译：《童年的消逝》，115页，桂林，广西师范大学出版社，2004。

③ 许南明、富澜、崔君衍：《电影艺术辞典》（修订版），1页，北京，中国电影出版社，2005。

色等阶段，先后出现了宽银幕电影、环幕电影、立体电影、球幕电影、数字电影等。

我国电影的出现始于20世纪初。1896年8月11日，法国人在上海徐园"又一村"放映了"西洋影戏"，这是在中国放映的第一部电影。1905年，北京丰泰照相馆的老板任景丰主持拍摄了中国第一部无声电影《定军山》，由京剧泰斗谭鑫培主演，由此揭开了中国电影的序幕。1913年，受聘于美国亚细亚影戏公司的张石川、郑正秋在上海联合编导了中国第一部故事片《难夫难妻》。

电影是一种融合了视觉和听觉的现代艺术，其首要功能和基本内容都是娱乐。"作为一种大众媒介，电影在一定程度上正是顺应了'休闲'（不用工作的时间）的出现，并且响应了全家人以一种既经济又（通常）文雅的方式来欢度空闲时间的需求。"① 此外，电影也是一种重要的宣传手段。例如，第二次世界大战期间，德国电影导演莱妮·里芬斯塔尔（Leni Riefenstahl）就曾先后拍摄了《意志的胜利》（1934）、《奥林匹亚》（1936）两部宣扬德国纳粹政府以及"法西斯美学"的电影纪录片，她因此成为深受争议的电影人之一。

今天，电影已经成为我们生活中重要的娱乐休闲方式，同时，电影叙事背后往往又隐藏着不易为观众觉察的意识形态。知名电影学者戴锦华教授就发现了这个"有趣"的现象："尽管电影艺术已历经百年，却仍有许多人不相信'看电影'是一种后天习得的能力，相反，人们认定观影能力是人类与生俱来的本领。"造成这种现象的原因在于，"商业电影影像构成的一个基本特征是，隐藏起摄影机，隐藏起电影的叙事行为，使之充分'透明化'：有如透过一扇窗望见了窗外的风景。在银幕世界面前，电影视听语言的编码，难于为观众直观地发现、辨识，于是人人都可以'看懂'电影"②。从这个意义上说，观看电影与理解电影也是公民媒介素养的重要组成部分。

（六）互联网

1998年5月，在联合国新闻委员会的年会上，时任联合国秘书长的安南发表谈话指出："互联网已成为继报刊、广播、电视之后的第四媒体；在加强传统的文字和声像传播手段的同时，应利用最先进的第四媒体——互联网，以加强新闻传播工作。"③ 今天，互联网不仅改变了人们的生活方式，也从根本上影响着社会的构成与变迁。

互联网真正实现了媒介功能的大融合。其基本特点有以下几个方面。

1. 传播超越时空的限制

互联网真正摆脱了时空之于传播的限制，人们可以在全球范围内即时传播、共享信息。古人"天涯共此时"、"天涯若比邻"的梦想，终于在互联网上得以实现。

2. 交互性

传统大众媒介（报刊、书籍、广播、电视等）的传播基本属于"点对面"的单向传播，手机媒介的传播属于"点对点"的双向传播。互联网是一种交互式传播媒介，其传播融合了大众传播与人际传播的特点，实现了人与人、人与信息之间的互动交流。

---

① ［英］丹尼斯·麦奎尔，崔保国、李琨译：《麦奎尔大众传播理论》，25页，北京，清华大学出版社，2005。

② 戴锦华：《电影批评》，1页，北京，北京大学出版社，2004。

③ 姜岩：《第四媒体的崛起（一）》，载《新闻与写作》，1999（10）。

3. 多媒体融合

互联网成功地将电脑技术、通信技术、网络技术、声像技术等合为一体，实现了多媒体的融合，文字、图片、音频、视频、动画等均能共存于网络之中。同时，这些内容所组成的海量数据库，又便于存储与使用。

4. 使用门槛低，经济方便

互联网的使用方法简单易学，任何人只要有一台上网设备（电脑、手机或 iPad 等），支付一定的上网费，即能在互联网上查阅资料、交流信息、娱乐休闲。

第二节　理解媒介

1964 年，麦克卢汉在其成名作《理解媒介——论人的延伸》中开宗明义："媒介即信息。"他意在借此提醒人们："任何媒介（即人的任何延伸）对个人和社会的任何影响，都是由新的尺度产生的；我们的任何一种延伸（或曰任何一种新的技术），都要在我们的事物中引进一种新的尺度。"① 因此，要理解媒介对我们以及社会的影响，我们就必须首先理解媒介自身。今天，尽管距离这一观点的提出已经过去了半个多世纪，但对于普通公众而言，"理解媒介"依然是一个具有现实意义的命题。"一方面，公众需要明白大众媒体拥有巨大的权力，这种权力掌握在极少数人手里。另一方面，公众需要了解传媒提供的东西与社会需要的东西之间差距究竟有多大。"②

一、媒介的功能

所谓媒介③的功能，"可指多多少少客观的任务（如新闻报道或评论），或指媒介使用者眼中的动机与获益"④。换言之，媒介究竟有什么作用？对此，学术界给出了许多富有想象力和洞察力的答案。

李普曼将媒介比喻为"探照灯光束"，以此来表明媒介对社会并非"镜子式"的反映："新闻机构并不是制度的替代物。它像一道躁动不安的探照灯光束，把一个事件从暗处摆到了明处再去照另一个。人们不可能仅凭这样的光束去照亮整个世界，不可能凭着一个一个插曲、一个一个事件、一个一个突如其来的变故去治理社会。他们只有靠着一道稳定的光束——新闻机构——去探索，让这光束对准他们，使一种局势足够明了，以便大众作出决定。"⑤ 施拉姆也

---

① ［加］马歇尔·麦克卢汉，何道宽译：《理解媒介——论人的延伸》，1 页，北京，商务印书馆，2000。

② ［美］弗雷德里克·S·西伯特、［美］西奥多·彼得森、［美］威尔伯·施拉姆，戴鑫译：《传媒的四种理论》，81 页，北京，中国人民大学出版社，2008。

③ 本节的媒介是指大众传播媒介。

④ ［英］丹尼斯·麦奎尔，崔保国、李琨译：《麦奎尔大众传播理论》，79 页，北京，清华大学出版社，2005。

⑤ ［美］沃尔特·李普曼，阎克文、江红译：《公众舆论》，287 页，上海，上海人民出版社，2002。

看到了大众传媒在信息传播中的巨大作用："大众媒介既是信息的倍增器，又是很长的信息传输管道。……媒介还是信息通道上强大的把关人，对什么样的信息能够通关放行拥有强大的权力。"① 舒德森则更进一步，赋予了大众传媒更高的地位："作为新闻的传递者与包装者以及道义的放大者与组织者，大众媒体是现代生活的一个中心机构。"② 从这个意义上说，1947 年，哈钦斯委员会在《一个自由而负责任的新闻界》中的观点更显得掷地有声："没有哪种公共服务比传播服务更重要。"③

对于大众传媒功能的研究，历来是传播学术界的基本命题，拉斯韦尔和赖特是这项研究的先行者。1948 年，传播学四大奠基人之一的哈罗德·拉斯韦尔发表了影响深远的论文《传播在社会中的结构与功能》，该文对传播过程、结构及功能做了一个较全面的论述，指出大众传媒具有"监视周围环境，联系社会各部分以适应周围环境，一代一代传承社会文化"三大社会功能。1959 年，赖特又从社会学的角度出发，补充了第四种功能：娱乐。④

此后，随着反映大众传播广泛应用于政治和商业宣传的第五项——动员——功能的加入，麦奎尔总结出了大众传媒社会功能的基本思想：

1\. 信息

提供关于社会事件与情境的信息

显示权力关系

促成创新、适应及进步

2\. 联系

解释、诠释与评论事件及信息的意义

支持既有权威及规范

社会化

协调各自分离的活动

建立共识

设定优先次序并且指明相关的位置

3\. 持续

表达主流文化；认可亚文化与新文化的发展

促进并维持共同的价值

4\. 娱乐

提供娱乐、消遣及放松的方法

减轻社会紧张感

---

① ［美］威尔伯·施拉姆、威廉·波特，何道宽译：《传播学概论》（第二版），15 页，北京，中国人民大学出版社，2010。

② ［美］迈克尔·舒德森，刘艺娉译：《新闻的力量》，21 页，北京，华夏出版社，2011。

③ ［美］新闻自由委员会，展江等译：《一个自由而负责任的新闻界》，48 页，北京，中国人民大学出版社，2004。

④ 参见［美］沃纳·塞佛林、小詹姆斯·坦卡德，郭镇之等译：《传播理论：起源、方法与应用》，347～349 页，北京，华夏出版社，2000。

5. 动员

政治宣传、战争、经济发展、工作与宗教领域中的社会目标的活动。①

此外，许多学者还从不同角度、不同层面对媒介的功能进行了丰富与拓展。1948 年，传播学另一位奠基人拉扎斯菲尔德与社会学家默顿合作发表了《大众传播、大众鉴赏力和有组织的社会行动》（Mass Communication，Popular Taste，and Organized Social Action）一文，他们在文中系统阐释了大众传媒的三种功能：

(1) 授予地位的功能。大众媒介使个人和集体的地位合法化，从而给他们以声望并提高他们的权威性。

(2) 促进社会准则的实行。大众媒介显然可以通过向公众揭发偏离社会准则的倾向，发挥着重申社会准则的功能。

(3) 麻醉精神的消极功能。大众媒介提供的为数众多的传播品只能使人们对社会问题的关心停留在表面，而这种表面性常常掩盖了群众的冷漠态度。②

由此可见，大众传媒具有正反两个方面的社会功能。一方面，大众传媒通过为社会大众提供信息、观点、娱乐等文化产品，担负着社会的“守望者”的责任，不仅反映并影响着社会主流价值观，而且建构并传承社会文化。另一方面，大众传媒一边制造着人的虚假需要，一边又通过廉价地占用人们的时间与精力来满足人的需要，不仅降低了人们的文化鉴赏水平，也成为一种“精神麻醉剂”，使人成为马尔库塞笔下那种满足现状，丧失思考能力、批判能力和行动能力的“单向度”的人。

二、媒介的效果

2004 年，复旦大学新闻学院的一项关于未成年人与媒介关系的研究显示，媒体对未成年人的负面影响主要集中在：一是不懂得自我约束，耗费过多时间接触媒体。近年来，少年儿童的课余时间超过三分之一是在与媒体接触中度过的，超过做功课的时间。二是导致自我封闭，与他人交往的能力减弱。三是依赖图像信息，思维简单化、平面化。四是一些媒体出于经济利益和市场竞争的需要，传播的信息中夹杂着暴力、色情内容，青少年由于缺乏批判眼光，因而使身心健康受到损害。五是影响青少年的消费观念，致使消费行为冲动而缺乏理智。六是媒体使用不正确，强光电、噪声、电磁污染对未成年人生理健康产生负面影响。③

上述调查涉及的就是媒介效果（media effects）的问题。所谓媒介效果，是指大众传媒对受众及社会等产生的实际影响。这种效果是“大众传播已产生的直接结果，而无论其是否符合

① ［英］丹尼斯·麦奎尔，崔保国、李琨译：《麦奎尔大众传播理论》，78～79 页，北京，清华大学出版社，2005。

② 中国社会科学院新闻研究所、世界新闻研究室：《传播学：简介》，157～183 页，北京，人民日报出版社，1983。

③ 参见张志安：《未成年人媒体素养教育行动策略研究》，载《中国教育报》，2004-12-13。

传者的期望”①。

对于普通公民来说，我们应该也必须理解媒介的效果，这是因为：一方面，媒介总是或显或隐地影响着我们的生活。“在当代社会中，人对于大众传媒信息资源的依赖性越来越大，以满足社会演变中所产生的环境压力带来的‘幻象逃避’的需要和理解社会环境的需要。这种依赖性，与信息传播改变各种态度和信仰的操纵可能性成正比例关系。”② 基于此，效果研究始终是传播研究的主流。英国传播学者约翰·科纳认为，之所以学术界对媒介效果研究进行强调，主要源自世界范围内媒介系统的两个特征：“第一，现代媒介，以新闻的形式，扮演着大众知识的主要生产者与流通者的角色，尽管新闻并不是获取大众知识的唯一途径，但这仍然被视为媒介的核心功能之一……第二，全国及世界主要地区媒介产品与系统的存在，引发了现代社会彻底全然的‘媒介化’。”③ 另一方面，只有理解了媒介对我们有什么影响以及如何影响我们，我们才能够有效地规避媒介的负效果，而不至于沦为媒介的奴隶。麦克卢汉就曾警告人们：“对媒介影响潜意识的温顺的接受，使媒介成为囚禁其使用者的无墙的监狱。”④

那么，媒介究竟对我们有什么影响？这些影响又是如何施加在我们身上的？这是两个难以简单回答的问题。1948 年，拉扎斯菲尔德教授曾在一篇论文中指出，“影响”一词看似简单，其实非常复杂，因为“大众传媒影响个人的知识、态度、意见和行为。这些影响可以是即刻发生的，也可以是延迟发生的；可以是短暂的，也可以是持久的。对个人的影响可能逐渐积累而转换为制度的变迁。这些影响既可以是个人对传媒的直接反应，也可以通过一个复杂的因果链而产生，也就是说，媒介导致制度的变化，而这一变化又影响到个人”⑤。因此，对于媒介效果的观测必须基于严谨的社会科学的调查与研究。事实上，媒介效果研究一直是西方（尤其是美国）传播研究的主流。从 20 世纪初开始，传播学术界进行了大量研究，人们对于媒介效果的认知也历经了三个阶段。

（一）强效果阶段（20 世纪初—20 世纪 30 年代末）

这一阶段，大众传媒刚刚兴起，开始逐渐渗透到社会生活之中。1914 年，第一次世界大战爆发，交战各国纷纷利用大众传媒进行声势浩大的“宣传战”。20 世纪 20 年代，广播诞生，人们由此见识了传媒的强大力量。1927 年，拉斯韦尔出版了他的博士论文《世界大战中的宣传技巧》，这本书虽然不是研究媒介效果的专著，却第一次系统地呈现了宣传的巨大力量。他通过研究德国、意大利、英国、美国、法国等参战国的宣传手段，为读者描绘了一幅宣传的图景：

> 在大型社会中，战舞的熔炉已经不可能融化个人的随意，必须有一种新的更加巧妙的

---

① 张国良：《传播学原理》（第二版），227 页，上海，复旦大学出版社，2009。

② 陈卫星：《传播的观念》，181 页，北京，人民出版社，2004。

③ ［英］约翰·科纳：《“影响”：媒介研究的争议中心》，见［英］詹姆斯·库兰、［美］米切尔·古尔维奇，杨击译：《大众媒介与社会》，363～364 页，北京，华夏出版社，2006。

④ ［加］马歇尔·麦克卢汉，何道宽译：《理解媒介——论人的延伸》，49 页，北京，商务印书馆，2000。

⑤ 潘忠党：《媒介效果实证研究的话语》，见［美］简宁斯·布莱恩特、道尔夫·兹尔曼，石义彬、彭彪译：《媒介效果：理论与研究前沿》，5 页，北京，华夏出版社，2009。

工具将成千上万，甚至上百万的人融合成一个具有共同的仇恨、意志与希望的集合体。必须用新的火焰烧光意见分歧的弊病，锻造参战热情的钢板。这种统一社会的新型锤子和铁砧的名字就是宣传。必须用演讲代替钻头，用印刷品代替舞蹈。战舞存在于文学作品中和现代世界的边缘地带，而战争宣传则在世界各国首都和行政区呼吸冒烟。①

这实际也从另一个维度展示了媒介的强大效果。20 世纪 30 年代，希特勒在德国的崛起，很大程度上得益于戈培尔等纳粹党徒不择手段的宣传攻势。当成千上万的德国民众狂热地迷信希特勒及其领导的纳粹党时，第二次世界大战的爆发变得不可避免，同时，媒介的强大效果也再次凸显出来。

1938 年，美国哥伦比亚广播公司播出了根据科幻小说《星球大战》改编的广播剧，再次印证了媒介的强大效果。该剧由于过于逼真，导致听众误以为火星人正在攻击美国，造成成千上万的美国人陷入极度恐慌之中。几周之后，哥伦比亚广播公司受到指控，人们要求它赔偿 75 万美元，因为其播放的广播剧造成了“伤害、流产和其他损失（法庭没有拒绝这些指控）”。更重要的是，美国颁布了新规定，禁止广播台播放虚构的新闻广播。四年之后，智利圣迭戈的一家广播电台重播了这个节目。结果，智利公众的反应跟美国人一样。②

这一时期，人们普遍认同媒介的强大效果，于是，由一些记者提出的“魔弹论”（magic bullet theory）成为一种流行的媒介效果模型。“魔弹论”又叫“靶子论”或“皮下注射论”，其核心观点是：“在手腕高明的宣传家手里，大众媒介对人的作用就像枪弹打在靶子上一样，颇像射击场里所见，瞄准射击，靶子应声倒下。”③ 应该看到，“魔弹论”反映了大众传媒日益勃兴的事实，但它过分夸大了大众传媒的力量。很快，大量的事实和研究表明，人们在媒介面前并非是完全被动的靶子，媒介的效果也并非如此强大。

（二）有限效果阶段（20 世纪 40 年代—20 世纪 60 年代）

20 世纪 40 年代开始，心理学、社会学发展出新的理论，这些理论影响了媒介的效果研究。例如，心理学研究表明，个人在需求、态度、价值观、智力和其他个人因素等方面的差异对个人行为的形成起着关键作用。④ 而且，大量研究表明，媒介的效果是有限的，有时甚至是微弱的。此后，“魔弹论”逐渐被人们所摒弃。

1940 年美国总统大选期间，传播学“四大奠基人”之一、哥伦比亚大学社会学者拉扎斯菲尔德和他的研究助手在俄亥俄州伊利县进行了一项实证调查，其最终成果《人民的选择——选民如何在总统选战中做决定》一书于 1944 年出版。这项调查原本是为了证明媒体对人们在总统选举中的行为具有直接的、强大的效果。但是，研究结果却与拉扎斯菲尔德研究团队之前

---

① ［美］拉斯韦尔，张洁、田青译：《世界大战中的宣传技巧》，177 页，北京，中国人民大学出版社，2003。

② 参见［美］梅尔文·L·德弗勒、埃弗雷·E·特丹尼斯，颜建军、王怡红等译：《大众传播通论》，301 页，北京，华夏出版社，1989。

③ ［美］威尔伯·施拉姆、威廉·波特，何道宽译：《传播学概论》（第二版），189 页，北京，中国人民大学出版社，2010。

④ 参见［美］梅尔文·L·德弗勒、埃弗雷·E·特丹尼斯，颜建军、王怡红等译：《大众传播通论》，303～304 页，北京，华夏出版社，1989。

的预设大相径庭，他们发现了一种“两级传播流”的存在，即“信息是从广播和印刷媒介流向意见领袖，再从意见领袖传递给那些不太活跃的人群的”。由此，拉扎斯菲尔德等人得出的结论是：“归根结底，没有哪种媒介比人更能打动其他人。”① 换言之，这项调查从根本上否定了“魔弹论”的强效果观点。

1942 年，基于宣传的需要，美国陆军为 1 500 万新兵制作了 7 部 50 分钟的系列影片《我们为何而战》。传播学“四大奠基人”之一、耶鲁大学心理学家卡尔·霍夫兰和他的研究小组受命运用实验来评估影片的效果。研究结果表明，该系列片“增加了士兵对于那些导致第二次世界大战的事件的认识，而且态度有了改变（尽管其程度比认识变化要小），但是，这些影片对于个人如何发挥士兵的作用的动机没有可观测的效果（该效果是这些有倾向性的影片的最终目的）”②。这即是说，媒介对人的态度、行为的影响是有限的。

1960 年，J. T. 克拉伯出版《大众传播效果》一书。在这本书中，他对《人民的选择》等研究进行了总结，提出了大众传播效果的“五项一般定理”：

> （1）大众传播通常不是效果产生的必要和充分的原因，它只不过是众多的中介因素之一，而且只有在各种中间环节的连锁关系中并且通过这种关系才能发挥作用。
>
> （2）大众传播最明显的倾向不是引起受众态度的改变，而是对他们既有态度的强化，即便是在这种强化的过程中，大众传播也并不作为唯一的因素单独起作用。
>
> （3）大众传播对人们的态度改变产生效果需要两个条件：一是其他中介因素不再起作用；二是其他中介因素本身也在促进人们态度的改变。
>
> （4）传播效果的产生，受到某些心理生理因素的制约。
>
> （5）传播效果的产生，还受到媒介本身的条件（信源的性质、内容的组织）以及舆论环境等因素的影响。③

上述观点明确了媒介效果的有限性，故被称为“有限效果论”。

（三）宏观效果阶段（20 世纪 70 年代以后）

应该看到，“魔弹论”与“有限效果论”虽然处于两个极端，但是它们却具有某些共性，即二者强调的效果都是对个体的态度、行为产生的直接的、短期的影响。这种认知存在着简单化倾向。

从 20 世纪 70 年代开始，传播学术界进行了新的探索，提出了一系列具有学术影响力的理论与假说，例如“议程设置”理论、“沉默的螺旋”理论、“知沟”研究、“培养”分析、“编码与解码”等。这些研究虽然内容各不相同，但有三个共同的特点：第一，它们研究的焦点大多集中于探索大众传播综合的、较长期的和宏观的社会效果；第二，它们都不同程度地强调传媒

---

① ［美］保罗·F·拉扎斯菲尔德、伯纳德·贝雷尔森、黑兹尔·高德特，唐茜译：《人民的选择》（第三版），128～134 页，北京，中国人民大学出版社，2012。

② ［美］E. M. 罗杰斯，殷晓蓉译：《传播学史》，391 页，上海，上海译文出版社，2002。

③ 郭庆光：《传播学教程》（第二版），180 页，北京，中国人民大学出版社，2010。

影响的有力性；第三，它们都与社会信息化的现实密切结合在一起。①

这即是说，大众传媒可能对个体难以产生即时、直接的效果，但却可以产生长期的、间接的影响。“大众传播不仅对个人而且对整个社会或文化都有影响，它可以影响一个团体的共同信仰和价值观，影响它对英雄与恶棍的选择，影响它的公共政策和技术。特别是媒介持续不断的信息传播，能对社会变革产生真正深刻的影响。”②

三、媒介的品格

媒介有品格吗？看到这个标题，你也许禁不住会如此反问。在我们看来，媒介的品格即是指大众传媒的品质与格调，它囊括了传媒的定位、风格、运作、产品、人员职业操守等方方面面，是传媒公信力的集中体现。从这个意义上说，人有人格，报（报纸）有“报格”，台（广播台、电视台）有“台格”……因此，对于媒介品格的阐释，其实就是向公众描绘专业传媒的“标准像”。我们认为，大众传媒应该具备如下品格。

（一）忠于职守

如前所述，大众传媒具有为社会大众传播信息、提供娱乐、守望社会、传承文化等基本功能。因此，一家合格的传媒，首先应该能够坚守其基本职能和社会角色。对此，1926 年 9 月 1 日，张季鸾先生为新记《大公报》撰写的复刊宣言《本社同人之志趣》就淋漓尽致地体现了这一点。

本社同人之志趣

报业之厄运，至今日而极矣！军权压力，重逾万钧；言论自由，不绝一线。而全国战兴，百业俱敝，报纸营业遂亦大难。通观国中，除三数社外，大抵呻吟憔悴于权力、财力两重压之下，岌岌不可终日。清末以来，言论衰微，未有今日之甚者也。然察民国以来新闻事业失败之历史，其原于环境者半，原于己身者亦半。报业天职，应绝对拥护国民公共之利益，随时为国民贡献正确实用之知识，以裨益国家。业言论者，宜不媚强御，亦不阿群众。而事实上能之者几何？况国事败坏，报纸实亦负有责任。是以特殊势力之压迫言论，固足彰少数人之罪，而不必即反映言论界之功；国民虽痛愤强权之非，而不必即谓报纸之是。一言蔽之：舆论亡矣！国民即欲审利害、定国是，将焉赖乎？本社同人投身报业率十余年，兹复以言论与国民相见，识浅力微，无当万一，仅举四端，聊以明志。

第一不党。党非可鄙之辞。各国皆有党，亦皆有党报。不党云者，特声明本社对于中国各党阀派系，一切无连带关系已耳。惟不党非中立之意，亦非敌视党系之谓。今者土崩瓦解，国且不国，吾人安有中立袖手之余地？而各党系皆中国之人，吾人既不党，故原则

---

① 参见郭庆光：《传播学教程》（第二版），180 页，北京，中国人民大学出版社，2010。

② ［美］梅尔文·L·德弗勒、埃弗雷·E·特丹尼斯，颜建军、王怡红等译：《大众传播通论》，328 页，北京，华夏出版社，1989。

上等视各党，纯以公民之地位发表意见，此外无成见，无背景。凡其行为利于国者，吾人拥护之；其害国者，纠弹之。勉附清议之末，以彰是非之公，区区之愿，在于是矣。

第二不卖。欲言论独立，贵经济自存。故吾人声明不以言论作交易。换言之，不受一切带有政治性质之金钱补助，且不接受政治方面之入股投资是也。是以吾人之言论，或不免囿于知识及感情，而断不为金钱所左右。本社之于全国人士，除同胞关系一点外，一切等于白纸，惟愿赖社会公众之同情，使之继续成长发达而已。

第三不私。本社同人，除愿忠于报纸固有之职务外，并无私图。易言之，对于报纸并无私用，愿向全国开放，使为公众喉舌。

第四不盲。不盲者，非自诩其明，乃自勉之词。夫随声附和，是谓盲从；一知半解，是谓盲信；感情冲动，不事详求，是谓盲动；评诋激烈，昧于事实，是谓盲争。吾人诚不明，而不愿自陷于盲。

以上四者，为吾人志趣之大凡。至于注重社会经济，详论国际潮流，总期勉尽现代报纸应尽之职务，以抒其服务社会之诚。虽然，其志则然耳。当兹神州鼎沸之秋，凡我全国同业所受有形无形之压迫，吾人宁能独逃。尤痛者，法律失效，纲纪不存，而独愿发扬清议，享现代国家报界普通之权利，宁不奢乎？荆棘满地，冥夜长征，吾人惟本其良知所诏示，忍耐步趋，以求卒达于自由光明之路。各界人士，南北同业，其同情吾人而有以助之乎？不胜馨香祝之矣！

（《大公报》1926年9月1日）

张季鸾先生在这篇文章中提出了新记《大公报》“不党、不卖、不私、不盲”的办报方针。“四不”方针实则探讨了该报实现“忠于职守”品格的基本路径：“不党”、“不卖”表达了该报力图挣脱意识形态与经济集团的束缚、追求独立性的愿望；“不私”体现了该报公共性的自我定位及公共服务的专业理念；“不盲”则展示了该报追求理性、客观、公正的立场定位。总体来说，“四不”方针与当代的新闻专业主义有颇多共通之处，都强调传媒的公共性、独立性和客观性。因此，对于今天的传媒而言，“四不”方针依然具有诸多启示：大众传媒是公共利益的守望者，要维护公共利益，就应该以公共性为基础，力求相对独立性，淡化倾向性，既不畏强权，也不能为追求经济利益而不惜降低品格。

忠于职守，还体现为传媒对于社会公共事件的持续关注。在我们看来，关键时刻、关键事件，一家负责任、有尊严的传媒一定要介入。“介入”不仅仅是一种姿态，更是一种力量，有时足以影响事件的进程。

2003年3月17日，湖北青年孙志刚因未带身份证，被广州市政府执法机关以“三无人员”的理由收押。3月20日，孙志刚在收容站被殴打致死。4月25日，《南方都市报》刊发调查性报道《被收容者孙志刚之死》，并配发评论《谁为一个公民的非正常死亡负责?》。在该报道中，记者通过缜密的调查，逐步揭开了事实的真相。配发的评论则始终强调孙志刚的公民身份，不断追问的一个问题就是：“谁该为一个公民的非正常死亡负责?”请看评论的最后一段：

一个风华正茂的年轻人就这样被剥夺了生命，令人扼腕叹息。但是我们在关注此事的时候，不应过分关注孙志刚的身份——一个大学毕业生，一个风华正茂的年轻人，一个拥有美好前途的年轻人，还要还原出孙志刚的普通公民身份。否则，我们就可能因为对特殊身份的义勇而淹没了对“小人物”的关怀。在强大的国家机器面前，谁不是小人物呢？谁不是普通公民呢？①

正因为媒体持续不断的报道与评论，社会舆论才逐渐聚焦到了对收容制度的关注，最终引起有关部门的高度重视。2003 年，时任中华人民共和国国务院总理的温家宝签署国务院令，公布《城市生活无着落的流浪乞讨人员救助管理办法》；随后，国务院第 12 次常务会议正式通过该办法，并决定于 2003 年 8 月 1 日起施行，同时，废止了 1982 年 5 月 12 日由国务院颁布的《城市流浪乞讨人员收容遣送办法》。

（二）品质专业，格调高雅

作为文化产品的输出者，大众传媒生产的产品（新闻、评论、娱乐、广告等）的品质直接体现传媒的品格。概而言之，这种品质体现在以下三个层面。

1. 求真务实，客观公正

如前所述，传播信息是大众传媒的第一功能。当然，必须强调的是，传媒提供的信息应该具备真实、客观、全面、公正的基本品质。这一点已经被中外优秀传媒的成功实践所证明。例如，作为世界级大报，《纽约时报》当年只是一家濒临倒闭的报纸。1896 年 8 月 19 日，阿道夫·奥克斯买下《纽约时报》，并公布了自己的办报政策：

> 接管《纽约时报》，恪守其多年来的优秀传统，继承亨利·雷蒙德和乔治·琼斯的光辉事业，确实是一项艰巨的任务。办一份优质、干净、正派、值得信赖的报纸需要诚实、仔细、热忱、勤奋，拥有丰富的实践知识，办事通情达理。善于思考、情操高尚的读者们对《纽约时报》一直关爱有加，我由衷希望不会辜负您对我们的厚望。
>
> 我衷心希望《纽约时报》能够以文明得体的语言、简洁生动的形式将所有新闻呈现给读者，争取更早提供新闻，若不能更早，至少也与其他任何一家可靠媒体一样早；希望《时报》能够不偏不倚，不畏惧、不徇私，不受任何政党、教派和利害关系的左右；希望《时报》的这些专栏成为一个论坛，供公众讨论重大的公共话题，集思广益。
>
> 报纸目前优秀的员工队伍无须大的变动。查尔斯·米勒先生多年来一直主持评论版，工作成绩卓著，今后他继续担任总编辑。《纽约时报》也不会改变其处理公共问题的态度和个性，正是这种姿态奠定了其无党派报的地位。如果可能，《时报》将进一步呼吁财政与关税的改革，反对政府奢侈浪费、盗用公款，拥护最低税率、政府不干预社会，保卫人民的权益，维护健全的公德。②

奥克斯的办报方针中包含了真实、客观等新闻报道原则，此后 100 多年中，《纽约时报》正是以求真务实、客观公正的品格成为世界报业的翘楚。

---

① 子曰：《谁为一个公民的非正常死亡负责？》，载《南方都市报》，2003-04-25。

② ［美］迈克尔·舒德森，陈昌凤、常江译：《发掘新闻——美国报业的社会史》，99 页，北京，北京大学出版社，2009。

2. 不低俗、不庸俗、不媚俗

传媒是生产精神产品的机构，担负着传承、影响社会文明的功能。因此，不低俗、不庸俗、不媚俗原本应该是大众传媒的底线。但是，传媒本身又是市场经济的主体，为了在激烈的市场竞争中生存，很多媒体不惜自降品格，迎合某种低级趣味，刊播内容低俗、导向庸俗、取向媚俗的媒介产品，例如暴力新闻、色情娱乐、不良广告等。对此，我们已在本书的相关章节中进行了阐释，此处不再赘述。除此以外，近年来，还有一类现象也常常游走在低俗与色情的边缘，这就是“标题党”。其基本特征是：

> 号称“眼球就是一切，注意就是生命”，以“题不惊人死不休”为理念，以“煽情＋夸张＋惊悚＋‘变态’”为手段，肆意妄为。当然在很小的角落它也会贴上免责声明：“愿者上钩，责任自负。”①

事实上，“标题党”起初出现在网络中，主要指网帖发帖人为了吸引网友的点击，而故意采用夸张的手法制作网帖标题，但网帖内容与标题常常并不直接相关甚至毫无联系。后来，这种做法被逐渐引入到网络新闻标题的制作中，主要指采用夸张、歪曲、谐音、篡改等各种耸人听闻的方式来制作新闻标题，以获得较高的点击率的现象。因为要吸引受众眼球，所以这类标题要么哗众取宠，要么打色情擦边球，要么低俗不堪。

一般来说，网络媒体在转载传统媒体的报道时，都会在标题制作上“发力”，但“标题党”的做法往往会将其改得面目全非。比如，《中国青年报》的深度调查《曾让瓮安不安的小镇救赎之路》就曾被网络编辑改为《瓮安官员称黑社会是政府养大的》。基于此，有评论指出这种“黄色标题党”实质上是新闻界的“毒瘤”：

> 这样的黄色标题，是当下新闻界的一颗毒瘤——它既制造着假新闻，误导着公众，以饮鸩止渴的方式损害着网络媒体的公信力，还破坏着网媒与纸媒、网络编辑与传统记者的合作关系，更以“唯恐新闻不刺激，唯恐冲突不激烈”的嗜血偏好，加剧着社会的冲突。②

今天，一些传统媒体也开始使用这种极端的方式来制作新闻标题。2013 年 2 月 22 日，因涉嫌轮奸案，未成年人李××被刑事拘留，因为其父母都是国内知名歌唱演员，此案遂引起舆论高度关注。2013 年 6 月 28 日，山东《聊城晚报》刊载题为《李某某③他妈的要求高，律师不干了》的新闻报道；2013 年 9 月，上海《新民周刊》第 35 期刊载题为《李某某他妈的舆论战》的封面报道。两媒体因为“使用内容低俗的新闻标题，有失社会公德”而被所在省、市的新闻出版局下发警示通知书，予以通报批评并责令整改。④

3. 彰显人文关怀

人文关怀是指传媒具有一种悲天悯人的情怀，一种直指人心的力量，这不仅包括传媒的产品，也包括从业者的职业行为。不妨先来看《南方周末》这篇著名的“新年献词”。

---

① 钟靖、雷启立：《点击的诱惑与媒介素养》，载《新闻记者》，2013 (2)。

② 曹林：《有一种新闻毒瘤叫黄色标题党》，载《中国青年报》，2012-06-27。

③ 原标题中使用了当事人的真名，本书以李某某代之。

④ 参见晋雅芬：《刊载虚假低俗内容 7 家报刊被查处》，载《中国新闻出版报》，2014-01-03。

总有一种力量让我们泪流满面

这是新年的第一天。这是我们与你见面的第777次。祝愿阳光打在你的脸上。

阳光打在你的脸上，温暖留在我们心里。这是冬天里平常的一天。北方的树叶已经落尽，南方的树叶还留在枝上，人们在大街上懒洋洋地走着，或者急匆匆地跑着，每个人都怀着自己的希望，每个人都握紧自己的心事。

本世纪最后的日历正在一页页减去，没有什么可以把人轻易打动，除了真实。人们有理想但也有幻象，人们得到过安慰也蒙受过羞辱，人们曾经不再相信别人也不再相信自己。好在岁月让我们深知"真"的宝贵——真实、真情、真理，它让我们离开凌空蹈虚的乌托邦险境，认清了虚伪和欺骗。尽管，"真实"有时让人难堪，但直面真实的民族是成熟的民族，直面真实的人群是坚强的人群。

没有什么可以轻易把人打动，除了正义的号角。当你面对蒙冤无助的弱者，当你面对专横跋扈的恶人，当你面对足以影响人们一生的社会不公，你就明白正义需要多少代价，正义需要多少勇气。

没有什么可以轻易把人打动，除了内心的爱。没有什么可以轻易把人打动，除了前进的脚步……

这是新年的第一天，就像平常一样，我们与你再次见面，为逝去的一年而感怀，为新来的一年作准备。祝愿阳光打在你的脸上。

阳光打在你的脸上，温暖留在我们心里。有一种力量，正从你的指尖悄悄袭来，有一种关怀，正从你的眼中轻轻放出。在这个时刻，我们无言以对，唯有祝福：让无力者有力，让悲观者前行，让往前走的继续走，让幸福的人儿更幸福；而我们，则不停为你加油。

我们不停为你加油。因为你的希望就是我们的希望，因为你的苦难就是我们的苦难。我们看着你举起锄头，我们看着你舞动镰刀，我们看着你挥汗如雨，我们看着你谷满粮仓。我们看着你流离失所，我们看着你痛哭流涕，我们看着你中流击水，我们看着你重建家园。我们看着你无奈下岗，我们看着你咬紧牙关，我们看着你风雨度过，我们看着你笑逐颜开……我们看着你，我们不停为你加油，因为我们就是你们的一部分。

总有一种力量它让我们泪流满面，总有一种力量它让我们抖擞精神，总有一种力量它驱使我们不断寻求"正义、爱心、良知"。这种力量来自于你，来自于你们中间的每一个人。

所以，在这样的时候，在这新年的第一天，我们要向你、向你身边的每一个人，说一声，"新年好"！祝愿阳光打在你的脸上。

因为有你，才有我们。

阳光打在你的脸上，温暖留在我们心里。为什么我们总是眼含着泪水，因为我们爱得深沉；为什么我们总是精神抖擞，因为我们爱得深沉；为什么我们总在不断寻求，因为我们爱得深沉。爱这个国家，还有她的人民，他们善良，他们正直，他们懂得互相关怀。

（《南方周末》1999年1月1日）

"总有一种力量让我们泪流满面。"这种力量是真实、正义、内心的爱、前进的脚步、温暖的关怀，这种力量能"让无力者有力，让悲观者前行，让往前走的继续走，让幸福的人儿更幸福"，这种力量也凸显了传媒的品格，触动了人们内心最柔软的部分。从这个意义上说，传媒的"人文关怀"实质就是对人的尊重、理解与关注。这不仅体现在传媒生产的产品中，也浸润在传媒从业者的职业行为之中。

2008 年 5 月 12 日 14 时 28 分 04 秒，四川省阿坝藏族羌族自治州汶川县发生里氏 8.0 级地震。中国新闻社三位记者在地震当晚赶赴灾区，原本要进行采访的他们，面对求助的灾民，毅然放弃采访，选择了救人。"前来采访的我们，面对那一张张泪脸，面对他们哀求的目光，一时不知所措。采访还是救人？这个新闻课堂上的道德问题，从未像现在这样来得如此突然。我们放下了手中的相机，此时任何的采访行为都和这里的气氛格格不入。"①

2012 年 4 月 11 日，两名中国留学生在美国南加州大学校园附近街道被枪杀。4 月 14 日，被害人亲属抵达洛杉矶，"考虑到这些家属的悲痛和兼顾公众知情权等因素，到场的美国媒体商定承诺不提问，保持距离拍摄家属背影"②。

（三）秉持理性，追求建设性

传媒以什么样的方式来为公众呈现其身处其中的世界？这不仅是一个关涉传媒品格的大问题，也直接影响公众对"媒介世界"以及"现实世界"的认知与理解。

所谓"理性"，即包括"反省的、批判的精神"、"通过理智，锲而不舍地追求事实与发现真理的意志"、"确立并严格依循一以贯之的分析、分解和结合、构建的认知方法"③。对于大众传媒而言，"理性"意味着传媒绝不屈从于任何政治/经济的权力，也不盲从于任何社会潮流，始终保持审慎、批判的态度来观测社会的变化。

所谓"建设性"，则要求传媒不能仅仅满足于传播表面化的信息，更不能为了追求自身的利益，而不惜一味迎合、讨好某种舆论潮流，甚至哗众取宠。一家具有品格的传媒绝不会任由社会风气恶化而冷眼旁观，相反，大众传媒要成为社会生活积极的参与者，致力于运用专业的方式推进社会的历史进程，既要"记录历史"，也要"影响今天"。

对于今天的传媒而言，秉持理性、追求建设性主要体现在对于常识的尊重与传播。例如，我国传媒对于灾难报道的认知就历经了这样一个重建常识的过程。原本，对于灾难，大众传媒必须也应该如实报道，还原真相。但是，每每在灾难来临的时候，新闻界都会出现"报喜不报忧"、"反面新闻正面做"等现象人为地将"灾难"与"成绩"、"经验"等"挂钩"，而灾难真相则常常隐匿不见。

直到 1987 年，《中国青年报》等媒体在大兴安岭火灾的报道中，才真正突破了这种"灾难—成就"的单一因果式报道观念。

> 灾害就是灾害，悲剧就是悲剧。不能采用小灾小凯歌、大灾大凯歌的报道方法。这种

---

① 李安江、郭晋嘉、杜远：《那一夜，我们没有采访》，中国新闻社，2008-05-12。
② 韩杨：《不提问 拍背影》，载《广州日报》，2012-04-17。
③ 姜义华：《理性缺位的启蒙》，4～5 页，上海，上海三联书店，2000。

方法，是一种自欺欺人的愚蠢做法，它本身就是一种悲剧，只能导致人们在今后的灾害苗头面前处于麻木状态。……“灾害—悲剧”的总体认识，绝不是要否定灾变中社会组织和个人所作的积极反应，也绝不排除人们在烈火面前表现的献身精神、集体观念、社会意识等可贵的心理素质和高尚的品格，这些我们在报道中同样有充分的反映，其效果也是积极的。悲剧同样可以激励人。所以，“灾害—悲剧”的总体认识并非用“歌颂”或“揭露”所能简单划分的，也不是可以用好人好事与坏人坏事来平衡配置的，它只是在本质意义上对灾害的一种真实反映。①

这种观点其实就是回归常识、尊重常识的表现。然而，要彻底改变这种状况却并非易事。2013年10月初，台风“菲特”带来暴雨，造成杭州、宁波、温州等城市大水，宁波地区137万人泡在水中断粮、断饮用水三天，直接经济损失百亿元；其中余姚市7～9日70%以上城区被淹。然而，这样突发的自然灾害，全国知悉的人却并不多，关注的人则更少，因为“媒体没有把它作为重大新闻处理。国庆长假后上班，人们看到的还是回顾黄金周堵车和九寨沟游客拥堵的分析性新闻，相当多的人不知道发生了这样重大的灾情”。新闻学者陈力丹先生据此指出：

“灾害不是新闻，抗灾才是新闻；群众抗灾不是新闻，领导下指示才是新闻；灾害信息不重要，好人好事宣传才重要”的官本位“救灾报道”思路……没有把人民的生命和冷暖放在第一位，而把政绩、宣传当作了追求的目的本身。……传媒在灾情中宣传报道一些好人好事，具有正面鼓舞价值。但事实还包括另外一部分，如救灾迟缓没有效率、哄抬物价、外地人和本市人矛盾、垃圾污染、伤病得不到救治等等也是事实，却不见报道。从报道总体来看，地方传媒更倾向于报道前者，而后者则因违背“宣传口径”被当作负面消息过滤掉了，网友只能通过微博或网站跟帖的方式传递信息，经常是网站报道一则正面消息，网友在后面跟帖表达反对意见或描述与报道相反的所见所闻。凡此种种，我们的传媒不该深思吗?②

当然，媒介的品格还可以从不同维度去细分，其对应的内容也会因此而有差异。但无论怎样变化，媒介的品格都为我们提供了一个观测传媒的路径，是我们甄别优秀传媒的重要标准。

【本章小结】

媒介即信息。作为信息传播的中介与渠道，媒介的产生与发展是人类的传播需求、社会生态环境等因素综合作用的产物，媒介的每一次变迁都会对人类传收信息的方式产生重大影响。媒介具有传播信息、提供娱乐、传承文化、守望社会等基本功能。媒介不仅能影响人的行为，也可以影响人的心理，人们对于媒介效果的认知经历了强效果、有限效果和宏观效果三个阶段。优秀的大众传媒应该具备“忠于职守”、“品质专业，格调高雅”、“秉持理性，追求建设性”三大品格。对于普通公民而言，我们既要全面认识不同媒介的历史与特性，也要深刻理解

① 雷收麦等：《从灾害报道到更深层次的思考》，载《新闻战线》，1987（8）。
② 陈力丹、廖金英：《救灾新闻须以人为本抚慰民心》，载《新闻记者》，2013（11）。

媒介的功能、效果与品格。

【思考与训练】

1. 什么是媒介？
2. 什么是大众传媒？
3. 如何理解媒介的历史变迁？
4. 报纸与杂志各具哪些传播优势？
5. 广播与电视各具哪些传播优势？
6. 互联网具有哪些特点？
7. 大众传媒具有哪些功能？
8. 人们对于媒介效果的认知经历了哪些阶段？
9. 大众传媒应该具有哪些品格？
10. 举例说明大众传媒对人的影响。

【延伸阅读】

1. [美] 威尔伯·施拉姆，游梓翔、吴韵仪译：《人类传播史》，台北：远流出版公司，1994。

2. [美] 丹尼尔·杰·切特罗姆，曹静生、黄艾禾译：《传播媒介与美国人的思想》，北京：中国广播电视出版社，1991。

3. [瑞士] 费尔迪南·德·索绪尔，高名凯译：《普通语言学教程》，北京：商务印书馆，1999。

4. [美] 约书亚·梅罗维茨，肖志军译：《消失的地域：电子媒介对社会行为的影响》，北京：清华大学出版社，2002。

5. [美] 罗杰·菲德勒，明安香译：《媒介形态变化：认识新媒介》，北京：华夏出版社，2000。

6. [英] 亚当·乔伊森，任衍具、魏玲译：《网络行为心理学：虚拟世界与真实生活》，北京：商务印书馆，2010。

7. [美] 拉斯韦尔，张洁、田青译：《世界大战中的宣传技巧》，北京：中国人民大学出版社，2003。

8. 戴锦华：《电影批评》，北京：北京大学出版社，2004。

9. [美] 简宁斯·布莱恩特、道尔夫·兹尔曼，石义彬、彭彪译：《媒介效果：理论与研究前沿》，北京：华夏出版社，2009。

主要参考文献

一、中文书目

1. 卜卫．媒介与性别．南京：江苏人民出版社，2001.
2. 卜卫．媒介与儿童教育．北京：新世界出版社，2002.
3. 陈卫星．传播的观念．北京：人民出版社，2004.
4. 陈力丹．新闻理论十讲．上海：复旦大学出版社，2008.
5. 陈培爱．广告学概论．北京：高等教育出版社，2004.
6. 陈培爱．广告学原理．上海：复旦大学出版社，2008.
7. 陈先元．大众传媒素养论．上海：上海交通大学出版社，2005.
8. 曹林．时评写作十讲．上海：复旦大学出版社，2011.
9. 丁淦林．中国新闻事业史．北京：高等教育出版社，2007.
10. 戴锦华．电影批评．北京：北京大学出版社，2004.
11. 端木义万．美国传媒文化．北京：北京大学出版社，2001.
12. 邓科．南方周末：后台（第一辑）．广州：南方日报出版社，2006.
13. 戈公振．中国报学史．上海：上海古籍出版社，2003.
14. 甘惜分．新闻学大辞典．郑州：河南人民出版社，1993.
15. 郭庆光．传播学教程（第二版）．北京：中国人民大学出版社，2011.
16. 辜晓进．走进美国大报．广州：南方日报出版社，2002.
17. 高钢．新闻报道教程．北京：高等教育出版社，2010.
18. 黄旦．传者图像：新闻专业主义的建构与消解．上海：复旦大学出版社，2005.
19. 胡舒立．舒立观察：中国十年之真问题．广州：中山大学出版社，2010.
20. 黄合水．广告心理学．北京：高等教育出版社，2005.
21. 姜义华．理性缺位的启蒙．上海：上海三联书店，2000.
22. 蒋原伦．媒介文化与消费时代．北京：中央编译出版社，2004.
23. 江帆．广告媒体策略．杭州：浙江大学出版社，2004.
24. 李金铨．报人报国：中国新闻史的另一种读法．香港：香港中文大学出版社，2013.
25. 李良荣．中国报纸文体发展概要．福州：福建人民出版社，2002.
26. 李良荣．新闻学概论．上海：复旦大学出版社，2001.
27. 李良荣，等．当代西方新闻媒体．上海：复旦大学出版社，2003.

28. 李彬．传播学引论（增补版）．北京：新华出版社，2003.

29. 李宝元．广告学教程．北京：人民邮电出版社，2002.

30. 李永健，展江．新闻与大众传媒通论．北京：中国人民大学出版社，2003.

31. 刘勇，汪海霞．当代媒介素养教程．合肥：合肥工业大学出版社，2007.

32. 陆扬，王毅．大众文化与传媒．上海：上海三联书店，2000.

33. 陆小华．整合传媒．北京：中信出版社，2002.

34. 陆小华．激活传媒．北京：中信出版社，2004.

35. 陆晔．媒介素养：理念、认知、参与．北京：经济科学出版社，2010.

36. 陆晔．中国传播学评论（第三辑）：媒介素养专辑．上海：复旦大学出版社，2008.

37. 马少华．什么影响着新闻评论——观点表达和说服方法的案例分析．北京：人民日报出版社，2013.

38. 彭家发．新闻客观性原理．台北：三民书局，1994.

39. 尹鸿，冉儒学，陆虹．娱乐旋风——认识电视真人秀．北京：中国广播电视出版社，2006.

40. 邵飘萍．实际应用新闻学．上海：上海书店出版社，1989.

41. 孙亮，翟年祥．广告词典．成都：四川人民出版社，1997.

42. 童兵．比较新闻传播学．北京：中国人民大学出版社，2002.

43. 魏永征．中国新闻传播法纲要．上海：上海社会科学院出版社，2002.

44. 王健．广告创意教程．北京：北京大学出版社，2004.

45. 谢金文．新闻与传播通论．上海：复旦大学出版社，2006.

46. 徐宝璜．新闻学．北京：中国人民大学出版社，1994.

47. 许知远．新闻业的怀乡病．北京：中国水利水电出版社，2005.

48. 许南明，富澜，崔君衍．电影艺术辞典（修订版）．北京：中国电影出版社，2005.

49. 姚福申．新时期中国新闻传播评述．上海：复旦大学出版社，2002.

50. 杨击．传播·文化·社会——英国大众传播理论透视．上海：复旦大学出版社，2006.

51. 张新宝．隐私权的法律保护．北京：群众出版社，2004.

52. 张开．媒介素养概论．北京：中国传媒大学出版社，2006.

53. 张艳秋．理解媒介素养：起源、范式与路径．北京：人民出版社，2012.

54. 臧国仁．新闻媒体与消息来源——媒介框架与真实建构之论述．台北：三民书局，1999.

55. 张之华．中国新闻事业史文选．北京：中国人民大学出版社，1999.

56. 张国良．现代大众传播学．成都：四川人民出版社，1998.

57. 张国良．传播学原理（第二版）．上海：复旦大学出版社，2009.

58. 张宸．当代西方新闻报道规范：采编标准及案例精解．上海：复旦大学出版社，2008.

59. 郑鸣．关于记者：郭超人新闻思考．北京：新华出版社，2010.

60. 中国社会科学院新闻研究所，世界新闻研究室．传播学：简介．北京：人民日报出版社，1983.

61. 中央电视台《讲述》栏目组．讲述：2003首届中国记者风云榜．北京：中国大百科全书出版社，2004.

二、译著

1.［爱尔兰］肖恩·迈克布赖德．多种声音 一个世界．中国对外翻译出版公司第二翻译室，译．北京：中国对外翻译出版公司，1981.

2.［奥］西格蒙特·弗洛依德．一个幻觉的未来．杨韶钢，译．北京：华夏出版社，1999.

3.［德］席勒．美育书简．徐恒醇，译．北京：中国文联出版公司，1984.

4.［法］古斯塔夫·勒庞．乌合之众．冯克利，译．北京：中央编译出版社，1999.

5.［法］让·波德里亚．消费社会．刘成富，全志刚，译．南京：南京大学出版社，2000.

6.［法］皮埃尔·布尔迪厄．关于电视．许钧，译．南京：南京大学出版社，2011.

7.［荷］托伊恩·A·梵·迪克．作为话语的新闻．曾庆香，译．北京：华夏出版社，2004.

8.［加］文森特·莫斯可．传播政治经济学．胡正荣等，译．北京：华夏出版社，2000.

9.［加］马歇尔·麦克卢汉．理解媒介——论人的延伸．何道宽，译．北京：商务印书馆，2000.

10.［美］梅尔文·L·德弗勒，埃弗雷特·E·丹尼斯．大众传播通论．颜建军，王怡红等，译．北京：华夏出版社，1989.

11.［美］赫伯特·马尔库塞．单向度的人——发达工业社会意识形态研究．刘继，译．上海：上海译文出版社，1989.

12.［美］丹尼尔·杰·切特罗姆．传播媒介与美国人的思想．曹静生，黄艾禾，译．北京：中国广播电视出版社，1991.

13.［美］梅尔文·德弗勒，桑德拉·鲍尔-洛基奇．大众传播学诸论．杜力平，译．台北：五南图书出版公司，1991.

14.［美］威尔伯·施拉姆．人类传播史．游梓翔，吴韵仪，译．台北：远流出版事业股份有限公司，1994.

15.［美］Ray Eldon Hiebert 等．大众传播媒介．潘邦顺，译．台北：风云论坛出版社，1996.

16.［美］尼葛洛庞帝．数字化生存．胡泳，范海燕，译．海口：海南出版社，1997.

17.［美］伯格．通俗文化、媒介和日常生活中的叙事．姚媛，译．南京：南京大学出版社，2000.

18.［美］罗杰·菲德勒．媒介形态变化：认识新媒介．明安香，译．北京：华夏出版社，2000.

19.［美］沃纳·塞佛林，小詹姆斯·坦卡德．传播理论：起源、方法与应用．郭镇之等，译．北京：华夏出版社，2000.

20.［美］戴安娜·克兰．文化生产：媒体与都市艺术．赵国新，译．南京：译林出版社，2001.

21. ［美］罗恩·史密斯．新闻道德评价．李青藜，译．北京：新华出版社，2001.

22. ［美］迈克尔·埃默里，埃德温·埃默里．美国新闻史（第八版）．展江，殷文，主译．北京：新华出版社，2001.

23. ［美］沃尔特·李普曼．公众舆论．阎克文，江红，译．上海：上海人民出版社，2002.

24. ［美］康拉德·芬克．冲击力：新闻评论写作教程．柳珊，顾振凯，郝瑞，译．北京：新华出版社，2002.

25. ［美］唐纳德·M·吉尔摩，杰罗姆·A·巴龙，托德·F·西蒙．美国大众传播法：判例评析（第六版）．梁宁等，译．北京：清华大学出版社，2002.

26. ［美］约书亚·梅罗维茨．消失的地域：电子媒介对社会行为的影响．肖志军，译．北京：清华大学出版社，2002.

27. ［美］拉斯韦尔．世界大战中的宣传技巧．张洁，田青，译．北京：中国人民大学出版社，2003.

28. ［美］大卫·奥格威．奥格威谈广告．曾晶，译．北京：机械工业出版社，2003.

29. ［美］大卫·奥格威．一个广告人的自白．林桦，译．北京：中国物价出版社，2003.

30. ［美］迈克尔·舒德森．广告：艰难的说服．陈安全，译．北京：华夏出版社，2003.

31. ［美］约瑟夫·塔洛．分割美国：广告与新媒介世界．洪兵，译．北京：华夏出版社，2003.

32. ［美］凯斯·桑斯坦．网络共和国．黄维明，译．上海：上海人民出版社，2003.

33. ［美］梅尔文·门彻．新闻报道与写作．展江，译．北京：华夏出版社，2003.

34. ［美］新闻自由委员会．一个自由而负责任的新闻界．展江等，译．北京：中国人民大学出版社，2004.

35. ［美］尼尔·波兹曼．娱乐至死．章艳，译．桂林：广西师范大学出版社，2004.

36. ［美］尼尔·波兹曼．童年的消逝．吴燕莛，译．桂林：广西师范大学出版社，2004.

37. ［美］约翰·费斯克．关键概念——传播与文化研究辞典．李彬，译注．北京：新华出版社，2004.

38. ［美］克利福德·G·克里斯蒂安等．媒介公正：道德伦理问题真的不证自明吗．蔡文美等，译．北京：华夏出版社，2004.

39. ［美］C·赖特·米尔斯．社会学的想像力．陈强，张永强，译．北京：三联书店，2005.

40. ［美］罗伯特·G·皮卡德．媒介经济学．赵丽颖，译．北京：中国人民大学出版社，2005.

41. ［美］斯坦利·J·巴伦．大众传播概论——媒介认知与文化（第三版）．刘鸿英，译．北京：中国人民大学出版社，2005.

42. ［美］詹宁斯·布赖恩特，苏珊·汤普森．传媒效果概论．陆剑南等，译．北京：中国传媒大学出版社，2006.

43. ［美］阿伦斯．当代广告学（第八版）．丁俊杰等，译．北京：人民邮电出版社，2006.

44. ［美］菲利普·帕特森，李·威尔金斯．媒介伦理学：问题与案例．李青藜，译．北京：中国人民大学出版社，2006.

45. ［美］托德·吉特林．新左派运动的媒介镜像．胡正荣，张锐，译．北京：华夏出版社，2007.

46. ［美］弗雷德里克·S·西伯特，西奥多·彼得森，威尔伯·施拉姆．传媒的四种理论．戴鑫，译．北京：中国人民大学出版社，2008.

47. ［美］查尔斯·埃德温·贝克．媒体、市场与民主．冯建三，译．上海：上海世纪出版集团，2008.

48. ［美］盖伊·塔奇曼．做新闻．麻争旗，刘笑盈，徐扬，译．北京：华夏出版社，2008.

49. ［美］马克斯韦尔·麦克姆斯．议程设置：大众媒介与舆论．郭镇之，徐培喜，译．北京：北京大学出版社，2008.

50. ［美］迈克尔·舒德森．发掘新闻：美国报业的社会史．陈昌凤，常江，译．北京：北京大学出版社，2008.

51. ［美］克莱·舍基．未来是湿的．胡泳，沈满琳，译．北京：中国人民大学出版社，2009.

52. ［美］赫伯特·甘斯．什么在决定新闻．石琳，李红涛，译．北京：北京大学出版社，2009.

53. ［美］简宁斯·布莱恩特，道尔夫·兹尔曼．媒介效果：理论与研究前沿．石义彬，彭彪，译．北京：华夏出版社，2009.

54. ［美］安东尼·刘易斯．言论的边界．徐爽，译．北京：法律出版社，2010.

55. ［美］理查德·克雷格．网络新闻学：新媒体的报道、写作与编辑．刘勇，主译．北京：中国时代经济出版社，2010.

56. ［美］威尔伯·施拉姆，威廉·波特．传播学概论（第二版）．何道宽，译．北京：中国人民大学出版社，2010.

57. ［美］迈克尔·舒德森．新闻社会学．徐桂权，译．北京：华夏出版社，2010.

58. ［美］迈克尔·舒德森．新闻的力量．刘艺娉，译．北京：华夏出版社，2011.

59. ［美］保罗·F·拉扎斯菲尔德，伯纳德·贝雷尔森，黑兹尔·高德特．人民的选择．唐茜，译．北京：中国人民大学出版社，2012.

60. ［美］比尔·科瓦齐，汤姆·罗森斯蒂尔．新闻的十大基本原则：新闻从业者须知和公众的期待．刘海龙、连晓东，译．北京：北京大学出版社，2011.

61. ［美］保罗·莱文森，何道宽译．新新媒介．上海：复旦大学出版社，2012.

62. ［美］道格拉斯·凯尔纳．媒体文化：介于现代与后现代之间的文化研究、认同性与政治．丁宁，译．北京：商务印书馆，2013.

63. ［美］比尔·科瓦齐，汤姆·罗森斯蒂尔．真相：信息超载时代如何知道该相信什么．

陆佳怡，孙志刚，译．北京：中国人民大学出版社，2014.

64. ［瑞士］费尔迪南·德·索绪尔．普通语言学教程．高名凯，译．北京：商务印书馆，1999.

65. ［英］弥尔顿．论出版自由．吴之椿，译．北京：商务印书馆，1958.

66. ［英］丹尼斯·麦奎尔，［瑞典］斯文·温德尔．大众传播模式论．祝建华，武伟，译．上海：上海译文出版社，1987.

67. ［英］丹尼斯·麦奎尔．受众分析．刘燕南，译．北京：中国人民大学出版社，2004.

68. ［英］丹尼斯·麦奎尔．麦奎尔大众传播理论（第五版）．崔保国，李琨，译．北京：清华大学出版社，2010.

69. ［英］约翰·B·汤普森．意识形态与现代文化．高铦，译．南京：译林出版社，2005.

70. ［英］詹姆斯·卡瑞，珍·辛顿．英国新闻史（第六版）．栾轶玫，译．北京：清华大学出版社，2005.

71. ［英］詹姆斯·库兰，米切尔·古尔维奇．大众媒介与社会．杨击，译．北京：华夏出版社，2006.

72. ［英］斯图亚特·艾伦．新闻文化．方洁等，译．北京：北京大学出版社，2008.

73. ［英］亚当·乔伊森．网络行为心理学：虚拟世界与真实生活．任衍具，魏玲，译．北京：商务印书馆，2010.

74. ［英］维克托·迈尔-舍恩伯格，肯尼思·库克耶．大数据时代．盛杨燕，周涛，译．杭州：浙江人民出版社，2013.

75. W. James Potter.（2001）Media Literacy. Thousand Oaks：Sage Publications.

三、期刊文章

1. 卜卫．论媒介教育的意义、内容和方法．现代传播，1997（1）.

2. 陈力丹．新闻真实，一个并不复杂的职业要求．新闻记者，2011（3）.

3. 陈力丹．关于媒介素养与新闻教育的网上对话．湖南大众传媒职业技术学院学报，2007（2）.

4. 陈力丹，胡森林．记者职业行为的边界何在．新闻记者，2005（7）.

5. 陈力丹，廖金英．救灾新闻须以人为本抚慰民心．新闻记者，2013（11）.

6. 陈堂发．新媒体涉私内容传播与隐私权理念审视．学术月刊，2014（12）.

7. 陈建云．新闻敲诈，该当何罪？新闻记者，2014（7）.

8. 陈斌，贾亦凡．2002年十大假新闻．新闻记者，2003（1）.

9. 曹林．论证上的偷懒是这个时代最大的病．新闻记者，2013（10）.

10. 曹鹏．新闻职业道德与政策法律意识亟需升级．新闻记者，2006（6）.

11. 戴丽．新闻采访权性质刍议．新闻记者，2003（11）.

12. 黄旦，郭丽华．媒介教育教什么？——20世纪西方媒介素养理念的变迁．现代传播，2008（3）.

13. 胡舒立．新闻寻租不可恕．新世纪周刊，2013（42）.

14. 胡莹，项国雄．传者素养：媒介素养教育的根本．传媒观察，2005（8）．
15. 金涛．政治新闻的泛娱乐化现象析．新闻记者，2004（4）．
16. 雷收麦，等．从灾害报道到更深层次的思考．新闻战线，1987（8）．
17. 刘伟国．中国媒介素养教育现状及实施难点分析．新闻界，2005（1）．
18. 刘清泉．媒介教育刍论．重庆师范大学学报（哲学社会科学版），2003（4）．
19. 刘勇．“身份的焦虑”与“标签化”的隐忧——以“女干部骂保安”的报道为例．新闻记者，2015（1）．
20. 李良荣，童希．互联网时代新闻报道新思维．现代传播，2010（10）．
21. 李良荣，张盛．互联网与大众政治的勃兴——“新传播革命”研究之一．现代传播，2012（3）．
22. 李良荣，郑雯．论新传播革命——“新传播革命”研究之二．现代传播，2012（4）．
23. 李良荣，徐晓东．互联网与民粹主义流行——“新传播革命”研究之三．现代传播，2012（5）．
24. 李良荣，张莹．新意见领袖论——“新传播革命”研究之四．现代传播，2012（6）．
25. 李良荣，张春华．诊断中国传媒娱乐化．新闻界，2007（6）．
26. 李宁源．一名新记者的困惑．新闻记者，2004（11）．
27. 李秀云．中国媒介素养教育思想萌芽的阐发．新闻记者，2005（1）．
28. 林爱珺．新闻传播中的隐私权保护问题．新闻大学，2005（1）．
29. 罗文辉．新闻记者选择消息来源的偏向．新闻学研究（台湾），1995（50）．
30. 梁建伟．做新闻，永远不是比谁更会煽情．中国记者，2013（9）．
31. 陆晔．权力与新闻生产．二十一世纪（香港），2003（6）．
32. 陆晔，郭中实．媒介素养的“赋权”作用：从人际沟通到媒介参与意向．新闻学研究（台湾），2007（92）．
33. 马少华．关于“时评”的写作．新闻与写作，2002（4）．
34. 马少华．论时评的起源．国际新闻界，2009（2）．
35. 马少华．当代中国新闻评论的“专业性”．新闻与写作，2013（10）．
36. 马少华．理性，至少是知道得更多更细．新闻与写作，2013（11）．
37. 马凌．媒介化社会与风险社会．中国传媒报告，2008（2）．
38. 孟建，赵元珂．媒介融合：粘聚并造就新型的媒介化社会．国际新闻界，2006（7）．
39. 闵大洪．从边缘媒体到主流媒体——中国网络媒体 20 年发展回顾．新闻与写作，2014（3）．
40. 年度虚假新闻研究课题组．2012 年虚假新闻研究报告．新闻记者，2013（1）．
41. 年度虚假新闻研究课题组．2014 年虚假新闻研究报告．新闻记者，2015（1）．
42. 欧阳宏生，闫伟．快乐有度　过犹不及——对当前“电视娱乐化”问题的再思考．当代电视，2010（2）．
43. 彭兰．社会化媒体时代的三种媒介素养及其关系．上海师范大学学报，2013（3）．
44. 芮必峰．新闻与新闻报道．新闻大学，2004（2）．

45. 芮必峰．新闻生产与新闻生产关系的再生产——以“宣传通知”及其执行情况为例．新闻大学，2010（1）．

46. 芮必峰，陈夏蕊．新传播技术呼唤新“媒介素养”．新闻界，2013（14）．

47. 宋小卫．西方学者论媒介素养教育．国际新闻界，2000（4）．

48. 宋小卫．学会解读大众传播——国外媒介素养教育概述（上）．当代传播，2000（2）．

49. 宋小卫．学会解读大众传播——国外媒介素养教育概述（下）．当代传播，2000（3）．

50. 王利明．隐私权内容探讨．浙江社会科学，2007（3）．

51. 魏永征．论采访权．新闻传播论坛（南京），2002（7）．

52. 魏永征．不同传播范围言论的不同责任．中国新闻出版报，2015-04-21.

53. 吴飞，沈荟．现代传媒、后现代生活与新闻娱乐化．浙江大学学报，2002（5）．

54. 吴飞．新媒体革了新闻专业主义的命．新闻记者，2013（3）．

55. 吴飞，吴风．新闻专业主义理念的建构．中国人民大学学报，2004（6）．

56. 叶秀端，刘兆君．从松弛走向迷醉——试析技术演进中的电视娱乐节目游戏本性．当代电影，2006（1）．

57. 杨保军．新媒介环境下新闻真实论视野中的几个新问题．新闻记者，2014（10）．

58. 杨立新．隐性采访和人格权保护．河南省政法管理干部学院学报，2001（5）．

59. ［英］凯丽·巴查尔格特．媒介素养与媒介．张开，译．现代传播，2005（2）．

60. ［英］大卫·帕金翰．英国的媒介素养教育：超越保护主义．宋小卫，摘译．新闻与传播研究，2000（2）．

61. 喻国明．“渠道霸权”时代的终结——兼论未来传媒竞争的新趋势．当代传播，2004（6）．

62. 喻国明．传播的“语法革命”和舆论引导力．电视研究，2009（10）．

63. 张涛甫．媒介化社会语境下的舆论表达．现代传播，2006（5）．

64. 张晓锋．论媒介化社会形成的三重逻辑．现代传播，2010（7）．

65. 张志安，陆晔．记者“权力寻租”中的社会资本转换及其伦理边界．国际新闻界，2008（10）．

66. 张志安．未成年人媒体素养教育行动策略研究．中国教育报，2004-12-13.

67. 张艳秋．国外媒介教育发展探析．国际新闻界，2005（2）．

68. 展江．再谈凯文·卡特与秃鹰觊觎的女童．南方传媒研究，2013（45）．

69. 展江，雷丽莉．隐私权法的西风东渐与本土发展探析．南京社会科学，2013（6）．

70. 郑保章，柴玥．我国媒介素养教育体系的建构主体及方式．新闻记者，2005（6）．

71. 周树华，叶银娇，徐洁．论娱乐的社会和心理功能．现代广告，2005（10）．

72. 钟靖，雷启立．点击的诱惑与媒介素养．新闻记者，2013（2）．

后　记

两年时间，从中国到美国，五易书稿，终于改定，百感交集。

有必要交代一下这本书的由来。

2006年，媒介素养教育在国内新闻教育界初露端倪。我所供职的安徽大学新闻传播学院基于课程改革的需要，决定面向大一新生开设“当代媒介素养”专业平台课。在一无教材、二无经验的情况下，我受命担任这门课的主讲教师。那一年，战战兢兢、如履薄冰。每周要为两个班240名学生讲授六个课时，课余时间还要撰写教材。现在想来，实在佩服自己当时的精力。

一年后，我和同事合作出版了这门课程的教材《当代媒介素养教程》（合肥工业大学出版社）。2012年，正当出版社要求加印时，我赶紧叫停，因为这几年传媒的变化太大，而我也有了很多新的想法，准备着手修订这本书。其时，恰逢中国人民大学出版社翟江虹编辑来合肥组稿，当她知道我正在修订这本教材时，遂向我约稿，鼓励我重新写一本《媒介素养概论》。

我之所以接受江虹的建议，一是短短几个小时的交流让我们一见如故，此后的电邮、电话沟通，更让我切实地感受到了她的真诚；二是因为我对于中国人民大学出版社的情结，可以说，我的专业启蒙正是从阅读人大版新闻传播类教材开始的。

于是，我放弃了“修订”的念头，开始“另起炉灶”，重新设计书稿的框架和内容。为了尽可能吸收媒介素养研究领域的优秀成果，写作中，我查阅、参考了大量资料，并在注释和参考文献中一一标示出来。感谢前辈学者与同侪学人在这个领域中的付出与贡献。

这本书能够顺利出版，要感谢的人很多。

首先要感谢本书的策划编辑翟江虹女士的理解。由于诸事缠身，再加上我天性“拖拉机”，这本书写写停停，完成时间比原计划推迟了一年多。在此，真诚地道一句：“江虹，抱歉!”感谢责任编辑汤慧芸女士为本书后期编辑所付出的辛劳，她的细致与专业为本书增色不少。

感谢恩师芮必峰教授的信任和远见。如果不是他当年的“职业敏感”，力促学院开设媒介素养课程，同时，若不是他的信任，嘱我担任新课的主讲教师，我就不会涉足这样一个全新的领域，自然也就不会有这两本书的诞生。

感谢姜红院长的支持与指导。从2007年开始，我们一起合作开讲这门课，迄今这门课程已形成了六人的教学团队，“当代媒介素养”也于2012年被评为“教育部精品视频公开课”；同时她一直支持我写作这本教材，并给予了多方面的指导和建设性的意见。

感谢美国威斯康星大学传播艺术系的潘忠党教授为我提供了一年的访学机会，使我得以专心写作、修改书稿。在这个被称为“默地生”（麦迪逊）的美国小城，深秋时分，开车行驶在通往学校的大道上，两边的树上已是一片金黄；隆冬时节，每天坐在温暖的房间里写作，窗外是零下 20 多度的苍茫大地。这些经历我将终生难忘。

感谢 10 年来上过我的课、使用过我的书的同学们，正是你们每一次的提问、每一次的鼓励，才坚定了我写作本书的信念。

感谢爱人李娟，她不仅为我校对书稿，还为本书提出了很多中肯的意见。为了让我安心写作，她不仅承担了琐碎的家务，还担负起了教育女儿的重任。

说实话，写教材真的不容易。如果说专著讲求原创性，那么，教材则不能囿于“一家之言”，要力求全面、普适。我预设的读者是一群刚进入高校、对传媒没有太多专业认知的大学生。我希望本书不仅是新闻传播类大学生进入专业的“敲门砖”，而且也可以成为非新闻传播类大学生提高其媒介素养的“启蒙读物”。因此，内容的增删、难度的深浅、分寸的拿捏就显得特别重要。我不知道这本书是否达到了上述目标，但虽不能至，心向往之。

著述是折磨人的工作，写作中常常寝食难安；著述又是遗憾的艺术，即使改了一遍又一遍，仍觉得书中依然存在很多不足，期待读者批评、方家指正。

刘勇

2015 年 6 月 3 日

改定于美国威斯康星大学麦迪逊校区

关联课程教材推荐

书号	书名	第一作者	定价	出书时间
978-7-300-20305-8	当代媒介素养十讲	高萍	49.80 元	2015-04
978-7-300-18665-8	真相：信息超载时代如何知道该相信什么	[美] 比尔·科瓦奇	49.80 元	2014-03
978-7-300-22368-1	大众传播概论——媒介素养与文化（第 8 版）	[美] 斯坦利·J·巴伦	69.80 元	2016-05
978-7-300-11125-4	传播学教程（第二版）	郭庆光	49.90 元	2011-04
978-7-300-18386-2	传播学纲要（第二版）	陈力丹	35.00 元	2014-01

配套教学资源支持

尊敬的老师：

衷心感谢您选择使用人大版教材！

相关的配套教学资源，请到人大社网站（www.crup.com.cn）下载，或是随时与我们联系，我们将向您免费提供。

欢迎您随时反馈教材使用过程中的疑问、修订建议并提供您个人制作的课件。您的课件一经采用，我们将署名并付费。让我们与教材共成长！

联系人信息：

地址：北京海淀区中关村大街 31 号 206 室　龚洪训 收　　邮编：100080

电子邮件：gonghx@crup.com.cn　　电话：010－62515637　　QQ：6130616

如有相关教材的选题计划，也欢迎您与我们联系，我们将竭诚为您服务！

选题联系人：	电子邮件：	电话：
周莹	383902102@qq.com.cn	010－62511612

人大社网站　www.crup.com.cn

全国新闻教师 QQ 群：

723715191

欢迎您登录人大社网站浏览，了解图书信息，共享教学资源

期待您加入专业教师 QQ 群，开展学术讨论，交流教学心得

群名称:全国新闻教师2群

群 号:723715191

图书在版编目（CIP）数据

媒介素养概论/刘勇著．—北京：中国人民大学出版社，2015.11
新编21世纪新闻传播学系列教材．基础课程系列
ISBN 978-7-300-22244-8

Ⅰ.①媒…　Ⅱ.①刘…　Ⅲ.①传播媒介-高等学校-教材　Ⅳ.①G206.2

中国版本图书馆CIP数据核字（2015）第296594号

"教育部精品视频公开课"配套教材
新编21世纪新闻传播学系列教材·基础课程系列
媒介素养概论
刘　勇　著
Meijie Suyang Gailun

出版发行	中国人民大学出版社		
社　　址	北京中关村大街31号	**邮政编码**	100080
电　　话	010－62511242（总编室）		010－62511770（质管部）
	010－82501766（邮购部）		010－62514148（门市部）
	010－62515195（发行公司）		010－62515275（盗版举报）
网　　址	http://www.crup.com.cn		
经　　销	新华书店		
印　　刷	天津鑫丰华印务有限公司		
开　　本	787 mm×1092 mm　1/16	**版　　次**	2016年1月第1版
印　　张	20	**印　　次**	2024年9月第15次印刷
字　　数	466 000	**定　　价**	55.00元